贝页
ENRICH YOUR LIFE

金融工程实战术

宋光辉 著

Financial
Engineering

文汇出版社

图书在版编目（CIP）数据

金融工程实战术 / 宋光辉著. — 上海：文汇出版社，2021.3
ISBN 978-7-5496-3460-6

Ⅰ.①金… Ⅱ.①宋… Ⅲ.①金融工程 Ⅳ.① F830.49
中国版本图书馆 CIP 数据核字（2021）第 033303 号

中文版权 © 上海阅薇图书有限公司
经授权，上海阅薇图书有限公司拥有本书的中文版权

金融工程实战术

作　　者 / 宋光辉
责任编辑 / 戴　铮
助理编辑 / 邱奕霖
封面设计 / 李双珏
版式设计 / 汤惟惟
出版发行 / 文汇出版社
　　　　　上海市威海路 755 号
　　　　　（邮政编码：200041）
印刷装订 / 上海盛通时代印刷有限公司
版　　次 / 2021 年 3 月第 1 版
印　　次 / 2021 年 3 月第 1 次印刷
开　　本 / 880 毫米 × 1230 毫米　1/32
字　　数 / 442 千字
印　　张 / 18.5
书　　号 / ISBN 978-7-5496-3460-6
定　　价 / 78.00 元

目录

1 前言　金融工程师的金融实战观

第一章　现实世界的金融问题：金融工程师的视角

3　第一节　国内现实金融问题的相关案例
17　第二节　金融外行如何摸清金融门道：金融工程学思维的形成
25　第三节　中国尚待解决的几个金融工程问题
34　第四节　金融工程学原理：各类金融事物的本质抽象与标准化建模
43　第五节　金融工程的方法：特定合成方法的静态组装与动态复制方法
49　第六节　金融工程的工具：金融工具、计算机工具与财务分析工具
62　第七节　金融产品的分析与定价

第二章　关于套利的金融工程：市场套利与制度套利

71　第一节　七种市场套利
86　第二节　制度套利
119　第三节　关于套利的一般观点：一切金融工程的本质都是套利

第三章 认识现实的金融世界：中国的金融监管与金融市场

125 第一节 金融体系理论与中国的金融体系

132 第二节 金融体系与经济体系的相互作用与关系

146 第三节 中国的金融监管

157 第四节 中国的金融市场与产品

180 第五节 中国金融市场的基础设施架构：支付结算与账户体系

第四章 认识现实的金融世界：中国的金融机构与业务

203 第一节 金融工程关于金融机构的分类

206 第二节 商业银行的业务及中国工商银行财报分析与估值

232 第三节 保险公司的业务及中国人寿财报分析与估值

253 第四节 资管机构的业务及陕西国投财报分析与估值

263 第五节 证券公司等其他机构的业务及海通证券财报分析与估值

279 第六节 结构化金融：理解所有金融机构和业务的统一模型

第五章 特定合成应用：保尔森做空次贷赚超百亿美元的案例分析

286 第一节 保尔森做空次贷案例的背景介绍

292 第二节 保尔森做空次贷的案例分析

308 第三节 从保尔森案例看金融工程的特定合成方法：原理与步骤

313 第四节 金融工程的特定合成方法与金融机构的商业模式

目 录

第六章 金融工程工具与技术应用示例：结构化金融与资产证券化

325　第一节　结构化金融与资产证券化理论概述

341　第二节　结构化金融

387　第三节　资产证券化

第七章 互联网金融创新的工程学分析：蚂蚁金服的案例分析与金融系统工程设计

447　第一节　互联网金融概述

461　第二节　新货币论：基于银行货币史的推广

485　第三节　蚂蚁金服的新型货币创造：系统工程的分析

495　第四节　互联网金融的创新：特定合成各类金融机构

第八章 金融工程师的经济工程学：次贷案例的总结以及金融驱动的现代经济体系

516　第一节　从系统工程的角度来看待次贷危机及现代经济的运行机制

553　第二节　从系统工程学的角度分析经济问题

559　后记

前　言
金融工程师的金融实战观

一、一本金融工程师的业务实战书

本书是写给那些有志于在金融领域工作和发展的人，也是写给那些真正对金融感兴趣的人。本书梳理了笔者对于金融工程学的思考和理解，并将这些思考和认识形成一种系统化的阐述。本书基于金融工程的抽象方法，从金融产品的创设、定价与交易、风险管理、金融业务创新、套利等方面进行分析，试图提供一个理解和分析这些不同类型的具体金融产品及金融业务的一致性框架。在讨论中国金融现实世界的同时，本书也介绍了一些解决金融问题的方法论以及一些技术和工具。

聚焦于国内实务金融领域中工程学方法和工具的应用，本书涉及的内容比较广泛，包括以下领域：资产融资、（房地产和基础设施）项目融资、资产证券化、融资租赁、供应链金融、结构化产品、杠杆并购、互联网金融、中小企业私募债、资产管理业务、衍生品、支付结算体系、货币政策等。由于涉及的题材范围较广，加之笔者的能力水平有限，本书无法形成如教科书般严密完整的理论体系。从某个方面来讲，这本书更接近于一个金融实践者关于金融实践的经验总结和理论思考，其中很多是作者从大量金融业内人士中收集归纳的金融智慧。

我在参与翻译《结构化金融与证券化系列丛书》及《PPP 与项目融

资系列丛书》的过程中,对国外现代金融有了更加微观而细致的全新认识。同时,由于我多年来一直在从事资产证券化、结构化非标融资等具体金融业务,在长时间的业务实践和思考过程中,我认识到,微观层面的金融产品和业务、中观层面的金融体系以及宏观层面的经济金融理论,三者之间有着非常紧密的联系。然而,对于这三者的关系,虽然从事实务的金融人士会隐约形成一种直觉,并将这种直觉应用于业务开展的过程,但是很少有人将其形成逻辑结构严密的理论。

个人认为,当前的金融理论,为了建模的简便性而经过层层抽象之后,已经和具体的金融实务脱离太远。这些理论相对来说比较抽象,往往更多是原理性的,很难直接用于指导金融实践。以物理为例,根据相对论理论,能够推导出能量等于质量和光速平方之积的结论。这一结论能够为人们制造原子弹和利用核能发电提供理论指导。然而,仅仅依靠相对论的物理知识,是无法造出原子弹和核电厂的。建造原子弹和核电厂本质上是工程活动,需要应用工程学的方法和技术。

当前国内的金融学科教学相对偏重理论而忽视实践。事实上,除了极少数学术精英未来可能从事理论研究方面的工作之外,大部分人都是从事实践工作的。学校在实践教育方面的不足,使国内出现大量的金融培训机构来提供实践方面的金融教育。但这类培训教育普遍存在一个问题:过于接近实务,着重于某个点,很多内容演变成具体产品的细节讲解和具体业务操作流程的培训课程。

仍然以前述建造核电厂的例子进行类比,很多培训类似于培训工人如何看懂图纸进行砌砖施工。中国当前比较缺乏的是介于理论精英和技术工人之间的工程师教育。工程师的职责是完成一个能够解决具体问题的项目,这要求工程师既需要了解科学理论,又需要了解实际施工技术,最终能够创造性地形成和实施解决方案。现实中,电子工程师、电气工程师、土木工程师扮演的都是这样的角色。我国的大学教育在培养这些行业的工程师方面成果卓著。

当前国内缺乏金融工程师教育的原因有很多。一方面与中国传统金融教育形成的惯性有关；另一方面，由国外引进的主流金融工程学是基于国外实践和国外需求，所以都将重点放在金融衍生产品的市场交易、定价和风险管理等方面；这些内容在某种程度上领先于中国金融市场的发展，与中国的实践脱节。同时，由于中国的金融体系发展过于迅速，学界在信息获取方面一直落后于业界，加之学术研究讲究严谨细密，更加影响了时效性。这些因素都使学界的研究成果难以跟上业界实践需要的步伐。

什么才是中国需要的金融工程学呢？类比电子工程学的定义，我们从特定领域的工程学的角度去理解金融工程学，将金融工程学定义为"解决金融领域问题的工程学，以工程学的方法和工具，研究和解决金融产品的创设、定价与交易、风险管理及金融创新等方面问题的理论和技术"。这是一种应用导向和实践导向的定义。

郑振龙等在《金融工程》一书中，给金融工程下了一个定义：金融工程是以金融产品和解决方案的设计、金融产品的定价与风险管理为主要内容，运用现代金融学、数理和工程方法与信息技术的理论与技术，对基础产品与金融衍生产品进行组合与分解，以达到创造性地解决金融问题的根本目的的学科与技术。[1] 这个定义基本上与本书的观点一致，但是《金融工程》一书仍然侧重讨论衍生品领域。从金融实务的角度来看，当前国内从事衍生品相关工作的金融人员比例可能不到金融从业人员总数的 0.1%。真正的金融工程学，应该能为所有金融行业的从业人员提供必要的知识、工具和思维训练。

---

[1] 郑振龙等，《金融工程》（第四版），高等教育出版社，2016。

当前最贴合本书这种应用导向和实践导向的金融工程学的教材或者书籍，是萨利赫·N.内夫特奇（Salih N.Neftci）所著的《金融工程学原理》以及斯科特·梅森（Scott P. Mason）与罗伯特·默顿（Robert C. Merton）等人合著的《金融工程学案例：金融创新的应用研究》。前者从美国金融市场的实践者进行金融实务操作的角度，介绍和分析各类金融产品的工程，包括现金流工程、简单利率衍生工具工程、互换工程、期权工程、固定收益工程、结构化产品工程、信用违约互换工程等。该书对于各类金融产品的工程介绍比较全面，同时结合各类产品工程，讨论金融工程的静态复制、动态复制和无套利定价方法等金融工程的技术和工具，并非局限于简单的衍生品工程。后者则提出了从金融职能的发挥而不是金融的具体形式这一金融本质去理解金融的深刻思想，并且提供了许多具体的金融市场套利、产品创设和风险管理的案例分析。《金融工程学原理》一书站在金融产品工程的角度，偏向于二级市场的产品创设、交易和套利。《金融工程学案例》一书原本是用于美国 MBA 课堂讨论的背景材料，内容点到为止，有关案例的讨论部分很少。

对于国内读者而言，两本书的针对性都不够。一方面，中国金融体系的结构和美国有很大不同。这两本书的内容都是基于美国金融市场的实践，没有深入中国市场的实际情况，致力于为美国的金融实践者提供帮助，难以直接应用于中国的实践。另一方面，两本书对于金融的融资交易的工具或产品，如结构化融资、项目融资、资产证券化、供应链融资、结构化产品等方面介绍较少，而在中国，这些是金融人士在解决金融问题时的常用工具。

细节决定成败。从解决实际问题的角度而言，对于特定环境和约束条件的认识非常关键。金融理论很多时候将这些金融环境和约束条件的细节抽象化了。使用不同工具的工程人员，在解决特定问题时的效率不同。比如,在中国这样一个没有足够流动性和足够深度规模的衍生品市场的金融体系里,国外很多基于对冲的金融工程方法无法实施。因此,本书在第三章和第四章分别介绍了中国的金融市场与产品,以及中国的金融机构与业务,并且与美国的同类事物进行对比,突出中国弱式有效市场的独特性质及其对金融工程实施的影响。

二、本书的创新观点

相比强调体系完整,本书的理论更强调开放;相比追求逻辑严密,本书的分析更注重直接实用;相比追求精确,本书的结论更注重提供启发。本书所论述的观点并非作者全部原创,但求兼容并蓄以解决实际问题。从某种程度来讲,这本书是金融工程师的工作手册,类似软件工程师的软件编程实战著作。

摆脱了学术研究要求严谨细密的束缚之后,笔者的思想得到了解放,在分析很多具体事物的时候,有时候试图从一个与当前主流框架并不完全一致的角度,以更加现代化的金融理念进行分析。在此需要向读者强调,本书中笔者提出的很多另类观点,尚存值得读者推敲的空间。

比如,本书站在金融机构为应对同行竞争、求得自身的生存和发展而推行金融创新业务的角度,来分析资产证券化的产生和发展。在现实中,商业银行的信贷业务、资本市场的资产证券化和债券发行业务以及大型集团的财务公司的信贷业务,相互之间高度竞争。在这种竞争之下形成了不同的金融体系,各有优势。这些不同的金融体系就是我们通常熟知的商业银行主导的间接金融体系、影子银行主导的直接金融体系、财团主导的金融寡头体系。这是从商业逻辑来分析金融事物及其发展的一种尝试,使得对金融和经济的分析和理解有了更加微观的基础。

又比如,本书从金融的职能是资源的跨期配置和风险管理的角度入手,认为金融职能的发挥对经济体系中的储蓄向投资转化有重大影响。同时,金融职能的具体发挥又高度依赖于微观金融产品和中观的金融体系结构。这意味着,微观金融产品及中观金融体系结构对宏观经济有着重要的影响。

对比日本和美国,我们可以看出金融结构和经济结构之间的关联。在金融与经济相互影响的过程中,两者相互决定。笔者进而提出新的观点:金融决定经济,而不是传统意义上的经济决定金融。这是一种金融工程师的视角。金融决定经济,意味着监管部门可以运用金融工程技术来管理现代经济。通过金融工程的手段管理经济,是一种介于货币政策和财政政策之间的中观手段。相比当前的货币政策,金融工程手段更加微观,可以实施结构化的货币政策;相比财政政策,金融工程手段更加宏观,更强调发挥金融市场的职能。

艾伦·格林斯潘在其长达近20年的美联储主席任期内,为我们提供了运用金融工程管理现代经济的案例。他先是在20世纪90年代推动股票泡沫,刺激新经济投资,又在21世纪的前10年里推动房地产泡沫,强行拉动经济避免经济萧条。由于次贷危机,当前美国国内对格林斯潘有片面或错误的认知,认为其忽视了货币宽松对资产泡沫的推动作用。事实上,早在20世纪50年代,格林斯潘就认识到美国的货币宽松将会推动美国的股票、房地产等市场的泡沫,还进一步认为这类泡沫会提振投资与消费。特定的泡沫影响特定的经济行为,泡沫运用得当也能够推动经济发展。但是,我们需要充分理解中国国情和美国国情的不同,防范泡沫带来的问题。

中国可以借鉴美联储的金融工程管理经济的做法。比如,成立科创板基金,大量认购科创板的股票,可以将资本有效输入创新创业领域当中。这种金融工程手段,或许有助于解决货币政策过于宏观,非"大水漫灌"则无法使资金流向创新创业领域的问题。相比给予特定行业企业财政补贴的财政政策,这种金融工程手段能够发挥资本市场的价格发现作用和资源配置的作用,避免财政过于微观带来的补贴不当、权力寻租等问题。

催生泡沫必然有代价。通过这类金融工程手段催生股票泡沫,泡沫破灭则会影响金融体系的稳定。然而,经济学讲究收益与成本的权衡。如果资产泡沫对于经济推动所带来的收益大于泡沫的成本,那么资产泡沫某种程度上是有利的。

西方国家主流偏向使用宏观的手段管理宏观经济。这种宏观手段的应用与西方政府的权力受到较大的限制有关。然而,即使是这样的背景下,时任美联储主席本·伯南克也利用制度赋予美联储的权力,通过量化宽松实施了结构化的货币政策。在量化宽松的实施过程中,美联储直接购买了垃圾债券、私人类 MBS 等风险资产。这些资产在当时被称为"有毒资产",市场流动性严重不足。美联储的购买行为直接支持了这些特定金融市场的发展。笔者基于对于量化宽松的理解,认为伯南克是"以中央银行家之名,行金融工程师和对冲基金经理之实"。

从工程学的角度来讲,可以使用的工具越多,解决问题的能力越强。相比而言,中国政府可以进行宏观经济管理的手段和工具更加多元,也意味着中国政府解决经济问题的能力更强。

笔者基于对于央行货币和银行货币的研究,尤其是银行票据(存款)从普通的金融产品演变为货币的发展史,提出"新货币论"的观点。"新货币论"的观点认为,除了央行货币(M0)的货币属性是由法定赋予之外,其他金融产品在货币性方面,相互之间只有量的差别,没有质的差别。银行票据(存款)的较强的货币性,并不是"与生俱来"的性质,或是由法律强制赋予的,而是来自商业银行体系的一系列制度设计与业务架构。其他非银行机构同样可以运用这些手段,提高自己产品的货币属性。这一观点与本书重点介绍的金融工程学"特定合成"技术的原理是一致的。

三、本书的价值

本书可以作为中国金融体系的一个向导,介绍中国金融的真实世界。将中国的金融制度、金融机构、金融业务、金融产品等,放在一个与国外同类事物进行比较分析的框架里进行介绍,帮助读者迅速进入实战状态。

我国当前的金融学理论很多都引用自国外的现成理论。在解释或预测中国的金融现象时,通常是将中国的特殊国情代入国外现成理论,然后通过演绎逻辑进行推理得出结论。美国的金融理论和金融实践的关系是:先有美国金融实践的经验,经验总结形成符合美国金融实践的理论,而后美国理论再指导美国实践。中国的金融理论和金融实践的关系在很多时候是:观察美国金融实践的经验,研究符合美国金融实践的理论,却用美国理论指导中国金融实践。

这种方法论用于自然科学领域,或许不会产生较大的问题。然而,这种方法用于社会领域时,我们却经常发现,理论推导的结论和实践观察的现象有时候会出现明显的不一致。根本原因在于,中国的金融体系和美国的金融体系是两个完全不同的金融体系,是两个不同的"物种",很多西方金融理论基本的或是隐含的假设条件在中国并不成立。

我之前在翻译的《结构化金融与证券化系列丛书》的序言中写道:"当前国内金融体系日新月异,变化迅速。从业人员在金融实践中隐约感知到了旧有理论与实践存在着的偏差,却缺乏足够的勇气去批判自己原先所受过的传统经济学与金融学的教育。这导致了两种情况的出现。一种情况就是所谓的跨界观念,即非金融专业人士能够比金融专业人士对于创新金融更有优势。这是一种明显违背专业分工原理的观念。这一观念的确有着现实基础,那就是非金融专业的人员在突破旧有金融观念的束缚方面,阻力更少。另一种情况是金融专业人士仍然抱着传统的观念,不敢越雷池一步,从而不断遭受着非金融专业人士的创新打击与嘲弄。"

根据金融从业经验的实际观察,笔者发现中国金融市场中存在很多当前金融理论不能合理解释的现象,这些反常现象和中国的金融市场是分割的特征有关,和套利活动受到限制有关。金融学理论的很多结论是基于市场主体能够自主决策进行金融交易的前提才能成立。当有套利机会出现的时候,经济主体会通过交易进行套利,从而达到最终的均衡结果。很多金融理论的推论,其实隐含了金融工程学的无风险套利的前提假设。

在此处仅列举几个反常现象的例子,予以简单说明。

反常现象一:某房地产公司的信用债的利率,比这家公司的地产抵押融资成本要低。典型的 AA+ 民营地产企业发行债券的成本在 8% ~ 10% 之间。而同时,项目公司以土地抵押获得信托贷款的融资成本为 11%。通常,项目公司的融资既有地产抵押,又有 AA+ 地产企业对融资提供担保,其信用风险显然比 AA+ 地产企业的信用债券要低。

利差倒挂,和我们以往所知"风险和收益成正比(相关)"的金融常识相违背。之所以会出现这种反常现象,是因为中国金融产品的创设、上市、投资和交易都要受到各类管制。在原有"分业经营,分业监管"的体系下,不同监管体系的金融产品,即使信用风险相同,但是在流动性、监管成本、资金募集等各方面都存在很大的差别。

比如，购买信用债的投资机构，很多时候无法购买信托产品或是购买信托产品受到规模的限制。因此，虽然从风险收益的角度，购买有土地抵押的项目贷款收益更高且风险更小，但是这些投资机构受到投资范围的限制而无法购买。另外，中国的债券发行需要监管部门的审批，发行规模受到发债主体的净资产规模等限制，即使房地产企业愿意以更低成本的信用债券来融资，但是因为受到监管限制，仍然无法发行足够规模的债券。

如果是在美国的金融市场里，投资银行会通过将信托产品进行证券化来套利。典型的操作就是设立 CDO 产品。CDO 面向机构投资者募集资金，然后用于向地产项目公司发放地产抵押贷款。CDO 作为证券，可以销售给债券投资者。债券投资者基于正常的风险偏好，在相同的利率下，更愿意购买信用风险更低的 CDO 产品。投资银行则可以获取高利率项目贷款和低利率的信用债之间的利差。这种套利行为使无担保的信用债利率和有抵押的项目贷款的利率逐渐接近，并最终恢复到"风险和收益相匹配"的合理水平。美国的 CDO 产品很多从事套利业务。正是因为有这些套利的存在，市场才获得了有效性。

西方金融学理论中有一个著名的"有效市场假说"。很多金融理论都是建立在有效市场假说的前提之上才能成立，正如牛顿力学定律只有在牛顿坐标系才能成立一样。中国金融市场的特殊性在于，市场有效度较低。金融人士需要根据具体情况辨别，市场是处于"有效"还是"无效"的状态。这需要我们摒弃一些现有的金融原理，从更深层次的经济学原理甚至是人类行为学的角度去分析金融事物。

反常现象二：很多中国投资者在投资证券等金融产品时所表现出的风险偏好，并非金融理论中的风险中性或者风险回避特征。风险回避意味着投资者在承担风险时会要求更高的预期收益率,这是人的正常心理特征。虽然有行为金融学研究指出,彩票的预期收益率为负,仍然有大量个人购买,但是彩票的市场规模很小,通常并不被视为金融投资品。

根据对金融现实状况的观察,中国投资者的风险偏好,不是表现为一个预期收益率要求随着风险增加而增加的向上的曲线,而是预期收益率随着风险增加而快速增加,但是风险超过了一定程度之后,预期收益率不降反升。这是一种比较极端的风险偏好。

一部分投资者在风险低的时候特别回避风险,这体现在理财产品、银行存款等产品广受欢迎。投资者购买理财产品要求刚性兑付,但是能够接受非常低的收益。还有一部分投资者在风险高的时候热烈追求风险,这体现在中国的股票投资市场。股票价格的高度波动使很多投资者在熊市中血本无归,这些都反映了股票投资的高风险。20年期间股市的回报甚至低于国债,但是即使历史数据显示股票投资具有高风险和低收益的特征,仍然有人乐此不疲。而风险介于银行存款等高信用产品和股票之间的高收益债券产品,按照风险补偿定价原理,收益率在 8%~12%,这类产品却很难销售。

投资者的这种风险偏好特征使中国金融市场出现一种与公司金融理论不相符的现象,即上市公司信用债券融资相比股票融资更难,成本更高。大量 AA 评级及以下的民营上市公司很难通过发行信用债券募集资金,但是其发行的股票却能以很高的价格销售出去。如果根据风险定价原理,股权的风险大于债权风险,因而股权融资成本应该大于债权融资成本,但理论和现实情况并不一致。公司金融有个经典的融资偏好理论,公司的融资优先顺序为内源融资、债权融资和股权融资。实际上,在债权融资成本高于股权融资成本的情况下,上市公司更偏好股权融资,即使为了增发股票需要花费大量交易成本也在所不惜。

金融市场的客观表现是对国民投资者心理的有效测量。如何理解中国国民的这种心理特征及投资群体形成的金融市场的特征?这些特征与中国特有的文化、传统、经济、金融环境等很多方面的因素有关。对于金融工程师而言,关键是在理论的推论和观测到的事实这两者之间出现偏差时,应该选择相信理论推论还是相信事实?科学的态度要求我们应该优先选择相信事实。更关键的问题是,金融工程师如何利用这种推论和事实之间的偏差所提供的机会?宏观层面上,政府利用股票牛市的泡沫使企业通过发行大量的低成本股票募集资金,可以有效降低中国实体企业的融资成本。

反常现象三:无论是从历史违约率的表现还是投资者的预期来看,地方融资平台的信用风险都很低。但是金融市场中却存在着很多债务人是政府融资平台的高成本的政信信托产品,这类产品在很长一段时间里为金融机构提供了无(低)风险套利的机会,究其根源,这种现象的产生与融资平台不是纯粹的市场化主体有很大关系。利率等价格手段对市场化主体的影响重大,但是对预算软约束的非市场化主体影响并不明显。依此推论,以利率等价格手段去控制一个国家的国债发行规模,远不如以权力和预算制度去控制有效。

反常现象四:中国的房价自 2003 年起,在很长的时间内一直保持上涨趋势,没有出现大幅度的价格下跌。这与国外房地产市场有较强的周期性特征相比,有较大的区别。背后有哪些中国特有的因素?笔者认为,房地产企业股票融资受到限制是中国房价能够维持很长时期没有大幅回落的重要原因之一。如果中国的房地产企业可以通过发行股票融资,那么将会像美国市场那样,有大量的资本进入房地产市场,迅速推高泡沫到无法维持的地步。中国的房地产企业股票融资受到限制,反而保护了现有大中型房地产企业不会受到资本供给过剩的冲击。经济学理论也告诉我们,当某个行业存在超额利润的时候,其他行业的资本会流入,最终导致资本回报趋平。正是这种资本流入的限制,中国的房地产行业才能够在长时间内保持较高的资本回报水平。

反常现象五:单纯从货币投放数量的角度来看,中国的货币投放量增速非常高,却没有引起恶性通货膨胀。中国的物价稳定,经济持续发展。如何理解这种和宏观经济学原理不一致的现象?本书认为,货币的职能发挥与金融体系有关,在不同的金融体系中,货币的职能发挥甚至货币的内涵和外延都不相同。不同企业的财务指标尚且存在不同公司之间是否具有可比性的问题。和货币相关的指标,如社会杠杆率等,同样存在不同金融体系之间是否具备可比性的问题。美国的金融体系里,大量货币是被非银行体系(比如影子银行)所创造的,在货币统计时没有统计进去。用同样的指标比较中美两个不同的金融体系,可比性问题会导致很多错误的结论。

以软件工程学为例类比理解。一个是运行在苹果 macOS 操作系统上的应用软件,一个是运行在微软 Windows 操作系统上的应用软件。应用软件移植的时候,若出现不兼容,需要比较两种操作系统的异同,深入分析为不同操作系统提供支持的底层架构。

以上列举的几个现象是笔者作为一线金融实践者的观察和前沿性的思考,希望能引发读者们的思考。关键要点在于,中国这种处于转型期的金融体系,无法套用现成的金融理论完全以演绎逻辑的思维方式去理解。

四、金融工程对于金融事物本质抽象的作用

默顿提出了一种金融工程学的重要思想,即理解金融事物需要从

金融职能发挥的角度，而不是从金融事物的外在形式去分析金融事物。人们根据这种思想进行思考，更能够深入理解事物的本质。好比约翰·冯·诺依曼（John von Neumann）在观察了当时刚刚发明的计算机之后，提出了对计算机的抽象定义模型，即计算机是由中央处理器、存储器和输入输出设备等组成的可以进行计算的机器。这种抽象认识，也是从计算机各部件发挥的职能的角度，而不是具体的外在形式去分析计算机这一新生事物。

有了抽象的理解之后，思维和认识才能够避免具象的约束。比如将打孔纸带抽象为信息传输设备之后，就摆脱了纸带这种特定媒介事物的观念约束，任何可以输入信息的事物包括键盘、压力传感器（如手机触摸屏），都是一种特定的输入设备。这些设备和打孔纸带没有本质的区别。抽象的思维方法对于各类创新非常关键。

为了展现将金融事物抽象化的作用和意义，本书介绍了笔者在金融实践中曾经开发并实际运行过的金融业务系统。通过对产品和业务的抽象，将产品抽象为一系列状态依附的现金流，将业务抽象为证券的发行、交易和再打包，系统可以在不改变程序代码的情况下，开展各类金融业务，如信用卡、应收账款转让、期货交易等。

运用金融工程学原理对各类金融事物的抽象认知，本书致力于帮助读者更好地理解金融的本质，用更一般化的理论框架来调和解释中国金融和美国金融，这种框架既能够解释中国的特色现象，又遵循西方的金融学原理。这种思维方式可以类比相对论对待牛顿力学的处理方法。相对论并没有否定牛顿力学的正确性，而是揭示了牛顿力学定律只在低速运动时正确的局限性。

当然，由于笔者自身的水平能力等原因，很多认识和观点难免存在不足之处。金融与其说是一门理论，不如说是一门实践。很多实践性强的领域,往往是运动员的水平高出教练许多。笔者的观点是实践的经验总结,本身也在随着从业者的金融实践经历而发生变化。非常期待读者们批评指正。

现实世界的金融问题
金融工程师的视角

第一章

第一章
现实世界的金融问题：金融工程师的视角

第一节　国内现实金融问题的相关案例

本节仅提供几个国内资本市场的案例，这里不作深入分析，本书会在其他章节对相关问题从不同的角度进行详细地讨论分析。

这些案例能够帮助我们认识到中国金融市场的特殊性，对于从事实践的金融从业人员而言，在很多情况下对现实金融市场的认识比理解金融理论更加重要。当前很多金融理论都是立足于国外的成熟市场并对其进行高度抽象之后的产物，和现实存在偏差，特别是和中国金融的实际环境存在较大偏差。有时候，甚至会出现理论和实践完全相反的情况。

1. 债券结构化发行案例

2018年，中国的金融市场上开始兴起一种债券结构化发行的业务模式。这种业务的操作模式是：证券公司或基金公司设立资管产品，发行人通过关联方出资认购资管产品，资管产品的资金认购发行人自己发行的债券，交易结构如图1-1所示。资管产品认购并且持有债券的资金来自两方面：一是关联方提供的资金，二是通过将债券质押回购获得的资金。由于关联方和债券发行人本来就是共同体，扣除关联方出资成立资管产品的资金，发行人实际获得的资金就是通过质押回购获得的资金。

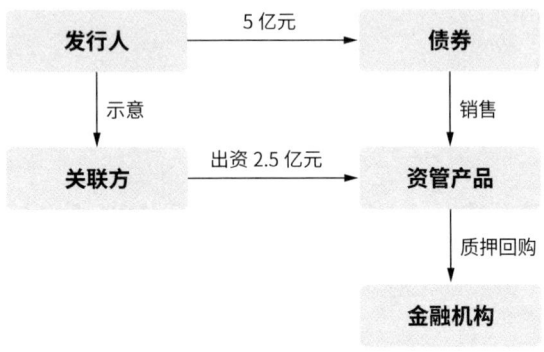

图1-1 债券结构化发行的交易结构

为什么会出现这样的模式？发行人自己出钱通过资管产品的通道购买自己发行的债券，有没有涉嫌违反证券市场相关法律法规，比如操纵证券市场价格？这样的金融工程设计解决了什么问题？

这一模式出现得较为密集的时间段是 2018 年下半年至 2019 年上半年。2018 年以来，中国推行去杠杆政策、"资管新规"政策，金融进入"强监管"时代等，在规范金融机构业务发展的同时，之前那些基于违规业务的信贷创造或货币创造也在一定程度上受到了影响。金融体系在短时间内出现了流动性紧张，很多高负债企业在这种流动性紧张的金融环境里发生了流动性危机，很多企业债券发行困难。虽然它们获得了证券交易所或证监会等批复的债券发行许可文件，但是市场没有资金认购。市场缺乏流动性是最为关键的因素。还有一个主要的因素是，金融市场在面对未来较大的不确定性时，不愿意购买长期限的债券产品。

通过这种结构化操作，债券发行人实际上是将长期限的债券转换为短期限的债券质押回购。这种操作有两方面的好处：一是解决了长期限的债券无人购买的问题；二是质押回购的利率相比债券利率要低很多，有一定的套利空间。每次回购到期之后都要寻找新的交易对手，提供融资的债券发行人承担了较大的流动性风险。资管机构作为这一创新金融产品的推动者,协助寻找质押回购的交易对手,但并不会提供书面承诺来保障回购资金的来源稳定。

美国的金融市场存在着类似的短期限的融资工具——商业票据。很多大型企业用这种工具进行融资以满足临时性的资金需求。如果这种类型的资金被用于长期性投资,必然会给企业带来流动性风险。通过商业票据完成短期融资是一种灵活的工具,但目前在中国这种手段尚不成熟的背景下,债券结构化发行实际上可以看作利用金融工程的"特定合成"手法,特定合成了美式的商业票据。只不过美式商业票据是由企业直接面向金融机构发行短期限的票据产品来获得资金,而此处的创新工具是通过资管产品面向金融机构进行质押回购来获得资金。

如果企业合理运用这种工具作为整体债务的部分构成,单纯用来解决短期的、临时性的资金需求的话,这种创新金融工具能够减少企业的财务成本。

2. 东方园林流动性压力案例

2018年,在宏观去杠杆政策之下,很多企业经受流动性压力测试。一些高杠杆、债务结构不合理的企业出现了流动性危机。一个较为有名的案例就是东方园林的流动性压力问题。东方园林属于行业龙头,各方面财务指标优异,但2018年的一个事件,引发了市场对于东方园林的担忧。

2018年,东方园林一期总规模10亿元的债券在募集资金时,认购额度不足,最终只募得5,000万元。这一发行结果的公告出来之后,资本市场有些机构产生了担忧:企业是不是现金流紧张?为什么连5,000

万元的资金都如此渴求?

这里涉及一个中国债券承销发行的惯例。国外的债券承销,尤其是高信用级别的债券承销,较多是由主承销商先以自有资金全部购买要发行的债券,再由主承销商销售给其他投资者。这种模式是全额包销模式。因此,不存在10亿元规模的债券只募集到5,000万元的情况。债券遭遇市场变化而发行困难或价格下行的风险,被主承销商承担了。而国内的债券承销普遍采取余额包销模式,实际上就是代销模式。严格来讲,国内的主承销商并不是真正的承销,而是销售中介。主承销商只是帮助发行人寻找买家,自己并不参与交易环节。债券发行能否成功等相关风险,都由发行人承担。

投资者对于发债企业现金流的担心影响了其债券发行,债券发行困难导致发债企业出现流动性紧张,最终使市场的担心成为事实。这是一种"预期的自我实现",这一理论曾被克鲁格曼用来解释东南亚金融危机。

实际上,大部分正常运作的企业都存在"预期的自我实现"的流动性危机。这是因为企业的资产和负债的期限结构存在错配。通常而言,企业的资产需要经过较长周期才能回收现金流,这种现金流的回收受到产品市场情况的影响,存在不确定性。与此同时,企业的负债则根据借款协议,具备刚性兑付的特征。正常的企业都需要滚动债务来维持资产负债表的平衡。如果债务到期不能续期,就会对企业的资金周转造成影响;或者,企业在这种情况下被迫去杠杆。

那么,为什么东方园林这么优秀的企业,市场也会有机构担心企业现金流会出现问题?有两个方面的考量。

一方面是东方园林的商业模式。东方园林通过大量举债获得资金,进行工程建设和PPP项目投资。从供应链金融的角度分析,东方园

第一章
现实世界的金融问题：金融工程师的视角

林通过应收、预付等方式为供应链上下游的机构提供的资金为337亿元，通过应付、预收等方式从供应链上下游的机构获得负债资金为224亿元。两相抵销，东方园林合计为供应链上下游提供净资金规模为113亿元。简单而言，东方园林举债获得资金之后，通过为下游客户垫资进行工程建设。下游客户在工程建设完成之后，分年分批支付工程款，这形成资产负债表中的工程应收款。还没有建设完成的工程，体现为资产负债表中的在建工程。

我国从2015年起开始推行PPP模式。在东方园林的案例里，PPP模式就是东方园林出资成立PPP项目公司，然后由项目公司融资用于建设。项目建设完成后，对外提供服务，从政府或市场化主体处获得收入。项目的回报周期通常长达10年。项目公司凭借自身难以获得融资。因此，东方园林以自有资金投资PPP项目公司。这部分投资规模约为100亿元，要在很长的时间内才能够回收。

从商业模式的角度分析，这种类型业务的核心是供应链金融的应用。通过为下游客户提供资金支持，有助于获得工程建设的合同，工程建设合同具有较高的毛利润率，而且垫资部分本身也有利息回报。

探究东方园林出现流动性紧张的问题根源，我们可以先从其主要财务指标入手。2017—2019年东方园林的财务报表摘要见表1-1。

表1-1 2017—2019年东方园林的财务报表摘要（单位：元）

项目	2017年	2018年	2019年
总资产	35,114,336,798.86	42,092,629,182.07	41,811,501,216.44
净资产	11,370,171,051.45	12,908,604,336.20	12,427,324,714.66
总收入	15,226,101,711.79	13,293,159,246.99	8,133,197,164.62
净利润	2,220,625,861.87	1,590,973,215.28	44,112,265.72
经营性现金流量	2,923,561,888.02	50,929,243.73	-1,327,470,823.52
资产负债率	67.62%	69.33%	71.04%

续表

项目	2017 年	2018 年	2019 年
净资产回报率	19.53%	12.32%	0.41%

从财务指标来看,在市场担心东方园林会发生流动性紧张时,东方园林的财务指标较为优异。当时,PPP方兴未艾,东方园林作为PPP概念的龙头股,风头正劲。2017年末,股价最高曾达到22.8元,与此形成鲜明对比的是,2020年5月的股价仅为5元。通过财务分析发现,东方园林的流动比率不到1,速动比率只有0.43。单从数据而言,这通常表明企业高度依赖融资,应对去杠杆的能力较弱。

出现流动性紧张另一个方面的因素是,东方园林的债务结构中存在较大规模的债券。通常认为,资金的来源渠道越多元化,企业的资金越稳定。但就中国的现实金融环境而言,在去杠杆的流动性压力测试中,大量通过债券融资的民营企业,相比没有通过债券融资的民营企业,受到的冲击反而更大。

这种反常情况的根本原因是中国的债券市场更加市场化,而银行贷款则受到更多的非市场化因素影响。比较典型的是,如果银行抽贷造成企业流动性危机,通常会受到金融监管部门的重视和窗口指导,甚至有时候地方政府会出面组织企业与企业的债权人——银行进行协调。这种非市场化的因素,在一定程度上保障了来自银行的资金的稳定性。

相比来自银行的资金,债券的投资者更加分散,更加市场化。当市场出现动荡时,之前发行的债券到期后,企业会发行新的债券进行滚动,但投资者不愿意购买债券。由于更加市场化,债券市场缺乏像银行那样的协调机制来保障和促使投资者认购债券,这种因素使债券市场的资金来源更加不稳定。中国的特殊情形使现实和理论出现了偏离,那些积极进行融资创新、拓展资金渠道的企业,反而受到更大冲击。

第一章
现实世界的金融问题：金融工程师的视角

这个案例可以让我们进一步认识到金融现实和理论的不一致。理解这种不一致对于金融工程师的实践而言有着重要意义，因为盲目相信金融理论会造成重大的不利结果。

3. 中国特色的杠杆式并购案例：格力电器

2019年，中国的股票市场发生了一起著名的上市公司控制权转让事件，即格力电器案例。这里简单梳理相关情况如下。

2019年12月2日，珠海格力集团有限公司与珠海明骏投资合伙企业（有限合伙）签订《珠海格力集团有限公司与珠海明骏投资合伙企业（有限合伙）关于珠海格力电器股份有限公司15%股份之股份转让协议》。根据协议，格力集团拟以46.17元/股的价格向珠海明骏转让持有的公司902,359,632股无限售条件流通股，总价款为41,661,944,209.44元。其中，珠海明骏合伙人出资的自有资金为218.5亿元，以股票质押向银行贷款约208亿元。本次股份转让过户登记完成后，珠海明骏将持有格力集团902,359,632股股份，持股比例为15%，为公司单一第一大股东。

根据公开披露的相关信息，珠海明骏是由著名私募基金高瓴资本和格力电器董事长董明珠合作成立的专门用于并购格力电器的有限合伙企业。珠海明骏的股权结构如图1-2所示。

珠海明骏投资合伙企业将格力电器的股票进行质押，其具体情况如下：珠海明骏将其持有的902,359,632股股票质押给招商银行股份有限公司珠海分行（以下简称"招商银行"），质押起始日为2020年2月13日，质押到期日为2026年12月16日。

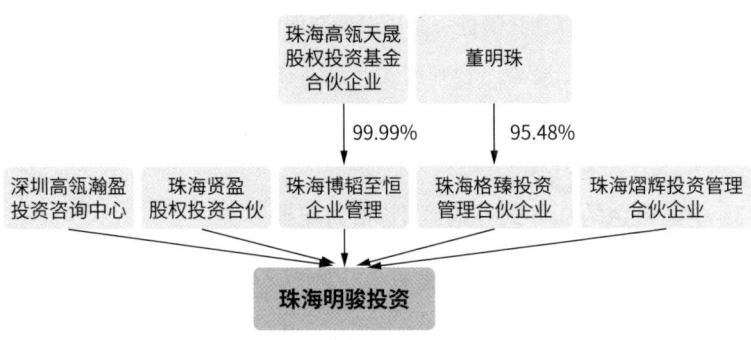

图 1-2 珠海明骏的股权结构

2019年12月,珠海明骏与招商银行、中国银行、平安银行、浦发银行等合计七家银行签订了贷款协议,贷款总额为 20,830,972,104.72元。贷款协议项下的融资安排不存在不利于上市公司股权稳定性的协议或条款,亦不存在与上市公司市值涨跌挂钩的补仓或平仓机制,不存在平仓风险。另外,珠海明骏的一致行动人董明珠个人持有的44,488,492股,已质押43,632,750股。

分析格力电器的财报可以发现,格力电器有近1,400亿元的金融资产。这些金融资产的收益回报非常低,约为1.6%,说明格力电器的资金使用效率有待提高。同时,格力电器从金融机构获取的金融负债规模很小,具有较高的财务杠杆提升空间。根据国外的操作惯例,对于现金流充沛、资产负债表中金融资产较多的企业,需要通过分红或股票回购将多余的现金流分配给股东,否则就是一种低效率。管理层如果不进行这样的运作,有可能会引起资本市场的控制权之争。

典型的杠杆化操作的资金来源包括三个部分:一部分是自有资金,通常通过私募募集;一部分是通过发行高收益债券募集的夹层资金;还有一部分是向银行贷款的资金。这些资金用于购买上市公司并将上市公司私有化。在此过程中,上市公司的资本结构出现重大变化。股权

第一章
现实世界的金融问题：金融工程师的视角

资本占比变小，债权资本占比变大。通过提高杠杆，一方面消化上市公司过剩的资金，另一方面提高上市公司的权益回报率。

同样根据格力电器的财报分析，可以认为格力电器非常符合国外的杠杆化收购的标的特征。然而，与国外的杠杆式收购不同的是，由于中国金融市场缺乏相关的金融工具，加之国内的企业上市需要审批，如果退市，后续再上市存在很多不确定性，因此，这种美国市场较为常见的杠杆化操作在国内较少。而且，这种"中国特色的"杠杆式收购几乎没有改变被收购企业的资本结构。

在中国当前没有专门用于并购目的的垃圾债券以及退市、上市存在障碍的条件限制下，格力电器的案例为我们提供了借鉴。格力电器的收购方珠海明骏通过将股票质押向银行贷款，获得了1倍的杠杆资金。2020年，格力电器发布公告，宣布回购部分股票，同时发行中期票据，募集资金100亿元。另外，格力将之前低收益的银行贷款、理财等金融资产，转换为收益更高的信托等金融资产。

这些操作和国外的杠杆式收购有类似之处：一边发行债券，一边回购股票，两者结合的结果改变了公司的资本结构。同时，回购股票还能够提高收购方珠海明骏的持股比例，变相提高了珠海明骏的杠杆。

资本结构的改变对于格力电器这种类型的上市公司来说，可以提高股东的股权价值。关于这一点，20世纪80年代为美国杠杆收购提供夹层资金的"垃圾债券之王"迈克尔·米尔肯（Michael Milken）曾在他的一篇文章《管理公司财务结构》中指出，通过债务来调整资产负债表以提升价值，使投资者收益最大化。米尔肯在文章中写道："大部分公司的管理人员把注意力集中在业务领域，但是除了业务外，通过调整财务也能增加利润。资产负债表中债务和净资产的转换相当于把证券投资组合中的股票换成附带条件的认股权证。忽略这样的事实明显与理性行为不符。"

随着中国经济进入新常态,很多行业进入增长相对缓慢的阶段。行业中的龙头公司产生了大量的现金流,持有充裕的现金类资产,但是常常找不到好的投资方向。这种情况下,这些公司要么将资金用于收购其他中小公司,展开多元化经营,或整合行业上下游进行垂直一体化发展;要么将资金用于回购股票或进行高比例分红。若不这样操作,股东利益受到影响,可能会面临控制权之争。中国的金融工程师基于这种现实情况,在经济理性的推动下,最终会发展出成熟的中国特色杠杆式并购模式。

陷入控制权之争的优质上市公司,其股票价格通常会有上涨的动力。根据格力电器案例提炼出来的模型,还有哪些符合此案例模型的中国上市公司?这是一个实际的金融工程问题,需要运用财务分析的工具。

4. 企业资金的理财运用问题

本小节主要讨论公司的闲余资金在货币资金和交易性金融资产、可供出售的金融资产及持有至到期投资等金融资产之间的权衡配置问题,即财务管理中流动资金管理的一部分:现金和有价证券管理。本书中特称其为资金管理。对于绝大多数实体企业而言,其发放的贷款或形成的应收账款,更多是属于主业经营而不是金融投资的问题,属于营运资产,因此不将应收账款和发放贷款纳入考虑。当然,更全面的讨论应该结合供应链与主营业务考虑。

根据财务管理的理论,企业置存现金主要是满足交易性需要、预防性需要和投机性需要。交易性需要是指满足日常业务的现金支付需要;预防性需要是指置存现金以防发生意外支付;投机性需要是指置存

第一章
现实世界的金融问题：金融工程师的视角

现金用于不寻常的购买机会。企业如果缺乏必要的现金则会产生短缺现金成本。因此，企业现金管理的目标是要在资产的流动性与盈利能力之间作出抉择，以获取最大的长期利润。

财务管理中的鲍曼模型也称为存货模型，用来解决企业如何确定目标现金持有量。在鲍曼模型中，持有现金有两类成本：一是机会成本，即如果用这些现金进行有价证券投资可以获取的收益；二是交易成本，即将有价证券转换为现金要付出的代价。持有现金的总成本就是交易成本与机会成本之和。这两种成本有替代的效应。因此，能够求得一个最优的现金持有规模。

机构法人的资金管理需求为资本市场提供了业务机会。资本市场有两个方面的任务。近几年，国内的上市公司有购买信托产品的行为，其闲余资金的配置从之前单一的银行存款转向多元化的金融产品。之前现金往往是以银行活期存款形式进入商业银行体系。资本市场的一个任务是降低机构法人的无息或低息的现金与活期存款持有量；另一个任务是降低机构法人的现金和活期存款持有规模，选择资本市场的有价证券而不是银行对公存款和理财产品。

鲍曼模型为资本市场指明了方向，一是提高有价证券投资的收益，二是降低有价证券投资的交易成本。在现实中，由于银行存款被视为无风险产品，机构法人还需要额外考虑有价证券投资的风险性。

这里以笔者在实践中遇到的一个金融问题为例，与读者们共同探讨。某家国有投资企业担负着通过投资区内企业引导地区产业发展方向的职能。这使得该企业产生了投机性需要，因此企业持有现金。该企业的现金相对充裕，其中部分现金为活期存款形式，还有部分现金通过定期存款的形式进入商业银行体系。这些存款的收益率都非常低。此外，该企业在商业银行有一年期流动贷款，流动贷款的利率高于其存款利率。这种反常的、不符合经济理性的资金管理方式,无法用国外财务管理理论解释,但在中国确实有其生存的土壤。

笔者与该企业财务高管及管理层分析讨论后提出,在部分银行存款理财产品到期后,将其用于购买证券公司或基金公司的一年期产品。客户的需求是:第一,产品必须要投资低风险的固定收益产品;第二,一年后客户有赎回的权利;第三,收益高于银行一年期存款利率且收益能够获得保底承诺;第四,收益有上行空间,即一年到期后,如果投资收益高出存款利率,企业想要获得这部分收益的至少一定比例。

机构法人和机构投资者与普通投资者最大的区别是,机构法人的金融投资大多属于非主营业务,受制于主营业务的发展战略。因此,机构法人的投资更看重安全性和流动性。国有企业的决策机制进一步强化了这一特点。对于这一需求,资本市场的金融产品难以和同时具备安全性与流动性的银行存款或理财产品有效竞争。在这种情况下,需要投资银行发挥市场风险管理能力与流动性管理能力。金融工程师需要设计出符合用户需求的金融产品。

笔者曾经提出一个方案设想,即设立结构分级的资管产品,优先级与劣后级的资金比例为9:1,优先级资金由国有企业提供,而劣后级资金由证券公司持有,由证券公司销售给风险偏好较强的投资者。劣后级以其本金为限为优先级的保底收益提供支持,即一年后,如果优先级的收益低于4%,则劣后级的资金全部用于弥补其收益差额。同时,对于优先级收益超过4%的部分,由劣后级分享其中的一半。

资管产品用于投资AA级以上的中期票据、企业债券、短期融资券等高信用固定收益产品,能够允许通过7天期的回购或代持方式加进3倍杠杆,即多头头寸最大可以达到理财产品规模的4倍。当时的AA级以上的中期票据和企业债券的市场收益率是4.5%,7天期回购利率是

第一章
现实世界的金融问题：金融工程师的视角

1.5%，代持利率略高。如果优先级能够流通的话，这种产品实际上就是一种合成型CDO。

金融工程需要构造模型用以解决产品的定价和风险控制问题。上述假设条件下，优先级与劣后级的收益如何？劣后级进行这笔交易是否划算？如果划算的话，那么这笔交易中，优先级的保底收益上升到哪一个点的时候，这笔交易将不再划算？如果不是通过劣后级资金的有限保障，而是证券公司通过发行置有总收益互换的债务工具，证券公司以自有资本完全保障优先级的收益，证券公司是否应该或在保底收益低于多少的时候，可以进行这笔交易？这笔交易与证券直接发债以4%融资放大杠杆进行固定收益产品投资在风险与收益方面有什么区别？券商在进行这样的交易时，风险在哪里？又该如何对这些风险进行管理？如何利用国债期货这一风险对冲工具？

我们计算一种最简单的情况，即市场利率不发生变化，购买的AA级产品也不会发生违约。在这种情况下，通过3倍的杠杆运作，资管产品的收益可以达到 $4.5\% + 3 \times (4.5\% - 1.5\%) = 13.5\%$。根据资管产品的条款设计，购买优先级资管产品的投资者可以获得 $4\% + (13.5\% - 4\%) \times 0.5 = 8.75\%$。购买劣后级资管产品的投资者可以获得 $13.5\% + (13.5\% - 8.75\%) \times 9 = 56.25\%$。之所以获得如此高的回报，是因为应用了非常高的杠杆，包括9倍的资管的结构化杠杆和3倍的回购杠杆。

上面这些问题没有标准答案，金融工程基于不同的假设会得出不同的结论。解决这一问题通常需要用到蒙特卡罗模拟方法，即针对市场的不同变化情况计算相应的回报，根据对不同变化情况的概率分布预测，计算回报的分布情况。

个人投资者很容易受到网点便利性和渠道推介的影响。相比个人投资者而言，机构投资者的规模体量更大，因此对收益和风险更加敏感,金融工程更有用武之地。国有企业的风险偏好呈现出一种既回避风险又想获得高收益的特征。这意味着,国有企业偏好现金流特征类似期权的产品。期权价格有可能存在系统性的高估,从而为提供期权的金融机构带来较好的盈利。

另外一种符合国有企业风险偏好的结构化产品是与股指挂钩的资管产品。资管产品投资高信用评级的债券,将本用于提供固定回报的利息部分,用于购买期权。比如,假设普通的资管产品,其市场回报率为 4.5%。现在设计的资管产品年化回报率为 1%,和活期存款相当。还有 3.5% 的部分用于向金融机构购买股指期权。如果股指上涨,则资管产品获得收益;如果股指下跌,资管产品可以获得至少 1% 的回报。

国内的银行理财曾经推出过这类与股指挂钩的金融产品,深受欢迎。后来因为市场上提供期权的金融机构太少,相关产品无法做大规模。这里涉及的金融工程有两个方面:一个是银行理财设计结构化产品,一个是期权做市机构创设和销售期权产品。后者在金融工程方面的设计难度,相比设计与股指挂钩的结构化产品,要大很多。两者的差别,就像用芯片组装电脑和生产芯片的差别。期权做市需要用到更多的金融工程知识和工具。国外的金融工程主要是研究如何为期权等产品进行定价和风险管理,而在国内,很多类似"用芯片组装电脑"的简单金融工程问题都没有得到解决。

第二节　金融外行如何摸清金融门道：金融工程学思维的形成

1. 金融工程学思维简介

约翰·马歇尔（John F. Marshall）和维普尔·班赛尔（Vipul K. Bansal）在其经典教材《金融工程》中给出了金融工程的定义："包括创新型金融工具与金融手段的设计、开发与实施，对金融问题给予创造性的解决。"本书除了产品创设和金融创新之外，还增加了关于市场套利和制度套利的内容。其中，介绍制度套利的原因，是基于制度套利客观存在的现实，主要是为了防范金融机构违背法规进行不当套利，避免在金融创新时"触犯红线"。

金融工程的具体实施包括对金融原理的应用，对金融工具及相关工具的使用（相关工具如数学工具、计算机工具、税收工具、法律工具），以及对经济金融制度的利用，等等。金融工程和结构性金融的定义有相似之处。

金融工程学的应用非常广泛，不但应用于公司和金融机构的层面，也应用于政府以及个人消费者的层面。应该说只要有金融活动的地方，就有金融工程学的应用。约翰·马歇尔曾总结道："金融工程师大体扮演了三种角色：交易方案的制定者（市场参与者）、新观念的创造者

(创新者)和钻法律空子者(在法律边缘活动者)。交易方案的制定者是指为满足客户需要而构造出方案并将其出售给客户,当且仅当该方案能够以可能的最低成本实现客户的目标,并且不会有什么潜在的风险时,该方案才是最优方案。创新者是指那些创造新的金融产品与手段的人。他们常常与方案制定者合作,在现有的金融产品与手段不能满足客户需要时,设计新的产品。而在法律边缘活动的人则努力寻找和利用各种漏洞。他们精熟于会计与税法,一旦发现其中不对称的部分便找出套利的办法。这些人的活动常常会使一些漏洞存在。"[1]

金融学与金融工程学的区别,就像科学与技术的区别一样。科学是去指导人们认识事物,技术则是去改变或创造事物。严格来说,金融工程不能被称为一门科学或学科,而是一种金融实践的指导原则和方法。正如马克思所说,哲学家们只是用不同的方式解释世界,而问题在于改变世界。因此,对于金融从业人员而言,只懂金融学却不懂金融工程学的话,很难真正有效地从事金融实践。

金融工程作为一种解决客户特殊金融问题的系统方法,通常可分为以下五个步骤。

第一步,识别金融问题的实质与根源。

第二步,根据当前的金融制度与金融技术找出解决问题的最佳方案。

第三步,通过承销法或直接参与法,或者两者结合的方法来生产一种新工具。

第四步,确定生产成本和边际收益。

第五步,为满足每个客户的特殊需求,对工具进行修正。

工程学思维和学术思维存在差别。工程学的目的是解决实际问

---

[1] 约翰·马歇尔等,《金融工程》,清华大学出版社,1998。

第一章
现实世界的金融问题：金融工程师的视角

题,强调实用和经济理性。学术研究的目的是认识事物的本质,强调创新和完整性。以建造大桥为例,对于工程师而言,相比采取什么样的理论,在预算约束之内建造出符合使用要求的大桥才是其最终目标;对于学者而言,去研究一个和世界上其他地方构造雷同的大桥没有意义。当前的金融学内容体系更多是学术思维在主导。

工程师在解决问题时,有时候提供的解决方案不会苛求逻辑的严密性和理论的完整性,很多措施可能完全基于直觉或依赖经验,因为在某些情况下,如果一味苛求逻辑严密性,在时间、成本等方面付出的代价更高。巴菲特在对企业进行估值的时候,表达过类似思维模式的观点:我宁愿模糊的正确,也不要精确的错误。

工程师是在现实世界开展活动,学者更多是基于抽象后的虚拟世界进行思考。正因如此,工程师必须接受现实世界的不完美,或者接受现实世界和理论中的理想假设存在较大的差异。面对这种差异时,工程师可以借助学者的研究,在更精确地理解事物本质的情况下开展工程,能更好地解决现实问题。甚至有的时候允许误差存在,更符合经济理性。

为了解决现实问题,工程师需要学习理论,甚至有的工程师还能够将工程实践的经验抽象为理论。但无论是对于理论的认识,还是对理论进行抽象,都不是工程师的比较优势。工程师的比较优势是洞察复杂的现实,尤其是现实情况和抽象理论之间的差异,以及这些差异对实践的影响。对应前述五个步骤的第二步"根据当前的金融制度与金融技术找出解决问题的最佳方案",需要金融工程师深入了解中国的金融制度、当前能够使用的工具以及这些工具产生的作用和成本。因此,本书以很大篇幅介绍中国的金融产品、金融市场、金融机构和金融业务。当前很多金融工程的书籍缺少有关中国现实情况的介绍,几乎变成了金融数学教科书。从某种程度而言，很多过度抽象的理论探讨，由于和现实脱节，变成了学者们的智力游戏。

之所以有上述观点，是因为笔者认为，将中国的金融现实和金融理论进行抽象的情况差别很大。在中国，金融理论很多时候反而成为工程师实践的束缚。工程师必须在熟悉理论的基础之上对理论进行批判和升华，否则尽信书不如无书。

2. 金融创新成败案例剖析

从事金融实务的人士会发现国内有一个常见的现象：一些在国外发展得很好的金融产品和业务，在国内却很难发展。究其根源，是因为中国的金融环境无法为某些金融产品或业务发展提供有效的支撑。PPP 为何出现落地难的问题？商业不动产的 REITs 为何难以发展？低信用评级的私募债券市场为何难以发展？风险投资为何难以达到较大规模？新三板股票市场为何难以发展较好的流动性？这些都和上面提到的观点有关。

构建良好的金融生态环境是一个系统工程，需要系统架构师的顶层架构设计和具体方案的实施。在国内，担任系统架构师的是金融监管部门以及更高的经济决策部门。中国的政策决策和实施机制有优有劣。优势是执行力强，作为系统架构师的金融监管部门及更高的经济决策部门，拥有强大的权威和资源，足以保证政策执行。劣势在于，有的时候，子系统的情况传达到系统架构师的效率相对较低，子系统对系统架构师的影响和推动力量相对较弱。

在中国的金融系统中，金融工程师只是在某个金融子系统进行金融工程。虽然众多金融子系统构成了金融整体系统，并且对金融整体系统产生影响，但是这种影响或改变是间接的、缓慢的，往往是子系统产生的问题积累到足够的程度,才能促发系统架构师的相应行为。这意味着,大部分金融从业人员无法改变系统架构,只能在现有的系统架构下开展业务。

金融工程师如果忽视金融环境的现实,想要突破边界条件,仅凭借其能力禀赋强行发挥系统架构师的职能,这种越位很难取得成功。一个较为有名的失败案例就是德隆系的垮台。

◎ 德隆的失败案例:以金融工程师之身行系统架构师之实

德隆集团发迹于股票一、二级市场套利。这是特殊时期的特殊机遇,本不具备可持续性。而后德隆食髓知味,希望将这一模式发扬光大。德隆的具体操作是收购上市公司股权并且达到实际控制,然后将上市公司打造成资本运作平台。同时,德隆进行私募股权投资,培育产业,等成熟之后再将产业装入上市公司,实现退出。在此过程中,德隆实现产业资本和金融资本的连接并且赚取差价。这是发达资本市场常见的商业模式。

然而,当时中国的金融体系刚进入市场化改革,金融市场发展相对滞后。和国外成熟市场相比,德隆当时面临的条件边界要狭窄得多。具体从以下四个方面来分析。

一是长期稳定的运作资金。

国外的私募股权投资或并购运作,其私募股权资金通常都有较为长期的稳定资金。在杠杆操作方面,美国著名私募股权投资机构KKR(Kohlberg Kravis Roberts & Co)并购美国雷诺兹-纳贝斯克(RJR Nabisco)公司的案例较为典型,迈克尔·米尔肯提供的用于为权益资本放大杠杆的垃圾债券期限很长,与被收购公司的未来现金流情况高度匹配。同时,商业银行提供的并购贷款,这类优先级资金的期限也与被收购公司的未来现金流情况契合。在进行并购融资的时候,流动性风险可以通过构建财务模型进行预测,因而风险相对可控。

在前文介绍的格力电器并购案例中,收购方通过股票质押向银行借款,期限长达7年,且在此期间,融资不和股票价格挂钩,没有风控线和平仓线,这一条款设计有效保障了资金的长期性和稳定性。这是中国金融市场的进步,这种进步为珠海格力电器的并购提供了有效的支持。但在德隆所处的时代,并没有这样长期限的、与德隆集团现金流匹配的金融工具。

二是相对可靠的市场化的股票发行和上市机制。

在德隆所处的时代,中国的股票上市发行实行额度审批制,公司需要先从金融监管部门获得额度批文,才能够进行IPO。后面市场化改革取消了额度限制,但是仍然需要通过监管审批,满足监管的各项要求。公司股票能否首发上市,并不完全取决于市场,而是取决于监管部门的判断和自身是否满足上市条件,首发上市的不确定性很高。如今,中国科创板和创业板已经实施注册制发行,市场化程度较德隆所处的时代已经有了大幅度的提升。

三是成熟的有效市场提供合理的股票定价。

四是稳定的宏观经济环境与经济政策。

德隆的解决方案是在没有外部支撑的情况下,自己单枪匹马,孤身挺进。德隆自己控股信托公司等金融机构,直接从普通投资者处获取资金。同时,德隆通过股票质押获得资金。股票质押融资的规模与股票价格及市值挂钩,为了获得资金,德隆通过大比例持有流通股及"对敲",操控上市公司股票价格,维持虚高的价格,俗称"做庄"。

德隆的运作产生了很多在国外市场相对少见的风险,包括"短贷长投"的流动性风险、产业资本的退出风险、股票定价的有效性的市场风险、宏观政策风险以及金融监管风险。

第一章
现实世界的金融问题：金融工程师的视角

最终，在2001年之后的几年熊市里，德隆控制的股票价格面临下行压力。德隆通过自己控制的信托等金融机构，通过广泛高息股票质押融资资金，获取资金进行运作。所得资金一部分用于维持较高的股价，另一部分用于实体产业领域的投资。由于实体产业的投资没有通畅的退出渠道，占压大量资金。在2003年宏观调控使资金收紧、金融监管加强的大环境下，德隆资金链条断裂，最终导致企业全线崩溃。

德隆的失败案例给予我们的启示是，金融工程师在没有外部环境支撑的情况下，凭借理想主义和"动物精神"单兵突进，很难取得成功。没有系统架构师的权限和资源支持，金融工程师想要进行整体架构层面的改变难度巨大，几乎没有可能。

◎ "垃圾债券之王"的精心布局

金融工程师进行整体系统构建的一个成功例子来自有"垃圾债券之王"之称的迈克尔·米尔肯。在米尔肯的推动下，曾经在一段时间内，垃圾债券无论是发行规模还是交易规模都占据了证券交易市场份额的70%，甚至有观点认为米尔肯就是垃圾债券市场。回顾米尔肯的成功历史，可以发现他为了垃圾债券的市场发展精心布局，构建了完整的产业链条。从一开始就职于德崇证券公司（Drexel Burnham Lambert）做分析师时，他孜孜不倦地开展当时无人问津的垃圾债券研究的工作，撰写垃圾债券市场的研究分析报告，并且日复一日地宣传垃圾债券的优势，进行投资者教育。米尔肯还利用自己的影响力、人脉资源甚至资金，帮助很多年轻人在其他公司的相关岗位就业，这些人后来成了米尔肯的"内部人"。很多日后垃圾债券市场的购买者，尤其是米尔肯的垃圾债券的主要购买群体，都在很早之前就接受过米尔肯的理念熏陶。

除了开发和培育购买垃圾债券的投资者，米尔肯团队还开发发行垃圾债券的发行人。垃圾债券市场发展之初，发行人都是那些信用等级比较高的主体,这些主体发行的债券后来被降级为垃圾债券。米尔肯的团队则主动推动中小企业发行垃圾债券,后来又开发出为并购提供杠杆资金的垃圾债券。米尔肯的团队除了为客户发行垃圾债券提供杠杆资金之外,甚至还直接参与客户的并购业务流程。

在这个过程中,米尔肯得到了他所在的德崇公司的大力支持——德崇公司为米尔肯提供做市的资金。这些承担风险的风险头寸,使得米尔肯掌握了对市场的定价能力。同时,德崇公司调整公司的战略,围绕米尔肯的垃圾债券开展业务。米尔肯的团队既从事垃圾债券市场的投资交易,同时也参与甚至主导公司其他部门的垃圾债券承销。

通过长达十年的精心布局和稳步发展,米尔肯构建起了垃圾债券的完整体系。米尔肯构建的体系包括垃圾债券的发行人、承销人、投资人、做市商等,这些主体以米尔肯为核心,以垃圾债券为纽带,被组织起来,构成了金融系统中的一个局部子系统。

第三节　中国尚待解决的几个金融工程问题

1. 中小企业融资和风险股权基金的现状与问题

中小企业融资难的问题是一个世界性的难题。由于资金实力、人力、品牌等方面的原因，中小企业在市场竞争中处于不利地位，导致针对中小企业提供融资的风险很大。

经典金融学中有一个针对中小企业融资状况的"信贷配额"理论。信贷配额理论是指由于信息不对称的因素，金融机构会针对中小企业的高风险提高资金价格，但是价格提高会使一些相对优质的企业不愿意接受，而那些风险很高的中小企业则更愿意获得贷款。由此，金融机构无法通过提高价格来补偿所承担的高风险，最终导致金融机构不愿意为中小企业提供融资。中小企业的融资需求不能得到全部满足。另一方面，中小企业解决了大量的就业，并且为经济体提供了创新元素。这些使得中小企业的融资具备微金融的外部性，但其得到的市场供给却明显不足。

解决中小企业融资难的问题是中国金融工程师的重要任务，这也是一项系统工程。然而，由于没能有效解决其中的风险管理和风险定价问题，国内提供中小企业融资的股份制银行出现大量不良贷款，业务受挫，以至于后续业务从针对企业的对公业务为主转型为针对家庭及个人的消费金融业务为主。在近年经济形势下行的大环境里,中国的高收益债券市场出现大量违约,市场融资能力大幅下降。虽然政府一直大力支持中小企业融资,多次通过定向降准、规定银行等金融机构为中小企业提供融资达到一定比例等方式,引导和激励金融机构积极开展中小企业融资业务,但是政府的各项政策,最终有很大部分被金融机构的风险回避措施所消解,中小企业融资难的问题目前仍然未能得到有效解决。

美国针对这种情况的解决方案之一是设立专门为中小企业提供融资担保的美国小企业管理局(U. S. Small Business Admin,简称SBA),以及相应小贷资产证券化产品。美国小企业管理局属于政府成立的非营利性机构,其重要职责之一就是支持中小企业的融资。美国小企业管理局并不直接向小企业提供贷款,针对符合要求的中小企业,通过与银行、信贷机构合作的方式为相应的融资提供担保。在这种操作中,美国小企业管理局相当于跟投,能够借助金融机构的金融治理能力来一定程度地控制交易的信用风险。将这些有美国小企业管理局提供担保的贷款进行资产证券化后,就形成了中小企业贷款支持证券。

除了非市场化的美国小企业管理局提供贷款担保之外,美国还发展了较为成熟的高收益债券市场和CLO市场,相关产品为中小企业提供了融资。高收益债券是指信用评级在投资级BBB-以下的债券,发行主体大多是中小企业。CLO是指专门投资于工商业贷款的CDO产品[②]。这些工商业贷款的借款主体也都是信用评级在投资级以下的中小企业。之所以出现这种现象,是因为美国这种成熟的金融市场里,投资级以上的企业都可以很容易通过发行信用债券获得融资,投资级产品的市场定价效率很高。针对这类企业提供的融资,不能为CLO提供

---

② Collateralized Loan Obligations,贷款抵押债券。CDO后文会详细介绍。

第一章
现实世界的金融问题：金融工程师的视角

较有吸引力的利差。

经过多年的发展，美国形成了较为完整的金融链条。除了金融危机的特殊时期，这一链条总体运转良好。高收益债券和国债之间的信用利差大概在 300 个基点的水平，根据这个数据，可以认为美国中小企业融资难问题基本上得到了解决。研究美国高收益债券的发展和 CLO 的发展，可以为中国的相关问题提供经验借鉴。

美国的金融体系还有一个支持中小企业发展融资的重要设置，就是私募股权融资。私募股权基金针对初创企业的各个阶段都有融资。股权融资和债权融资不同，股权融资的回报不是固定的，能够有效突破信贷配额的限制。

当前限制国内私募股权融资发展的因素很多。从系统架构层面来看，私募股权基金发展的重要前提是有一个市场化程度较高且有定价效率的资本市场，能够为风险投资的退出提供稳定可靠的渠道。由于国内行政审批限制、股票市场的定价效率不高等原因，很多初创中小企业选择在美国上市，在发展过程中获得境外私募股权基金提供的融资支持。这个现象反映了中国私募股权融资的发展尚不成熟。

自 2018 年设立科创板并逐步落实注册制以来，私募股权资本通过股票市场退出的不确定性大为减少。然而，还有一个仍然没有解决的问题：股票市场波动过大。2018 年，中国的股票市场出现了较大幅度的波动，导致很多上市公司及其大股东运作的产业基金最后资金链条断裂。

当前我国经济面临产业升级转型，很多创新企业从初创到最终成长为能够独立生存并且具备较大竞争力的企业，需要较长的时间。在这个过程中，创新企业的发展依赖于外部融资，而外部融资又受到资本市场波动的影响。处理市场波动是一个金融系统工程，这种波动是无法彻底消除的，只能针对波动情况灵活应对。金融机构处理波动的应对措施,必然会影响私募股权的发展。2018年,很多产业基金出现巨大亏损或被逼清盘,以致后来中国的产业基金规模大减,就是一个现实例子。

时任美联储主席的艾伦·格林斯潘为刺激经济增长实施干预政策,留下了著名的"格林斯潘期权",这些干预政策一定程度上减少了股票市场的波动性,改善了波动引起的不利影响。美国新经济中的很多初创企业正是在这样稳定向上的牛市中,在较长时间内获得了较为充裕的资金支持,实现了发展。

当前国内有一些观点,对美国股票市场20世纪90年代的非理性繁荣存在片面认识,视非理性繁荣为一种非正常的、不可持续的繁荣,应当加以控制。但这些观点的主张者没有认识到,这种非理性繁荣正是解决金融机构风险厌恶的理性行为的重要手段,因为如果完全依照理性原则,金融机构是不会或不愿意为中小企业和初创企业提供足够融资的。

2. 地方融资平台的现状与问题

自2008年以来,中国在全球经济动荡低迷的大环境下,基础设施建设突飞猛进,房地产价格快速上涨,投资加速,国民经济维持高速发展的关键事物之一就是地方融资平台,即城投公司。城投公司是指地方政府出资设立的专门用于地方基础设施建设和城市开发的有限责任公司,它也是一种理解中国经济问题的关键事物。可以说,城投公司为中国的经济发展做出了重大贡献。当前,城投公司还有重要的"历史使命"。但是,城投公司注定是一种过渡性的历史产物。

城投公司集国资、金融与财政等特性于一身。从法律结构来讲,城投公司是承担有限责任独立运营的国有企业,体现了其国资的特点;从

第一章
现实世界的金融问题：金融工程师的视角

业务模式来讲，城投公司从事的是为地方政府的基础设施建设与土地开发进行融资的实体，体现了其金融的特点；从资金运作的角度来讲，城投公司经常性地获得财政补贴，并且在融资过程中得到财政的信用支持，融资获得的资金很多时候也被财政体系筹使用，体现了其财政的特点，很多地方的地方融资平台被视为第二财政。

从前在某些地区，地方融资平台的运作粗放随意、无序负债过度，为金融体系的安全性与财政体系的稳健性带来巨大隐患。2014年，国务院出台文件《国务院关于加强地方政府性债务管理的意见》（国发〔2014〕43号），对融资平台进行规范要求。相关部委跟进，如今城投公司的发展已经进入到良性有序的阶段。

从结构化金融的角度来讲，地方融资平台可以视为地方政府为基础设施建设与土地开发而设立的特殊目的载体。地方融资平台存在的意义是为地方政府获得表外融资，然后再进行投资。国外财政学的相关文章也提到很多政府利用表外载体进行融资的现象。这种现象通常属于违规行为，受到严格限制与监管。

本书认为，理解表外载体运作的核心在于从实质的角度来看是否需要合并报表。依此种实质大于形式的理念进行判断，城投公司很难与地方政府的资产负债表进行切割。

我国现行的预算法规定，除国务院另有安排，地方政府不得举债。这是促使融资平台产生和发展的重要因素。预算法对于公共财政预算进行了严格规定，地方政府公开财政支出需要上报上级政府并且经同级人民代表大会批准，每笔支出都受到严格约束。这种制度能够保障财政不会出现预算软约束的现象。

通过公共预算安排进行基础设施的建设，在支出总额不变的情况下，由于需要平衡各类支出，难以满足地方政府的需要。通过地方融资平台的运作,地方政府可以突破财政预算的约束。融资平台法律上属于国有企业,涉及的是预算体系中的国有资本预算。对于国有企业而言,除了像增资、减资、股权转让、股息上缴等行为需要纳入财政预算之外,企业的融资、投资、经营管理等行为都属于企业内部的事务。在政企分开的理念下,企业行为不会受到财政部门的干涉。

然而,城投这类国有企业在政府意志的主导下,是由政府实质控制的企业。理解地方融资平台的玄机就在于此。地方政府利用国有企业这个表外载体执行自己的意志,融资运作那些在公共财政预算下原本没有资金或者不可能开工建设的项目。这个表外载体在经营的时候,并不是完全依靠主体自身进行融资投资等运作,而是经常性地从政府公共财政预算中获得财政补贴。很多平台在融资的时候还获得了地方政府的违规担保的支持,如很多地方出现的财政承诺函、人大决议等。这也突破了财政纪律的约束,打穿了公共财政预算与国有资本预算之间的"防火墙"。

如果任由地方融资平台利用政府信用进行融资,将使宏观经济陷入重大风险。如果融资平台不能偿还债务,任由其按照有限责任公司的制度实现破产,那么金融机构持有的基于地方政府隐性信用的几十万亿资产将会受到致命的影响。这种影响的冲击力度有可能推毁金融体系乃至整个社会的信用体系。如果政府利用公共财政对债务进行托底,将会影响财政的稳健性。

国发〔2014〕43号文件及此后相关各类对于地方融资平台的规范治理,都可以视为对融资平台地位的再定义。从结构化金融的角度来看,就是将融资平台这一表外载体进行合并报表的会计处理问题。将部分债务纳入地方政府债务,相当于将其会计并表;另一部分债务则不纳入地方政府债务,不予以并表,将其视作表外载体的负债与地方政府实现

第一章
现实世界的金融问题：金融工程师的视角

破产隔离。按照这一政策理念可以预计，地方政府后续的融资不能再计入政府的表内债务。为了强化财政约束，政府对于地方政府违规出具承诺函严厉制止，严重惩罚。笔者在 2013 年写作《资产证券化与结构化金融》一书时曾预言，所有城投债都是国债。然而，自 2017 年以来，国内金融形势发生了重大变化，"所有城投债都是国债"的判断已经不再成立了。

从城投公司作为独立的表外载体的角度来看，城投公司的土地开发业务具备独立运作的潜质。城投公司通过融资进行土地运作，依靠土地出让金来偿还融资的本息。这种情况下，可以将城投公司视为从事土地一级开发的项目公司，利用项目融资的概念进行融资分析。然而，在现行财政制度下，土地出让收入属于基金预算体系，不能直接成为融资平台的收入，实现这点还需要出台相关法规予以安排。这是未来城投公司转型发展的一个方向。

回顾历史，城投公司对中国经济的发展发挥了重大作用。然而这一点却没有得到应有的理解与认可。2008 年以来，全球经济低迷，中国经济高速发展的趋势出现波折。城投公司应势而起，将中国巨量的储蓄转化为投资。很多观点将城投公司的基础建设与土地开发视为低效的投资，认为这种低效的投资挤压了实体经济的宝贵资源，引起了经济结构失衡下的畸形发展。这一观点在逻辑上有一定道理。城投公司的很多投资有可能将在事后证明是负收益的投资，但是某种程度上，正是这种负收益的投资拯救了中国经济。这一观点的前提是中国已经从资本稀缺状态过渡到资本过剩状态。在资本过剩状态下，资本的回报率将会不可避免地下行。欧洲、日本等发达国家和地区近几年出现负利率的债券产品，正是资本过剩状态下资本回报下行的外在体现。

想要提高资本回报率，最终只有两个途径：要么通过创新来提高生产效率，要么使资本重新回到稀缺状态。前者是一个缓慢的过程，并且创新存在重大不确定性，可遇而不可求；后者则是通过经济危机形成的"大萧条"来实现的，在此过程中会有大量资本遭到摧毁。短期内对于中国而言，这两种途径并不现实。因此，需要有主体来承担低回报下的投资，以保证宏观经济的正常运转。

在资本主义制度下，私有资本基于逐利机制进行投资。在资本回报降到一个低位时，资本家手握资本，不再进行投资。这种形势下，社会的有效需求将会严重不足，从而将经济带入萧条阶段。经济萧条一方面通过失业等手段压制劳动力，增加资本与劳动力要素的议价能力，从而提升资本回报率；另一方面也会带来经济的重大动荡，摧毁社会的财富，社会将重新进入资本相对稀缺的状态。

投资行为具备外部性，除了为投资者提供财务回报之外，不能带来就业、税收等利益回报。而城投公司等国有资本，即使财务回报在未来预期为负收益，从社会总回报的角度评估投资行为，仍然坚持投资，这能够使中国避免出现上述两种不利的结果。

近几年，中国的劳动力价格上涨，居民消费连续多年以超过 10% 的速度增长，全体国民的福利水平上升到一个前所未有的高度。同时，中国的基础设施建设与城市建设突飞猛进，资本不但没有由此而重新变得稀缺，反而中国的整体财富仍然在不断积累。近十年的投资增长，为宏观经济的平稳运行提供了保障，也为经济转型创新提供了宝贵的时间与巨量的资本积累。在此期间，中国的高铁、大飞机、航空母舰等高端制造业已经逐渐达到国际先进水平。中国的互联网、IT 等行业出现了全球性的巨头企业，验证了产业升级转型的部分成功。

当然，依靠低收益或负收益下的投资发展有其极限，如果财务回报负收益下行到摧毁财富的阶段（即社会总回报为负的阶段），就再也无法通过投资来积累财富了。经济的发展最终仍然需要通过创新实现生产效率的提高。中国的宏观经济转型最终需要降低储蓄率,实现消费与投资的合理比例。在资本积累如此巨量且储蓄率仍然长期高居不下的情况下,财务负收益投资将会成为一个不可避免的现象。在投资的社会总回报为正收益的时候,城投公司仍将担当重任。

同时,由于中国的金融市场有效程度较低,资本市场的核心企业即现代大型投资银行缺位,使中国当前储蓄向创新方向的有效投资的转化出现问题。城投公司是解决这类问题的关键。城投公司通过举债获得资金,用于城市基础设施建设。在工业化进程中,城投公司为经济体提供的重要生产要素,即土地和基础设施。城投公司的存在,协助金融体系完成了中国的储蓄向土地、基础设施等方面投资的转化。

如今,国内很多经济发达地区已经实现了工业化,当前对于经济发展而言最关键的生产要素已经不再是基础设施和土地了,而是创新资本。继续将资金投资于收益回报过低的基础设施或土地,虽然对维护经济体系稳定平衡有不可或缺的作用,但推动经济发展的作用有限。

在金融市场失灵的情况下,城投公司需要继续利用自身的信用,举债获得资金,进行创新企业股权的投资。这是新形势下城投的新使命。在中国市场化的私募股权基金发展相对落后导致为创新企业提供的资本支持相对不足的形势下,城投公司进行创新企业股权投资,意义重大。

从区域经济竞争的角度来看,各地方政府都在招商引资,吸引产业落户本地,以推动区域经济发展。哪些地方能够提供企业最为看重的资源,哪些地方就能够吸引这些企业落户本地。从中国全局经济发展的角度来看,地方融资平台的转型将通过改变中国经济体系的投资结构来实现——从为基础设施投资转向为创新企业投资,为中国的经济转型升级提供重要推动。

第四节　金融工程学原理：
各类金融事物的本质抽象与标准化建模

1. 金融工程师眼中的金融产品

根据本书"新货币论"[③]的观点，各类金融资产的本质都是一种货币。在诸多货币种类中，唯有央行货币（M0）作为法定货币，具备独特性质。其他类型的金融资产在货币属性方面只有量的差别，没有质的差别。

央行货币作为货币元素或元货币，构成了其他金融资产或其他货币的基本元素。其他金融资产都可以视为一系列央行货币现金流的组合。金融工程学将金融产品抽象为一系列状态依附的现金流。

在此根据这个抽象的定义分析银行存款。居民将资金存入银行，可以凭借银行账户的存款数字提取央行的钞票。央行钞票根据法律规定，被强制作为全社会普遍接受的支付工具。商业银行通过自身一系列的架构设计，加之央行的最后贷款人等制度保障，使银行存款成为社会普遍接受的支付工具。然而在特殊情况下，如金融危机时期，当银行存在较大的破产倒闭的可能性时，人们不会将银行存款视为被普遍接受的支付工具。

---

③　有关"新货币论"的观点，本书第七章中会详细展开讨论。

第一章

现实世界的金融问题：金融工程师的视角

根据金融工程学对金融产品的抽象模型，债权资产、股权资产、保单等产品本质上都是同一类产品，只是各自的现金流特征不同。债权资产的持有人可以在未来确定的时间获得确定的现金流，这种现金流依赖于债务人是否存在违约的状态。股权资产的持有人可以在未来的时间内获得股息现金流，这种现金流取决于企业的盈利情况和分红政策。同一家企业的债权产品和股权产品本质上没有差别，只是对于公司的现金流的求偿优先级别不同，债权人的现金流要求位于股权人之前。公司的利润要在扣除利息支出之后，才能够分红给股东。可转债、优先股则是对于公司资本结构的进一步细分。根据资本结构的不同划分情况，创设出对应的金融产品。结构化产品则将企业的资本结构划分转变为分级产品。一个产品的分级既可以是期限分级，即根据现金流的支付时间进行不同的安排，也可以是优先劣后分级，分级类别可以高达几十种。

保单的持有人可以在未来发生特定事项时获得现金流。现金流依赖于火灾、交通事故等特定项目。衍生品的持有人在未来获得的现金流则依赖于底层资产的价格表现。保单和衍生品无论是本质还是外在形式，都具备高度的一致性。事实上，信用衍生品 CDS 就是可以流通转让的保单。

对金融产品进行抽象，有助于我们深入理解金融产品的本质，为金融创新提供理论基础。金融创新产品，就是构造不同特征的现金流。笔者有关互联网金融系统的设计过程，正是利用这种抽象模型，设计了一个可以通用于各类金融业务的计算机系统。对金融产品的这种抽象理解，有利于金融工程师突破原有产品形式或概念的束缚。

金融工程的特定合成、动态复制以及产品定价，都应用了对于金融产品的抽象。特定合成就是利用现有金融产品来构造组合，使构造的组合的现金流和目标产品的现金流特征一致。这种构造的组合被认为是特定合成的目标产品。在金融产品的定价过程中,很多时候隐含了相同现金流的资产组合价格相同的假设。

金融产品的现金流对于持有人整体而言,是金融产品的协议中确定的。但对于实际的持有人而言,金融产品还有一种状态依附的现金流。金融产品的实际持有人可以将金融产品出售给其他投资者,从其他投资者处获得现金流。这种现金流依赖于其他投资者对金融产品的价格认知。在市场存在有组织的交易机制、流动性较好的情况下,金融产品的现金流依赖于二级市场的价格。

虽然其他投资者对金融产品的价格认知和金融产品本身能够提供的现金流(即内在价值)高度相关,然而,由于人们的错误认知、情绪等非完全理性因素,市场的价格往往不能和金融产品本身的现金流完全保持一致。股票市场的大幅波动正是现实中可以观察到的现象之一。一天之内,在股票产品本身没有发生重大变化的情况下,股票的价格可能会出现很大的变化。这一现象使证券价格的决定机制和非证券金融产品价格的决定机制完全不同,也使现实中股票等证券的价格决定比金融工程学或财务学中的估值模型复杂得多。

崇尚价值投资的巴菲特,更看重金融产品本身的现金流即内在价值。巴菲特在做投资决策时,思考的重点是公司本身的情况。而像索罗斯这类交易者或投机者,更看重金融产品出售给其他投资者能获得的现金流。这类主体既考虑金融产品本身的内在价值,也会考虑金融市场对金融产品的价值认知,并且从这种认知的变化中获得回报。在商业逻辑大于金融逻辑的前提下,索罗斯对金融产品定价的理解,既基于金融产品本身,又考虑人们的认知错误和由此产生的反身性泡沫等,更符合现实。

第一章
现实世界的金融问题：金融工程师的视角

投资者对股票定价的错误认知，很多情况下可以成为宏观经济管理者的有用工具。宏观经济管理者可以利用股票投资者的非理性形成的繁荣，引导投资者将资金投向经济回报率低但对社会进步有重要推动作用的技术创新公司。凯恩斯对此也有过类似的精辟观点，他认为创业和创新投资不是一种理性的行为，更多是基于一种"动物精神"。中国的股票市场表现得尤为明显。

金融产品的内在价值和市场价格的差异或相互关系，表现为市场的定价效率。定价效率越高的市场，金融产品的市场价格和内在价值的相关性越高。市场定价效率既取决于投资者的理性程度，也取决于金融体系的市场机制安排。通常而言，市场套利越容易，制度套利越少，市场定价效率越高。

从金融产品的优先劣后级来分析，同一家公司发行的债券相比其发行的股票，通常风险更低。这是因为债券的现金流求偿优先度高于股票。然而，基于中国个人投资者比较特殊的风险偏好，金融市场中出现了有时候股权融资比债权融资成本更低的现象。比较典型的就是民营低信用的非上市公司发行的高收益债，市场几乎没有购买资金，成本在15%以上都很难获得资金。然而，同样信用的主体曾经在2015年前后的股权市场亢奋期，以很高的市盈率在新三板市场通过发行股票募集资金。

基于金融工程的实证精神，笔者认为，不能先验地认为股权融资比债券融资的成本更高。更具体地说，股权融资的成本取决于市场的技术状态。处于牛市时的股权融资成本和处于熊市时的股权融资成本，相差巨大。这种不同市场状态下的成本差异，也可以从上市公司的行为中得到体现。在牛市时，上市公司往往更愿意通过发行股票来募集资金。

投资者的这种行为特征以及相应的股票市场特征,为解决中小企业融资难的问题提供了一种解决方案,即宏观经济管理者利用资金等手段,有意形成和推动牛市,使中小企业能够通过过热的股票市场获得权益融资。

根据格林斯潘的传记和其他相关文章,本书认为出现在 20 世纪 90 年代美国股票市场中的"格林斯潘期权",通过释放流动性为市场托底,刺激股票市场形成非理性繁荣,为美国的创新型中小企业融资起到了巨大的支持作用。美国的新经济发展,格林斯潘功不可没。

当然,这种人为推动股票牛市的行为,最终将会因为股票的市场价格与股票的内在价值相差过大而出现股票崩盘,并造成金融市场的一定混乱。这可以视为一种成本。当创新型企业的股票内在价值过低,无人投资的时候,股市泡沫可以视为一种必要的手段,能够引导资金流入创新经济领域。

2. 金融工程师眼中的金融机构和业务

根据金融机构对金融资源控制能力的强弱,可以将金融机构分为商业银行类机构、资产管理机构和中介机构。现实中很多金融企业都是这三类机构的混合体。

商业银行类机构吸取储户的资金之后,将资金作为自有资金依法进行投资。这些投资的根本目的是银行的利益最大化。这是一种间接金融形式,中间存在信用转换。商业银行掌握了绝对的金融资源控制能力。保险公司对金融资源的控制方面,也接近于商业银行。

资产管理类金融机构获得委托人的资金之后,金融机构作为受托人进行投资。这些投资的根本目的是委托人的利益最大化,投资管理受到诸多的限制。资管机构掌握了一定的金融资源控制能力。

第一章
现实世界的金融问题：金融工程师的视角

中介机构为其他金融机构进行金融资源管理提供帮助，进行信息的分析处理，如分析师、研究机构、评级机构等通过影响银行和资管机构的行为来影响金融资源配置，但自身没有金融资源控制权。

在审批制下，中国的各类金融资产交易所如上海证券交易所等，掌握着证券类金融产品的发行和上市的权力，对金融资源有着较大的控制能力。这是中国的特色国情，也是理解非证券类金融产品和证券类金融产品两者差异的关键。换言之，从事非证券类金融产品的金融机构，相比从事证券类金融产品的金融机构，掌握了更多的金融资源配置权力。从事证券类金融产品的金融机构的金融资源配置权力，有很大部分被监管部门和交易所等削弱了。

本书将金融业务抽象为资产业务、负债业务和风险管理业务。关于中国的金融机构及业务，本书在第四章中有专门的讨论。此处的讨论更多是突出金融工程从本质而非形式上分析金融事物的思想。

根据这一金融思想，很多没有金融牌照但也从事金融活动的企业，本质上也是金融企业。比较常见的就是实体企业在经营过程中，不可避免地会形成供应链债权和债务，事实上也从事了金融性质的活动。比如，大部分房地产企业预售，相当于面向大众获取负债资金，用于自身的业务发展。大型房地产企业这种面向大众获取负债的能力，远远高于证券公司、基金公司等传统意义上的金融企业。

国内有一种常见的套利模式，大型国有企业或上市公司利用自己较高的主体信用，通过发债等手段低成本募集资金，然后再以委托贷款、信托投资、基金 LP 等方式进行投资，获取利差。这也是一种金融业务。有的公司甚至出现主营业务萎缩而这类套利业务快速发展的"非正常"现象。从对金融资源的配置权力的角度来看，中石油掌握的金融资源支配权比很多证券公司或中小城商行还要大。

从抽象的角度来看,很多非金融企业可以采用分析金融企业的框架,为企业分析提供一个多元的、更加发散的视角。前文在分析东方园林的时候,就将东方园林视为一种特殊的、从事供应链金融的企业。

笔者一直认为,中国的房地产企业本质是一种另类资产的对冲基金,利用供应链融资、发债、贷款等方式构建土地的杠杆化头寸,对宏观经济和金融形势以及土地市场进行投机。从这个视角来看待房地产企业的话,房地产企业的核心能力不是制造具备差异性和竞争力的房屋,而是在于投资决策以及融资能力。这种看待房地产企业的金融视角,可以很好地解释中国房地产市场的企业特征和行为。

3. 金融工程师眼中的各类金融人员

本书从商业模式的角度,将金融机构的商业模式划分为经纪商模式、交易商模式和套利商模式。这部分观点参考了《金融工程学原理》。《金融工程学原理》一书将二级市场交易的参与者,分为以下六个类型。

(1) 做市商通过提供交易时间、交割通知以及仓储服务等实现做市服务。做市商必须并且有义务在他们给出的报价上买进或卖出。做市商不会持有大量产品,也不会持有很长一段时间。

(2) 交易员买卖证券,其作用就是执行客户的指令,并且在给定的头寸限制下为公司交易。交易员或做市商管理的组合,称为交易账簿。之所以存在交易账簿是因为在客户买卖过程中,交易员不得不短期内持有这些产品。这和为了投资目的而持有的投资组合有区别。

(3) 交易商报出买卖两种价格,并且持有某特定金融工具的大量存货,要比做市商持有的时间长。某种意义上,交易商相当于做市商。两者的区别是交易商不存在报出双边报价的义务。

(4) 风险经理对交易员进行的交易以及形成的头寸进行评估,并

第一章
现实世界的金融问题：金融工程师的视角

且给出风险方面的建议。

（5）经纪商不持有存货，而是提供买卖双方联系的平台，撮合买卖双方达成交易。研究人员和分析师不是进行交易和做市的参与者，而是提供信息，并且帮助卖方活动。其中，研究人员提供宏观的预测和建议。

（6）监管者是金融市场重要的参与者，对于金融市场的活动进行监管。这些监管活动会进而导致金融机构产生"税收套利"和"监管套利"的头寸。

基于对金融业务的抽象，本书将开展各类业务的金融人员抽象为银行家（Banker）、交易员（Trader）、产品构建者（Structurer）和支持人员（Supporter）。

银行家的职责主要是达成一级市场的金融交易（deal），获得金融的原材料。这相当于金融公司的采购部门。从银行家职能发挥的角度来看，银行家的素质相对比较全面，除了金融方面的知识和技能之外，银行家还需要能够和客户交流，开拓业务，需要较高的商务技能。

交易员的角色是对二级市场的价格进行判断，买卖（trade）产品获取套利，为市场提供流动性。交易员更加强调专业技能，熟悉某个特定金融市场，对于商务技能等要求相对较低。

产品构建者则是利用金融原材料进行金融产品的生产。这相当于金融公司的产品研发和生产部门。从职能发挥的角度来看，产品构建者和金融工程师最为接近。金融工程师是生产金融产品的关键角色，连通银行家和交易员。

销售人员、法务人员、公司管理人员等都属于业务支持人员（中台、后台部门）。业务支持人员支持银行家、交易员、产品构建者的工作，以保证业务顺利开展。

在不同的行业中,不同部门的重要性不同。在制造业中,生产部门非常重要。在零售业中,则是采购部门和销售部门更加重要。经纪业务同时接触两端的需求者,接触哪类需求者的部门更加重要,取决于市场买卖双方的强弱势情况。

第五节　金融工程的方法：
特定合成方法的静态组装与动态复制方法

本书在第五章中专门以约翰·保尔森（John Alfred Paulson）创设合成CDO做空次贷的案例为例，介绍了金融工程的特定合成方法。特定合成方法有两种：一种是静态的特定合成，一种是动态的特定合成。

静态的特定合成可以类比工业上的组装，金融工程师从市场采购资产，构成组合。这一组合的现金流一直和特定的资产保持相同。在此期间不需要调整资产组合，可以认为是特定合成了这个特定的资产。组装法对工程技术的要求相对较低。

还有一种复杂的特定合成，即动态复制方法。之所以需要动态复制，是因为随着时间推移，之前构建的资产组合和特定资产的现金流，随着金融形势的变化而发生了变化，因此需要做出调整，使资产组合的现金流和特定资产的现金流重新相同。这种情况下，进行动态调整的金融机构持续参与金融交易，承担风险。这种动态复制的特定合成方法相当于工业领域中的生产，动态复制生产的是金融核心元器件，其他金融工程则可以利用这些元器件进行组装，生产其他的金融产品。

◎ **动态复制方法示例：期权做市商的操作及资产负债表的价值**

关于动态复制及期权的定价，当前主流的金融工程学方法是利用金融数学进行推导获得，基于股价波动、漂移等一系列假设。通常的假设包括:无风险利率是常数;标的股票的价格由连续时间的随机微分方程来刻画,满足有漂移的随机游走模型;股票不支付股利,且没有股票分割或其他涉及资本结构管理的活动;没有任何交易成本和买卖价差;通过求解偏导数方程,得到布莱克-斯科尔斯公式。

这种定价方式没有同实际金融业务和市场行为结合起来,缺乏行为学微观基础,无法让人获得直观的感受。内夫特奇的《金融工程学原理》一书,从金融期权的做市商,通过动态复制进行特定合成的角度,结合实际业务操作,基于无套利原理介绍期权定价。这种方式推导获得的期权定价公式和数理推导的一致。这种一致反映出数理推导的假设和金融实际之间的联系。[④]

动态复制的一般原则是,需要确认持有证券期间没有股利支付或其他支付。复制的资产组合的现金流必须与目标资产的现金流一致。在复制过程中,不应存在净现金流入或提取。初始投入的资金应该同复制策略的实际成本相等。合成工具与目标工具的信用风险应该相同。期权的做市商就是利用动态复制来进行操作的。

以欧式看涨期权为例。我们用 K 表示执行价格,T 表示到期日。欧式看涨期权的持有人在到期日 T 以执行价格 K 买入标的资产 S 的权利。在 T 时刻,看涨期权的收益如图 1-3 中的虚线所示。当标的资产 S 的价格小于 K 的时候,期权没有收益。当 S 的价格大于 K 的时候,期权的收益等于 $S-K$。在到期日之前,期权价值包含了一个附加项目,称为时间价值,如图 1-3 中的曲线所示。

[④] 本书关于动态复制和期权定价的内容,主要引自内夫特奇《金融工程学原理》的书中内容。由于侧重点不同,本书进行了适当简化,重点不在于公式,而在于介绍对冲套利和动态复制的操作。

第一章
现实世界的金融问题：金融工程师的视角

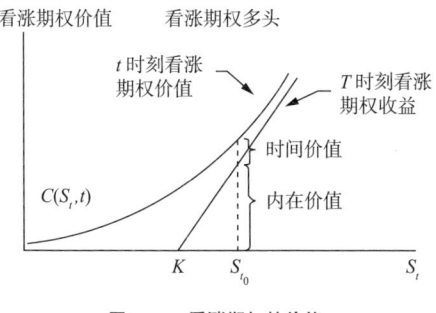

图 1-3　看涨期权的价值

标的资产 S 的价格上升时，期权的价格同样上升。这表明期权和标的资产两者的价格具有高度相关性。高度相关性意味着，在 t 时刻，可以构建资产组合，资产组合包含标的资产和期权的多头或者空头。随着时间推移，一种资产头寸所得到的收益可以被另一种资产头寸的损失抵消。这样不需要现金的注入或者提取就可以完成持续的再平衡。

在实践中，动态复制并不能以连续时间形式完成，有组织的金融市场并不是 24 小时连续开市的，调整资产组合的头寸需要时间，也会产生交易成本。这意味着需要在离散时间的情况下进行动态策略分析。

内夫特奇基于金融市场做市商动态复制的实践中存在将股票和期权相互对冲的操作，并不像传统教科书那样，认为期权是方向性的工具。比如，对于看涨期权而言，股票价格上涨则期权价格上涨。传统教科书因此认为，购买看涨期权是基于对股票市场的方向性判断。然而，由于存在卖空股票这种对冲操作，期权头寸价格的变化可以被股票头寸价格的变化所抵消。因此，与其将期权看作方向性工具，不如说期权是波动性的工具。换言之，只要波动性增大，不管股票市场涨跌，无论是看涨期权的价格还是看跌期权的价格都会上涨。

仍然用 K 表示执行价格，T 表示到期日。当标的工具为现货产品时,用 S_t 表示它的价格或者价值。当标的工具为远期或期货时,则用 F_t 表示。在 t 时刻,看涨期权的公允价格用 $C(t)$ 表示,看跌期权的公允价格用 $P(t)$。看涨期权价格的函数形式为:

$$C(t) = C(S_t, t \mid r, K, \sigma, T)$$

上式表明看涨期权的价格与股票的价格 S_t 和当前的时间 t、利率 r、执行价格 K、波动率 σ、到期时间 T 等有关。从定性的角度分析,S_t 越高,期权价值越高。到期时间和当前时间的差距越大即期权的到期日越长,期权的价值越高。利率 r 越高,期权的价值越高。执行价格 K 越高,期权的价值越低。波动率 σ 越高,期权的价值越高。

看涨期权价格与股票价格的正相关性,可以用来构建两组相反的头寸组合,如看涨期权的多头头寸和股票的空头头寸的组合。这样,当股票价格上涨时,看涨期权的多头收益和股票空头损失,两者相互抵消。两个组合的比例,由价格 $C(t)$ 对 S_t 的偏导数 C_s 来确定。这是一种一阶近似。

假设做市商现在从客户方购买了看涨期权。做市商的目的是为市场提供流动性并且赚取差价。因此其买入看涨期权的目的,不是从股票上涨中获得收益,而是将看涨期权再转手卖给其他客户。将期权转让给其他客户之前,做市商在自己的资产负债表中持有期权,产生了风险敞口。为了对冲风险,做市商卖空股票,持有股票空头头寸。一单位的期权头寸,对应持有的空头头寸为 C_s 单位。当 S_t 的价格变化 ΔS_t 时,组合的价值变动为:

$$\Delta V_t \cong C_S \Delta S_t - \Delta S_t = (C_S - 1) \Delta S_t < 0$$

这种方式构建的对冲期权,称为 delta 对冲,相当于用线性的工具作为非线性工具的一阶泰勒级数逼近。这种逼近只在离初始价格很近的

第一章
现实世界的金融问题:金融工程师的视角

小范围内比较精确。我们可以看到,由于 $C(t)$ 的价格曲线并不是线性的,随着时间推移和 S_t 的变化,构建的组合中的空头头寸的比例单位 C_s 也在变化,因此需要动态地调整空头头寸。

当股票价格上涨时,做市商需要增加标的资产的空头,而当股票价格下跌时,做市商需要减少标的资产的空头。考虑股票波动的情况,假设股票在当前的价格是先上涨后下跌,在股票上涨的时候,做市商增加空头头寸,下降时减少空头头寸,相当于在高价位卖空,在低价位买回。另外一种情况是,股票先下跌后上涨,在股票价格下跌的时候,做市商先减少空头头寸,在股票价格上涨的时候,做市商再增加空头头寸,相当于在低价位买入,在高价位卖出。假设股票在当前的价位上出现上涨和下跌的概率是一样的,由于 C_s 的值在股票价格高的时候更高,因此做市商在跟随标的资产价格波动而调整头寸的过程中,会产生价差收益。但是做市商产生这些收益是有条件的。做市商通过借钱来为头寸筹资,自有资金也有机会成本,产生利息支出成本 $rC\Delta$。同时期权具备时间价格,随着时间流逝,其他条件不变的情况下,价值会减少。同时,从空头头寸所收到的现金将产生 $rS_tC_s\Delta$ 的利息。

根据无风险套利原理,做市商的收益应该为 0。因此上述的各项变化相加为 0。根据这种方式推导,同样得出布莱克-斯科尔斯偏微分方程:

$$0.5C_{ss}\sigma^2 S_t^2 + rS_tC_s - rC + C_t = 0$$

看涨期权在到期日的价值 $C(S_T,T)=\max[S_T-K,0]$。求解这个偏微分方程可得到布莱克-斯科尔斯公式:

$$C(t) = S_tN(d_1) - Ke^{-r(T-t)}N(d_2)$$

其中，d_1 和 d_2 等于

$$d_1 = \frac{\log\left(\dfrac{S_t}{K}\right) + \left(r + \dfrac{\sigma^2}{2}\right)(T-t)}{\sigma\sqrt{T-t}}$$

$$d_2 = \frac{\log\left(\dfrac{S_t}{K}\right) + \left(r - \dfrac{\sigma^2}{2}\right)(T-t)}{\sigma\sqrt{T-t}}$$

第六节　金融工程的工具：
金融工具、计算机工具与财务分析工具

1. 金融工具及其应用示例：房地产私募基金

金融市场中，商业银行和保险公司在面向大众开展负债业务的时候，实际上是将自身创设的金融工具面向大众进行销售。相比之下，投资银行等金融机构在承销股票和债券的时候，自身并没有创设金融工具。投资银行承销的股票和债券是发行人创设的金融工具。

存款、贷款、保单、股票、债券等金融产品是最为常见的金融工具。除了这些金融产品之外，还有各种衍生金融工具。熟悉各类衍生工具及相应的市场情况，是金融工程师能够开展产品创设工作的重要前提。本书在第三章中专门介绍了中国的金融产品及市场的相关内容，此处不作赘述。

除了这些金融产品之外，还有一个对于金融工程师而言最为重要的金融工具——特殊目的载体。在资产证券化的运作过程中，金融工程师利用特殊目的载体来构建证券化产品。特殊目的载体是一个可以投资资产和创设负债的法律实体。从会计本质来看，特殊目的载体是一个独立的资产负债表。无论是基金公司、证券资管机构、信托公司还是银行理财子公司（以下简称"银行理财"）等，各类资产管理机构的业务都是创设特殊目的载体，然后通过管理特殊目的载体的负债业务和资产业务，收取管理费。

特殊目的载体可以视为创设金融产品的母工具。通过特殊目的载体，可以进行静态的特定合成。保尔森做空次贷的案例，就是使用了合成型 CDO。CDO 利用有限责任公司这类法律实体作为特殊目的载体，募集资金、购买资产，并且和外部机构签订衍生品合同。

特殊目的载体之所以重要，是因为金融工程师利用特殊目的载体创设金融工具，具有较大的自由度。商业银行和保险公司的存款、贷款、保单产品的创设基于银行和保险公司自身的资产负债表进行，因此和商业银行或保险公司自身的战略、经营方针、风险偏好等高度相关，是一种自上而下的业务开展活动。金融工程师是在较多的约束条件下开展创设工作的。利用特殊目的载体，金融工程师更能够充分发挥自身创造力，挖掘市场的需求以创造价值。

资产管理机构在选择特殊目的载体的时候，需要考虑特殊目的载体的特性。当前国内对于特殊目的载体的关注，主要是关注其破产隔离属性。从产品创设的角度来看，破产隔离功能是必要的前提条件。根据金融工程学对于金融产品的抽象定义，金融产品就是一系列未来状态依附的现金流。创设的产品现金流如果受到其他主体影响的话，产品的特性无法明确，也就无法成为特定的产品了。

除此之外，在实践过程中对于业务开展形成影响的特征还包括：份额可分性、投资门槛、负债业务的特性、投资的限制、民事行为能力等。其中份额可分性、投资门槛可以归类为负债业务的特性。份额能够越被细分，投资门槛越低，则参与的群体越多，募集资金的能力就越强，而且相关产品的市场流动性也越高。

本书在第三章中比较各类资管业务的时候，主要从负债业务的自

第一章
现实世界的金融问题：金融工程师的视角

由度和投资自由度两个方面进行比较。通过比较得出结论：当前国内的监管体系下，银行理财同时获得了负债业务的自由度和投资自由度，是最佳的产品创设载体。从2012年"大资管"兴起以来，银行理财的发展突飞猛进，成为大资管体系中主导力量，与此有很大关系。

然而，获取银行理财牌照的前提是拥有银行牌照，并且业务开展能够得到银行母体的各类支持。除了银行理财的牌照之外，信托牌照也有很高的获取门槛，由于监管部门不再发放新的信托牌照，存量信托牌照相对稀缺。信托牌照的价值估值约为30亿元。这些牌照价格可以视为金融工程师获得工具的代价。

国内的公募基金产品、证券资管产品创设之初主要是应用于证券领域。这些产品的民事行为主要涉及资金募集和证券投资，在民事行为能力方面存在较大不足。有限责任公司和有限合伙企业的民事行为能力最强。除了投资证券之外，有限责任公司基本可以进行任何法律允许的经济行为。这些行为包括招聘员工、经营管理、收取费用、与外部机构签订各类合作合同、竞标等。

资管机构在对强运营的资产开展资产管理的时候，需要民事行为能力强的特殊目的载体，否则无法有效开展业务，如证券资管产品募集资金用于收购酒店。在当前的形势下，证券资管产品直接持有和运营酒店存在诸多限制。因此，2020年国内推出的公募REITs为解决这类问题，采用了三重特殊目的载体，即公募基金、资产管理计划和有限责任公司，通过有限责任公司持有和运营酒店，然后资产管理计划持有有限责任公司的股权，再由公募基金持有资产管理计划。三重特殊目的载体的架构设计，增加了交易成本和操作风险。

中国的契约型私募基金和有限合伙基金，业务牌照最容易获取，成为金融自由化过程中非金融机构使用最多的金融工具。私募基金在负债端受到不能公开招募的限制,而且投资门槛较高,投资人数受到限制。这种负债特性使得私募基金的产品没有流动性。然而,私募基金的投资自由度较高,基本上不受限制。

私募基金管理人在自身信用较弱的情况下,凭借房地产资产的硬担保实现业务突破。虽然业务在形式上属于资产管理,然而,中国的实际业务开展中,很多私募基金都是事先锁定好投资标的,再面向投资者募集资金。募集资金投向事先确定的标的后,基金管理人基本上不会进行买卖、资产组合调整等实质管理活动。因此,从业务实质的角度来看,这类业务是一种投资银行业务。根据本书对于金融人员的抽象分类,私募基金管理人发挥银行家和架构者的职能,而公募基金的基金经理通常发挥交易员的职能。

在近十年房地产融资不时受到政策限制的情况下,持牌金融机构的业务无法完全满足地产行业的融资需求。房地产私募基金在此过程中得以获得发展机遇。这种现象蕴含了一种中国特色的金融创新和金融产品创设。

从职能发挥的角度来看房地产私募基金,可以将其视为美国 REITs 的一种特殊情形。同样可以视为 REITs 的特殊情形的还包括中国的房地产企业、房地产信托和商业物业经营公司。在中国特定的情形里,美国式 REITs 的业务受到限制,因此其角色被多个不同类型的机构分别从不同的角度担任。

中国的房地产企业之所以能够如此长时间地保持高盈利能力,除了和房地产市场本身的价格上涨有关,还有一个重要的原因是国内的房地产企业通过股权募集资金这一方面受到政策限制。如果股权融资放开,大量的资本将会涌入地产行业。经济规律告诉我们,这会迅速导致竞争加剧而降低行业的资本回报率。索罗斯预测美国 REITs 的快速兴起和快速衰败,正是基于美国当时的 REITs 能够大量募集股权资金投入地产市场,使房地产市场供给过剩。

在房地产企业不能通过发行股票获得股权融资的情况下,房地产企业主要依靠自身资本积累和债务融资扩大业务规模。在此过程中,信托公司开展房地产融资业务,和地产企业形成了完整的产业链条,获得良好发展。在这个完整的业务链条中,房地产企业更接近美国的权益型 REITs,而信托公司更接近于美国的抵押型 REITs。主要以发放抵押贷款为模式的房地产信托,在业务过程中更多依附房地产企业,发挥的是房地产企业的金融服务商角色。

在房地产企业资产负债表扩张受到不能获得股权融资和债务杠杆约束的两方面限制下,资产负债表成为地产企业发展的关键。强大的资产负债表赋予了地产企业较强的融资能力,从而更能获得房地产行业的高额权益回报。

理解房地产私募基金发展的关键在于,金融工程师通过创设私募基金,实际上创设了由自己控制的资产负债表。这种资产负债表的创设和控制能力能够使金融机构摆脱了对于房地产企业的依附。金融机构与房地产企业分庭抗礼,甚至到一定阶段,金融机构成为主导,房地产企业成为金融机构的附庸,发挥为金融机构提供房屋建设和物业管理的服务商职能。

此处讨论的重要意义是,直接金融体系的金融机构通过基金等方式掌握了大量的金融资源,控制了资产负债表。而在间接金融体系中,这些资产和负债分别被商业银行和大型企业掌控。中美房地产领域的对比,揭示了这一道理。

3. 计算机语言与蒙特卡罗模拟的简单应用示例

计算机软硬件水平的提高大大增强了计算能力。很多原本通过数理模型进行计算的定价问题,被更加简单可靠的数值计算方法替代。以前面的期权定价为例。为了得到布莱克-斯科尔斯方程及相应的解析解,模型假设股票在期权到期之前没有股息支付、股票分割等涉及资本管理的活动。

这种假设有便于计算的考虑。现实中,股票并不符合这种假设。而且很多期权并不是像标准定义的欧式期权那样,反而是隐含在金融产品当中。典型的例子就是 MBS 中的提前偿付。住房抵押贷款可以提前偿还本金的特性,实际上是为借款人提供了一个利率期权。当利率下跌的时候,借款人可以行权,获得利益。

对于金融工程实务工作者而言,要针对这些不同情境的产品,建立数理模型,进行公式推导,计算出合理的价格,显然超出包括笔者在内的大部分人的能力。借助计算机编程和蒙特卡罗模拟,有一种通用的计算期权价值或是含有期权的金融产品的价值的方法。这里仍以期权价格为例,给出一个简单的算法。

蒙特卡罗方法是基于股票价格的有漂移的随机游走的规律假设,将未来时间段离散为间隔相等的子时间段,即将时间间隔[0,T]分为等距的、长度为 Δt 的子时段。以在当前的价格为起点,模拟获得第二天的价格。根据有漂移的随机游走的规律,第 i 个子时间段的股价是前一个子时间段的股价加上期间的股价变化。该期间的变化为:

$$dS_t = rS_t dt + \sigma S_t dZ_t$$

将其离散化得到:

$$S_t = S_{t-\Delta t} \exp\left[\left(r - \frac{1}{2}\sigma^2\right)\Delta t + \sigma\sqrt{\Delta t}\, z_t\right]$$

其中,σ 是股票价格的波动率。波动率与时间长度的平方根成正比,根据这个规律,可以将年波动率转化成为每日波动率。z_t 反映的是波动的随机特性,取伪随机数 $Z_t(i)$,即每次生成一个随机的数字。

将时间间隔[0,T]分为等距的长度为 Δt 的子时段。开始循环 $i=1$, $2,3,\cdots,I$。对于每个时间步 i,取伪随机数 $Z_t(i)$。逐个时间步应用伪随机数,确定第 i 步时的股票价格 $S(i)$,一直到第 I 步,得到到期日时的股票价格 S_T。根据期权的合约,在到期日股权的价值为 $C(S_T,T)=\max[S_T-K,0]$。这是众多股价走势路径中的一条。

用不同的随机数字组进行多次模拟,比如进行 100,000 次模拟,每次模拟就是一条股价走势的路径,可以得到一个到期日的股票价格,并且通过计算得到当期的期权价格,由此可以获得一个期权价格的概率分布。将多次模拟的期权价格加总再除以模拟的次数,计算期望值,再贴现到当期,得到一个当期的期权价格。模拟的路径越多,计算的精度越高。当前的计算机的计算能力的提升,使得计算已经不再成为限制条件。

蒙特卡罗模拟方法比较直观,使用者无须对期权定价模型有深刻理解就可以进行。而且这种方法能够很容易推广到不同的情形。在设计含有各类选择权的结构化产品的时候,也可以应用蒙特卡罗模拟方法。结构化产品的劣后级产品为优先级产品提供最低收益保障,同时,在产品的收益超过一定的水平时,劣后级产品可以分享超额收益的一定比例。传统的定价方法很难应用于这种结构化产品。

金融工程师可以运用蒙特卡罗模拟方法先对金融市场的走势作出假设。由于未来是不确定的,这种假设是一种概率分布。然后模拟不同假设情况下,结构化产品优先级和劣后级的收益情况。模拟多次可以得到优先级和劣后级收益的分布。这一分布可以为金融工程师创设产品提供参考。

近几年,随着计算机算力的提高以及算法的改进,人工智能水平有所突破,人工智能这一领域重新引起关注。2016年的围棋人机大战,计算机完胜人类棋手代表李世石是一个标志性的事件。这一事件,距离计算机在国际象棋领域战胜人类已经差不多二十年了。

比较而言,计算机的智能特征是简单而算力强大,人类的智能特征是复杂而算力较弱。当前,人工智能在问题简单、边界条件明确的应用领域取得了突破,如人脸识别等。利用计算机蒙特卡罗模拟计算期权价格的方法,是利用算法先将问题简化,再发挥计算机算力强大的优势,金融工程师的工作难度大为降低。

在财务分析、证券投资分析等涉及复杂边界条件的领域,人工智能仍然无法取得相对人类智能的优势。然而,借助蒙特卡罗模拟计算期权价格的方法,可以利用计算机工具进行财务分析和证券投资分析。这需要金融工程师先将财务分析简化成一个特定模型,然后由计算机按照模型进行分析。笔者曾经开发过一个财务分析和股价估值系统,采用的正是这种方法。先由人类智能实现"从0到1",即开发特定的模型,再由计算机完成"从1到100",即将模型应用到符合条件的公司。限于篇幅,此处不作展开。

4. 财务报表分析与财务建模的工程方法示例

各类金融业务尤其是非标准化交易,由于没有主体担保和资产抵押,非常注重对融资方及项目的财务状况的分析和财务建模。

金融工程师开展工作过程中,需要用到财务分析的方法,并且以一种结构化的方式重新构造公司的财务报表。本书的第六章在介绍结构化金融的解构与重构技术中,就以AAA评级的北大方正的信用在没有出现重大外部冲击的情况下,被连续下调评级直至债务违约为案例,说明财务报表分析的重要性以及报表重构在财务报表分析中的意义。

第一章
现实世界的金融问题：金融工程师的视角

从工程学的角度看待财务分析，相当于解析测量的数据。财政部等监管部门制定了会计准则，准则为测量企业的财务状况提供了标准。显然，无论会计准则如何改进，都不可能完全适用于所有公司，其中必然存在标准化和个性化的取舍。为特定企业量身定做的个性化会计准则，有助于更精确地测量该特定企业的情况。但同时，个性化也使不同企业之间的测量结果失去可比性。因此，进行财务分析时，必须根据分析的目的，基于分析者自身的统一框架，对不同公司的报表进行调整。这种调整也是一种解构与重构。

类比围棋学习，想要提高围棋水平，除了熟知围棋的基本规则之外，还需要学习定式，即众多实践者总结出来的标准化套路，同时还要打谱研究高手的实战对局，当然，最重要的是在学习了这些知识之后与人对弈。当前的财务会计学教材侧重讲解财务会计知识，没有与实践结合起来，更接近于对围棋规则和开局定式的介绍，缺少类似打谱的案例研究，更缺少对弈实战。由于财务会计学的基础知识相对繁杂，不像围棋规则那么简单，因而需要学习者投入大量的时间和精力来掌握"规则"。

从工程师的实用主义角度来看，财务工作者和会计工作者制作财务报表，相当于编码；财务报表分析者分析报表，相当于解码。这是两种不同的任务。了解编码虽然有助于解码，但是作用不大。正如熟练使用操作系统，并不需要掌握计算机语言和编程一样。虽然，掌握计算机语言和编程，有可能会加强对于操作系统的深入理解，但是对于使用操作系统的熟练度提高作用并不明显。

笔者曾将工程学方法应用于财务分析，研究了财务分析工程学，在此简单介绍财务分析工程学的基础内容。

财务报表分析可以参照金融工程师解决问题的步骤。以下是金融工程师解决金融问题的五个步骤,与财务报表分析工程中的五个步骤相对应。

第一步,识别问题的实质与根源。这需要认真分析并且确定财务报表分析的目的与逻辑。

分析者的角色不同,分析目的不同,对相同的财务数据会得出不同的判断。典型的两种角色是债权人和股权投资者。一家上市公司,如格力电器,拥有近1,400亿元的巨额金融资产,但是产生的投资回报只有不到20亿元,回报率约为1.6%。这样的财务数据,从债权人的角度来看,是非常好的数据。巨额变现能力强的金融资产,能够有效保障债务的偿还。从股权投资者的角度来看,这种情况意味着资金投资利用的效率较低,从而降低了权益回报率。这是一种让投资者不满意的情况。

财务报表分析是根据企业提供的数据来分析企业的财务状况和经营情况。企业的财务状况和经营情况经过标准化的编码处理后,必然导致大量信息的损耗。财务报表分析根据损耗后的简化信息,试图还原企业的真实情况,这是一种反向推理。从逻辑上来讲,反向推理必然存在较大的误差。因此,对于财务分析报告的结论,要持有其中存在误差的观点。同时为了尽可能减少误差,需要尽可能地获取财务报表之外的信息。

第二步,找出解决问题的最佳方案。这需要一个财务报表分析的框架与方法。

当前,财务分析已经形成了相对成熟的常用分析框架与方法。这些分析框架与方法,可以类比上文提到的围棋定式。这些"定式"包括常规的指标,如资产负债率、权益回报率、流动比率等,可以反映企业某个方面的财务状况;还包括一些常规的分析框架,如杜邦分析等。

第一章
现实世界的金融问题：金融工程师的视角

财务分析方法中，有一种将企业提供的资产负债表转化成资产资本表的操作。这种操作可以视为一种常规化的分析。本书则从解构与重构的角度来分析这一结构化技术在报表分析中的应用。从发挥职能的角度，本书对金融企业进行了抽象分类，很多实体企业开展实体产业运营的过程中，也在某种程度上发挥了金融的职能，因此也可以被视为某种程度的金融企业。现实中，大多数企业都是实体企业和金融企业的某种混合体，但是，财务报告的数据并没有将企业的金融部分和企业的实体部分进行分别处理。因此，需要根据企业的实际情况对报表进行重新构建。

构建资产资本表的方法，实际就是将企业完整的合并报表分成三类不同的报表：一类报表反映的是企业的实体经营情况；一类报表反映的是企业的金融投资情况；一类报表反映的是企业的长期股权投资情况。根据完整的报表构建三类不同报表的过程，就是解构与重构。由于实体运营业务和金融投资业务的性质存在重大差异，解构与重构对于财务报告分析而言是一种必需的手段。不进行这种解构与重构，很多分析都会失去意义。

第三步，通过方法来生产一种新工具。这需要根据财务分析的框架与方法，确定财务报表分析的具体操作。

在完成前两个步骤之后，即确定了目的、逻辑、框架和方法之后，就可以具体实施了。这需要结合关于财务、会计、企业运营等方面的具体知识。比如，在将企业切割成实体运营企业、金融投资企业、长期股权投资企业三个板块的时候，需要针对企业报表的具体科目，将其划分到不同板块。

第四步，确定生产成本和边际收益。这需要分析确定财务报告分析的可取与不足之处。

第五步，根据特定报表的特殊情况，对分析进行修正。

财务报表的分析必须结合企业的经营情况。由于企业所处行业不同、发展战略不同、经营模式不同，相同的财务指标所反映的企业财务状况也不同。举一个典型的例子，如实体企业和金融企业的差别。对于实体企业而言，过高的资产负债率意味着较高的信用风险。然而，对于金融企业而言，资产负债率意味着通过面向大众发展负债业务、运营杠杆的能力，资产负债率高通常意味着更高的管理能力和股权回报率。

房地产企业的高资产负债率是一种特殊的情况。房地产企业在中国可以通过预售方式提前获得房屋销售的资金，这种形式产生的负债未来可以依靠存货和在建工程进行偿还。而通过发行债券、银行借款等形成的负债，未来需要现金才能偿还。因此，针对房地产企业，需要将这类预售的负债和借款形成的负债进行区分。有一种合理的调整方式：将房地产企业的预收款（及合同负债）科目数额调减为0，同时将资产科目中的存货科目数额进行相应调减，以反映房地产企业可以用存货偿还预收款负债的特性。经过这种调整后计算的资产负债率，再和非地产类企业的资产负债率进行比较，可比性更高。如果没考虑到房地产企业的特殊情况，不经过调整就计算资产负债率，可能会错误地得出房地产企业资产负债率过高、信用风险巨大的结论。

这种针对企业特殊情况的报表调整，是一种非常规的调整，没有哪个常规的套路可以一劳永逸，只能通过不同的案例获得相应的技能提升。类比围棋中的打谱。高手对弈过程中，有时候会根据周边棋子的配置，并不严格按照定式来行棋。这种灵活变通的背后，有棋理和计算力支撑，甚至有体现出棋手个性的成分，很难从中提炼出普遍的模式。

前文提到，了解企业相关的行业、发展战略、营销手段、具体业务等方式，有助于更好地进行财报分析。通过财报分析和研究，我们可以从中获得大量和企业及企业所在行业的信息,反过来让我们进一步熟悉特定行业的业务和发展情况。巴菲特的日常工作中,很大部分是阅读和研究财报。在这个过程中,巴菲特得以熟悉各类行业,从而为其价值投资的成功打下坚实的基础。

本书在第四章中提供了四个财报分析的案例,学习与研究金融行业的业务和发展形势,分别选取了工商银行、中国人寿、陕西国投信托和海通证券,在分析这些企业的财务报告的同时,介绍了银行业、保险业、信托业和证券业的业务与发展形势。此处不作赘述。

第七节　金融产品的分析与定价

1. 金融产品相关的概念

本节首先介绍基本概念——金融产品的头寸。投资机构以现金购买金融产品并且作为存货持有，就有了该金融产品的多头头寸；投资机构并没有实际拥有某金融产品，但是出售了这个产品，就有了该金融产品的空头头寸。多头头寸和空头头寸是相对应的。投资者持有头寸的目的是套期保值、套利或投机。

内夫特奇认为，可以从交易者、经纪人和经销商的视角来考察金融工程。对于这些市场实践者来说，和投资者的作用相比，监管部门、专业组织与法律部门所发挥的作用更为重要。许多金融工程策略都是为了解决这些问题而设计的。大部分金融工程实践活动旨在满足金融工具交易员的监管和税收方面的需要。关于这一点，本书在第二章中有相关的讨论。

央行货币是与金融产品定价相关的另一个重要概念。央行货币是法定货币。作为计价单位，央行货币的价格波动性恒等于0，是金融工程中的元素货币。未来无风险的现金流，作为定价基准的现金流，以浮动利率计价，当期价格总是为面值。这是特殊的金融工具，相当于数学中的0。

单一现金流的定价是其他产品定价的基础,因为其他金融产品都可以拆分成一系列单一现金流。单一现金流定价比较简单。比如,未来1年的时点,有100元的单一现金流,如果年利率是5%,那么这一单一现金流的当期价值为 100/(1+5%) = 95.24 元。反过来计算,当期 95.24 元的资金,投资年利率为5%债券,1年后获得的本金和利息为100元。这种定价过程就是计算现金流的现值和远期价值,两种互为逆运算。

现实中,对于金融产品的定价和投资的难度,并不是计算现值和远期价值这么简单。难度在于如何根据金融形势和单一现金流的风险,确定利率这一用于贴现计算的参数。

2. 债券和股票的估值定价:DCF 模型

金融学中,对于债券和股票的定价,方法论最完善的模型是 DCF 模型,即现金流贴现模型。债券的现金流贴现模型计算比较方便,因为债券的现金流根据债券条款,有明确的时间节点,通常可以分为半年付息、一年付息、到期一次还本、期间分期偿还本金等几种形式的组合。

这里举一个简单的例子。3 年期国债,票息 3%,每年付息一次,到期还本。100 元面值的国债,未来获得的现金流是 1 年后 3 元、2 年后 3 元、3 年后 103 元。如果当前 3 年期国债的市场利率为 2.5%,即贴现率为 3.5%,那么国债的价格为 $3/(1.025)+3/(1.025)^2+103/(1.025)^3 = 101.43$ 元。用严格的金融工程方法计算时,需要考虑利率的期限结构,对于 1 年后的贴现率、2 年后的贴现率和 3 年后的贴现率,严格按照相应的市场利率来进行,而不是简单地认为三者必然满足特定贴现率的一次方、二次方和三次方的关系。

债券的贴现定价可以作为股票贴现定价的基础。与债券不同的是，股票的股息支付并没有事先确定，和公司盈利情况及分红等资本管理战略相关，有很大的随意性和不确定性。因此，通常不是以股息作为贴现计算的未来现金流，而是以公司的自由现金流来计算。自由现金流即公司在不影响未来存续和发展的情况下，可以被用来分配给债权人和股东的现金流。近似地，公司的自由现金流约等于公司的净利润+公司的利息+折旧摊销–公司用于维持存续和发展的必要资本支出。

显然，这种自由现金流需要人为预测和假设，而且针对未来的较长时间，预测通常会和实际情况发生较大的偏离，使股票的估值误差很大。股票市场价格的大幅波动，反映了股票价值随形势变化而变化的现实以及股票估值的难度。

本书在第四章中分析中国人寿的财务报告和估值时，运用了自由现金流贴现模型，有详细的讨论。此处不再赘述。

3. 普通商品的定价和远期及期货的定价

经济学有个供需平衡原理——外界条件相同的情况下，向上的供给曲线表示价格越高，供给量越高；向下的需求曲线表示价格越高，需求越少——用于解释普通商品的价格决定因素，通过供给曲线和需求曲线的交叉点来确定价格。普通商品的价格除了受供给和需求的影响，还有许多其他影响价格的因素。严格来讲，没有关于普通商品的定价公式。有组织的期货交易所开展商品的远期交易。商品的供给者、需求者及希望从商品价格的变化当中获取收益的投机者，可以在期货交易所进行交易，达成一个市场价格。这是期货交易的价格发现机制。

笔者认为，在现代经济体系里，在商品的期货交易达到很大规模的情况下，金融体系对于商品的定价施加了重大影响。期货价格并不只是反映实体经济的供需关系，还是一种可以对实体经济供需关系形成

第一章
现实世界的金融问题：金融工程师的视角

影响的重要力量。正如现代经济体系里，利率不只反映实体经济体系里资金的供需关系，还是一种可以影响资金供需关系的力量。同样，政府或垄断群体等某种超市场的力量，同样可以通过操控商品的价格，影响经济体系的运行。典型的超市场力量就是欧佩克（OPEC，石油输出国组织），通过联合控制供给，使价格达到 OPEC 的目标。当然，OPEC 的价格控制仍然是从控制实体层面的供需进行的。还有一种方式是利用资金优势控制期货交易所的价格，进而通过期货交易所的价格，反过来影响实体供需。普通商品的现价与远期价格之间存在价格关系。这种价格关系，其实也是从无套利原理推导出来的，可以视为金融工程学的实践应用。

一个想要在半年后获得某种商品的需求者有两种选择。一种是当期购买商品，并且储存到半年之后；一种是购买交割日在半年后的商品期货。两种选择都可以使该需求者能够在半年后持有某种商品。无套利定价原则要求两种选择的成本相同。分别计算两种选择的成本，并使之相等，可以得到现货价格与远期价格的关系。

当期购买商品需要成本 S，这是现货的价格。当期购买商品所支出的货币，在半年里产生的利息支出为 R。同时，存储商品还要成本 C，包括商品的损耗、存储场所和人力等。另外，有的商品在持有期间可能会产生收益 Q。因此，最终的成本是 $S+R+C-Q$。半年后交割的商品的远期价格为 F。根据无套利定价原则可知：

$$S+R+C-Q=F$$

如果考虑存储成本和商品的数量及存储的时间三者之间成比例关系，以小写的 r、c、q 来表示单位时间单位数量的利率、成本率和收益率，则公式可以表达为：

$$S(1+r+c-q)t=F$$

如果时间是连续的,利率、成本率和收益率都按照复利计算,那么公式可以表达为:

$$F = Se^{(r+c-q)t}$$

这个公式和有息债券的远期价格和当前价格的关系公式高度雷同。只不过债券只考虑了利率,将成本率和期间的收益率作为 0 来考虑。

凯恩斯在其《就业、利息和货币通论》第十七章中讨论商品的货币属性时认为,货币作为特殊的商品,因为可以用于支付且无价格波动风险,在持有期间类似工具能为持有者带来便利。这种便利相当于收益 Q,是一种流动性溢价。当 Q 大到一定程度,超过利息成本和存储成本的话,那么期货的价格将会低于现货的价格。这是一种通货紧缩现象。凯恩斯进一步推论:因为当时的货币是黄金,无法有效提高供给,黄金的高流动性溢价,抑制了其他商品的生产,会使经济体系步入流动性陷阱。

《就业、利息和货币通论》第十七章中的内容隐含了金融工程学的思想,并且以微观主体的行为解释了宏观现象。有的经济学家因为缺少金融工程学的知识,认为这一章属于画蛇添足。本书后面章节根据金融工程学思想和凯恩斯的观点来分析物价上涨与通货膨胀预期的关系,结论未必绝对正确,更多是想说明金融工程思想在经济学理论中的运用。

由于期货交易所的保证金交易机制和每日盯市机制,期货和现货的关系相对复杂一些。多头保证金的数额与后续期货交易价格变动相关,在期间会产生利息,这使得在期货交易所购买期货不像签订远期协议那样,被简单认为成本是 F。

前面的案例中,需求者除了当期购买商品并且储存到半年之后,以及购买交割日在半年后的商品期货,还有一种选择:在半年后,以半年后的现货价格购买商品。运用无套利定价原则,我们来比较当期购买并且持有商品和半年后的现货价格。当期购买且持有商品的成本为 $S_0+R+C-Q$。商品在半年后的预期价格为 S_T。无套利定价原则同样要求 $S_0+R+C-Q=S_T$。S_T-S_0 是预期的商品价格变化。

这一公式的经济学含义是确定通胀预期与物价上涨的关系。形成通胀预期是指经济主体预计未来物价将会上涨,从而产生囤货行为,进一步引起物价上涨。但是温和的物价上涨并不会形成强烈的通胀预期,原因在于商品有储存成本。如果预期的物价上涨幅度不会超过商品的储存成本和资金的利息成本的话,经济主体不会产生购买超出当期需求商品的囤货行为。囤货行为将影响商品当期的供需平衡关系,进一步引发商品价格上涨。因此,形成通货预期的物价上涨幅度有一个临界点,这个临界点由商品的储存成本和资金的利息成本所决定。经济主体形成通货膨胀预期后,央行可以通过加息来提高资金的利息成本,削弱通货膨胀预期。

基于笔者的观察,中国的物价上涨幅度的临界点在4%左右。当CPI高于4%的时候,社会容易形成通胀预期。在此情况下,央行的货币政策难以宽松。以此大胆推论,4%或许正是中国的商品平均持有成本和短期资金利息成本之和。

4. 期权等衍生品的定价

由于主题侧重不同,本书对于衍生品定价的内容比较简短,在前文的计算机语言与蒙特卡罗模拟的简单应用示例中有过介绍,此处不再重复。当前的主流金融工程学著关于期权衍生品定价内容比较详细,有兴趣的读者可以去阅读。

第二章

关于套利的金融工程
市场套利与制度套利

第二章
关于套利的金融工程：市场套利与制度套利

套利可以从两种不同的角度来解释，分别是金融工程理论的视角和金融工程市场实践的视角。综合各家的观点，笔者给出套利的定义：套利是指利用市场经济中价格体系的不完善，通过买卖价差获取利润的行为或过程。这是一个市场套利的定义。本书将套利的概念拓展到了制度套利。制度套利的定义是利用制度中价格决定机制和价格体系的不完善，通过非生产性的活动获取利益的行为或过程。这一定义从两个方面对市场套利进行了拓展：第一，市场套利只是基于特定的市场机制进行的，而制度套利是基于所有类型的机制进行的；第二，市场套利是通过买卖的市场交易活动，而制度套利包括各类非直接生产性的活动。

本书不鼓励不当套利，前文也曾提到，市场套利越多而制度套利越少，市场的有效性越高。正因此，在中国，监管部门严厉打击不当的制度套利。研究制度套利，是为了识别和防范制度套利。

第一节 七种市场套利

1. 空间套利或地理套利

空间套利或地理套利是指在一个市场低价购买某种商品，同时在另一个市场高价出售同类商品，赚取二者价格之差。空间套利是一种最早的套利方式，白居易的诗句"商人重利轻别离，前月浮梁买茶去"，描述的就是这种地理套利。为使空间套利有利可图，两个市场的价差要足以弥补因此所产生的交易与运输成本,而套利的作用将使两个市场达到新的均衡状态,这种状态下套利活动无法获取超额利润,其简化的理想情况就是一价定律,即同种商品在不同地方的价格应趋于一致。国际金融学里,外汇决定理论中的购买力平价理论其实也是空间套利一种应用。

《喧哗与骚动:新中国股市二十年》一书中介绍了中国资本市场发展历史,提到了万国证券和"杨百万"空间套利的案例:"随后万国证券和杨百万一样,做国库券的差价。当时才'十几个人,七八条枪'的万国,跑遍了全国250个大中小城市和偏远乡村,到处收购国库券。一次在福州,管金生买进200万元国库券,塞了几个大麻袋,租了一辆汽车还放不下,剩下的只好塞了两大旅行袋,拎上飞机,在机场安检口,费了许多口舌,才没让人打开袋子,不过到上海后,旅行袋的底已撑破了。谁也不清楚,万国证券在国库券上赚了多少钱。管金生还一度与杨怀定联手,大收上海的国库券。"⑤

阚治东在《荣辱二十年:我的股市人生》中也提到空间套利:"谈到国库券买卖,不得不提到当年资本市场颇有名气的杨怀定。杨怀定人长得粗粗实实,却不乏上海人的精明,在早期证券市场赚了点钱,人称'杨百万'。杨怀定自己也承认,他在证券市场淘得的第一桶金是通过国库券异地买卖,不少刊物也把杨怀定称为异地倒卖国库券的开创者。

杨怀定自述,当年他发现城市之间的国库券价格存在差价,就凑了10万元到了安徽,从当地国库券经营机构买入国库券,再回上海卖给上海证券业务部,一倒手可以赚几千元,于是,生意越做越大,后来还从上海保安公司请了保镖同行。那时,上海与外地国库券差价少则三五元,多则10元以上,20万元倒腾一次,利润就在万元左右,抵得上当年普通

---

⑤ 阿奎,《喧哗与骚动:新中国股市二十年》,中信出版社,2008。

工人10年的薪水。我和这些黄牛贩子接触了几次,心想既然有这么大的利益,我们自己为何不能做？我由此决定在公司开办跨省市的国库券买卖。"⑥

随着信息的发达,空间套利或地理套利的机会越来越少,而且只要出现,很快就因为大量的套利活动使得套利机会稍纵即逝。

一种在国内经久不衰的地理套利模式是票据的跨期套利。票据的跨期套利机会之所以能够存在,是因为每个地区的资金供给和需求的形势不同。由于核对纸质票据真实性等需要较大成本,因此票据贴现业务的区域性比较强。在票据贴现市场没有形成全国性市场的情况下,各地的票据贴现成本存在较大的差异。虽然经过多年的市场发展,成本差异较之前大幅减少,但目前仍然保持在20基点到50基点的水平。因此套利者先以自己的资金,以较高利率贴现客户的银行承兑汇票,再以较低的利率转贴现,回收资金,可以赚取其中的利差。随着央行构建和推广电子汇票系统,未来汇票的开立、贴现、兑付都将在中央系统中进行,票据市场的有效程度将会大大提高,这一套利机会和套利空间也将大大减少。

中国证券业第一代开拓者的第一桶金,多来自空间套利这一种极其简单的套利模式,这段历史一方面反映了当时中国金融市场的高度不完善,另一方面暗示了后来的证券公司及其他各类非银行业金融机构的商业模式转型方向。

2. 时间套利或持有成本套利

时间套利或持有成本套利是指在某一个时刻低价购买某种商品,在未来的另一个时刻以高价卖出该商品。金融工程学中关于远期价格

---

⑥ 阚治东,《荣辱二十年:我的股市人生》,中信出版社,2010.

的定价公式 $F=S(1+rt)$，就是这种套利的应用。现在买入现货并在未来出售交割，需要付出成本，即持有头寸需要资金，而资金有时间价值（此处更严格地说是时间成本），商品还有存储费用。另外，持有某类商品也可以获得某些利益。成本与利益之差即为持有该商品的净持有成本。

无套利定价理论使商品的现货与远期价格满足前面所提到的公式。如果不满足定价公式 $F>S(1+rt)$，可以这样操作：在当期以 S 价格购买该商品，持有该商品到期末，以事先确定的远期价格 F 出售，$F-S(1+rt)$ 即为套利的利润。随着中国股指期货的推出，市场上出现了名为期现套利的操作，即利用指数期货价格与标的物沪深 300 指数的价格差异，运用远期定价公式，或是买入（卖出）期货的同时卖出（买入）指数所对应的股票，赚取差价。由于中国的市场价格不完善，这种操作在股指期货推出后，获得了不菲的超额利润，然而这种套利操作的普遍使用，也会使此种套利难以保持持久的超额利润。

普通商品具有存储费用，这是当期价格通常较远期价格要更低的重要原因。2020 年，由于受疫情影响，经济下行，需求低迷，导致国际原油期货市场出现价格为负的"奇怪"现象。究其原因，就是原油的仓储存在较大成本，现有的仓储能力无法存储多余的原油，卖方宁愿付钱给买方以减少未来可能产生的更多损失。普通商品具有存储费用，也是负利率现象出现的一个重要原因。凯恩斯在《就业、利息和货币通论》的第十七章中对商品货币性的讨论，实际上运用了金融工程的期货与现货的套利原理。关于这一点，我们将在后面关于经济内容的章节中详细讨论。

3. 税收套利

税收套利是指利用不同纳税主体的税率差别，通过买卖某类商品，将利润从高税率的纳税主体转移到低税率的纳税主体以获得利益的方式,或者将利润从税率高的地区转移到税率低的地区以获得利益的方式。约翰·马歇尔提到过,在美国出现的高税率公司持有低税率公司发行的优先股,就是税收套利的一个例子。

中国有一种较为常见的税收套利形式,即通过母子公司或兄弟公司之间以非市场价格进行的关联交易,将利润转移到税率低的纳税主体。很多跨国公司在华子公司采用这种方式,通过国外母公司以非市场价格向中国国内的子公司出售某类技术、商标或核心零部件等资产来转移利润,从而规避在中国的纳税义务。其他形式包括采取设立信托计划或合伙制企业而不是设立有限责任公司,还有将IPO后可上市流通的股权转到税收优惠的省份或地区,等等。

巴菲特的伯克希尔·哈撒韦公司(Berkshire Hathaway Corporation)一直不愿意分红,也有部分基于税收的考虑。将收益留在公司进行投资,而不是当期分红,可以将资本收益税的税收缴纳延后。按照巴菲特的说法,这相当于从财政部获得了无息贷款。索罗斯的方法更为简单,他将量子基金注册在税收天堂荷属安的列斯群岛,在这里复利是免税的。由此,国外有观点认为,如果遵照美国的税法,量子基金的年度复合回报率将从28.6%下降到20%以下。索罗斯在2003年身家将从70亿美元下降到仅为5亿美元左右。如此可见,税收的影响巨大!

由于税收是任何市场经济活动都不可避免的因素,因此,考虑金融活动的税收影响,对于金融工程的实践而言至关重要。

4. 风险套利

风险套利是指通过汇集不同风险使整体风险下降,赚取风险溢价的套利方式。根据大数原则,多种彼此之间不相关(或有相关关系但不是完全相关)的风险聚集后,总体风险将大大降低。由于经济主体普遍是风险厌恶型的,因此在其他条件不变的情况下,风险降低增加了价值,经济主体愿意为此增加的价值付出成本,这个成本是风险套利者的利润来源。保险是风险套利的典型应用。基金等分散投资型金融工具,某种程度也可以视为风险套利的应用。

关于保险套利背后的深层机制,还有一个重要含义,即如何利用普通居民的心理形成的风险收益曲线进行套利。通常心理形成的风险收益特性是:风险越大,要求的预期收益越高,这是一种规避风险的心理特征。保险就是利用这种风险收益特性进行的风险套利。简单来说,如果未来发生火灾的概率为 0.01%,发生火灾后的损失是 100 万元,那么火灾的预期损失为 100 元。然而,居民从规避风险的角度,愿意支付超过 100 元的代价,换得在发生火灾后的 100 万元赔付。

另一种风险收益特性是:风险越大,预期收益越低。彩票就是利用这种风险收益特性进行的风险套利。中奖的概率为 500 万分之一,中奖后的回报是 500 万元,那么彩票的预期回报为 1 元。然而,居民从追求风险的角度,愿意支付 2 元的代价,换得在中奖后的 500 万元。

金融工程理论在定价过程中,运用风险中性原则,即收益要求只与预期回报有关,而与风险无关。这种理论假设是建立在金融机构的套利行为最终会使市场不存在套利机会的前提之上。如果人的行为符合完全理性的要求,自然而然也能推导得出风险中性的特征。但是在现实中,人不可能做到完全理性。

金融理论中关于有效市场的假说以及理性人的假设等,往往会与现实中金融工程师观测的现象发生违背,金融工程师的思维模式,要求我们相信观测的现象,而不仅仅遵守理论的教条。非有效的市场中,非理性的投资者往往是最大"变量",市场越非有效,风险收益特征偏离风险中性的频率和程度越高。这为套利提供了机遇。对于金融工程而言,不仅要认识到这个道理,关键在于如何把握甚至引导大众的心理特征。

行为金融学对人的心理特征进行了更加细致的研究,以寻求人们在不同形势下的特殊心理特征及相应的风险收益曲线。这些研究为开展套利的金融工程师们提供了有益的帮助。

5. 期限套利

期限套利是指利用金融市场中其他条件相同而期限不同的产品的收益率不一致,通过将产品复合或拆分,转换不同期限的产品,获取利润。金融学理论中,到期期限和收益率之间的关系被称为利率的期限结构。将其他条件相同、期限不同的金融产品的期限结构以图表表示,即收益率曲线。正常情况下,利率的期限结构表现为向上倾斜的收益率曲线。

有几种用于解释收益率曲线形状的理论,包括预期理论、流动性补偿理论以及市场分割理论,每个理论都从某个方面进行描述,都有其适用范围和局限性。对于金融工程师而言,无须深入探究收益率曲线形状的成因,只需要知道收益率曲线以及收益率曲线的预期变化后,就可以依照收益率曲线进行套利。

中国债券市场中有一种常见的息差套利,即通过购买期限较长的国债或信用债进行套利,其实质是期限套利的一种形式。假设购买5年期的 AA 级信用债,到期收益率为7%。购买后,再将该债券通过短期的回购交易融入资金,比如7天回购,其利率为3%,回购交易到期后再以到期时间的回购利率进行第二次回购交易。如此反复,在收益率曲线不出现变动时,这种套利操作可以在不动用资金或动用少量自有资金的情况下,获得每年 4% 的利差收益。通过期限套利,投资者实际起到了为金融市场提供流动性的职能,而这正是金融企业的核心职能之一。

向上倾斜的收益率曲线还意味着交易创造价值。以国债为例:假设 1 年期国债的利率为 2%,10 年期国债的利率为 3.5%,这就表现为向上倾斜的收益率曲线。之所以 10 年期国债利率高于 1 年期国债利率,是因为 1 年期的国债到期期限更短,利率流动性更好。然而,在市场交易活跃的情况下,持有 10 年期国债并不是只能等待 10 年之后才能回收资金。投资者可以在需要资金的时候,将国债出售回收资金。在这种情况下,10 年期国债和 1 年期国债在流动性方面的差异大大缩小,同时持有 10 年期国债还可以多赚取 1.5% 的回报。

当然,这种回收资金的手段依赖于市场形势,相比债券到期有财政部兑付作为支持,提前回收具有市场风险或流动性风险。这种风险也使市场能够形成由心理特征决定的正反馈机制。当投资者普遍认为市场流动性较好时,会进行活跃的交易;活跃的交易又促使市场的流动性变好。周而复始,一直到某个事件爆发,心理特征反转,进入反向的正反馈。

从金融工程建模的角度来说,长期国债利率和短期国债利率的利差变化能够作为检测市场流动性的指标之一。利差越小,市场的流动性越高。

6. 流动性套利

流动性套利是指通过为市场提供流动性,利用商品价格在其他条件相同而市场流动性不同时的价格差异获取利润。金融产品的价格是由供给与需求平衡点决定的,因此在该价格点,如果有供给或需求的变动,将会导致供求移动到新的平衡点。对于投资者而言,如果希望在当

第二章
关于套利的金融工程：市场套利与制度套利

前价位买入或卖出某一金融产品的话，该买入或卖出行为将会导致价格的不利变动。投资者如果需要买入，由于市场需求增加，价格将会在目前的价位基础上上升，导致其不能以期望的价格买入足够量的产品；投资者如果需要卖出，由于市场供给增加，价格将会在目前价位的基础上下降，导致其不能以期望的当前价格卖出足够量的产品。

金融学理论中常用买卖一定数量的某产品对其当前价格的影响程度或某一产品买入报价与卖出报价之差来衡量一个产品的流动性，有些金融产品存在着大量的需求方与供给方，因此流动性较好，一定数量的买入或卖出对价格影响较小。有些产品的需求方与供给方都较少，因而流动性很差，一定数量的买入或卖出对价格的影响很大。对此类商品进行流动性套利大有可为。

美国纳斯达克交易所的成功与其推行的做市商制度紧密相关。通过做市商为市场提供流动性，在某一价位充当投资者买入或卖出的交易对手，大大减少了投资者的流动性风险，从而吸引了大量的投资者参与。很多其他国家和地区如中国香港推出的类似纳斯达克的交易所没有发展起来，市场流动性不足是一个重要原因。

中国金融市场目前存在的大宗交易减持，也可以视为流动性套利的一种应用。需要短期变现的股票持有者，因为担心短期内大量减持会对目前价格造成大的下行冲击，而将所持股票按一定的折扣通过大宗交易转让给专门的投资机构，由该投资机构在接下来的时间里分期慢慢销售出清，这样不会对价格形成太大的影响。该投资机构的套利利益即为零散卖出与大宗买入的价格之差。

很多创新产品在发展初期，由于刚推出时不为广大投资者所熟悉而不容易定价，将会面临流动性不足的问题。这种情况下，由金融机构充当做市商进行流动性套利非常关键，这既是市场有效发展的前提，也会为做市商带来大量的利润。

商业银行的业务模式,也可以从流动性套利的角度理解。商业银行持有流动性较差的贷款、长期债券等资产,提供给普通居民的是活期存款。活期存款是流动性最强的资产。从金融工程的角度来看,商业银行实际上充当了活期存款的做市商。居民随时可以从商业银行处买来资产(存入活期存款),或者将资产卖给商业银行(提取存款)。银行作为做市商的买卖报价稳定,而且价差为0。价差是衡量流动性的一个关键指标。因此,可以认为银行是固定收益市场水平最高的做市商。

巴菲特的伯克希尔公司多次在美国的"股灾"等金融动荡中抄底成功,也是某种程度的流动性套利。伯克希尔通过旗下保险公司,持有大量的现金及现金等价物。持有这些低风险且高流动性的资产,是由保险公司所受到的金融监管及自身风险偏好所决定的。当金融市场进入动荡状态时,流动性处于自我缩减的正反馈机制。金融产品的价格由于流动性挤压,价格大幅下降。伯克希尔所持有的巨额现金等高流动性资产,此时体现出价值。这个时候的投资,如巴菲特在次贷危机后投资高盛,一方面为金融体系注入了流动性,另一方面也为伯克希尔带来了巨大的投资回报。

7. 产品转换套利

金融产品可视为一系列特定的现金流,而产品转换是指分割或组合特定金融产品的现金流以构建新的现金流系列,即新的金融产品。金融工程师利用新的现金流(金融产品)价格与原有现金流价格(金融产品)价格的差异进行套利,便是产品转换套利。

相同现金流的金融产品对于投资者而言自用价值是一样的,然而考虑到交换价值,并不能得出产品价格必然相同的结论。金融产品的

第二章
关于套利的金融工程：市场套利与制度套利

定价并不一定完全满足线性定价原则,这就是产品转换套利的理论基础。显然,金融产品的价格符合线性规律,才应该是金融市场完全有效的特征,这种完善正是通过套利逐渐获得的。金融产品的价格是否满足线性规律,理论上有诸多假设,但在日常生活中,一块牛肉加一碗面做成的牛肉面价格通常比所用牛肉和面的价格要高。此类比可以推广到金融产品的定价。

金融产品的结构化设计便是产品转换套利的一种形式。结构化设计的现实原因之一,可能是某些金融机构受到投资的限制,比如保险公司只能投资 AA 级以上的信用债券产品。即使对于该保险公司而言,在考虑了违约风险因素及风险溢价之后,本来更愿意购买低风险的信用债券产品。投资限制的存在使 AA 级以上的高信用债券定价偏高,即投资高信用级别的债券,其获取的收益与其承担风险和投入的资金是不匹配的,得不偿失。保险公司由于政策限制不得已而为之。

在这种情况下设计结构化的产品,改变该低信用级别产品的现金流分配方式,使保险公司优先受偿,而其他投资者在保险公司受偿之后再获得现金流支付,这种现金流的再分配使风险在优先级品种和次级品种间转移,通过结构化设计,将优先级产品以高价卖给投资受限的保险机构,而该保险机构原本是不能投资这一信用级别的产品的。这种产品转换是可以获利的。

对投资品种的限制,实际上也可以视为某种形式的市场分割,通过结构化设计,进行金融产品的转换,令产品在原先不能交易的市场上进行交易,此处指将某种产品卖给原本不能购买的投资者,也可以视为某种程度的地理套利,即从某市场低价购入而在另一市场高价卖出。当金融市场上对某种特定级别的信用债券有强烈的偏好时,也会出现产品转换套利的机会。

巴菲特曾经开展过一个产品转换套利的活动。当时有一家咖啡企业,持有大量的咖啡豆库存。这些库存按照"先进后出"的会计原则进行记账,因此和市场价格相比,库存价值被大大低估了。然而,如果按照正常模式出售,赚取的价差需要缴纳所得税。当时美国出台了一个新的会计准则,允许公司将库存发放给股东,减少注册资本。因此,这个咖啡豆公司的管理层选择对公司进行清算。巴菲特敏锐地发现了这一套利机会。买入公司股票,获得咖啡豆,然后将咖啡豆卖掉,赚取咖啡豆销售价款和股票买入价款的差价。

    巴菲特的这种操作,本质上也是一种产品套利活动。这种活动和后来的投资银行购入上市公司并且私有化,再分拆成不同业务板块单独上市,有异曲同工之妙。

8. 市场套利的总结

    从广义的套利而言,任何金融机构的业务都可以视为某种意义或某种程度的套利。比如,银行的存贷款业务,就可以看作风险套利、流动性套利与期限套利的组合。银行通过持有大量不同企业的贷款头寸,汇集大量的风险,相比投资者自己贷款给企业而言,根据大数定律,不完全相关的风险聚集后总体风险将会降低,因而可以赚取风险套利的利润。另外,银行将投资者(此处是储户)的短期存款用于长期贷款,赚取期限套利的利润。同时,银行提供刚性兑付,实际上充当了做市商的角色。

    由于短贷长投,因此银行普遍都面临着挤兑的流动性风险,挤兑事件发生后,如果没有得到及时有效地应对,将会产生"预期的自我实现",使银行立即陷入破产境地。美国历史上曾多次发生过类似挤兑导致原本经营良好的银行破产事件,直至美联储的设立以及存款保险制

第二章
关于套利的金融工程：市场套利与制度套利

度的确立，这一问题才得以解决。中国人民银行作为最后贷款人的中央银行，也起到提供流动性的作用，当银行出现流动性问题时，央行可以提供再贴现或贷款解决银行的流动性问题；因为有了央行的隐性承诺，挤兑事件基本不会出现。

或许部分是由于历史和发展路径的原因，目前并没有明确的法律法规和制度来防范资本市场的流动性问题，使得资本市场上以回购或拆借方式获得资金、构建杠杆头寸进行套利的金融机构面临着巨大的流动性风险。当中国的资本市场出现流动性问题时，中国人民银行将会如何应对，对金融机构和投资者而言，仍然充满不确定性，这阻碍了套利的进行，某种程度也影响了金融市场的有效性。

传统的金融教科书提到中央银行是"银行的银行"。这一观点，在当前的金融体系中，已经体现出其局限性。中央银行应该是"金融机构的银行"或"所有人的银行"，即整个金融体系或经济体系的最后流动性提供者，而不仅是为银行提供最后流动性。银行获得流动性之后，流动性从银行体系向其他体系传导，存在不确定性和阻碍。正是这种不确定性和阻碍，使得资本市场蕴含了较大的风险。这种风险在2015年的股市异常波动和2018年的股市大跌中得到体现。

前文提到，现实中的套利与理论中的无风险套利之间的最大区别在于，前者受到可用资金的限制，套利者可能因此无法构建足够的理想头寸。市场套利作为资本市场金融机构最重要的市场治理手段，无法有效构建理想头寸的客观现实，使中国的金融体系无法通过套利活动来提高自身的有效性，各种无法利用金融理论解释的价格现象层出不穷，有效市场假说根本不能成立。资产证券化，尤其是将资本市场已有的证券通过发行债务担保证券实现再证券化，能够为套利者提供资金以供其构建头寸。

套利需要构建头寸,要想撬动更多的资金,还需要运用杠杆。固定收益市场中有一个常用的构建杠杆的手段——回购交易。回购交易本质上也可以视为一种结构性融资工具,与债务担保证券的产品结构有诸多相似之处。

回购交易分为卖断式回购与质押式回购,区别在于所有权是否转移。回购交易中,需要资金的一方将其拥有的金融产品出让给提供资金的一方,并承诺在一定时期后以一定的价格回购。回购价格和出让价格之差,即为资金需求方的融资成本。通过回购交易,将回购的资金用于再购买证券,再用证券进行回购交易,如此往复,套利者就很容易构建杠杆了。

成熟的资本市场中,回购交易通常都需要对金融产品进行一定的价格折扣(hair cut),并通过每日盯市和催交保证金制度来防范风险。这种特性使得回购交易具有非常明显的资产融资的特点,基本上已经摆脱了对融资主体信用的依赖,而将风险控制放在资产质量本身。这种成熟的市场环境是套利者的福地。

而中国的资本市场却远未发展到这一地步。首先,回购交易对于券种有相对严格的限制,通常只有利率债和信用级别非常高的信用债券才能被用作回购交易的抵押品。其次,回购交易对交易对手的限制非常严格,回购交易仍然没有摆脱对融资主体信用的依赖。现实中,只有信用级别相对较高的金融机构才能被大部分金融机构接受作为交易对手。

另外,每日盯市和催交保证金制度没有被真正严格执行过。回购交易很多时候不是基于商业信用,而是基于各家机构的业务人员之间的人情关系。很多本质为回购交易的交易,为了规避监管而采取代持的方式进行。这些不成熟和不规范的地方,既不利于金融市场效率的提高,也容易滋生腐败和违规。

从系统工程的角度来分析,当前阻碍资本市场发展的一个更大的问题是,非银行类金融机构无法从中央银行处通过回购、再贴现和再贷款等方式获得流动性支持。这一问题使资本市场的主力机构如证券公司、基金公司、保险类机构投资者,在流动性风险管理方面存在先天的短板,也使资本市场的发展中天然内置了市场主体无法管理和控制的不稳定性。这正如央行成立之前,周期性遭遇挤兑的商业银行体系。

第二节　制度套利

制度经济学的"制度",从广义的角度,是指一切限制人的行为的非自然的事物。广义的制度有着非常丰富的内涵,既有法律、法规等成形的制度,也有风俗、惯例、道德等无形的制度,甚至文化、语言、思维方式等也因为能够限制人的行为,而可以被看成是一种制度。通常而言,制度经济学将正式制度、非正式制度和实施机制视为制度的三大基本要素。

制度约束了人的行为,人们突破制度约束、谋求利益的行为就是制度套利。制度套利拓展了监管套利的范围。监管套利可以看作一种特殊的制度套利,即突破监管制度约束以谋求利益的行为。在此重申一点,研究制度套利是为了更好地防范不当套利行为,避免在金融创新时"触犯红线"。

本书从对待制度的态度与行为的模式对制度套利进行区分,可以将制度套利分为四大类型,即利用制度的套利、影响制度的套利、破坏制度的套利以及制定制度的套利。

1. 利用制度的套利

利用制度的套利是指套利者在遵守制度的前提下,利用制度的不完善之处,寻求有利于自身利益的行为。制度是社会产物,人们在制定

第二章
关于套利的金融工程：市场套利与制度套利

制度的时候，不可能穷尽一切可能性并且针对性地制定相应制度。因此，在特定时期，特定的社会背景下，制度必然存在不完善之处。

通过观察社会现象，我们可以发现，无论何时何地，都存在大量利用制度的套利行为。利用制度套利之所以普遍，是基于一个前提，即套利者并没有违背制度。当制度存在众多问题时，制度制定者也要相应地调整和升级以保障制度跟随时代的形势、适应社会的发展。否则，制度将在利用制度套利的行为下走向衰败，即制度无法达到其制定时的目的，甚至走向崩溃。钱穆在《中国历代政治得失》一书中，也有过相关思想的表述。大意是任何制度，无论如何完美设计，如果人们缺乏对于制度的尊重，最后都将失效。

由于主题所限，本书中只讨论金融体系中较为典型和普遍的利用制度的套利。这种套利，最为典型的形式是资产证券化以及相应形成的影子银行。确切地说，资产证券化及影子银行就是对商业银行制度的一种套利。国外很多关于资产证券化的著作，都曾鲜明地提出这一观点。这是理解资产证券化和现代金融的关键。

与银行相关的制度众多，最主要的有两类：一类是特许经营牌照；一类是巴塞尔协议。银行牌照最大的特许经营权就是能够面向大众吸取资金。由此使得银行的经营行为具备重大的外部性。如果银行倒闭，导致公众存款的兑付受到影响，将会对经济体系乃至社会造成重大不良冲击。因此，需要对银行进行监管，以控制相应的风险。巴塞尔协议从风险控制的角度，要求银行股东为银行持有的风险资产提供资本。这一制度有效减少了储户因银行的信用风险遭受损失，并且防范了银行管理层及股东的道德风险。然而，这一制度也制约了银行的业务扩张和权益资本回报率。因此，银行在追求利益最大化的动机之下，运用各种方式突破巴塞尔协议的限制。

从某种意义来讲，如果没有巴塞尔协议及针对巴塞尔协议的制度套利，美国的现代金融体系的格局将会和当前大不相同。

资产证券化就是这种利用制度的套利。资产证券化的操作，是银行将自身的贷款等风险资产转移给非银行金融机构，如共同基金、保险、对冲基金等，从而能够豁免相关监管资本的要求。共同基金、保险、对冲基金等这些非银行机构，由于不是银行特许经营牌照，不需要遵守巴塞尔协议，整个金融体系的监管资本也因此得以减少。

次贷危机以来，影子银行的概念广为流行，但是目前没有明确的权威定义。笔者认为，资产证券化发展后形成的影子银行，是指不受巴塞尔协议约束的金融机构形成的信贷业务体系。这类体系和商业银行发挥的是同样或者类似的职能，但是不受商业银行监管制度的约束。当然，这些共同基金、对冲基金、保险机构需要受到自身特定的监管制度的约束。

对于金融从业机构而言，两类监管制度各有其利弊，都有相应的监管成本。在分业监管的制度下，各类机构需要根据自身的禀赋和偏好进行选择。因此，市场博弈形成了资本市场的影子银行体系和商业银行体系并行发展的格局。

◎ **国际投行做空蒙牛的案例**

蒙牛创始人牛根生，通过努力奋斗，将蒙牛打造成为国内著名乳业品牌。然而，蒙牛却被国际投行做空，遭遇流动性危机，最终牛根生选择将企业控股权出让给中粮进行自救。这种情况的出现，与股票质押贷款制度有关。国际投行利用这一制度提供的机遇，试图获取利益。

股票质押贷款是指股票持有人将股票质押给金融机构，并且获取贷款的一种方式。由于有股票质押提供担保，这种贷款的风险较小。但是，股票质押提供的保障高度依赖于股票市场的股票价格，存在较大

第二章
关于套利的金融工程：市场套利与制度套利

由市场风险引发的信用风险。当前的股票质押操作模式,通过设置补仓线和平仓线来管理这类风险。当股票价格跌到一定价位后,要么要求贷款人提供更多的股票或是现金,要么在市场上抛掉股票,并将股票出售获得的资金用于偿还金融机构。

从系统工程的角度来分析,这一模式内置了"正反馈机制"。存在这种可能性:股票市场价格下跌至平仓线,使得股票遭到抛售。此时如果股票流动性较弱或者股票市场整体疲软的话,抛售行为将会进一步导致股票价格的下跌。

当牛根生将股票大规模质押用于向国际投行获得贷款时,他的头寸情况被对手获知。这些对手借助市场形势,进行猛烈放空,将股票价格打压至补仓线。这种情况下,由于贷款所获得的资金被用于长期投资,难以迅速回收资金用于补仓。因此国际投行抛售股票,将价格打压至平仓线,引发平仓行为,进一步触发正反馈机制,致使事态变得无法控制。根据相关新闻报道,牛根生求助于长江商学院的 EMBA 同学,最终在央企的支持下,才得以艰难地度过危机。

国内的股票市场在 2018 年的去杠杆过程中,也出现过较大幅度的下跌。同样有很多上市公司大股东将股票质押给金融机构,用于获取股票质押贷款,然后将资金用于进行产业基金等长回报周期的投资。股票下行引发补仓和平仓,最终使一些大股东陷入困境。很多上市公司的控股权在此阶段被迫低价易手,转让给实力更强的对手或资金充裕的国有企业。

当然,上面关于蒙牛的讨论主要是基于相关新闻报道。牛根生遭遇的困境,到底是因为市场形势造成的,还是因为国际投行的蓄意为之,真相不得而知。关键在于,国际投行的这种操作的确存在而且可行。国际投行的这种操作利用了制度与市场形势的操作,并没有违背相关法律法规,也并不违背职业道德。因为在此案例中,国际投行是蒙牛的交易对手而非蒙牛的顾问或是受托人,对蒙牛没有信托责任。

在市场博弈中,正式制度具备更高的优先级别。我们甚至没有理由因为国际投资银行这样的行为而对其进行指责,正如我们没有理由指责德州扑克对手在牌局中"诈唬"是同一个道理。

从索罗斯身上就能明显看出其对于规则的态度,一定程度上这也反映了国际投行或投机资本在博弈中的一般态度。索罗斯在资本市场的博弈中只讲究遵守规则,只要是在规则允许的范围内,百无禁忌。同时,他又很慷慨地捐助巨资,开展慈善事业。

◎ 内保外贷套利和租赁跨境套利

内保外贷是指境内企业通过存款质押或担保,为境外主体借款提供信用支持。租赁跨境套利是指外资租赁公司利用自己可以举借相当于9倍资本金规模的外债额度,从境外借入低成本的资金,然后通过租赁的形式提供给境内主体,获取利差的行为。这也是一种利用制度的套利,主要是利用外汇制度对资本兑换进行限制。

在不存在资本兑换限制和央行干预汇率的情况下,国际金融学有汇率利率决定机制。这个机制是指由于市场套利的存在,两个国家的汇率和利率会存在一种关系:利率高的货币在未来的汇率将会贬值。若非如此,资本将会从低利率的货币转移到高利率的货币,套取其中的利差。高利率货币将会出现远期贬值的预期,使套取利差的投机者承受汇率的损失。举个例子,日本利率为1%,美国利率为3%。汇率为1美元兑100日元。此时存在套利机会,即从日本以1%的利率借入日元,然后在外汇市场购买美元,可以获得美元3%的利率。但是这种套利存在风险,即投资者远期将美元换回日元的时候,美元可能贬值。如果远期汇率维持不变,那么投资者就会获得无风险的利差。大量这样的当

第二章
关于套利的金融工程：市场套利与制度套利

期套利行为，会增加对美元的需求，并且推升美元的当期汇率，美元的远期汇率将会下降。

存在资本兑换限制的情况下，投资者当期的套利行为受到限制。加上央行对于汇率的干预，使利率高的国家的汇率没有按照汇率的利率决定机制那样，当期升值而远期贬值。2013—2015年，中国就出现了这样的情况。当时，中国的利率高于全球主要大国，同时汇率相对于这些国家的货币处于缓慢升值的过程当中。这种形势为国际资本跨境套利提供了机遇。如果能够从其他国家以低利率借入外币资金，在外汇市场兑换成人民币，再在中国以高利率借出，这样操作除了可以赚取两者的利差之外，由于中国的人民币升值，套利者还可以将人民币以更高的汇率换回外币，获得汇差收益。

之所以出现这样的无风险套利机会，正是因为借入外币资金后，存在无法自由兑换成人民币的限制。这种资本兑换的管制制度，产生了制度套利的行为。

另一种利用制度的套利方式是通过外资租赁。针对外资租赁公司的监管制度，允许外资租赁公司借入相当于注册资本9倍的外债，并且将这些举借外债的资金兑换成人民币，用于在国内开展租赁业务。相比金融机构开展证券投资，制度制定对于租赁公司开展租赁业务有较大的资本兑换的自由度，是因为租赁业务与实体经济发展的联系更加密切。制定这种制度的初衷是通过引入外资支持国内实体经济发展。

然而，在实际中，很多租赁公司主要针对并不缺乏资金的优质企业开展"售后回租"业务，即承租人先将自己的资产出售给租赁公司，然后再从租赁公司租回。这类业务与针对优质企业发放贷款或者购买优质企业的债券没有本质的区别，对实体经济发展的作用非常有限。外资租赁公司有效利用了外债管理制度，突破资本管制进行套利活动。

2. 违背制度的套利

违背制度的套利是指在面临制度的限制时,套利者权衡违背制度的成本与收益,当违背制度的收益大于成本的时候,选择直接违背制度来获取利益。制度经济学家以经济学原理分析犯罪,也采取这种分析框架,即犯罪人在犯罪时会权衡犯罪的收益,犯罪被发现的可能性以及犯罪被发现后所受的惩罚。后两者结合在一起,就是犯罪的预期损失。当犯罪的收益大于犯罪的预期损失时,犯罪分子会选择违背法律,实施犯罪。这种分析进一步指出,如果提高侦破案件的概率以及加大对犯罪行为的惩罚,犯罪行为将会大大减少。这一结论同样可以应用于违背制度套利的惩戒措施。

近十年,以银行理财为代表的"大资管"是国内金融体系最为重要的金融创新。相比公募基金等传统资管业务,银行理财和信托这两类"大资管"得以高速发展,与其开展业务时提供"刚性兑付"有非常大的关系。按照监管制度,资管业务是金融机构作为受托人,接受委托人的委托,为委托人的利益开展投资等资产管理业务。金融机构作为资产管理人收取管理费用。在违规提供"刚性兑付"的情况下,委托人获得的是固定的回报,而金融机构作为资管人则获得了资产投资的剩余收益。受托人以委托人的资产为自己谋取利益,这明显违背了信托责任。

从另一个角度来看,银行为银行理财提供刚性兑付,事实上承担了银行理财的相关风险。但是银行理财并没有与银行合并报表。银行理财的相关资产负债都在表外。银行在事实上承担了银行理财资产风险的情况下,并没有为这些资产提供相应的监管资本。这也直接违背了巴塞尔协议的规定,给金融体系增加了风险。

虽然银行理财的刚性兑付等问题违背制度,但是由于所受到的处罚较轻而获取的利益巨大,有的银行选择违背制度。发展到后来,理财规模达到 30 万亿,其所带来的潜在风险对中国的金融稳定性产生了越来越大的不利影响,最终遭致了监管部门的整顿。2018 年,中国人民银行、银保监会、证监会、外汇局联合发布《关于规范金融机构资产管理业务的指导意见》(以下简称"资管新规"),对这类制度套利进行打击。因此,从资产证券化是对巴塞尔协议的制度套利这一角度来理解,中国的银行理财才是真正符合资产证券化本质的资产证券化。

由于缺乏对巴塞尔协议等银行监管制度以及资管制度的认识,有些观点错误地认为信托提供刚性兑付是对委托人负责的一种表现,不但不应该被限制,反而应该被表扬或鼓励。殊不知提供刚性兑付是银行的特权,是建立在银行遵守巴塞尔协议为刚性兑付提供资本支持的基础之上的。没有相应资本来保证提供刚性兑付的能力,却提供刚性兑付,相当于空口承诺,开具空头支票。

3. 影响制度的套利

影响制度的套利是指人们试图通过不当手段影响制度的制定及实施,使制度更有利于自己的一种行为。典型的影响制度的套利就是行贿。行贿者通过金钱或其他利益收买制度的制定者或者制度实施者,以使制度的实施能够向自己的利益倾斜。之前国内的司法实践对受贿和行贿的处罚力度不同,对官员等利用权力受贿者处以较高的惩罚,而对行贿人员的惩罚则相对较轻。显然,较轻的惩罚不利于打击行贿这类犯罪行为。

国内的企业债券发行和股票公开上市,需要经过审批制度审批。这为那些掌握审批权力的人提供了制度套利机会,也为企业家和金融机构提供了动机去行贿,试图影响审批制度的实施,以使自己的债券发行或者股票发行上市事项能够获得审批通过。

国外影响制度的套利行为中，院外游说集团的幕后运作较为典型。经典美剧《纸牌屋》对于院外游说集团的描述入木三分。很多商人或利益集团，为了使立法结果对自身有利，会对掌握立法权的议员进行威逼利诱。

4. 制定制度的套利

制定制度的套利是最高级别的制度套利。在制定制度的时候，制度的制定者显然有动机使制度更有利于自身的利益。美国在二战之后，主导制定了国际的政治制度(联合国)、经济制度(关贸总协定)和金融制度(布雷顿森林体系和世界银行，以及国际货币基金组织)等各项国际制度。这些制度的制定最有利于实现美国的利益。20世纪70年代，黄金的全球货币地位被美元所取代。从此之后，美元掌握了全球货币政策的制定权力，并从中获得巨大利益。

有的观点认为，因为美元作为全球货币，所以美国可以向全球征收通胀税。实际上，美国自格林斯潘上任美联储主席到如今的30多年时间里，美国的通胀水平一直较低，物价指数(CPI)年平均上涨不到3%，以美元计价的国际大宗商品并没有出现大的上涨。同时，其他国家以美国国债等方式持有美元资产，还能为美国带来利息收益，这可以在一定程度上抵补通胀对于购买力的损耗。如此计算下来，通胀税这种利益只是微不足道的小利。

美国凭借掌握货币政策制定权所获得的更大利益，在于能够通过增发货币调用全球的资源。另外，美国能够根据自身的经济情况选择对自身最有利的货币政策，而其他国家需要被迫跟上美国的经济调整节奏。正如美国财政部前部长康纳利的一句名言："美元是我们的货

第二章
关于套利的金融工程：市场套利与制度套利

币,却是你们的问题"。这些制度赋予了美国经济巨大的比较优势。

举一个形象的例子,一群人参加马拉松长跑,其中一个人既有权力选择在中途暂停休息,也有权力选择休息一段时间之后重新跑步。当这个人觉得累的时候,可以选择休息,即使其他人仍然有精力快速跑步前进;当其充分休息恢复体力之后,可以选择继续跑步,即使其他人此时精疲力尽,也被逼上路。这个人实际上掌握了马拉松比赛的节奏,有助于其在比赛中取得胜利。美元的放松和收紧可以类比马拉松比赛中的休息和跑步对应理解。

对于金融领域而言,全球都以美元作为计价单位,美国可以通过自身的货币政策影响全球大宗商品的价格,进而配合其他手段影响各类资产的价格。这赋予了美国金融机构在国际金融市场博弈的主场优势。其他国家的金融机构在与美国金融机构进行博弈时处于不利地位,被迫选择抱朴守拙的防御策略。

下面本书将结合具体的金融案例来讨论几个常见的制度套利的形式,理解这些内容有助于我们有效防范制度套利。

5. 刚性套利：索罗斯大战英格兰银行

刚性套利是指由于制度的制定和调整都需要成本,使得制度无法及时应对客观现实的变化。钱穆在其《中国历代政治得失》一书中写道:"政治制度是现实的。每一制度,必须针对现实,时时刻刻求其能变动适应。任何制度,断无二三十年而不变的,更无二三百年而不变的。"[7]然而,变动制度存在成本,因此需要权衡。

制度经济学中有个"菜单成本"理论,可以用来说明刚性套利。餐馆的菜品价格,严格来说应该根据每天原材料价格的变化进行调整。

---

[7] 钱穆,《中国历代政治得失》,生活·读书·新知三联书店,2001。

然而,由于调整菜单需要成本,另外顾客根据价格进行选择也需要耗费时间和精力。因此,通常只有当原材料价格出现较大的变动时,才会对菜品价格进行较大的调整。

任何制度对人们的利益影响都是结构化的。不同的人在同一制度下的利益格局不同。因此,在制度变化的过程中,利益格局占据更有利位置的既得利益者更愿意维持制度的刚性,并且通过各类手段增加调整制度的成本。然而,也有利益相关者敏锐洞察到在此刚性制度下的套利机会,进行制度套利。这种套利行为使制度不堪重负,最终做出变革。某种意义上,对制度的套利是制度变革的重要推动力量。

一个较为著名的刚性套利案例是索罗斯大战英镑事件。这是一起针对固定汇率制的刚性套利。汇率作为货币的相对价格,本应该根据市场形势进行调整。然而,频繁的调整会为经济主体的决策带来巨大的风险。因此,有的国家采取固定汇率制度:将本国货币的汇率盯住美元或其他货币,平常不进行调整,只有当出现较大的形势变化时,才会进行一次较大的调整。对于货币投机者而言,固定汇率无疑为其提供了良好的标靶。正如索罗斯所说,打中一个固定的靶子,比打中移动的靶子要容易得多。

如果汇率是浮动的,比如某个国家经济疲软,其汇率必然有所反应而出现下跌。这种实时反映经济金融形势的汇率,会使投机者在构建该国货币的空头头寸时面临风险。因为构建空头头寸的时候,之前引起汇率贬值的因素已经充分体现了,未来汇率是贬是升很难预测。

如果汇率是固定的,情况就不一样了。当某个国家出现经济疲软时,汇率本来应该及时做出反应,表现为下跌。但由于汇率是刚性的,形势没有变化到一定程度,央行还能够有力量维持现有汇率时,汇率不会发生变化。因此,当前的汇率积累了较大的下跌能量,这为货币投机

第二章
关于套利的金融工程：市场套利与制度套利

者提供了机遇。投机者判断该国继续维持虚高的汇率弊大于利时，或者该国央行已经没有足够的实力支撑虚高的汇率时，会选择卖空该国货币，赚取回报。

当这种情况发生时，遭遇做空的国家政府，往往会将造成货币贬值的原因推到做空货币的投机者身上，从本质上来说这是"颠果为因"。不是投机者的做空引起了货币的下跌，而是货币即将下跌的形势吸引了投机者的资金。投机者做空引起货币下跌，而这种下跌的汇率往往与该国的经济金融形势更加契合，很多时候是有利于该国经济发展的。

索罗斯大战英镑事件之后，英国媒体猛烈炒作索罗斯，将其赞誉为"打败英格兰银行的男人"，将英镑贬值归因于索罗斯等国际资本的投机。但是这种蒙骗大众的论调很难瞒过专业人士的识见。著名的对冲基金管理人保罗·都铎·琼斯（其当年收入在华尔街排名第一，索罗斯排名第二），就在《金融炼金术》再版的序言中道破天机：索罗斯在1992年扳倒英格兰银行，从而将英国人从衰退中拯救出来！

由此体现出经济金融的复杂性，任何决策都会有利弊得失。英格兰银行货币贬值，损失几百亿英镑，这是弊；较低的汇率和较低的利率，有利于英国产品抢占国际市场份额和促进实体企业复苏和发展，这是利。综合来看，英镑贬值和利率下调，利大于弊。可以认为，英国是以"金融之车"保"经济之帅"，是这场大战的最大赢家。

存在另外一个问题：英国为什么不直接贬值，而是先以外汇储备购买英镑支持汇率，白白损失几百亿英镑？正是这个事实，让很多人错误地以为英格兰银行被打败了。解释这个问题，同样需要从制度的角度进行分析。

在此先介绍背景。英镑贬值前夕，欧洲实行的是固定汇率制度，即欧洲汇率机制。欧洲汇率机制的运作，要求参与机制的各国货币的汇率不是盯住美元或黄金,而是盯住彼此。各国货币围绕一个中心汇率,在一定范围内上下浮动。当汇率要超出这个范围的时候,需要进行干预。

欧洲之所以制定这种制度,是反思历史之后进行的一种改革尝试。在此之前,黄金作为货币本位,各国为了争夺黄金储备,经常发动货币大战,通过贬值抢占国际市场份额,以获得更多的黄金。从更深层次来说,货币贬值对于国家本来就存在巨大利益。但同时,货币贬值也有其成本。因此,只考虑在英镑贬值中英格兰动用外汇购买英镑造成的损失来证明英格兰银行失败,是值得商榷的。

为了防范各国之间的货币战争,欧洲多个国家联合推出欧洲汇率机制。各个国家之间货币相互盯住之后,就无法轻易发动货币战争,侵犯他国的利益了。读者可能注意到,这里的论述已经暗示,货币贬值的国家通常被认为借由发动货币战争侵犯他国的利益。英镑贬值后,其他欧洲国家的货币如果没有跟随贬值,那么这些国家的国际市场份额将会受到侵蚀。

然而,欧洲汇率机制存在致命的缺陷。欧洲各国的经济金融形势不同,需要不同的货币政策及汇率政策。因此,各国之间必然会产生利益冲突。如何调和这种利益冲突?欧洲不是一个统一的国家,缺少一个超越各国主权政府的更高的机构来保障制度的实施。制度经济学告诉我们:如果缺乏第三方强制力量来实施制度,制度最终将会因无法落地而崩溃。

以上便是英镑贬值的制度背景。以哲学家自居的索罗斯,自然对于这种制度的弊端洞若观火。索罗斯只是在等待一个时机——各国的利益冲突无法调和,导致制度崩溃。1992年,这个时机终于到来。当时全球经济疲软,虽然挟海湾战争胜利之势,但是因为美国经济衰退,美

第二章
关于套利的金融工程：市场套利与制度套利

国总统老布什没有当选连任。克林顿竞选时的著名口号是："It's the Economy, Stupid"。美国总统竞选活动反映了当时的经济形势。为了应对这种经济形势，应该实行宽松的货币政策。

然而，德国却因自身的特殊经济形势，选择提高利率，收紧货币。之前由于两德合并，德国投入了巨量货币和财政对东德经济进行支持，此时已经积累了较高的通货膨胀压力。鉴于两次世界大战恶性通胀的经历，德国民众对于通胀非常痛恨。维持物价稳定是德国央行的法定责任，也是必然选择。

德国经济体量庞大，德国马克事实上是欧洲汇率机制的锚。德国提高利率后，如果其他国家不跟随提高利率，根据我们前面提到的利率汇率机制，就会有大量资金从其他货币转换成马克以套取利差。这种套利行为会使德国马克在当期升值，而在远期贬值。而对于英镑来说，如果英国不加息，英镑会当期贬值，在远期升值。面对本来就疲软的英国经济，如果还要加息，实体经济将无法承受。

英国政府面临着三种约束条件：实体经济发展、通货膨胀以及欧洲汇率机制。从英国利益最大化的角度出发，降息和贬值无疑是最有利于英国经济的。但是降息和贬值有两个弊端：一个弊端是通货膨胀，在一个民主制国家，如果民众认为是政府宽松的货币政策造成了通货膨胀，则政权难保；另一个弊端是英国的软实力下降，英国退出欧洲汇率机制，无疑相当于撕毁合作协议。想想如今美国的各种"退群"行为引起全球各国对美国的不满，就能够很好地理解这一点了。

回顾这段历史可以发现，英国国内早已积蓄了脱离欧洲汇率机制的力量。1992年6月初，有6位货币主义者联名给《伦敦时报》写信，督促英国政府退出欧洲汇率机制。6月末，英国的企业领导人要求重新调整英镑，并且希望利率至少降低3%。

英国政府面临两难境地:既想要降息和贬值以拯救实体经济,又担心通胀导致民众不满。因此,英国需要一个替罪羊,索罗斯正好充当了这个替罪羊。索罗斯有意无意地配合了英国政府的运作。根据索罗斯的传记,我们可以发现,后面炒作索罗斯的都是英国媒体。1992年10月24日,伦敦《每日邮报》的头条报道标题为:英镑崩溃,我狂赚10亿。1992年10月26日,《泰晤士报》刊登了索罗斯的专访,这是索罗斯日后成为家喻户晓的公众人物的转折点。从那以后,每个人都想知道,这位策划打败英镑的人到底是谁。一些英国媒体跟风报道说:"这里有一位有眼力、有见解的金融家,不说大话,以实际行动证明自己。反之,英格兰银行和英国政府被惩罚,因为他们对正在发生着的事情置若罔闻。"

对大多数英国人来讲,索罗斯成了民间英雄。事实上,索罗斯的确是帮了英国大忙。表面上他是与英国对抗,实质上是与英国合作。英格兰银行故作抵抗时损失几百亿英镑的代价,相比实体经济获得的巨大利益,微不足道。英格兰银行的抵抗,一方面是为了应和英国民众,表明政府其实不愿意降息,是被国际资本打败之后的被迫行为。"出现通胀了。别怪我,怪索罗斯吧。"另一方面,也是为了应对欧洲汇率机制的其他国家。"兄弟们,我不陪你们玩了。别怪我,怪索罗斯吧。"

这种格局下的投机或者套利,看上去像是和强权势力作战,极具风险,其实没有任何风险。由此也更体现出索罗斯的高超水平。作为一个以获利为最高目标的投机者而言,获取20亿英镑的实际利益和打败英格兰银行的虚名,两者孰为轻重,不难权衡取舍。索罗斯年少时从二战的阴影中艰难成长,并且从他注重风险控制的投机特点来分析,不可能只是为了获得虚名而违逆大国意志,进行高风险的对抗。

贬值和降息有利于经济复苏,这是一个经济常识。英国在20世纪90年代以及之后的时间里,经济发展活力明显优于老欧洲,就是一个例

第二章
关于套利的金融工程：市场套利与制度套利

证。但是英国媒体的炒作，仍然影响了很多人的判断。

索罗斯清醒且理性地将这一机会的创造者归为德国央行。这一切正是德国为了自身利益，违背货币政策的操作规律，不惜导致欧洲汇率机制崩溃而付出的代价。关于此次外汇投机，索罗斯在接受《走在股市曲线前面的人》一书作者⑧的采访时，声称：德国央行是外汇市场上最强大的力量。"他们指挥，我们跳舞。"

从具体操作的手段来看，索罗斯并不只是卖空英镑，同时还买入德国马克。这是一种对冲操作，索罗斯真正下注的不是英镑贬值，而是英国和德国利益的冲突及相应的货币政策的分歧。根据索罗斯传记中所说的，索罗斯是在与德国央行总裁进行充分沟通，摸清德国央行的底牌之后才做出决策的。

索罗斯经常强调其取得的成功，并不是因为精通金融，而是因为哲学，并认为要想取得投机成功，需要更多地研究历史、文化、艺术等多个领域，拓展眼界。索罗斯自身的经历正好完美地验证了他的观点。

那么，索罗斯和英国的关系究竟如何？1930年，索罗斯生于匈牙利布达佩斯的一个犹太家庭，他在16岁时来到英国，后来进入伦敦经济学院学习，师从著名哲学家波普尔。索罗斯对于英国社会非常认可，他一生都在推动全球其他国家转变成为像英国和美国那样的"开放社会"。早在20世纪80年代，索罗斯购买英国国债时，就与英格兰银行建立了非常密切的关系。

英国和索罗斯获得双赢，那么谁是这次大战的输家？答案就是那些仍然坚守欧洲汇率机制，坚持货币不贬值的国家。这些国家任由自身实体经济受到高利率的摧残，被英国抢占自己的国际市场份额。这

---

⑧ 《索罗斯：走在股市曲线前面的人》一书是德国女记者科南和摩根士丹利的销售经理韦恩对金融奇才索罗斯的访谈录。——编者注

些国家盲目相信国际组织和国际制度的公正,没有深刻意识到国际制度的本质。因为没有强有力的第三方来保障实施国际制度,所以只有当国际制度符合大国的利益的时候,大国才会遵守。这一观点同样可以解释美国近年以来的各种"退群"行为。当然还有一种原因,就是这些国家意识到了这个问题,但是担心货币贬值和利率下调所造成的通货膨胀,权衡利弊之后最终还是选择维持币值稳定。

如果我们认可金融利益和实体经济利益并不总是一致,那么货币贬值就有了其利弊的分析前提。将这一分析思路推广到东南亚金融危机,会发现一个很有意思的现象。东南亚危机之前,"四小龙"实力不相伯仲。由于打败了"索罗斯"[9]而货币没有贬值的中国香港和中国台湾,后续的经济发展表现不如被"索罗斯"打败从而货币大幅贬值的韩国与新加坡,道理何在?

这里不再重复以经济金融学理论做的分析,只凭借常识来分析。韩国与新加坡货币贬值之后,以美元计值的土地、办公楼及人工成本大幅降低,以美元计值的出口商品价格也大幅降低。这相当于韩国与新加坡打折促销,而香港坚守价格不打折。显然,跨国企业在选择亚太总部时,新加坡的优势增大。国际市场中,韩国的电子类商品的竞争力也会提高。好比当当网连续半年都搞5折促销而京东竟然不跟进。长此以往,会出现什么结果?

汇率的高低是在复杂的利益博弈中决定的,并不仅仅由各国经济基本面和金融基本面所决定,还需要考虑其他国家的汇率。因此,从这个意义上来说,汇率的决定与企业产品的定价有相似之处。企业产品定价时既需要考虑自身的生产成本、盈利等,还需要考虑竞争对手的定价。

---

[9] 指以索罗斯为首的国际投机商,下同。

第二章
关于套利的金融工程：市场套利与制度套利

6. 弹性套利——设租与寻租

弹性套利是指制度实施者利用制度所赋予的自由裁量权，获取不当利益。

土地协议出让是一种典型的弹性套利。在土地协议出让的模式下，由地方政府相关官员和地产开发商协议确定价格。相关地方官员掌握了很大的定价权。本来市场价格为每亩100万元的土地，可以以60万元的价格转让，其中40万元的空间，地产开发商可以通过各类手段输送给腐败官员。土地协议转让模式下，滋生了众多腐败案件。最终，土地出让制度进行了变革，从协议出让转变成为竞拍出让。新的制度限制了官员手中的自由裁量权，有效减少了弹性套利。

金融行业中，资产管理人某种程度掌握了资产价格的定价权。比如，一个地产企业发行的债券，在当前的票面利率下本来无人问津，但是地产公司通过相关的利益输送促使债券基金经理购买。这种以损害委托人利益来获得自身利益的行为，也是一种弹性套利。证券市场的监管制度要求市场人士不得操纵证券价格，要求各金融机构业务部门之间实施防火墙制度，都是为了防范弹性套利。

相比而言，由于信贷资产的非标准化特征，其交易不像证券交易那么透明，银行信贷经理掌握的定价权更大，更易滋生弹性套利。由于银行为客户提供刚性兑付，因此银行信贷经理的弹性套利，损害的不是储户的利益，而是银行的利益。

弹性套利的普遍存在，可以解释国内商业银行为什么注重强信用担保和资产抵押。如果商业银行不强调这些刚性指标，允许银行信贷经理根据自己对于企业未来现金流的预测进行放贷的话，由于信贷经理更接近客户，掌握更充分的信息，和银行之间存在信息不对称，那么信贷经理很可能去利用这个权力,为自身谋取利益。在这种情况下,信贷经理不是完全基于企业的信用条件进行放款,而是受到自身和企业的关系以及能够从中获得的巨大利益的影响,容易造成信贷行为的扭曲。这种扭曲将会给银行带来重大损失。银行基于弹性套利的现状,最终树立刚性制度,即只对提供强信用担保和强资产抵押的企业发放贷款。这同时也解释了中国出现金融抑制的制度套利学的原因。

弹性套利和刚性套利是制度的两面。制度的刚性遭致刚性套利,促使制度出现弹性;但是制度的弹性又会遭致弹性套利,促使制度刚性;继而,又会导致刚性套利出现。周而复始,无穷无尽。有制度,就存在制度套利。

制度套利构成了经济现实的社会局限条件,与资源稀缺构成了经济现实的自然局限条件,道理是一样的。这个道理提示金融工程师,在设计金融产品的时候,要充分研究制度以及制度套利,提前进行防范,否则很有可能造成重大的不利后果。

7. 圈子套利——长期资本管理公司案例

圈子套利是指表面上体现为各自利益独立的利益共同体,暗地里相互之间输送利益。圈子套利最为著名的案例是长期资本管理公司(Long-Term Capital Management, LTCM)的兴衰。长期资本管理公司由前所罗门固定收益套利部门负责人约翰·梅里韦瑟组建。公司团队可谓阵容豪华,包括诺贝尔经济学奖得主罗伯特·默顿和迈伦·斯科尔斯、前美国财政部部长兼美联储副主席戴维·马休斯、前所罗门公司债券交易部主管艾里克·罗森菲尔德。

该公司的致富模式是以不同市场证券之间不合理价差的自然性生灭为基础,制定了"通过电脑精密计算——发现不正常市场价格差——

第二章
关于套利的金融工程：市场套利与制度套利

资金杠杆放大——入市图利"的投资策略。显然，在讨论制度套利的本章内容中，这种盈利模式解读过于表面。

按照长期资本管理公司的内部人士罗伯特·默顿的说法，长期资本管理公司的业务和商业银行的业务没有本质区别，都是通过买入长期限的流动性较差的证券，卖空短期限的流动性较好的证券进行套利。前文在七种市场套利中分析过，由于市场偏好流动性，流动性好的证券利率会低，流动性差的证券利率会高。长期资本管理公司本质上就是进行流动性套利。随着债券到期日逼近，无论是流动性好的证券还是流动性差的证券，最终价格都将会趋向面值。理论上这种套利风险很小，然而在实践过程中，这种套利蕴含了巨大的流动性风险。

在梅里韦瑟似乎显得木讷、不通人情世故的数学家表面特征的背后，深藏着对于人性的算计和制度套利的运作。

首先，梅里韦瑟邀请财政部前部长兼美联储副主席马休斯加盟，他看重的是马休斯与货币政策制定层的关系，能够提前洞悉货币面的松紧动向。马休斯从监管部门高级官员，转身成为私募对冲基金合伙人，这种模式被称为"旋转门"。这是美国政商界在直接行受贿赂受到严格限制和重度罪罚的情况下，采取的变相的利益输送方式。《纸牌屋》中也有类似的情境。掌握权力的人为商界提供支持，并不是通过直接受贿，而是在退下政治舞台之后，前往商界以合法的方式拿取高薪，获得利益。

其次，这样的对冲基金操作模式，根本用不到诺贝尔经济学奖得主的学识。根据本书的观点，爱因斯坦的相对论对于制造原子弹有指导意义，但是实际制造原子弹需要工程学的知识和技术才能完成。梅里韦瑟和罗森菲尔德本身都是从事套利的金融工程师。之所以拉罗伯特·默顿和迈伦·斯科尔斯入伙，无非是看重这两人的学术光环有利于募集资金而已。某种程度上这也是一种套利形式,当无法以历史业绩等硬性指标来直接体现对冲基金的能力时,用表面相关但是实际不相关的事物影响并操纵用户的心理,这和消费品为打品牌而请明星代言的道理相同。

另外,梅里韦瑟深知这种操作的风险,尤其是在运用了较高的杠杆的情况下。一旦市场流动性出现问题,自己手中持有的流动性较差的证券将很难以合理的价格出售。这时需要凭借手中的证券进行融资,以维持杠杆头寸保持资金链条不断,从而需要和大型金融机构保持良好的关系,并且精心构建利益圈子,寻找"保护伞"。梅里韦瑟的做法,就是将长期资本管理公司的产品,销售给华尔街大型金融机构及其高管。这种操作将高管的利益与长期资本管理公司的利益绑定,形成了利益圈子。正因此,笔者把长期资本管理公司的操作称为圈子套利。

利益圈子形成之后,一方面长期资本管理公司与这些大型金融机构进行交易,主要通过融入资金或者借入证券进行抛空。正如前文分析和强调的,在现实中套利的最大障碍之一就是构建头寸,尤其是构建空头头寸和杠杆头寸。交易对手承担了巨大的交易对手风险。这些金融机构愿意接受长期资本管理公司的交易对手风险并与之开展交易,是长期资本管理公司得以进行套利的重要前提条件。另一方面,大型金融机构的高管持有长期资本管理公司的产品,可以获得长期资本管理公司进行套利时的利益,这些高管有非常大的动机,在承担巨大交易对手风险的情况下与长期资本管理公司开展交易,并且为长期资本管理公司提供融资等流动性支持。

因此,关于长期资本管理公司的套利可以从两个方面来分析。从市场套利的角度来说,长期资本管理公司套取的是低流动性证券和高流动性证券的利差。这是一种流动性套利,当然其中还包含其他类型

第二章
关于套利的金融工程：市场套利与制度套利

的套利模式，如统计套利等。从制度套利的角度来说，长期资本管理公司是通过圈子套利，进行利益输送，套取的是大型金融机构的利益，是这些大型金融机构为长期资本管理公司提供流动性等各类支持所产生的利益。

有了这样的精心布局，长期资本管理公司运作良好。在1994年初，其资产净值为12.5亿美元。到1997年末，资产上升为48亿美元，净增长2.84倍。1994—1997年，每年的投资回报率为28.5%、42.8%、40.8%和17%。这样的回报业绩超出了巴菲特的伯克希尔的市值增长水平和索罗斯的量子基金的回报水平，可谓一时风光无限。

然而，黑天鹅出现了。1998年，俄罗斯国债违约，造成了金融市场的巨大动荡。此时，长期资本管理公司的空头和多头头寸同时出现亏损。而且长期资本管理公司的头寸规模巨大，它利用基金募集22亿元自有资金，通过杠杆操作买入了1250亿美元的证券，杠杆倍数达到60倍。如此巨额的头寸和巨大的损失，使得利益圈子无法像在正常形势里那样，为长期资本管理公司提供支持了。

至此，问题暴露出来了。如果任由其发展，将会给华尔街的其他金融机构也带来巨大的损失。因此，美联储出手解决问题，组织了以美林证券、高盛、摩根为首的14家国际性金融机构注资36.65亿美元，购买了长期资本管理公司90%的股权，共同接管了该公司，从而避免了它倒闭的厄运。美联储对于一家私募对冲基金如此热心地进行解救，很难说与梅里威瑟之前精心布置的利益圈子没有关系。

另一个有意思的情节是，在救助长期资本管理公司的时候，贝尔斯登公司（Bear Stearns Cos.）和雷曼兄弟公司（Lehman Brothers Holdings）因为与长期资本管理公司利益涉入较浅，表现得比较漠然。有阴谋论观点认为，这两家公司在次贷危机中遭受的结果，与他们在这场华尔街机构共同救助长期资本管理公司的表现不佳有关,是遭到的一种报复。尽管难以核实这种观点是否正确,但是这种观点存在本身,反映了美国金融系统对于长期资本管理公司制度套利是有清醒认识的。

国内也有类似长期资本管理公司的圈子套利。之前曾有媒体报道,进行这种不当套利的人员遭受了刑事处罚。这种套利的操作模式就是成立债券结构化产品,产品分为优先级和劣后级,分别向银行及其他主体募集资金,募集资金主要用于购买债券。通常债券票息高于优先级资金。比如3年期的债券票面利率为6%。优先级产品期限为6个月,利率为3.5%。到期之后再滚动发行。这样放大一倍杠杆,劣后级产品能够获取2.5%的息差。很多产品放大9倍杠杆,劣后级可以获得28.5%的回报。有的产品将劣后级产品再进行分级,使最劣后级的产品年回报率可以达到50%到100%,比长期资本管理公司的回报率还要高。

从市场套利的角度来分析,这种套利是一种期限套利和流动性套利的结合,套取的是长期限的债券利率和短期限的银行资金的利差。这种套利存在两个问题:一是银行是否愿意提供杠杆资金;二是短期限的银行资金到期后能否展期再融到资金。特别是在债券市场动荡债券价格下跌的时候,能否融入资金事关产品的生死成败。虽然在形式上有区别,但这类套利和长期资本管理公司的套利本质上是同类事物。

据媒体报道,国内某证券公司设计这样的产品,将劣后级产品卖给银行的高管和监管部门人员,将这些人拉进圈子,为产品保驾护航,进行圈子套利。还有的资管产品更进一步,除了将产品销售给银行高管并从银行获得流动性支持外,产品本身还和银行进行交易,不断地从债券市场买入产品,然后加一定差价卖给银行,从银行获得利益。这是一种明目张胆的抢劫。最终在债券市场反腐过程中,这类犯罪行为得到了惩罚。

8. 绑架核心利益的套利：大而不倒

绑架核心利益的套利是指利用经济行为的外部性，将自己的利益与核心利益进行捆绑，社会因为担心核心利益受到损害，便为套利者提供套利支持。"太大而不能倒"就是金融企业绑架核心利益进行套利的一种描述。

前文提到，由于面向公众募集资金，商业银行倒闭具有很强的外部性，倒闭会损害公众的利益。在一个社会中，公众利益是核心利益。由于担心核心利益受到损害，政府会出手救助商业银行。商业银行认识到自身"太大而不能倒"的性质之后，倚仗有政策救助的支持，便会更加激进，以获取更大的利益。巴塞尔协议的推出及其对商业银行各类严密细致的监管，很大程度上考虑到银行会出现的风险。近年来，我国监管层进一步出台强化系统重要性银行的稳定性措施，要求系统重要性银行提供更多的资本。

除了商业银行之外，其他金融机构如大型投资银行，因为其对经济运行和发展的重要作用，也具备太大而不能倒的特征。然而这种"太大而不能倒"在决策层那里同样面临着利弊权衡，并不一定成立。决策层为了防范金融机构的道德风险，有时候宁愿核心利益受到影响，也要坚守原则。在2008年金融危机中破产的雷曼兄弟就曾经高估了自身"太大而不能倒"的重要性。

绑架核心利益的套利模式还有另一种解读——象棋中的"打将抽车"，即以威胁核心利益（将军）来获得利益（抽车）。前面分析的国际投机资金做空某国货币，也可以视为一种绑架核心利益的套利。国际投机资金敢于投机，正是看中被做空国家的核心利益（实体经济）禁不住高息和高汇率的冲击，最终只能以牺牲币值稳定和外汇储备，保护实体经济发展。

货币政策通常能够同时影响金融形势和经济形势。因此套利者在分析货币政策的时候，首先分析核心利益，然后基于核心利益优先的原则，考虑货币政策的实施对金融市场的影响，并以此获取利益。

9. 二元化价格套利

二元化价格套利是指利用市场化定价机制与非市场化定价机制之间形成的价格之差，从低价的市场买入，然后在高价的市场卖出，进行套利获取利润。市场化定价机制的特点是市场上人人平等参与，每个人都可以自由出价，自由选择是否达成交易。出于利益最大化的选择，这种机制下价高者得。在市场化定价机制之下，当相同的物品出现价差的时候，通过地理套利，低买高卖，会使价格趋于一致，满足一价定律。而非市场化定价机制的价格是由其他力量制定的，并不能通过低买高卖使价差缩小，在很长一段时间内都存在套利机会。

改革开放以来，中国经济由计划经济向市场经济转型。因此，同时存在两种定价机制，商品有两个明显差异的价格——计划价格（或管制价格）与市场价格。

20世纪80年代，普通商品市场开放，很多人凭借批条购买计划价格定价的物品，然后在市场中按市场价格销售，以此获取价差。根据《激荡三十年》书中所写内容，王石在创业初期，就是凭借运作获得购汇额度，然后将购汇额度出让，获得巨额收益。当时外汇的市场价格是1美元兑换8元人民币，而计划价格是1美元兑换约4元多人民币。这意味着在两种定价机制下，1美元的购汇额度，有3元多人民币的价差收益。随着普通商品市场化改革的完成，这类二元化价格套利机会将逐步减少。

第二章
关于套利的金融工程：市场套利与制度套利

我国的要素市场尤其是资本市场的开放起步最慢，目前仍然未完全实现市场化。因此很多商品的价格仍然具备非市场化的因素。典型的是股票的一级市场，价格并不是由市场竞价形成的。因此，产生了一种套利模式——打新股。在国内，打到新股通常意味着确定的较高回报，很多投资者将打到新股视为中了彩票。

国内的很多 PE 投资⑩机构，追捧 Pre-IPO 轮的投资。这种投资思路本质上也是在进行二元化价格套利。因为中国的企业股票公开上市存在行政审批，并不是纯粹由市场决定，因此企业的上市股票价格和非上市股票价格二者相差巨大。这种价格差异一定程度上是由不同市场的流动性差异所造成的。正因为存在行政审批，没有市场套利使二者价格保持一致，这种巨大的价差可以长期保持。

在国内发行债券也要经过审批，公开发债规模受到净资产规模等非市场化的因素的影响，债券的利率相比非标的利率要低很多。同一主体的相同风险的融资产品，利率相差可以达到 3 到 5 个百分点。之所以存在这种明显违背风险定价原理的现象，是因为市场套利机制受到限制。从商业模式来讲，中国的证券公司帮助企业发行债券，某种程度上也是在进行二元化价格套利。证券公司在其中起到咨询服务商和寻找客户的经纪商的作用。

中国还有一类比较典型的二元化价格套利：国有企业从商业银行获得贷款，再以股权投资或是购买信托计划的方式，投向房地产项目。这种套利机会的形成一部分来自行政管制，一部分来自市场惯例和现有的经济金融格局。

在中国，国有企业和民营企业的融资价格相差巨大。国有企业能够比民营企业获得更低成本的资金。前文在弹性套利中已经分析过为

---

⑩ Private Equity，私募股权投资。

何中国的商业银行偏好能够提供强信用担保或是强资产担保的企业。另外，由于房地产行业经常受到政策的限制，融资的不确定性较大，并且成本比其他行业的企业高出很多，因此，国有企业利用自身的融资便利获得廉价资金后，再投向于房地产项目，赚取两者之间的利差。还有的国有企业通过供应链金融提供给上下游的民营企业。对于这类企业而言，国有企业在某种程度上发挥的是商业银行的职能。从制度套利的角度来看，其开展的是二元化价格套利。

二元化价格套利存在很多变种，甚至可以说，只要价格制定中有非市场化的因素，就存在二元化价格套利。

10. 正反馈机制套利

正反馈机制套利是指利用经济体系中存在的正反馈机制，利用各类手段触发正反馈机制，并且从中谋取利益的行为。经典经济学理论中的供需曲线形状通常是向上的供给曲线和向下的需求曲线，意味着价格越高，商品的供给越多，需求越少。因此通过价格的变动，市场供求能够趋于平衡。这种供需曲线实际描述的是一种负反馈机制。对于普通商品而言，负反馈机制比较典型。然而，在证券等资本品市场，存在着"追涨杀跌"的行为，供给越少，而需求越多，引发价格上涨。价格的上涨会引起价格的进一步上涨。这是一种正反馈机制。

正反馈机制使市场上出现了博傻式套利。博傻式套利利用了普通投资者的非理性和贪婪，套利者利用资金优势，借助某个题材的大势，短时间内大量购买某个股票，拉升价格，价格上涨将带来更多投机资金，这些资金进入之后进一步推动价格上涨。初始拉升价格的投资者，则趁机高位出货。

有时候，虽然有的题材对股票盈利等实质性的影响难以预料，但是

第二章
关于套利的金融工程：市场套利与制度套利

至少有推动盈利的可能,具备逻辑基础,有时候却完全没有任何逻辑可言。比如,奥巴马当选美国总统,简称中带有"奥"字的股票,如奥马电器大幅上涨。中国的博傻式套利达了这样一种程度。这种情况与其说是逻辑在其中发挥作用,倒不如说是市场焦点在其中发挥作用。从正反馈机制套利的角度来说,关键并不在于题材逻辑,虽然这也很重要;关键在于如何聚焦投机者的关注,触发正反馈机制。中国目前有很多较大的游资就是利用这种机制进行操作,采取的方式是集中较大规模资金买入特定股票,使之价格上涨触及涨停板。涨停板股票会引起很多中小投资者的关注和投资,业内称之为"打板"战术。

索罗斯的"反身性理论",讨论的也是如何利用市场的正反馈机制进行套利。然而,反身性理论中的正反馈机制和博傻式的正反馈机制有所不同。反身性理论的反馈回路,是错误的认知引起市场定价的扭曲,市场定价的扭曲引起实际因素(基本面)的变化,实际因素的变化进一步强化错误的认知,博傻式的反馈回路,是错误的认知引起市场定价的扭曲,市场定价的扭曲进一步引起市场定价的扭曲,定价扭曲强化错误的认知。两者的不同之处在于,反身性理论强调认知及市场定价对于现实基本面的反作用力,反身性理论的盛衰周期可以长达数年甚至十年之久;而博傻式操作并不关注基本面,更关注热点新闻或事件,涨跌周期通常是数周或数月,甚至是数天。

索罗斯在《金融炼金术》一书中提到过他运作反身性理论来预测REITs行业的兴衰及股票价格的变化并获取重大利益的案例。按照本书二元化价格套利的理论,在此案例中,索罗斯实际上还运用了二元化的价格套利。同时,索罗斯也应用了博傻式套利。下面简单讨论这一案例。

REITs即房地产投资信托基金,是指从事房地产开发与经营或房地产抵押贷款的实体;这类实体若满足一定条件则可以获得免税。简单理解,REITs就是房地产开发公司或物业经营管理公司,只是获得了免税的优惠。20世纪80年代以前,REITs的业务主要是向房地产开发项目发放抵押贷款,获得利息收入。这类REITs被称为抵押型REITs。80年代以后,REITs的业务主要是购买并且持有商业物业,通过经营管理收取租金收入。这类REITs被称为权益型REITs。

索罗斯针对20世纪70年代的REITs进行研究,认为投资于房地产投资信托基金将会获得不菲的收益。索罗斯利用反身性理论写了一篇深度报告。以下是对报告主要内容的解读与分析。

表面上,房地产投资信托基金类似那些可以实现较高当期收益率的共同基金。实际上却不是这样。房地产投资信托基金的魅力是可以相对于账面价值的溢价来出售股份,从而为股东带来资本收益。

比如,如果房地产投资信托基金的每股账面净资产是10美元,权益资本的收益率是12%,也就是1.2美元的收益。但是市场出于对于房地产投资信托基金未来盈利将会有大幅上涨的预期,给予了溢价。房地产投资信托基金可以以每股20美元价格销售股份。比如,REITs增加一倍净资产,但是由于溢价出售股票,股本只增加了0.5倍。因此,公司的每股账面价值:(20)/1.5 = 13.33美元。净资产的回报:12% * 20 = 2.4美元,但是股本是1.5。每股的收益:2.4/1.5 = 1.6美元。

每股收益由之前的1.2美元上升到1.6美元。索罗斯认为,这种收益的上涨并不是由于REITs的实际运营改善造成的,而是由于投资者给予了溢价造成的。投资者给予REITs溢价的行为本身改善了REITs的业绩。这就是索罗斯所指的反身性。

索罗斯进一步指出,出于对高收益和每股收益增长率的预期,投资者们愿意支付这种溢价。溢价越高,房地产投资信托基金(的股票)就

第二章
关于套利的金融工程：市场套利与制度套利

越容易满足投资者们的预期。这是一个自我加强的过程。

一旦进展顺利，信托就可以在每股收益上表现出一种稳定的增长。尽管实际上它将收益全部作为股息支付了出去。较早参与这一过程的投资者能够享受到高额的股权收益、上升的账面价值，以及超出账面价值的不断上涨的溢价的综合效益。

索罗斯强调了反身性理论的独特之处。证券分析的惯用方法是先试图预言股票将来的收益，然后推测投资者可能愿意为这一收益支付的股票价格。但是，这一方法不适用于分析房地产投资信托基金，因为投资者愿意为这些股票支付高价的意愿，本身是决定将来收益的重要因素。因此，索罗斯对整个自我加强的过程作出预言，而不是分别预言将来的收益和股票的估价。

有三个重要的相互加强的因素。因素一：房地产投资信托基金的实际的资本回报率。因素二：房地产投资信托基金的规模增长率。因素三：投资者的认可，比如在给定的每股收益增长率下投资者所愿意支付的市盈率。

在此基础上，索罗斯还预测了REITs行业发展及股票价格表现的具体进程。

第一个阶段：房地产开发贷款处于最佳状态，利率高而且违约损失处于相对较低的水平。货币供应紧张，短期性的资金来源相当有限。投资者们已经开始接受房地产信托基金的概念。因此成立新的REITs或者现有REITs规模扩张具备基础，自我加强趋势的序列过程启动了。

第二个阶段：一旦通货膨胀压力减轻，房地产开发贷款的利率（实际收益率）会有所下降。但是这个时候会出现房地产的繁荣，房地产开发商有望在有利可图的利率水平下获取银行贷款。由于杠杆比例升高，虽然实际收益率下降，但是股本回报率仍然可以维持在较高的水平。市场膨胀,投资者们认可REITs,因此REITs可以以超出账面价值的溢价来发行股票。REITs可以充分收获溢价的好处,并且规模和每股收益迅速上升。由于进入REITs行业并不受到限制,因此REITs数量不断增加。

第三个阶段:自我加强的过程将一直持续,直到REITs获得了房地产开发贷款市场的较大份额。贷款行业的竞争日益加剧,迫使REITs冒更大的风险。地产开发行业弥漫着投机的气氛,房地产的繁荣难以为继,REITs的坏账增加了。全国各地都出现了房产过剩的现象,价格暂时下降。有的REITs在其资产组合中出现大量的不良贷款,银行会感到恐慌,要求各个公司按照贷款额度偿还。

第四个阶段:投资者的失望情绪影响了对整个REITs板块的估价,较低的溢价和放慢的增长率将反过来降低REITs每股收益的增长。REITs的市盈率下降,整个板块进入淘汰期。幸存的企业走向成熟,几乎没有新的进入者,还可能会实施某些管制,现有的企业将稳定下来并满足于适当的增长率。

能够把握住REITs领域的投资机遇的人,除了索罗斯之外,还有很多投资者或投机者,凭借自己的直觉或是对于金融市场的理解,做出了正确的决策,进而抓住了机遇。但是只有索罗斯做到了"知行合一"。

索罗斯的报告得到了金融机构的热烈反响。后来金融市场的REITs发展遵循了报告里描述的过程。索罗斯的报告中没有明确指出的是,REITs实际上进行了二元化价格套利。REITs的权益资产面向房地产发放抵押贷款可以获得12%的利率回报。为什么普通大众不是直接面向房地产发放抵押贷款获取利益,而是先要通过购买REITs新发行的股票,再经由REITs面向房地产发放贷款呢?显然,REITs通过上市,其股票获得了流动性,并且是在与房地产贷款不同的体系里进行定价。两者的定价体系不同导致了利差的出现。REITs扩大业务规模的行为缩窄了利差,并最终使二元化套利空间消失。反身性理论的价值在于,人们存在错误的认知,初始并未意识到二元化套利空间会因为套利行为而消失。因此,在后期仍然给予REITs高溢价,而REITs此时已无法再发放风险可控且高回报的房产抵押贷款了。

除了写作这篇报告外,索罗斯自己也大力投资房地产投资信托基金。某种程度而言,这是另一个层面的反身性,即索罗斯引起了其他投资者的关注和投资房地产信托基金的兴趣和行为。这些跟风行为本身就可以形成一种价格上涨趋势。众人的购买行为使价格上涨,博傻效应出现。索罗斯提前建立了头寸,逢高出货。因为这种操作模式,索罗斯被称为"走在股市曲线前面的人",这是指他可以引导或者操纵市场。索罗斯除了顺势而为,甚至还可以造势。而造势就是本章所讲的正反馈机制套利。

11. 关于制度套利的总结

制度套利比市场套利更具一般性。市场是人类设计或博弈形成的一种机制。因此市场套利可以视为制度套利的一种特例。制度套利理论认为,有制度必然有套利。这是由人的追求利益的本性决定的。

人,生而自由,却无时无刻不被限制。人在社会中开展经济活动,必然受到制度的限制。由于制度套利的存在,制度往往无法达到制定之初预期的目的。因此,制度套利也影响了人的行为。制度及制度套利构成了人开展经济活动时,实现利益最大化的边界条件。这种边界条件是社会性的。经典经济学更多是在讨论人在实现利益最大化时的自然边界条件,即稀缺资源的限制。

在金融体系里,相比自然边界条件,社会边界条件对金融活动的影响更为重大。因此,研究制度套利对于金融工程师而言具有重要意义。制度套利扬弃现有金融学和经济学经典理论,以制度经济学和博弈论为基础,直接从更底层的人性及利益出发进行博弈,讨论金融体系中的各类现象。当然,本书的目的只是希望金融工程师们在进行金融工程时,能够有效防范制度套利。违背制度的套利,是不被法律法规所认可的。如果为了一己私利,从事这种类型的套利,将会自食苦果。⑪

---

⑪ 限于主题,关于制度套利的讨论没展开。有兴趣的读者可以关注笔者后续的专门著作《制度套利及其防范》。

第二章
关于套利的金融工程：市场套利与制度套利

第三节　关于套利的一般观点：一切金融工程的本质都是套利

从金融工程理论的视角来看，"无套利"状态是套利活动的必然结果。无套利是指已知一系列工具及其价格$\{P_1, P_2, \cdots, P_n\}$，如果在建立头寸时不花费成本，同时在未来还可以产生非负的收益，这种情况是不存在的，价格为负但是未来零收益的资产组合也是不存在的。如果市场价格$\{P_1, P_2, \cdots, P_n\}$具备这样的特性，那么我们认为它们是无套利的。理论上，套利要求满足既不需要任何资金或成本投入，也不用承担任何风险。

从市场实践者的角度出发，套利通常意味着要构建有风险的头寸。这些头寸的构建需要资金投入，而且可能会产生损失，但是仍然有更大的可能性获得较高盈利。另外，在特定的金融监管体系里，构建头寸需要一系列的前提条件。这些限定条件也只能使金融市场无限逼近无套利的理想状态，而永远无法达到这一理想状态。

由于中国目前正处于经济转型的关键时期，金融制度作为经济制度改革的深水区，处在尚不完善的阶段当中，在中国的金融市场中存在着大量的套利机会。因此，基于实践的需要，对套利进行研究非常关键。马歇尔在其所著教材《金融工程》中有关于套利的精彩论述，可惜着墨不多。

本章的开篇提到,市场套利是指利用市场经济中价格体系的不完善,通过买卖价差获取利润。套利活动实质上是一种市场治理的手段。套利与投资的区别在于目的不同,投资的目的在于"买",在于投入资金以获得增值,而套利的目的在于"买"和"卖",在于利用市场不完善赚取差价。国内有时称投资股票为"炒股"。炒股的人无论是否有意,实际都是在通过交易进行套利,试图通过低买高卖谋取市场定价机制不完善的利益。

市场机制的有效性通过套利活动得以保证,因此衡量经济的市场化程度可以以该市场中存在的套利机会多寡,以及套利机会存续时间的长短来判断。套利机会越多、同样的套利机会持续时间越长,说明市场化程度越低。极度有效的市场将不存在任何有利润的套利机会,市场有效性和无套利机会某种意义上是等价的。

由于在金融市场中实施套利行为相比在其他市场中实施更方便和快速,相比其他市场而言,金融市场是相对有效的。金融市场套利机会的存在总是暂时的,一旦存在套利机会,投资者会很快实施套利,市场最终又会回到无套利机会的均衡状态。因此,无套利均衡被用于对金融产品进行定价,即金融产品在市场的合理价格是使市场不存在无风险套利机会的价格,这就是无风险套利定价原理,简称无套利定价原理。

无套利定价原理要求套利活动在无风险的状态下进行。然而在实际的交易活动中,纯粹零风险的套利活动比较罕见。因此,实际的交易者在套利时往往不要求零风险,套利活动有相当大一部分是存在风险的套利。

作为金融学理论之一的无风险套利,有很多假设,包括可以无条件获得无限量的资金以构建双向头寸相互抵补,因而不需要资金;资金的

第二章
关于套利的金融工程：市场套利与制度套利

成本为无风险利率；相同现金流分布的金融产品具备相同的价格，等等。但是前面提到过，市场的有效性或者说相同现金流具备相同的价格是由于套利活动产生的均衡结果，而在无套利定价理论中又被作为线性复制的理论前提，其中存在着逻辑上的循环论证，前提包括套利在时间、空间、制度都不受限制；交易对手不存在违约，即没有信用风险，从而只需考虑市场价格因素，等等。

金融工程学意义上的套利是一种实践，而不是一种理论。我们必须要充分考虑到这些假设成立的前提条件。在实践中，正是这种假设和前提不成立导致了很多意想不到的套利失败。另外，如果对这种前提和假设条件的适用性进行研究，则可以利用金融工程学原理以及这种前提和假设条件不成立下形成的新的套利机会进行套利。

中国的金融体系对于套利者的套利行为而言，最大的限制来自低成本资金的获得及头寸的构建。在商业银行垄断资金的情况下，商业银行的投资判断事实上主导着资本市场固定收益产品的定价，使固定收益产品市场经常出现投资趋同现象，其他投资者被逼随着商业银行的指挥棒行动。与商业银行或主流投资者对市场走势抱有不同观点的套利者，根本无法构建头寸。这一点在中小企业私募债中表现得最为明显。

中国的金融体系对于套利者的另一方面的限制，来自各类金融监管制度。这些监管制度的存在，一方面限制了市场化套利，另一方面又推动了金融机构包括监管套利在内的各类制度套利活动。

第三章 认识现实的金融世界 中国的金融监管与金融市场

第三章
认识现实的金融世界：中国的金融监管与金融市场

第一节　金融体系理论与中国的金融体系

1. 传统金融体系的分类

金融体系具有支付、财富储藏、资金融通及风险管理等四个方面的作用。实现资金从盈余者流向不足者的融通，是金融体系最关键的作用。由于各国的历史路径等原因，各国金融体系的组织往往不同。

两类数据可以用来定量描述金融活动和金融体系的特征，分别是资金流数据和金融所有权分布数据。

资金流数据，从数量上描述任何给定时期内资金筹集的来源及资金运用的去向。资金主要由家庭和企业提供，资金进入金融体系的渠道有三条：直接购买证券、向银行等金融中介机构存款、向养老基金和保险公司等储蓄性金融中介缴款。

目前通常将金融体系分为两大类：一类是以金融市场为主导的金融体系，主要以英美国家的金融体系为代表；一类是以金融中介通常是指商业银行为主导的金融体系，主要以日德国家的金融体系为代表。与主要利用证券市场融资的英国和美国相比，日本和德国仍然更多地利用银行融资。英美两国家庭中银行存款类的金融资产分别只占总金融资产的27%和17%，日德两国则分别为53%和57%。中国的金融体系，按照金融理论划分，处于日德模式和英美模式之间，更接近于日德模式。中国的制度改革努力使金融体系转向英美模式,实际上却在走向日德模式。

金融所有权分布数据,这是多期资金流的累积性结果。这些累积性资金流或未偿额可以解释为,在某一时点上"谁欠谁的"和"欠了多少资金"的表示。金融所有权分布是存量概念,描述了金融体系的现有格局。资金流是流量概念,决定了金融体系的竞争形势与未来格局。资金流向才是决定金融体系里资本市场产业链与商业银行竞争格局的根本!

默顿的金融工程学观点认为,履行金融体系职能的最佳机构结构通常随时代变迁和地域不同而不同,但是金融体系的基本功能却大致相同。因此,不以金融体系组织结构的形式而以金融体系中金融职能的发挥来描述金融体系是更加合理的,而且更适合当前的金融混业环境。

2. 从金融治理角度对金融体系进行分类

在金融体系中,金融交易通常需要金融机构发挥其金融治理能力才能达成。依据不同程度的金融治理能力在金融体系中的作用性,笔者将金融体系划分为直接金融体系与间接金融体系。在直接金融体系中,以市场治理、中介治理与层级治理三种金融治理形式以及这三种治理形式的结合来达成交易;在间接金融体系中,主要是以中介治理,通常是商业银行的中介治理来达成金融交易。

在讨论间接金融体系与直接金融体系的运行机制之前,先介绍金融交易的类型以及治理这些金融交易的三种主要方式。

金融交易的基本属性有三个方面。

一是金融交易被认为具有风险(risk)和不确定性(uncertainty)。具

第三章
认识现实的金融世界：中国的金融监管与金融市场

有风险性的交易,能够定量描述其盈利;而具有不确定性的交易,很难确定其盈利,以至于难以定量描述盈利。在西方金融学理论中,风险和不确定性是两个不同的事物。后者更难管理和把握。

二是金融交易的资金用途。大多数金融交易用于为某类资产融资,资产是否具有流动性决定了金融交易的一个基本属性。

三是金融交易在税收及法律和制度方面的不同。这些细节差异能够对交易的风险与收益产生重要影响。

现实中,不同的金融交易可被看作上述三个属性的不同组合。金融交易的外在形式可能千变万化,这些基本属性类别却很少变化。很多所谓创新的交易,只是以不常见的组合方式来包含上述现有的属性而已。

各种可能的属性组合可以划分为两类极端的类型:标准型(S型)与非标准型(N型)。实践中大多数交易的属性组合介于这两类极端类型之间。

标准型交易具有风险而非不确定性,这类交易能利用完备合约加以形式化。另外,当客户能够提供相对具有流动性的资产或者市场价值容易确定的商品作为交易的抵押品来保证交易的安全性时,也具备标准型交易的特征。

非标准型交易具有不确定性而非风险,通过增强以相机抉择和不完备合约而非以规则和完备合约为基础的治理能力,金融家能为非标准型交易的头寸提供保证。持续实施监理和控制不利结果的能力对于项目的成功而言至关重要。非标准型交易的另一个重要属性就是其融资所购资产的流动性很低,意味着交易的支付是高度不确定的。

金融机构为了进行金融交易,需要发挥职能,提供金融治理。金融治理存在着三种方式,即市场治理、中介治理、层级治理。

基金等投资者基于公开信息在二级市场买卖股票债券等公开市场产品，为这些产品进行定价，当产品基本价值高于价格时，则购买；当价格高于基本价值时，则抛售。当企业发生困境时，采取"用脚投票"，即抛售股票，而不是"用手投票"，即行使股东权利更换管理层来应对。这种治理方式属于典型的市场治理。本书基于金融工程的抽象思维，将从事这类业务的主体称为交易员（trader）。

银行将吸收的存款以贷款的形式发放给企业，在发放贷款之前对企业进行详细的尽职调查，并与企业进行谈判确定贷款合同条款，在贷款存续期间对企业的资金使用进行监管，同时密切关注企业的经营状况，当企业出现资金问题后，可以采取与企业进行事后协商的方式，通过债务重组解决问题。这种治理方式属于典型的中介治理。本书基于金融工程的抽象思维，将从事这类业务的主体称为银行家（banker）。

集团公司设立子公司，确定子公司资本预算并且选定子公司的管理层，当子公司的运营结果没有达到预期时，管理层被要求整改运营，或选择直接撤换管理层，这种治理方式属于典型的层级治理。巴菲特对伯克希尔的业务管理就是这种模式。这种模式同时包含金融治理和企业治理的因素。本书基于金融工程的抽象思维，将从事这类业务的主体称为资本家（capitalist）。

上述三种治理方式属于典型的治理方式。现实中的金融治理往往是介于这些典型的治理方式之间，或是这些典型的治理方式的某种形式的混合。

美国的债券市场上，信用级别不高的公司发行私募债券，采取的治理方式介于市场治理与中介治理之间。风险投资公司或PE公司采取的治理方式介于中介治理与层级治理之间，以层级治理为主。日本的主银行制，主银行既发放贷款给企业也同时拥有企业的股权并且能够

第三章
认识现实的金融世界：中国的金融监管与金融市场

在适当的时机控制企业的经营管理,也是一种介于中介治理与层级治理的治理方式。

不同的金融治理应用于不同的金融交易类型能够满足成本—效能法则。金融的成本—效能法则是指不同的金融交易,有一个治理程度最适合该交易的金融治理方式,这种金融治理方式能够实现成本与效能的最佳配比,从而实现利润最大化。

从市场治理到中介治理到层级治理,治理的参与程度逐步增加。实践中的金融治理,在参与程度上只有量的区分,不可能严格区分到哪种类型。对于任意金融交易,更多的情况下需要多种类型的金融治理协同作用,才能有效进行治理。通常而言,市场治理的成本少于中介治理,中介治理的成本少于层级治理。参与程度越深,治理所花费的成本越高,从而对企业的掌控力度也更强,也能更有效地消除信息不对称及其带来的逆向选择与道德风险问题,并有效管理交易的风险。

信息不对称问题较轻的金融交易,采取成本更少的市场治理方式是有效率的。比如,国债市场或大型企业公开发行的公司债券市场或信息披露比较完善的股票市场,通常采取的都是市场治理模式。

根据金融治理的成本—效能法则,信息不对称越严重,风险越大,需要采取参与程度更深的治理。如果信息不对称和风险达到了需要采取参与形式最高的金融治理(即层级治理)的地步,外部融资不可行或者金融交易无法达成,此时很多交易就体现为内部融资。

信息不对称比较严重的中小型企业融资,主要采用两种金融治理方式。当存在有效抵押时,即使信息不对称严重,但是由于风险可控,中介治理方式是有效率的,此时银行能够为企业提供贷款;当信息不对称较为严重且又没有有效抵押时,即融资形成的资产没有公开的市场价格,导致变现能力较差时,银行的中介治理可能是无效率的,此时要采取层级治理——要么是内源融资，要么是引入股权融资，让渡公司部分管理权。

在实践中，将金融家的能力与交易属性相匹配的过程称之为分派：资本市场的治理能力为市场型；金融中介的治理能力为混合型；风险投资公司的治理能力为层级型。市场型治理处理标准型交易，符合成本—效能法则。中介治理与层级治理处理非标准型交易，符合成本—效能法则。

美国的风险投资、PE投资、投资银行、基金所形成的金融产业链，采取的是层级治理（风险投资、PE投资）与市场治理（基金）相结合的治理模式，并配以中介治理（投资银行、银行贷款、夹层投资），根据企业发展的不同阶段，采用不同的金融治理方式，有效地支持了以信息产业为代表的"新经济"的发展。

从美国的情况来看，以金融体系的金融治理方式的分布情况来描述金融体系更加合理。2008年金融危机后，高盛和摩根士丹利被纳入联邦储备体系，导致目前美国已经基本没有严格意义上的投资银行。混业经营的趋势使得商业银行这类金融中介在金融体系中发挥着主导作用。那么，美国还能够被称为金融市场占主导的金融体系吗？其实，早在2008年高盛等转变为商业银行之前，金融中介在美国就发挥着非常重要的作用。1994年，美国通过金融中介而进行的信贷市场融资占比已经高达41.5%。考虑到占融资规模33.4%的公司债券一级市场，也有很大一块由商业银行占据。二者相加的话，通过金融中介的融资占据融资规模的50%以上。只不过常见的金融报刊往往过分重视证券市场，相对忽略了金融中介提供的融资。

再来分析中国的情况。中国目前处于转型阶段，以金融市场为主导或以金融中介为主导，这种简单的划分方式无法准确描述中国的金

第三章
认识现实的金融世界：中国的金融监管与金融市场

融体系。中国的金融体系中,商业银行占据了主导地位甚至是垄断地位。但是中国是以金融中介为主导的金融体系吗?这种描述能否区别中国与日本及德国这种同样是金融中介占主导地位的金融体系?我们能够将日德等国家的经验或原则简单推广到中国吗?

笔者认为,中国的金融体系没有实现完全的市场化,仍然没有摆脱计划经济的痕迹,加上银行垄断市场的格局,形成了中国特有的金融抑制的金融体系。这种金融体系内,金融治理能力高度欠缺,不但市场治理能力与层级治理欠缺,商业银行本身的中介治理能力也没有得到有效发展。我国的商业银行普遍采取抵押或担保方式作为风险控制手段,偏好向国有企业提供融资、偏好向重资产行业融资,等等。从金融治理能力而言,这是商业银行只能处理标准型交易的真实写照。这种形势下,各类金融需求无法得到有效满足,资源没有得到合理配置。

由于房地产业具备资产价格相对容易确定的特征,商业银行偏好向房地产提供融资,正符合成本—效能原则的简单推论。再往前推一步,中国金融体系治理能力的缺失,甚至要为中国当前房地产、基础设施行业与重工业行业过度发展的经济失衡形势负部分责任。

第二节　金融体系与经济体系的相互作用与关系

不同的金融体系往往对应着不同的经济结构,比较英美等直接金融体系比较发达的经济结构与日德等银行体系发达的经济结构,可以看出这点。不同的金融体系适用于不同国家的实际情况,也适用于一个国家不同的发展阶段。从世界范围内的经济体竞争中可看出,采取以间接金融体系为主的日德经济体与采取以直接金融体系为主的英美经济体,曾经在不同的时期各领风骚数十年。

1. 不同金融体系的资源配置能力

有实证证明,以间接金融为主的金融体系的优点在于能够迅速有效地配置大规模的资金到某一特定行业。像汽车、基础设施、房地产等资本密集型行业,通过大额的资本投入能够获得规模效应,有效降低成本。因此,这种以银行间接金融为主的金融体系能够有效承担配置社会资源的角色。这一点从日德两国在汽车等资本密集型行业的优势地位也可以得到验证。

日德两国在国际上能够获得优势地位的产业,都是那些产品已经得到市场认可、行业相对成熟、通过大规模化生产能够有效降低成本的行业。与此同时,日德两国通过对产品的性能进行局部改进,扩大市场份额,获得市场优势地位。换句话说,日德的经济属于改进型经济。

第三章
认识现实的金融世界：中国的金融监管与金融市场

在突破性创新成果产生并且得到证明后，将创新成果大范围应用于社会的过程中，间接金融体系是能够有效发挥作用的，此时日德等改进型经济体由于其银行体系能够迅速聚集并投入大规模的资金，资本形成更快，效率更高，因而经济发展更迅速。20世纪80年代及之前的时期，日本经济赶超西方发达国家经济的表现恰恰印证了这一点。

然而，日德金融体系的缺点也很明显，尤其是在新经济时代。当原有创新带来的发展遭遇瓶颈后，间接金融体系无法为资本形成找到新的突破口以促进形成新兴产业，只能重复低效率地将资金用于原有产业。由于资本的边际递减效应，根据索洛经济增长模型，由资本积累促进的经济增长将会趋于一个极限，社会发展将会趋于停滞，这也正是20世纪90年代以来日本经济的写照。当社会经济发展到这个阶段时，需要寻找新的产业突破，单纯依靠甚至过于依靠间接金融体系无法完成这一任务。

美国能在20世纪90年代以来的"新经济"时代充当世界经济火车头的角色，有很多促成因素。其中，美国金融体系发挥的作用不可或缺。美国金融体系中，由风险投资、PE、投资银行、基金等形成的直接金融产业链与间接金融结合，能够有效地将资金配置于创新型产业，并且形成资本积累，从而有效地促进创新，带来经济的增长。

因此，美国金融体系的发达，并不在于其金融体系中究竟是商业银行还是投资银行占主导地位，而是在这种金融体系下，各种金融治理方式能够和谐共存，相互之间既有竞争又有合作，通过市场良序竞争形成了一种有机且动态发展的治理分布，有效地为实体经济提供服务。换言之，美国的金融体系具备良好的"金融生态环境"。

从资源的配置而言，英美等国金融体系的金融资源配置的比较优势体现在其有较好的纠错机制，日德等国金融体系的金融资源配置的比较优势体现在更好地做事上面。

在新经济时代，由于信息传播速度的加快，各经济体之间的联系更加紧密，创新成果应用于全球的时间较之以往越来越短。往往一项创新刚刚问世，很快其成果就能够应用于全球并且促进新的创新成果出现，这使得创新能力对于经济体竞争力的作用更加重要。以间接金融为主的日本经济体，面对这种日新月异的变化，刚投入巨额资金用于改进性能和降低成本，马上又出现了新的创新成果取代旧的创新成果，其原有的改进型能力无从发挥，国家竞争优势逐步丧失。

即使在美国这样资本市场发达的经济体中，从融资规模而言，主要采取的仍然是间接金融的方式，只不过直接金融体系发挥的作用较其他经济体更强，在金融资源配置中起到核心作用。

一个有效的金融体系，应该是一个直接金融与间接金融共同发展，多种治理方式并存，各类金融机构良序竞争的多层次、多样化的体系。不能说以间接金融为主的金融体系就一定不适应社会经济发展的需要，而是在以间接金融为主的金融体系中，银行等间接金融体系不应该破坏金融生态，扼杀其他类型金融机构的生存，乃至进一步扼杀金融创新，并导致经济发展受到阻碍。

2. 不同金融体系的风险处理能力

直接金融体系还有一个重要的优势是，可以利用金融市场将金融风险转移到全社会，而不是由少数金融机构承担，从而能够最大化地降低社会的总体风险水平。

索洛模型表明，经济增长的源动力在于创新带来的技术进步。对于创新体经济而言，要求将资源配置到一个原先没有配置过的领域，或者以一种先前没有被证明过的新方式去从事现有业务，会使资源配置存在较高的风险性或较大的不确定性。存在较大不确定性的情况下，金融交易属于典型的非标准型交易。银行通常难以对这种交易进行有效治理。而以层级治理为主的风险投资、PE投资进行有效治理则相对更容易。

另外，由于创新风险较大，存在转移风险的需求，市场治理可以通过分散性的组合投资，将风险转移到整个社会。在此过程中，商业银行为创新企业提供包括夹层贷款在内的信用支持。投资银行为创新企业提供上市、并购等服务。金融中介的中介治理职能得以发挥。

因此，美国创新型经济的发展，得益于其三种金融治理各司其职，相互竞争又相互合作，综合性地为经济提供服务。灵活且有创新力，这是美国金融体系的特点，也构成了美国创新型经济的基础。

银行的信贷配额现象

由于要求收益固定，包括银行在内的固定收益产品的投资者，其决策的首要考虑因素是风险，其次才是收益。当风险达到一定程度之后，不管这时候投资的预期收益有多高，银行或投资者都将拒绝提供资金，即"信贷配额"现象出现。"信贷配额"现象的出现，使创新型经济得不到金融的有效支持。

信贷配额的现象，似乎与金融学中"收益与风险呈正相关，即只要收益高到足以对风险进行补偿，资金融通就能顺利进行"的原理相违背。考虑固定收益产品的风险收益特征与信息不对称之后，这种信贷配额的现象就容易理解了。

固定收益类产品(包括银行贷款)的风险收益特征是资产收益的上行空间受到抑制，而下行的风险受到保护。一笔年利率为7%的贷款,不管企业发展如何迅猛,银行只能获得固定的7%的资金回报。但同时,即使企业发展遭遇困境,只要不发生违约,银行的7%的资金回报也能够得到保障。

银行面对大量的融资客户,对客户信息的掌握程度相比客户自身而言处于劣势,只能依据客户的平均信用状况进行风险定价。当银行对于平均风险较高的客户群体,采取提高价格(利率)的手段作为对风险的补偿时,那些信用状况较优质的客户将会因为难以接受如此高的价格而退出交易,只留下信用状况较差的客户,这是典型的"逆向选择"现象。或者说,针对高风险的贷款,银行通过提高利率作为风险补偿,但提高利率的手段同时又增加了贷款的平均风险,使风险收益函数只在部分区间有解。

创新型行业在发展初期,没有固定的商业模式,甚至连该行业是否可以成长都存在着巨大的不确定性。另外,在这些行业中,企业起步发展时普遍实力较弱,银行将资金投入到这些企业的风险非常高,此时风险收益函数是无解的。也意味着,银行无法在可盈利的情况下为这么高的风险提供资金。

市场经济的本质是契约经济与自由经济,即市场主体基于自身利益的最大化,通过自由与其他经济主体签订契约来达成合作,共同实现各自利益。在产权受到清晰界定和保护的前提下,经济主体自行决策,而决策必然有机会成本,结果不可避免地具有不确定性,也蕴含着风险。风险是选择市场经济所付出的代价。计划经济限定了经济主体的行为选择,未来的不确定性变小,从而经济波动较小。但是这种风险的

第三章
认识现实的金融世界：中国的金融监管与金融市场

减少是以经济体丧失活力为代价的。

无论是计划经济还是市场经济，只要自身的利益被他人计划与代表，就都存在委托代理问题。只不过在市场经济中，委托代理问题集中体现在金融体系；而在计划经济中，委托代理问题体现在决策层面。因此，市场经济体的危机以金融危机的形式体现，而计划经济体的危机以政治危机或社会危机的形式体现。依此逻辑，金融危机是选择市场经济的必然代价，关键在于如何防范与应对金融危机。

间接金融体系中，金融资源配置决策权集中在较少数银行家和企业家手中，更接近于计划经济；直接金融体系则更接近于市场经济。

间接金融过度发达的金融体系中，金融资源集中于少数经济主体手中，金融配置由少数人决定，决策风险非常集中，少数人的决策甚至可以导致整个行业或整体经济的衰败；而在直接金融体系中，金融资源分散于大量经济主体手中，大量经济主体参与决策，决策风险相对分散。大量的经济主体也会有很多失败的决策，但是市场竞争的机制可以保证决策成功的主体会逐渐在竞争中战胜决策失败的主体，使金融资源越来越向优势主体集中。这种向优势主体集中的过程是一种动态调整过程。

间接金融体系处理局部危机的能力优于直接金融体系，但也正是这种较强的局部危机的处理能力，导致局部危机的风险因素无法得到有效释放，并逐步积累成巨大的全局性危机。当直接金融体系中出现局部危机时，风险很难被掩盖，往往直接爆发。而危机爆发却能够有效暴露问题，并且促使经济主体调整经济行为，使问题得到解决。因此，直接金融体系具备更强的防范全局危机的能力。

3. 金融体系市场化转型：中国的金融体系走向何处？

银行体系发达的日德等国家以间接金融为主，直接金融发展受到限制，资金融通主要通过银行贷款等固定收益产品的形式进行。商业银行业以信用为根本并且承担着全部的风险，具备很强的规模经济与范围经济，天然具备自然垄断的内在愿望与动力。如果商业银行的发展没有受到限制，往往会损害金融的生态环境。因此，在商业银行占主导的金融体系中，各种金融治理能力的发展无法像美国那样有效。

日本政府早已意识到这个问题，并且自 1996 年以来，开始实施日本式"金融大爆炸"[12]，对原有金融体系进行改革，旨在到 2001 年时，将东京建设成为与纽约和伦敦并驾齐驱的、自由、公平、国际化的国际金融中心。通过一系列的制度改革，日本基本上从政策法规上实现了金融的自由化，以及相对的金融体系市场化，如利率市场化。

到目前为止，日本的"金融大爆炸"却没有达到预期目标。日本的金融体系中，商业银行在已经形成强大的垄断优势之后，即使开放金融市场辅以市场化政策，其他金融机构与商业银行展开公平竞争，但由于落后太多，依旧难以挑战商业银行的垄断地位。时至今日，日本经济仍然没有太大的起色。随着中国经济的发展壮大，东京在亚洲似乎已经逐渐被边缘化，建设全球金融中心更是奢谈。

日本的经验应该能够给中国以借鉴。金融体系市场化，仅仅依靠出台市场化的政策，给予资本市场的各类金融机构以平等竞争的机会，恐怕远远不够。金融体系市场化需要政府"有形之手"的强大推动力。

笔者采用金融体系市场化而非国内常用的利率市场化描述未来金融体系的改革，原因在于利率市场化容易让人产生错误的理解。从字

---

[12] 是指日本前首相桥本龙太郎借鉴了英国 1986 年被称为"金融大爆炸"的金融改革。

第三章
认识现实的金融世界：中国的金融监管与金融市场

面上理解，利率实现市场化的意义似乎就是：国家放开利率管制，以利率这种资金价格的方式而不是信贷规模的方式来调控货币政策；各类金融机构通过利率来展开资金竞争，最终由市场而不是政府来确定利率，等等。

我们已经发现，在存在垄断的情况下，由垄断企业而不是政府定价，有时社会福利损失可能更大。金融体系市场化相比利率市场化的范围更广，是放开对金融的管制，使得各类金融机构在平等的环境中，通过价格、创新等各类手段进行充分且良序的竞争，并最终形成金融资源由金融市场而不是由某些特定的主体（包括垄断性的特大银行或政府）来配置的状态。

当前，中国的金融体系介于美国的金融市场主导和日本的财团主导两者之间，且更接近于日本。中国的金融市场几乎完全由国有经济主导，民营经济处于相对边缘化的地位。

首先，我国的金融机构，包括银行、证券公司、基金公司、保险公司、信托公司、融资租赁公司、消费信贷公司等基本都被国有经济控制，尤其是在金融市场中占据绝对主导地位的银行基本上全为国有企业。其次，作为金融行业服务对象的实体经济，尤其是在国民经济中占有重要地位的能源、电信、基础设施、军工等垄断行业，基本被国有经济控制，民营经济只能在极度市场化的行业里与国有经济、外资经济等进行激烈的竞争。

金融机构与实体经济均被国有经济主导控制的结果就是绝大部分的金融资源被锁定在国有经济体系内。资源被锁定之后，无法由市场机制进行更有效率的配置，可能会导致中低效率的循环。

基于国有经济在实体经济中的主导地位，国有企业尤其是中央企业、地方大型国有企业等具备行业垄断优势、人才优势、政府扶持优势，市场地位非常稳固,因而具备了很高的主体信用,天生就有了吸引金融资源的优势。部分国有企业还有某种程度的政府隐性担保,内置了政府信用,进一步增加了国有企业对于金融资源的吸引力。

民营经济在很多领域一直处于边缘化地位,经营环境恶劣,经营风险非常高。加之民营企业的公司治理本身存在一定问题,管理不规范、财务制度不健全,因此信用较低,很难从正规金融渠道融入资金,很多时候只能依靠民间借贷市场。

国民经济体系的二元格局直接导致了金融体系的二元格局,国民经济的二元格局使国有经济天生占据市场优势,相比民营企业信用更高,更容易获得廉价的金融资源。金融体系的二元格局导致民营企业比国有企业的融资成本要高,难以获得发展所需的金融资源,在市场竞争中处于劣势。这反过来又强化了国民经济的二元格局,两者相互强化。

金融市场的二元格局形成了金融资源的价格双轨制。一方面,大量金融资源局限在低效率的国有经济体系里,资源使用的低效率导致了这部分金融资源很难获得高收益;同时,国有经济对金融资源的需求远低于金融资源的供给,因此价格非常低廉。另一方面,民营企业由于难以获得正规渠道的金融资源,只能依赖民间借贷市场,而民间借贷市场的金融资源供给非常少,难以满足需求,因此价格非常高昂。国有企业与民营企业融资成本的巨大差异,固然有风险溢价的因素存在,但更多的还是金融市场的二元格局导致的。

价格双轨制促使产生了一种非常简单而又明显的盈利模式,即"资金"倒卖。这种盈利模式与中国20世纪80年代商品价格双轨制下的物资倒卖有相似之处。资源倒卖是以计划价买入商品,再在黑市上高价出售;而资金倒卖则是从正规金融市场获得廉价资金,再在民间金融市

第三章
认识现实的金融世界：中国的金融监管与金融市场

场高价贷出。这种资金倒卖实际上是一种制度套利，即利用金融制度的不完善，进行买卖来获利。由于价格的差异来自制度因素，制度性套利行为并不能像其他形式的套利那样，最终使市场的价格体系趋于完善，即制度性套利无法消除价格的双轨制。制度性套利机会的存在，还会使利益相关者有动机去维护不合理的金融制度。

强大的产业资本与金融资本结合后，如果在金融资源配置上占据主导地位的话，将会导致金融寡头体系的产生。金融寡头体系主要采取层级治理方式。这种治理方式在金融资源配置的速度、规模上存在优势，甚至要强于银行，但是比银行的间接金融体系更能掩盖问题，更倾向于拖延问题，因此更容易积累系统性全局性风险。

韩国在20世纪末期发生金融危机之前，就是一种金融寡头体系。大型财团虽然被限制直接控股商业银行，实际却和商业银行结成同盟，存在和商业银行复杂的关系，利益高度一致。财团利用金融监管制度的漏洞，通过自己直接控制的金融企业向海外金融机构借款积累了大量的外债，最终引发国际支付危机，进而引发货币危机和金融危机。

金融寡头体系的资源配置在出现错配后，只要金融寡头总体没有亏损，就有能力将风险掩盖。意味着这种金融体系在社会资本没有任何收益时，还能够掩盖问题，维持体系不变。甚至更进一步，即使资源配置的收益为负，只要其信用不倒，还能继续获取新的金融资源，金融寡头就有能力将风险掩盖。更可怕的是，如果其获取金融资源的能力基于其信用之上，那么金融寡头不但有能力而且还有非常强的动机去掩盖风险，以避免其信用受损而无法获取新的资源。在金融错配严重时，这种情况已变相成为"庞氏骗局"，只要资金链条未断，游戏还可以继续。

几乎各种金融方式都具备一定程度的"庞氏骗局"特征。我们知道，庞氏骗局越早发现、越早揭露，造成的危害越小。与直接金融体系和间接金融体系相比，金融寡头体系的庞氏骗局最隐蔽，可以持续的时间也最长，造成的危害也最大。

国内的德隆系就可视作这种金融寡头的代表。读者可以发现，其兴衰过程与笔者的上述描述一致。日本的主银行体系，主银行持有企业股权，金融资本与实业资本结合较为紧密，某种程度也可以视为具备金融寡头体系的特征。日本在出现信贷泡沫后，没有选择暴露危机并对经济进行调整，而是通过控制金融市场利率，以居民息差损失弥补银行业的亏损，试图以时间换空间。这种形势下，金融错配的现象没有得到改变甚至有所加剧，简直是一种经济上的慢性自杀行为。这种选择，是否与日本金融体系的这种寡头体系特征有关呢？

其实，金融寡头体系并不一定就会落后于直接金融体系或间接金融体系。多元化经营的集团公司，实际上也可被看作采取层级治理的寡头金融体。前文提到，不同的金融体系在不同的经济体、不同的发展阶段能够有效发挥其金融配置的职能。而且任何金融体系，都是直接金融、间接金融与寡头金融共存的金融体系，只是各类体系在其中占主导地位以及重要性不同而已。

美国的 GE 公司（General Electric Company，通用电气公司），其创办的 GE Capital（通用电气资本）从总资产规模来看，可以排在美国金融机构前十，而且业绩良好。然而，进入 21 世纪的第二个十年后，GE 公司的这种产融结合的发展模式明显出现问题，后续虽然将金融板块剥离，聚焦产业，但是业务仍然没有明显向好的趋势，以至于现在被移出道琼斯工业指数。

从宏观层面来理解，中国国有的实体经济体系与国有的金融体系本为一家，中国的金融体系天生就拥有一定的"金融寡头"基因，这在实业央企纷纷创办金融企业的现象中得以体现。

产业资本与金融资本结合形成的金融寡头,极限就是计划经济。他们的共同点都是资源首先被集中,再自上而下层层划拨。在计划经济中资源由各级官僚分配到不同的经济领域。在金融寡头体系中,资源则由公司领导或部门领导通过预算分配到公司或部门。

中国以银行体系为主的间接金融体系中,商业银行过于发达,某种程度上破坏了金融生态。这从近年来其他机构纷纷充当银行的影子,为银行逃避监管提供通道,赚取微薄利润得到充分体现。要改善金融生态,需要多种金融体系共同发展,那么政府有意扶持其他金融体系,也是有其理由的了。

从世界范围内来看,以直接金融体系为主的国家其间接金融体系的发展并没有受到压制。单就融资规模而言,在美国间接金融体量甚至超过直接金融。而以间接金融体系为主的金融体系,其直接金融体系普遍都非常弱小,这是件很有意思的事情。不过,从间接金融的金融资源集中配置的特点来看,间接金融天然具备垄断基因。

由于存在信息不对称,金融体系将出现融资偏好现象:融资时,首先选择内源融资,然后是债权融资,再是股权融资。融资偏好的现象在中国更为普遍,目前中国社会融资总规模中,超过90%通过债权形式进行融资。由此笔者相信,债权融资由于具备了对融资主体较强的刚性约束,比较符合中国实际的信用环境。未来中国的金融体系,仍然将是债权融资占据主导地位的金融体系。

近年来,中国的固定收益产品市场,包括企业债券、公司债券,尤其是中期票据、短期融资券等固定收益产品市场高速发展。从统计数据等方面来看,中国的直接金融占比逐年提升。然而,如果从金融治理的角度来思考,直接金融比例的提高并没有对中国的金融治理能力起到相应的提升或改变作用。原因在于，固定收益产品市场主要是以银行主导的中期票据和短期融资券为主，通常承销发行基本由银行进行，证券公司只有少数参与，而且市场份额非常少。固定收益产品的投资者也基本由银行和银行理财组成。

因此，市场治理所具备的风险能够被有效分散到全社会的优势根本没有得到发挥，只是在银行体系间的一种再分配。以银行业为主导的固定收益市场的发展，很难改变中国金融资源基本完全由银行主导配置的格局，只不过是将金融资源配置权从银行的信贷部门转移至资金运营部门、投资部门和投资银行部门。

真正的直接金融体系，应该是大量投资者组成的投资队伍相互竞争资金，这其中的投资队伍当然也包括银行，由市场决定，优胜劣汰。经济主体以手中的资金为选票进行选择，通过市场化竞争机制将资源配置到经济的各个体系中。因此，直接金融的本质，或者说市场治理的本质，是资源配置权力的分散、金融市场的开放以及各金融机构的自由竞争。

如果资源配置权力没有分散，仍然由少数金融机构掌握，无论是银行、保险公司还是证券公司；如果金融市场没有开放，有意愿且有能力提供金融治理的经济主体很难获得相应业务资格并获得金融资源；如果金融机构的自由竞争受到限制，无论是由于政策原因还是由于金融市场已经形成的垄断格局原因，即使所有的贷款全部转变成固定收益类的证券产品，也不能改变中国金融市场的间接金融体系占绝对主导的本质。

资本市场要改变在固定收益乃至金融市场中与银行业竞争的劣势地位，关键点在于资金。资金提供者的资金初次流向决定了金融业各子行业的行业竞争地位。如果资金提供者选择将资金以储蓄形式存放在银行，固定收益产品市场乃至金融市场就是银行主导的市场。如果

第三章
认识现实的金融世界：中国的金融监管与金融市场

资金提供者选择购买债券型基金等证券，将资金投向证券业和基金业，那么固定收益市场乃至金融市场一定会是市场主导的市场。因此，资本市场发展的关键点不在于产品创新，而在于债券型基金等资金管理行业的发展，在于抢夺资金这一稀缺资源，在于争夺金融资源配置权。

基于美日德韩各国的经济发展状况对比，中国对金融体系与经济发展的关系有着正确的认识，并且一直在通过各类政策有意扶持资本市场的发展。基于中国自身的实际情况，选择的是一种介于日本式银行主导的金融体系和美国式市场主导的金融体系之间的一种金融体系，以满足经济发展的需要。

由于客观原因，现实中中国资本市场的发展一直不如商业银行。这背后显然有商业银行发展起步早、实力强大、已经占据市场竞争有利形势等因素。但从某种意义上来说，这是不是中国经济体系无意识选择的最优结果呢？换言之，中国在制度与市场动态的复杂的博弈之下形成的当前的金融体系，正是最符合中国现实情况的金融体系。对于这一问题的认识，事关金融工程的系统工程设计和具体产品设计。因为金融产品的竞争力和发展前景受到金融环境的重要影响，在不同的金融体系之中有着截然不同的结局。

典型的例子就是证券类产品 REITs 的发展。在间接金融体系里，商业物业金融的模式是：企业持有商业物业，并且将物业向银行作抵押；银行向居民募集资金，用于发放抵押贷款，形成一个完整的体系。在直接金融体系里，居民直接持有商业物业的权益，这也是一个完整的体系。从这个角度来讲，REITs 在中国的发展并不取决于 REITs 产品自身的特征和自身的市场发展情况，而是取决于中国整体金融系统的发展方向。

第三节 中国的金融监管

1. 金融监管的现状

我国金融行业当前实行的是"分业经营,分业监管"制度。在这种制度下,若想开展各类金融业务,需要持有相应的金融许可证。这是牌照管制下的特许经营。金融监管以机构监管为主,功能监管为辅。我国当前的金融监管的介绍如表3-1所示。

表3-1 金融监管部门的分类

监管部门	银保监会	证监会	中国人民银行
金融机构（持牌）	商业银行、信托公司、财务公司、汽车金融、保险公司等	证券公司、基金公司、期货公司	支付机构、商业银行
金融业务（特许）	存款业务、信贷业务、票据业务、信托业务、寿险、财险、信用险等	证券业务、基金业务、期货业务等	支付业务、货币政策、信贷政策、外汇政策、金融稳定、宏观审慎等

其他的金融监管部门包括外汇管理局、财政部、发改委、商务部等,这些部门主要进行功能性的金融监管。

金融监管的主要法律法规来源及示例如表3-2所示。

表3-2 金融监管的主要法律法规来源及示例

	银行类	证券类	保险类
法律	《商业银行法》	《证券法》	《保险法》

第三章
认识现实的金融世界：中国的金融监管与金融市场

续表

	银行类	证券类	保险类
国务院条例	《存款保险条例》	《证券公司监督管理条例》	《外资保险公司管理条例》
部门规章	《关于商业银行资本工具创新的指导意见（修订）》	《科创板上市公司持续监管办法(试行)》	《保险资产负债管理监管暂行办法》
窗口指导	"防止群体事件"	"不要犯规"	"注意投资安全"

以上法律法规的效力从强到弱依次为：法律、国务院条例、部门规章和窗口指导。在实践过程中，法律和国务院条例的规定比较固定，变化较慢，对金融机构影响更为重大的是部门规章和窗口指导。特别是窗口指导，没有以正式文件的形式体现，属于非正式制度，信息不透明且弹性较大。因此，在国内开展金融工程时，金融工程师与监管部门搭建良好关系并充分沟通，以及研究金融监管政策非常重要。监管政策的变化以及针对政策的监管套利，一直是推动中国金融创新的重要力量。

银保监会对商业银行和保险公司的监管，以及证监会对证券公司和基金公司的监管偏向微观。对这些机构的监管涉及从牌照发放到开业、增资、高管任命、具体业务开展，再到现场检查等各个方面，需要进行细致严密的监管。

中国人民银行对金融机构的监管比较宏观，侧重于金融体系的整体稳定与金融市场的有效性。从金融稳定的角度出发，中国人民银行关注资产泡沫、流动性危机和金融危机。从金融市场有效性的角度出发，中国人民银行推动发展各类金融市场，并且努力提高金融市场的定价效率和金融体系配置资源的能力。在具体监管方面，中国人民银行确定和发布存贷款基准利率、制定准备金率、分配信贷额度、实施宏观审慎考核、通过再贷款再贴现等为商业银行提供流动性支持，以及在金融机构出现危机时进行处置。

除了金融监管,中国人民银行还有一个重要的职能,即货币政策的制定和实施。这一职能通过货币政策委员会来发挥。根据中国人民银行年报的内容,货币政策委员会的职责是:在综合分析宏观经济形势的基础上,依据国家宏观调控目标,讨论货币政策的制定和调整、一定时期内的货币政策控制目标、货币政策工具的运用、有关货币政策的重要措施、货币政策与其他宏观经济政策的协调等涉及货币政策的重大事项,并提出建议。

在信用货币体系里,央行控制了货币供给,从而掌握了对金融市场重大的影响力。即使是在美国这样高度市场化的经济体系中,货币的价格即利率,也不是完全由金融市场决定,而是由美联储制定的。虽然美联储在制定货币政策时会考虑经济形势与金融市场的形势,但是仍然拥有较大的自由裁量权。

美联储的政策和市场博弈之间,存在复杂的关系。当美联储制定的利率和市场化确定的利率之间出现差异的时候,便会出现二元化价格套利的制度套利机会。近十年,美联储利用量化宽松等各类手段将利率持续压低,这种宽松的货币形势对美国股市泡沫的形成和维持具有重大的影响。

美国有专门研究美联储的分析师,定期发布关于美联储货币政策的分析文章。而在中国,随着金融体系市场化程度提高,货币政策相比监管政策对金融市场的影响越来越强。对央行货币政策的把握,对于开展投机、套利、投资及融资等金融工程活动而言非常重要。

理论上,央行的货币政策是基于经济形势进行利益权衡而做出的。研判经济形势,有助于我们把握货币政策。然而,索罗斯强调:"要弄清管制人员的作用,必须认识到他们也是参与者,理解的不完备性也是他们所固有的,此外他们的行为往往会产生意料不到的后果。管制人员

第三章
认识现实的金融世界：中国的金融监管与金融市场

与作为管制对象的经济之间的关系是反身性的，不断地从一个极端摆向另一个极端，在这个意义上，它本身也呈现出周期性的特征。"[13]

因此在经济形势和货币政策之间并不是完全如经济金融理论那样有一种符合理论的"正确的"对应关系。这其中包含了政策制定者对于经济形势的判断和权衡取舍，存在很大的不确定性。从历史观测来看，央行的政策表现出一种刚性特征，即政策对于经济金融形势的调整相对滞后，而且调整力度相对较大，正如索罗斯所说，"不断地从一个极端摆向另一个极端"，背后必然有深层次的制度因素。关于这一点，索罗斯没有进行深入讨论，笔者也不班门弄斧。

基于金融工程的实证角度，预测总是难免会出错，客观而明智的做法是获取信息。在无法获得充分信息的时候，则运用贝叶斯方法进行反向推理。历史观察显示，货币政策要么很长时间不变，一旦改变方向，将会沿着这一方向前行较长时间。政策的这种刚性特征，有助于我们把握政策动向。

索罗斯被称为"唯一一个有外交政策的个人"。索罗斯成名后周旋于各国政要之间，花费大量时间进行交际。这种做法初始并不被人理解。如果考虑到索罗斯后期所做的货币投机等操作，成败与宏观形势和经济金融政策紧密相关，就能够明白索罗斯的用意了。前文在讨论制度套利时提到过，索罗斯做空英镑买入马克的决策，是在与德国央行总裁沟通获悉内情之后才下定决心的。

正如《孙子兵法》中所说："故明君贤将，所以动而胜人，成功出于众者，先知也。先知者，不可取于鬼神，不可象于事，不可验于度，必取于人，知敌之情者也。"很多金融市场的"先知"，经常能够正确预测政策，显得高深莫测，其实就是"知情"而已。作为一个理性的金融工程师，必

---

[13] 乔治·索罗斯，《金融炼金术》，海南出版社，1999。

须破除对这种"未卜先知"的迷信,将金融工程建立在科学的方法论之上。

随着金融市场化的推进以及各类金融创新的发展,金融机构开始从事其他不在金融许可范围内的金融业务。这是一种变相的混业经营。这种情况下,分业监管显现出弊端。一个显著的弊端就是不同的机构在开展同类业务时受到的监管不同,由此产生了监管套利,也使金融市场出现不公平竞争。后来,中国成立了金融稳定发展委员会,就此提供协同监管的解决方案。

> 中国共产党中央财经委员会是2018年3月中国共产党中央委员会根据《深化党和国家机构改革方案》由原中央财经领导小组改为中共中央直属议事协调机构。中央财经委员会办公室为中央财经委员会下设的办事机构,是中国经济决策的最核心部门。国务院副总理刘鹤为中央财经领导小组办公室主任。
>
> 2017年,全国金融工作会议设立国务院金融稳定发展委员会,作为国务院统筹协调金融稳定和改革发展重大问题的议事协调机构。目的是强化人民银行宏观审慎管理和系统性风险防范职责,强化金融监管部门监管职责,确保金融安全与稳定发展。
>
> 金融稳定发展委员会有五个方面的主要职责:①落实党中央、国务院关于金融工作的决策部署;②审议金融业改革发展重大规划;③统筹金融改革发展与监管,协调货币政策与金融监管相关事项,统筹协调金融监管重大事项,协调金融政策

第三章
认识现实的金融世界:中国的金融监管与金融市场

与相关财政政策、产业政策等;④分析研判国际国内金融形势,做好国际金融风险应对,研究系统性金融风险防范处置和维护金融稳定重大政策;⑤指导地方金融改革发展与监管,对金融管理部门和地方政府进行业务监督和履职问责等。

除了中央财经委员会会议和金融稳定发展委员会会议,其他重要的经济金融政策的来源还包括中央经济工作会议、中共中央政治局会议、国务院常务会议等关于经济金融的内容。

2. 金融监管的一般原则及各类机构的监管特征

现代金融监管的一般原则是监管政策要取得促进经济发展与保护投资者利益这两者之间的平衡。根据一般原则可以得出一个重要的推论:金融机构资产端与负债端不能同时获得自由度,要想同时获得自由度,需要附加额外条件。之所以如此,是因为金融机构如果能在资产端和负债端同时获得自由度,金融机构就有很大机会进行制度套利,侵害投资者利益,并且会为金融体系带来风险。表3-3总结了各类金融机构在资产端和负债端的限制情况。

表3-3 各类金融机构在资产端和负债端的限制情况

	资产端	负债端	说明
商业银行	不受限制,投资股权限制较大	可以公募	资本充足率
保险公司	最为广泛	可以公募	偿付能力
公募资管机构	只能投资证券	可以公募	强制信息披露
私募资管机构	不受限制	只能私募	市场化
银行理财	不受限制	可以公募	特殊

续表

	资产端	负债端	说明
证券公司（非资管）	不受限制	无负债端业务	中介
其他机构	无资产端业务	无负债端业务	中介

我们以针对公募资管机构和私募资管机构的不同监管制度为例，简要说明现代金融监管的一般原则及其推论。当前各类资管机构中，银行理财是特殊案例。银行理财同时获得了较大的资产端自由度和较大的负债端自由度。这种制度提供了众多的制度套利的机会，已经受到监管部门的关注并且加以整治。

我国的公募资管机构以公募基金为代表。公募基金能够面向大众募集资金，而且投资门槛仅为1元。这一制度为公募基金提供了较大的负债端自由度。而公募基金的资产端则受到很大的限制。公募基金只能投资证券。由于我国证券发行需要审批，意味着公募基金只能投资符合监管要求并且获得审批的产品。并且，证券的交易公开透明受到严格的监管。

资本市场里，从事证券发行承销的卖方业务和从事证券投资的买方业务分别由证券公司和公募基金进行，两类业务分离。同时公募基金投资证券还受到比例、规模等限制。与证券相关的系列制度设计，包括买者竞价购买、防范共谋定价和利益输送、严格的信息披露、投资银行的买方业务和卖方业务需要相互隔离的"防火墙"等，目的都在于防止定价权及资源支配权落在资产管理人手中。

从资管业务的信托责任来分析，公募基金作为资产管理人代表投资人（委托人）行事，资产管理人对于委托人负有信托责任，不能以资产管理的权限为资产管理人自己谋取利益。由于公募基金的投资者包括大量金融知识欠缺的普通民众，难以有效对公募基金进行自我监管，一旦公募基金掌握证券的定价权力，其管理人就很容易利用这种权力，为

第三章
认识现实的金融世界：中国的金融监管与金融市场

自身谋取利益。

私募基金的监管制度提供了较大的资产端自由度，但是限制了负债端的自由度。负债端严格将投资者限定为具备风险识别和风险承受能力的合格投资者，并且有较高的投资门槛。

商业银行的资产端可以投资非证券类的资产，同时负债端可以面向公众吸收存款，具备公募的特征。从表面上来看，商业银行突破了现代金融监管的一般原则。然而，商业银行受到巴塞尔协议等制度的约束。事实上，这种约束是对商业银行资产端和负债端的特定限制。理解商业银行监管的核心是巴塞尔协议的资本约束以及存款准备金制度。巴塞尔协议的主要框架：银行需要为其持有的风险资产，按照权重计提风险资本，资本不足将会限制银行的业务开展。商业银行的资本分为核心资本（一级资本）和附属资本（二级资本）。核心资本主要由权益资本构成，包括股本、资本公积、留存收益等。二级资本则包括一些债务性工具。关于巴塞尔协议的内容，本书第六章中有详细介绍，此处不作展开。

商业银行的另一个重要制度是存款准备金制度，是指商业银行需要为其吸收的存款，在中央银行存入相应比例的资金。这种制度设计是为了保障商业银行的支付能力。准备金率影响银行的资产配置和流动性管理。央行通过存款准备金率的变动，影响货币供给。比如，商业银行目前有200万亿的存款。央行将准备金率提高一个百分点后，将会有2万亿元的资金被央行锁定，无法进行放贷或债券投资。

2015年起，中国开始正式实施存款保险制度。存款保险是指商业银行向存款保险公司缴纳保费。如果商业银行出现兑付问题，储户在一定额度以内（50万元人民币）的存款，其兑付得到存款保险公司的保障。存款保险制度的推出能够有效保障中小储户的利益，是政策为金融体系布置的一张安全网。

在存款保险制度推出以前,我国的商业银行由于其外部性,暗含了国家信用,很少出现倒闭事件。存款保险制度的推出从制度上和形式上将国家信用从商业银行体系中剥离。50万元额度以内可以得到存款保险的显性保障。从另一个方面,这使得50万元额度以上的存款受到相对减弱的国家信用支持。

存款保险制度实施之后,中小商业银行由于其自身实力较弱,吸取资金的难度和成本都有所提高。2018年"去杠杆"以来,中国中小商业银行的信用出现分层。大中型商业银行的资金来源充足且成本低廉,中小商业银行传统的同业拆借、同业理财等渠道的资金大幅减少。2019年年中,在出现了银行被央行风险处置的事件之后,有的中小银行承兑的汇票甚至找不到贴现资金。

对保险公司进行监管的核心要点是偿付能力和资金运用。这同样是对保险公司资产端和负债端的特定限制。《保险公司偿付能力管理规定》对偿付能力的定义是:保险公司偿还债务的能力。监管要求保险公司应当具有与其风险和业务规模相适应的资本,确保偿付能力充足率不低于100%。偿付能力充足率即资本充足率,是指保险公司的实际资本与最低资本的比率。保险公司应当建立偿付能力管理制度,强化资本约束,保证公司偿付能力充足。

限于篇幅,本书不对保险公司偿付能力的相关制度进行详细讨论。我们将保险公司的偿付能力充足率与商业银行的资本充足率进行比较,两者具有相同的本质,都是通过在负债端由股东提供资本来降低或化解资产端的风险,以保障公众投资者的利益。在资金运用方面,保险公司同样受到限制。但是这种限制比较宏观,主要是对资产类别进行限制。对于保险公司开展投资业务来讲,这种限制的影响较小。

第三章
认识现实的金融世界：中国的金融监管与金融市场

监管将保险公司的资金运用主要分为流动性资产、固定收益类、权益类、不动产类、其他金融资产五大类。投资权益类资产的账面余额，合计不高于本公司上季末总资产的30%；投资不动产类资产的账面余额，合计不高于本公司上季末总资产的30%；投资其他金融资产的账面余额，合计不高于本公司上季末总资产的25%。在实践中，保险公司主要是通过投资信托计划，以信托为通道来进行"其他金融资产"的投资。

从资金运作的自由度来讲，保险公司具备最大的自由度。保险公司及保险资管既可以投资证券，也可以投资非标资产。而且，保险公司可以以控股的方式投资上市公司股票。相比之下，公募基金投资上市公司股票受到限制，采取的是分散的组合投资的形式。这种投资自由度赋予了保险公司巨大的优势。之前有保险公司利用相关制度，造成了资本市场巨大的震动。

从制度角度分析，保险公司控股上市公司，打通了金融企业和实体企业的界限。这类模式接近于日德的主银行制度。实行这种制度时，如果没有相应的监管细则进行配合，将会滋生大量制度套利行为。一方面，在资源配置过程中，金融家的金融治理能力无从发挥，金融企业可能成为实体企业的提款机。另一方面，保险公司面向大众募集资金，采取类似杠杆收购方式投资股票。这类投资方式，没有采取分散投资来控制风险，风险较大。如果监管不当，很容易演变为金融机构利用公众资金进行投机。在国外，以杠杆式收购方式投资股票的通常是私募对冲基金。

我们以巴菲特的伯克希尔公司作为对比。伯克希尔公司的业务主要分为保险业务和实体业务。保险业务是从公众获得资金，主要进行证券投资，股权比例控制在20%以下。伯克希尔控股的实体企业和保险业务相互分离。证券投资业务主要集中在保险板块。

由于历史原因，中国的证券公司(除了资管业务)不能够吸收存款，也不能够面向公众募集资金，没有负债端业务，因此证券公司的外部性较小。证券公司的倒闭对于公众利益的影响很小。理论上，证券公司受到的"机构监管"较少，更多的监管来自具体开展业务时的"功能监管"。然而，金融机构的核心是负债业务。证券公司开展的除主动管理类资产管理之外的业务，都不是真正的金融业务。这些业务的性质与评级公司、律师事务所、会计师事务所的业务性质类似，属于与金融相关的附属业务。因此，严格来讲，中国的证券公司不是完全的金融类企业。

证券公司的发展相比民营保险公司起步更早，但是民营保险公司如平安保险、泰康保险的实力和影响力，要远远强于证券行业的国有龙头企业。通过比较保险公司和证券公司的发展历史，可以看出负债业务对于金融机构的意义。

第四节　中国的金融市场与产品

1. 纠缠态市场假说

有效市场理论是指金融市场的价格充分反映了所有可得信息。这种假设,意味着所有未被利用的获利机会都会消失。前文在讨论套利时提到,有效市场假说是经典资产定价模型和套利定价理论的基础。很多金融理论和推论,都是建立在有效市场假说的基础之上的。

有效市场假说的一个推论就是市场永远正确,投资不可能超出市场水平的收益。然而,无论是索罗斯还是巴菲特,对于有效市场假说都持否定态度,并且认为他们的投资业绩已经在事实上否定了有效市场假说。

巴菲特认为,"市场先生"是躁郁症患者,今天可能欣喜若狂,明天可能就会消沉沮丧,总是报出变动的价格。他有一句名言:如果市场总是有效的,我会变成一个拿着锡罐子的街头流浪汉。索罗斯提出了一个关于理解市场的主张:市场总是表现出某种偏向;市场能够影响它预期的事件。索罗斯进一步认为,有的时候市场似乎经常能够正确地预期未来的事件,这并不是市场真正"预见"了未来,而是预期创造了未来。这也是索罗斯反身性理论的观点。

不同的国家,金融市场的有效程度并不一样。即使是同一个国家的不同时期,金融市场的有效程度也不相同。同一个国家,同一时期金融市场的不同部分的有效程度也不相同。

本书借用量子力学的概念,认为金融市场处于纠缠态,即同时包含有效性和无效性的概率。只有通过测量,才可以真正获得市场是否处于有效状态的信息,而这个测量过程本身又会对市场产生影响。因此,正确判断市场所处的状态并且预测市场的走向非常困难,或者说根本不可能。

判断市场所处的状态是投资成功的关键。事实上,就连对冲基金经理业绩排名世界前列的索罗斯也无法完全做到。索罗斯的反身性理论恰恰指出了金融市场的这一复杂性。索罗斯说,"很多人认为市场会犯错,并且认为自己能够打败犯错的市场,我和他们不同的地方是我认识到自己也会犯错"。索罗斯这种批判的态度,正是科学思想的本质体现。他本人也承认,自己的理论并不是科学,而是一种看似科学的"炼金术"。金融工程实践中必须要抛弃现有金融理念的成见,破除对理论教条的迷信。

2. 中国的股票市场

本书介绍的中国股票市场主要是指 A 股市场,按照板块分为主板、中小板、创业板和科创板。根据证监会年度报告,截至 2019 年末,A 股共有上市公司 3,777 家,其中主板 1,973 家,中小企业板 943 家,创业板 791 家,科创板 70 家。A 股股票总市值 59.29 万亿元,位居全球第二。

从发行规模来看,2019 年首发(IPO)融资 2,489.8 亿元,定向增发(现金认购)融资 1,814.43 亿元,定向增发(资产认购)融资 5,461.2 亿元,配股配资 133.87 亿元,优先股融资 2,550.0 亿元。通过股票市场融资的规模合计约为 11,378 亿元。股票融资的绝对数值很大,但是占国内社会融资规模增量的比例很小。中国的主要融资方式还是贷款及债券等固定收益类产品。

公司股票公开上市之后,普通大众投资者也可以以少量资金购买上市公司的股票。广泛的参与度提高了上市公司股票的流动性,我国股票市场的有效程度正在逐步提高。中小股民参与较广,交易活跃,投机程度较高,股指波动较大。这也反映了我国股票市场目前的一个重要特征,即有效程度总体来说仍然较低。

为了保护中小投资者,证监体系除了对于股票发行进行审核、质量把关之外,后续对于上市公司还会进行各类严密监管。发行上市审批及后续监管,提高了上市公司的公司治理与信息披露质量。这是为全社会提供的公共金融治理。在此制度之下,上市公司是中国最优秀的公司群体,也是中国最优质的融资目标客户。

2013—2019年我国主要的股票指数变化情况如表3-4所示。从历史测量的数据来看,中国的股票市场提供给投资者的回报不高,年复合投资回报率接近定期存款的水平。这一水平低于债券市场的平均利率。中国的股票市场体现出较高的波动性,但是并没有体现出股权相对于债权的溢价,反而是折价。如何理解这个问题?经典金融理论认为,风险越高,投资者要求的回报越高。美国的金融市场体现出股权回报相对于债权回报的溢价。在中国,由于股票融资受到限制,且投资者偏好高波动性、高流动性的权益性产品,因此,很多上市公司都有股权融资"饥渴症",高度偏好股权融资。

表3-4 2013—2019年我国主要的股票指数变化情况

日期\指数	上证综指	深证综指	深证成指	中小板指	创业板指
2013年	-6.75	20.03	-10.91	17.54	82.73
2014年	52.87	33.80	35.62	9.67	12.83
2015年	9.41	63.15	14.98	53.70	84.41

续表

指数 日期	上证综指	深证综指	深证成指	中小板指	创业板指
2016 年	-12.31	-14.72	-19.64	-22.89	-27.71
2017 年	6.56	-3.54	8.48	16.73	-10.67
2018 年	-24.59	-33.25	-34.42	-37.75	-28.65
2019 年	22.30	35.89	44.08	41.03	43.79

面对金融理论的推论和实际测量数据,我们应该选择哪个?严格按照金融工程学的建模方法论,应该选择实际测量的数据。中国股市多年以来提供较低的回报率,而投资者了解股票回报率低这一客观现实之后为何仍然乐于进行股票投资?笔者认为,关键的原因是中国和美国的投资者群体的差异。从市场实证数据来看,这两类投资群体有着不一样的风险偏好。

金融工程师同样应该根据其实际测量的结果而非理论推导的投资风险偏好,针对特定的投资群体设计金融产品,才能发挥最大价值。具体而言,要设计出满足中国投资者投机需求,让其可以预期实现快速致富的、适应高波动性的金融产品。有一个未经验证的推论,基于中国投资者的这种风险偏好,中国的期权市场存在溢价,意味着金融机构创设期权并且销售给普通投资者具有较大的盈利空间。关键在于金融机构如何利用本书所讲到的金融工程动态复制的技术来管理和对冲风险。

第三章
认识现实的金融世界：中国的金融监管与金融市场

美国 REITs 简介及中国 REITs 创新思路设想

REITs（Real Estate Investment Trusts），房地产投资信托基金。在美国，REITs 是根据国会相关法律推出的金融产品。它是从事房地产相关业务的法律实体。法律实体可以是信托，也可以是公司，当前主要以公司形式为主。

REITs 是不同利益集团博弈推出的金融产品。利益集团推出 REITs 的理由，是使得普通投资者能够通过投资不动产来分享美国经济发展的成果。

从法律层面来分析，REITs 相比普通的房地产企业，最大的特点或者优势是不用在实体层面缴纳所得税。为了防范税收套利，REITs 需满足一定的要求。比如，REITs 每年将 90% 的应税收入作为股息分配给股票持有人；REITs 必须将其资产的 75% 投资于不动产、抵押贷款、其他 REITs 的份额、现金或政府证券；REITs 必须从商业物业租金、抵押贷款利息、不动产出售利得等来源获得总收入的 75%，且 95% 的利润是从这些来源加上股息、利息及证券出售的利得中获得。这些限制都是为了防止 REITs 通过开展非房地产业务来获得所得税减免。

从金融层面来分析，REITs 在 20 世纪 90 年代的美国证券化热潮中，很多都已经实现了公开上市。REITs 股票份额可以公开上市交易，被大众广泛持有，与普通公司的股票非常类似。通过这种方式，普通大众能够通过投资并且持有 REITs 股票，变相投资商业不动产。这大大降低了大型商业不动产的投资门槛，提高了商业不动产的流动性。REITs 的法律规定，REITs 至少要有 100 人以上的份额持有人，并且集中在任意

5人或更少的人手中的份额必须小于50%。这种制度保障了REITs成为集合产品,防范其变成特定个人或组织通过设立REITs来持有本来直接持有的商业物业,进而获取所得税减免。

商业地产的价格较高,当前,由于中国没有REITs这类产品将商业不动产实现份额化,导致商业地产的投资门槛很高。普通大众投资者很难投资大型优质的商业地产。由于投资门槛较高,商业不动产的交易非常不活跃。很多企业通过举债持有商业不动产,产生了很大的流动性风险。

因此,从金融层面来分析,REITs就是股票公开上市的房地产。如果按照这个定义,中国的A股市场的万科、保利、美凯龙等,分别可以看作一个REITs。

前文在介绍索罗斯分析并且投资REITs的案例时提到,REITs的业务在20世纪80年代经历了重大的变化。在1980年以前,REITs的业务主要是面向房地产开发企业发放抵押贷款,以房地产企业持有的土地作为抵押品。从事这类业务的REITs,被称为抵押型REITs。我国当前的信托公司设立的房地产信托,也是向房地产开发企业发放抵押贷款,属于抵押型REITs。只不过房地产信托是通过发行资金信托计划私募募集资金。按照本书的金融工程学观点,从职能发挥的本质角度去理解金融事物,那么中国的房地产信托就是一种REITs。

1980年以后,由于抵押型REITs发放的贷款大面积违约,给投资者带来了巨大损失。投资者高度厌恶抵押型REITs。

第三章
认识现实的金融世界：中国的金融监管与金融市场

REITs 开始进行业务转型。同时，商业不动产市场在经过 1980 年的调整之后，具备较高的投资价值。因此，很多 REITs 开始转型为权益型 REITs。这种类型的 REITs 的业务是购买或者自行开发商业不动产，然后出租给商户收取租金、管理费等获得收入，将获得收入分红给 REITs 的股票持有人。我国当前很多对于 REITs 的理解，都是特指这种权益型 REITs。

从职能发挥的角度去理解权益型 REITs，中国的上市公司中像美凯龙、小商品城等公司都是一种 REITs，这类公司在行业分类时，被归类为"商业物业经营"类公司。相比美国的 REITs，在各个层面没有本质区别，只是没有所得税减免，同时不受到业务只能局限为地产相关业务的限制。

国内对 REITs 的另外一种理解是商业不动产的证券化产品，即发行资产支持证券，证券的基础资产为事先确定的商业不动产。基础资产产生的租金等收入构成了投资证券的回报。这是一种静态的观点，把 REITs 视为资产固定的资产支持证券，而不是一个有活力的经济组织。而在美国，REITs 经常利用金融市场与地产市场提供的机会进行套利来获取收益。

在中国，政策一直强调要推动和支持 REITs 的发展。但是由于前文提到的对 REITs 的理解问题，我国的 REITs 产品市场一直没有有效发展起来。

我们从金融工程的角度分析 REITs，将这种对 REITs 的本质理解应用到产品设计和产品创新之中，可以发现一种简捷有效的推动 REITs 发展的方式，即利用 A 股现有的商业物业经营类公司，这些公司本身就是 REITs。

当前,制约这些公司业务发展的最大障碍是增发新股需要审批。在当前对地产融资相对限制的政策环境下,这类公司增发股票很难获得审批。如果推行 REITs 的发展,是要实现盘活商业不动产市场及让普通大众能够参与大型商业不动产的目的,可以放开这些公司的增发股票再融资,同时做出几个限定:一是再融资的资金用途只能用于购买商业物业;二是这些公司需要剥离与持有并且经营商业物业无关的业务,并且后续的业务也需要限制在购买并且持有商业物业的范围之内;三是这些公司每年的利润需要强制高比例的分红。这种设计,可以有效防范制度套利,并且实现推动 REITs 发展的目的。

2020 年 5 月,中国证监会、国家发展改革委联合发布《关于推进基础设施领域不动产投资信托基金(REITs)试点相关工作的通知》(以下简称《通知》),后续,证监会又颁布了《公开募集基础设施证券投资基金指引(试行)》(以下简称《指引》),规定了操作细则。

根据《通知》和《指引》,中国基础设施领域 REITs,实际上是基础设施项目股权的简易版 IPO。在 IPO 审批受到较大限制的情况下,针对特定资产采取"公募基金+ABS"的架构,变相实现了股权的证券化与公开上市交易流通。这种创新实际上运用了金融工程学的"特定合成"技术。

根据目前相关政策,中国版 REITs 的交易结构如图 3-1 所示。

第三章
认识现实的金融世界：中国的金融监管与金融市场

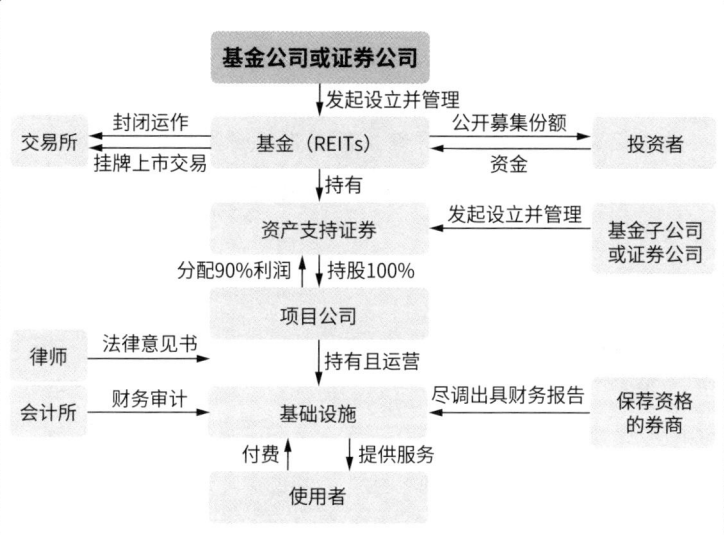

图 3-1 中国版 REITs 的交易结构

以下针对该交易结构图进行简要说明：

基金公司或证券公司（有的证券公司也有公募基金的业务资质）发起设立并且管理公募基金，公募基金可以面向大众募集资金，但是基金是封闭式的，中间不能赎回，可以申请在交易所挂牌上市流通。

公募基金的资金80%用于投资资产支持证券。资产支持证券是由基金公司或证券公司同一控制的主体来发行设立和管理的，比如基金子公司。其余20%的资金投资有限制，只能投资于利率债、AAA级信用债或货币市场工具。

资产支持证券持有项目公司100%的股权。项目公司持有并且运营基础设施。基础设施通过为使用者提供服务，获得市场化收入。项目公司需将90%的可分配利润用于分配给基金投资者。

在操作过程中，还需要有保荐资格的证券公司对基础设施进行尽职调查并且出具财务顾问报告、律师对基础设施相关的事项出具法律意见书、会计师事务所对基础设施进行财务审计。

基金公司可以将项目公司的运营外包给符合条件的第三方主体，其负有法律上的责任，并且此法律责任不得因外包而免除。

之所以说是简易版IPO，是因为我们可以看到IPO涉及的相关主体都全部在列。项目公司的股权通过两层的特殊目的载体，实现了公开上市流通。并且和普通公募基金所不同的是，基础设施类REITs基金在获得基金投资者的同意之下，可以进行基础设施基金扩募或是进行基础设施项目的购入或出售。基金扩募类似于增发股票，基础设施项目的购入或出售则相当于重大资产重组。

这一制度设计给予了基金管理人较大的类似于上市公司董事会和管理层的决策权力，相比之前资产支持证券基本上是静态的基础资产的证券化有重大差别，使公募基金的民事行为能力可以达到上市公司的水平高度。多了项目公司这一层的架构，并不会产生任何实质影响。很多上市公司，母公司自身也不开展业务，而是利用控股子公司来开展业务。

中国版REITs有了这种特征和能力之后，很多商业模式都可以围绕其开展。比较典型的就是一二级套利。比如一些从事PPP业务的公司，可以先用自有资金建设项目，等待项目能够产生稳定现金流之后,再出售给 REITs。REITs 则通过扩募基金份额解决资金问题。这可以解决当前 PPP 项目的退出难问题,由此形成完整的产业链。

上面提到的这种扩募基金份额,收购基础设施的操作模式,和增发股份购买商业地产的方式异曲同工。这种利用公募基金发起设立和募集,相比上市公司股份 IPO 和增发募集更少限制的操作手法,深得金融工程"特定合成"技术的精髓。

3. 新三板股权市场

中国还有一种被称为在"新三板"上市的公司,即在全国中小企业股份转让系统挂牌的公司。截至 2019 年底共有 8,953 家,总股本 5,616.29 亿股,总市值约 2.94 万亿元。这些公司股票的投资者限定为合格投资者,而且有较高的门槛,因此股权的流动性较差,市场交易不活跃,融资很难。监管部门推行"做市商"制度,以提高流动性。然而,由于我国证券公司的风险偏好和能力水平等限制,做市商制度没有有效运作。

中国的"新三板"市场难以发展,背后有深刻的原因。我们从证券化的角度来分析。证券化就是将相关资产的未来现金流贴现到现在,在此基础上通过市场交易表现为一个市场价格。显然,资产的未来现金流越稳定,市场定价效率越高,证券化的难度越低,越容易被证券化。

美国的纳斯达克市场在 20 世纪 70 年代就已经推出了,但是一直到 90 年代才真正成功发展起来。回顾美国的证券化历史可以看到,美国的证券化从易到难,先后经历了资产证券化、中低信用债权的证券化、高收益债券市场发展和中小企业股权证券化。很多 20 世纪 90 年代在纳斯达克上市的中小企业，在 80 年代就已经通过发行垃圾债券募集过资金。中国当前的高收益债券市场还未有效发展起来，这种情况下现金流波动更大，中小企业股权更难实现证券化，相关市场难以发展，是符合金融理论逻辑的。

根据证券化理论，从中国的实际国情出发，要想有效推动中小企业股权证券化，必须先将中小企业的债权证券化；或者政策将中小企业的股权投资放开，允许普通大众投资者参与，借助市场的投机和非理性，实现活跃的交易，获得流动性。

4. 固定收益产品市场

固定收益产品主要包括国债、企业债券（含中期票据）、金融债券和资产支持证券。我国的固定收益产品市场主要分为银行间市场和交易所市场。从市场规模和影响力的角度，银行间市场占据主导地位。

按投资者群体来划分，主要包括以商业银行为主的存款类金融机构，以保险公司和证券公司为主的非存款类金融机构，基金、信托、理财等各类资管产品，以及非金融类机构和个人。以商业银行为主的存款类金融机构持有 50% 以上的债券规模，再加上受商业银行控制的银行理财，"银行系"资金持有绝大多数的固定收益产品，是固定收益产品市场的主导机构。

从审批监管部门来看，金融机构发行的金融债券、银行同业存单及信贷资产支持证券由银保监局和中国人民银行负责审批监管，银保监局负责核准金融机构发行资质，中国人民银行负责具体产品在银行间市场发行和上市的审批。国债和地方政府债券由财政部负责。

非金融类机构发行的企业债券的监管情况比较特殊，存在三个不

第三章
认识现实的金融世界：中国的金融监管与金融市场

同的监管部门，各自制定了相应的监管政策。这些政策在大的方面是相同的，但是存在一定的差异。中国人民银行（管辖的银行间市场交易商协会）负责监管中期票据、短期融资券的发行，相关债券在银行间市场上市交易。证监会负责监管公司债券的发行，相关债券在交易所市场上市交易。非金融企业发行的资产支持证券也由证监会负责监管并在交易所市场上市交易。国家发改委负责监管企业债券的发行，相关债券可以选择在银行间市场或是交易所市场交易。

> 2019年债券发行情况：债券市场共发行各类债券45.3万亿元，较上年增长3.1%。其中，银行间债券市场发行债券38.0万亿元，同比下降0.3%。截至2019年12月末，债券市场托管余额为99.1万亿元，其中银行间债券市场托管余额为86.4万亿元，其余托管在交易所市场，有少量国债是在银行柜台市场。
>
> 2019年，国债发行4.0万亿元，地方政府债券发行4.4万亿元，金融债券发行6.9万亿元，政府支持机构债券发行3,720亿元，资产支持证券发行2.0万亿元，同业存单发行18.0万亿元，公司信用类债券发行9.7万亿元。
>
> 2019年债券市场交易情况：现券交易量217.4万亿元，同比增长38.6%。其中，银行间债券市场现券交易量209.0万亿元，日均成交8,360.1亿元，同比增长39.6%；交易所债券市场现券交易量8.4万亿元，日均成交342.3亿元，同比增长40.3%。银行间市场信用拆借、回购交易总成交量971.3万亿元，同比增长12.7%。其中，同业拆借累计成交151.6万亿元，同比增长8.9%；质押式回购累计成交810.1万亿元，同比增长

14.3%;买断式回购累计成交9.5万亿元,同比下降31.9%。

投资者数量:截至2019年末,银行间债券市场各类参与主体共计25,888家,较上年末增加5,125家。其中境内法人类投资主体共3,082家,较上年末增加240家;境内非法人类投资主体共计20,196家,较上年末增加3,461家;境外机构投资者2,610家,较上年末增加1,424家。

2019年末,银行间市场存款类金融机构持有债券余额49.6万亿元,持债占比57.4%。非法人机构投资者持债规模25.5万亿元,持债占比29.6%。公司信用类债券持有者中,存款类机构持有量较上年末有所增加,存款类金融机构、非银行金融机构、非法人机构投资者和其他投资者的持有债券占比分别为23.8%、7.0%、69.2%。

(资料来源:中国人民银行)

5. 资产管理产品市场

我国的资产管理产品主要包括银行理财产品、资金信托计划、证券公司资产管理计划、公募基金产品、基金(子公司)专项资产管理计划及保险资产管理公司的债权计划等。笔者根据金融产品的本质,将资产支持证券划归为固定收益产品。这些不同的资产管理产品,之前由不同的监管部门进行监管。这些监管政策主要是从机构监管的角度来制定的,相互之间的差别很大,造成了制度套利。

为了统一对资产管理产品的监管,2018年央行、银保监会、证监会、外管局等四部委联合发布了"资管新规",为资产管理产品的监管提供了统一的原则。各监管部门依据"资管新规"的规定,制定相应的监管细则。2019年我国各资产管理产品的规模统计情况如表3-5所示。

表3-5 2019年我国各资产管理产品的规模统计情况(单位:万亿元)

资管产品	银行理财	证券资管	基金资管	信托计划	保险资管	私募基金
资产规模	26.8	11.0	8.7	21.6	NA	14.2

从绝对数量来讲,中国的资产管理产品合计规模将近100万亿元。然而,中间存在重复计算。在实际操作过程中,有很多资管产品嵌套的模式。比如,银行理财产品不是直接投资债券,而是先投资证券公司的资产管理计划,再由资产管理计划投资债券。由于银行理财不能直接发放贷款,因此采取先投资信托计划,再由信托计划发放贷款提供给目标融资客户的方式。这是非标投资的典型操作模式。

国内根据资产管理人是否进行资产管理的实质对资产管理产品进行划分,分为主动管理类和事务管理类(俗称"通道类产品")。因此,理解资产管理产品的市场格局,不能单纯从资产管理产品的规模来判断,要具体分析资产管理人对资产管理产品的资产投资权力。

从这个角度分析,银行理财在我国的资产管理产品市场中处于绝对优势地位。信托计划、证券资产管理计划、基金资产管理计划,这些产品中有很大比例都是通道类产品,为银行理财(有的是为银行自有资金)的投资提供事务类管理服务。这些产品的实际投资权力掌握在委托人银行理财(或银行)手中。

表3-5中提到的信托公司的信托资产规模总计为21.6万亿元。其中,集合资金信托规模为9.9万亿元,单一资金信托规模为8.0万亿元,管理财产信托规模为3.7万亿元。集合资金信托通常由信托公司进行主动管理,掌握投资权力。对于单一资金信托和管理财产信托而言,信托公司主要是提供事务管理服务的通道。因此,从真正进行资产管

理的角度来讲,信托公司的管理规模约为 10 万亿元。

基金公司的管理规模为 23.5 万亿元,其中公募产品为 14.8 万亿元,各类私募资管产品为 8.7 万亿元。公募基金中,股票基金规模为 1.3 万亿元,混合基金规模为 1.9 万亿元,货币基金为 7.1 万亿元,债券基金规模为 2.8 万亿元。通常基金公司对公募产品具有投资决策权力,但是公募基金中的货币基金更多是配合银行的流动性管理,主要从银行等机构处募集资金,相应的金融资源配置权要少很多。

保险资管公司的资金主要来自保险公司的委托资金,直接面向其他主体的资金占比非常小。因此,保险资管的业务可以视为保险公司进行对外投资的专业子公司或投资部门开展的自营投资业务,资管公司只是通道而已。本书将保险资管和保险公司放在一起来考虑整个保险行业所掌握的投资决策权,更加简便。

基金业协会披露的证券公司资管产品和基金公司(及基金子公司)私募资管产品没有披露产品的结构细节。通常集合资管计划以主动管理业务为主,单一资管计划以通道业务为主。笔者估计,证券公司资管产品和基金公司(及基金子公司)私募资管产品中,主动管理产品与通道产品的比例约为 1∶4。

银行理财主要面向个人客户和企业类客户发行产品,银行具有较高的投资自主决策权。在进行投资方面,银行理财相比银行自有资金的发放贷款或投资有更大的自由度。

银行理财是我国各类私募产业基金产品的重要资金来源。很多私募产业基金的操作模式是:名义上的基金管理人(即普通合伙人,GP)设立有限合伙企业,银行提供优先级资金,企业等资金方提供劣后级资金并且通常为优先级提供兜底。这种业务本质上更接近信贷业务。通过这种方式,银行理财为企业提供了类贷款的融资。基金的资金投向

第三章
认识现实的金融世界：中国的金融监管与金融市场

特定项目，特定项目的投资都要受到银行理财机构的审核。银行理财虽然在名义上是有限合伙人（LP），但是从金融职能发挥的角度，银行理财是事实上的基金管理人。而名义上的 GP，实际上并没有掌握基金的投资决策权，只是为银行提供寻找合适投资标的、事务管理等服务。这种服务和信托公司提供的通道类服务或其他中介服务，没有本质区别。银行理财的非标投资受到限制之后，对我国的各类非证券类的私募基金发展影响很大。

标准化债权类资产和非标准化债权类资产（简称非标资产或非标产品）是我国资产管理产品中的重要概念。根据"资管新规"，标准化债权类资产是指在银行间市场、证券交易所市场等国务院和金融监督管理部门批准的交易市场交易的具有合理公允价值和较高流动性的债权性资产，具体认定规则由中国人民银行会同金融监督管理部门另行制定。其他债权类资产均为非标准化债权类资产。

在交易所市场和银行间市场交易的固定收益产品，属于标准化债权类资产。其他如在北京金融资产交易所发行的债权融资计划和在银行业信贷资产登记流转中心登记挂牌的信贷资产，之前曾被监管部门认定为不是非标产品，但也不是标准化债权类资产，金融行业内将这类产品称为"非非标"。

标准化债权类资产的概念之所以非常重要，是因为资产管理产品投资非标准化债权类资产受到限制。当前，公募基金产品受到《证券投资基金法》的限制，只能投资证券类产品，不能投资非标资产。其他资管产品投资非标资产受到非标资产规模不得超过总资管产品投资规模的 35% 的限制。

前面在讨论金融监管原则时提到，证券类产品和非证券类产品的主要区别在于证券的发行、上市和交易受到严格的监管。监管的重要目的或原则是防范资产管理人利用掌握的资产定价权来谋取不当利益,从而侵害投资者的利益。非标资产没有受到如同证券那样严密和完善的监管。

在实务操作中,银行理财通过设立信托计划或专项资产管理计划来进行非标投资。信托公司或基金子公司在设立信托计划或专项资产管理计划时,完全按照银行的指令进行操作,提供通道服务。在这种情况下,非标资产的出售方(卖方)和非标资产的投资方(买方),实际都是银行,卖方业务和买方业务中间没有任何"防火墙"。

基于现代金融监管原理,资产管理产品投资非标资产相比投资证券类产品的制度设计需要更加严格的限制。否则,买方和卖方的相互制衡制度失效,会产生很多制度套利。

非标资产投资能够为资产管理人提供价值和竞争优势,有两个方面的原因。

一方面,从金融治理的角度来讲,投资非标资产时,资产管理人能够提供更深入的金融治理,可以更有效地处理风险相对更高的金融交易。债券等标准化产品通常都是信用发行,更多地依靠市场治理,金融机构提供的金融治理较浅。设立非标产品时,金融机构可以通过设置抵押担保、控制资金投向和资金回流等手段有效控制风险。这样,金融机构能够更有效地支持实体经济的发展。

另一方面,从制度套利的角度来讲,投资非标资产时,资产管理人能够同时把握资产的出售和投资,便有机会利用这一优势获得不当利益。比如,银行理财通过非标投资为某一企业提供融资的时候,可以要求企业将资金账户开设在该银行,从而获得账户托管费和相应的资金沉淀。如果托管费在正常收费范围内,银行和银行理财的委托人之间的利益冲突问题并不严重。但是,由于非标资产的定价弹性非常之大,有些资产管理人的行为可能会和资管产品的委托人之间产生巨大的利益冲突。

前文提到,现代金融监管的一般原则是在推动经济发展和保护投资者利益之间寻求平衡。因此,对资管产品投资非标资产的监管应该是在有效防范制度套利的情况下,推动理财产品的非标投资。

国外的资产证券化中,一个比较重要的产品是CDO。CDO的一个细分产品是CLO。从职能发挥的金融本质来分析,这类产品也是由资管计划募集资金投资非标准化的贷款类资产,和中国的非标的资管产品投资本质一致。因此,可以借鉴国外的成熟模式。

国外的成熟模式是,CLO的负债端面向合格投资人募集资金,并且由评级公司进行评级。评级公司定期审查CLO的资产情况,进行跟踪评级。CLO产品不能进行期限错配,即CLO的到期期限不能早于CLO所持有的非标资产的到期期限。同时,CLO的资产管理人通常自己持有一定比例的最劣后级产品。如果非标资产发生风险,最劣后级产品首先承担损失。这些制度设计正是为了有效防范资产管理人的道德风险,防止资产管理人利用投资非标时掌握的资产定价权为自身谋取不当利益。

当前,国内关于标准化资产的认定标准是从"等分化,可交易;信息披露充分;集中登记,独立托管;公允定价,流动性机制完善;在银行间市场、证券交易所市场等经国务院同意设立的交易市场交易"等方面进行的。从制度角度分析,对标准化资产的监管和对证券产品的监管仍然存在较大差异,为监管套利留下了较大空间。

6. 期货及衍生品市场

我国的衍生品市场主要包括有组织的期货交易所市场及场外市场。本书主要介绍有组织的期货交易所市场。中国有四大衍生品交易所,分别是上海期货交易所、大连商品交易所、郑州商品交易所与中国金融期货交易所,按照成交手数和成交金额来统计,占比分别为39.65%与44.72%、32.00%与24.76%、26.85%与18.13%及0.9%与12.38%。

2019年,中国人民银行报告的场外市场的利率衍生品与信用衍生品市场的情况:银行间人民币利率衍生品市场累计成交18.6万亿元。其中,利率互换名义本金总额18.2万亿元;标准债券远期成交4,368.0亿元;信用风险缓释凭证创设名义本金133.5亿元;信用违约互换名义本金2.8亿元。

2019年底,中国共有78个期货期权等衍生品品种,包括58个商品期货品种,10个商品期权品种,6个金融期货和4个金融期权。

2019年,以单边计,期货市场合计成交39.22亿手,成交金额290.59万亿元。期权市场合计成交6.65亿手(张),成交金额3,742.19亿元。中国成交比较活跃的前5个品种分别为螺纹钢、豆粕、铁矿石、PTA、甲醇。成交量前20名的品种占市场总成交量的80.79%。金融期货中比较重要的两个品种是10年期国债期货和沪深300指数期货。

沪深300指数是由沪深两市中市值大、流动性好的300只A股股票作为样本编制而成的成份股指数,具有良好的市场代表性。沪深300指数是沪深证券交易所第一次联合发布的反映A股市场整体走势的指数。这一指标可以用于观察市场走势,有利于投资者全面把握市场运行状况。沪深300指数期货的合约标的为沪深300指数,每点300元,合约月份为当月、下月及随后两个季月。沪深300指数期货的基本情况如表3-6所示。

表 3 − 6　沪深 300 指数期货的基本情况

合约标的	沪深 300 指数	最低交易保证金	合约价值的 8%
合约乘数	每点 300 元	最后交易日	第三个周五
报价单位	指数点	交割日期	最后交易日
最小变动价位	0.2	交割方式	现金交割
合约月份	当月、下月及随后两个季月	交易代码	IF
交易时间	9:30−11:30,13:00−15:00	每日价格波动限制	上个交易日价格正负的 10%

10 年期国债期货的合约标的是面值为 100 万元人民币、票面利率为 3% 的名义长期国债,可交割国债为发行期限不高于 10 年、合约到期月份首日剩余期限不低于 6.5 年的记账式附息国债。具体信息如表 3−7 所示。

表 3 − 7　10 年期国债期货合约规则的具体信息

合约标的	面值为 100 万元人民币、票面利率为 3% 的名义长期国债	每日价格最大波动限制	上一交易日结算价的 ±2%
可交割国债	发行期限不高于 10 年、合约到期月份首日剩余期限不低于 6.5 年的记账式附息国债	最低交易保证金	合约价值的 2%
报价方式	百元净价报价	最后交易日	合约到期月份的第二个星期五
最小变动价位	0.005 元	最后交割日	最后交易日后的第三个交易日
合约月份	最近的三个季月(3月、6月、9月、12月中的最近三个月循环)	交割方式	实物交割
交易时间	9:15−11:30,13:00−15:15	交易代码	T
最后交易日交易时间	9:15−11:30	上市交易所	中国金融期货交易所

7. 存款、贷款与保单

无论是从规模还是从对经济的影响来说,存款和贷款都是中国最重要的金融产品。另外,我国近年来保险行业发展迅速,保单规模超过

16万亿元,保险资金成为继银行自有资金、银行理财资金之后的第三大资金,其投资行为对于金融市场能够产生巨大的影响。但是,由于存款、贷款、保单等产品没有活跃的二级市场,新闻媒体对于这些产品市场的关注度远远不如股票、债券等产品市场高。表3-8给出了2017—2019年社会融资规模存量、增速情况统计。

表3-8 2017—2019年社会融资规模存量、增速情况

(存量单位:万亿元、增速单位:%)

项目	2017年存量	2017年增速	2018年存量	2018年增速	2019年存量	2019年增速
人民币贷款	119.03	13.2	134.69	13.2	151.57	12.5
外币贷款	2.48	-5.8	2.21	-10.7	2.11	-4.6
委托贷款	13.97	5.9	12.36	-11.5	11.44	-7.6
信托贷款	8.53	35.9	7.85	-8.0	7.45	-4.4
未贴现银行承兑汇票	4.44	13.7	3.81	-14.3	3.33	-12.5
企业债券	18.44	2.9	20.13	9.2	23.56	13.8
地方政府专项目债券	NA	NA	7.27	32.6	37.73	14.3
非金融企业境内股票	6.65	15.2	7.01	5.4	7.36	5
存款类金融机构资产支持证券	NA	NA	NA	NA	1.68	31.5
贷款核销	NA	NA	NA	NA	4.07	35.1
合计	174.71	12.0	200.75	9.8	251.41	10.7

注:2018年的统计口径相比2017年发生了变化,新增了地方政府专项债券。2019年则将地方政府专项债券纳入政府债券进行统计,政府债券包括国债。2019年新增了存款类金融机构资产支持证券和贷款核销两个类别。因此,上表各年份的统计口径略有差异。

社会融资规模存量是指一定时期内实体经济(非金融企业和个人)从金融体系获得的资金余额。从表3-8中可以看到,贷款占整个社会融资规模存量的比例超过60%。保险公司通过销售保单获取的资金,以投资股票、债券、信托贷款等方式为实体经济提供支持。

第三章
认识现实的金融世界:中国的金融监管与金融市场

目前,由于存款、贷款和保单没有二级市场,或者虽然有二级市场但是市场交易不活跃,因此传统的金融学教材对这几个最为重要的金融产品并不作深入讨论。存款和贷款业务是银行业务的核心,也是几乎所有固定收益业务的核心。从金融本质的角度来讲,存款或贷款与债券及基金并没有区别,是不同机构从事的相同业务。本书将在下节关于金融机构及其业务的内容中进行讨论。

第五节　中国金融市场的基础设施架构：支付结算与账户体系

金融市场的有效运行依赖于一定的基础设施。随着科技的进步，为金融市场运行提供支持的基础设施也在不断变化。这些基础设施构成了金融市场的技术环境。技术环境的改变，也改变了金融体系的运行方式。有激进的观点甚至认为，ATM机才是近几十年里最重要的金融创新。也有人认为，电子货币的出现将会对金融体系产生革命性的影响。

从金融工程的角度来看，这些观点都比较片面。无论外在形式如何变化，金融的本质是金融所发挥的职能。技术改变了金融发挥职能的方式，但是改变不了金融的本质，也就不可能对金融产生革命性的影响。就金融发挥的职能而言，近五十年里最重要的金融创新是金融商业模式的创新，即金融证券化。金融证券化使间接金融为主的金融机构主导体系转变为直接金融为主的市场主导体系。

前文提到，金融的核心职能是实现资源的跨时空转移，实现更高效率的资源配置。将金融资源在不同主体之间进行转移的过程，就是支付结算。技术进步和金融创新都深刻地影响和改变了支付结算的具体操作模式。

本节接下来的内容都是基础性知识，内容相对比较枯燥。这些知识对于大部分金融从业人员而言实际操作的用处不大,但是对于理解整个金融体系和进行金融系统架构设计,尤其是理解互联网金融的系统架构设计非常重要。从金融工程的角度来看,互联网金融是利用信息技术等手段对线下金融实体的"特定合成"式的复制。作为金融底层架构的支付与账户体系,在互联网金融系统的设计中非常关键。

1. 支付的基本概念

支付包括三个标准化过程:交易、清算和结算。支付方式包括:现金、票据、信用证、银行卡支付、和电子(网络)支付等。

交易过程包括支付指令的产生、确认和发送,特别是对交易各方身份的确认、对支付工具的确认以及对支付能力的确认。清算过程包括在收付款人开户机构之间交换支付指令以及计算待结算的合计债权债务。结算过程是完成货币债权最终转移的过程,包括收集待结算的债权并进行完整性检查、保证结算资金具有可用性、结清金融机构间的债权债务以及记录和通知有关各方。

支付体系主要涵盖货币制度、结算账户、支付方式、支付清算系统、支付服务市场以及各类金融交易的清算结算安排。狭义的支付体系主要包括支付服务组织、账户、支付方式、支付清算系统和监督管理等。广义的支付体系还包括证券登记结算机构、中央对手和交易登记机构等金融交易后续服务组织,证券登记结算系统、中央对手和交易数据库等市场基础设施,以及相关的监督管理机构。中国的支付架构体系与账户体系架构如图3-2所示。

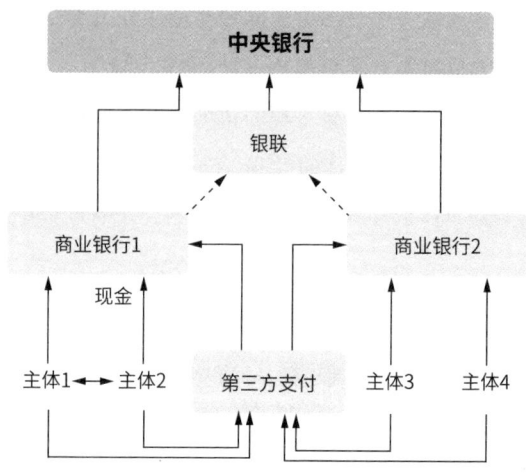

图 3-2　中国的支付架构体系与账户体系架构

根据图 3-2,我们以 A 用户向 B 用户支付和不同主体使用不同转账方式支付为例,详细分析典型的支付流程。

支付情景一:用户在银行开设账户,将现金(M0)存入银行,获得了随时提取现金的权利。在遇到需要使用现金进行支付的情况时,A 用户可以通过 ATM 机或银行营业网点提取现金,将现金交给 B 用户,完成支付。

支付情景二:通过银行账户转账进行支付,包括同行转账和跨行转账。如果是同行转账,银行只需要分别在不同用户的账户上同时借记一笔和贷记一笔,就实现了支付。主体 1 用户(转出者)在银行的账户余额减少,而主体 2 用户(转入者)在银行的账户余额增加。如果是跨行支付,比如主体 1 向主体 3 支付,除了主体 1 在商业银行 1 的账户余额减少及主体 3 在商业银行 2 的账户余额增加之外,银行之间还需要通过跨行清算系统进行账户变更。主体 1 的开户行(商业银行 1)在央行的账户余额减少,主体 3 的开户行(商业银行 2)在央行的账户余额增加。

第三章
认识现实的金融世界：中国的金融监管与金融市场

支付情景三：用户通过第三方支付账户转账进行支付，包括第三方支付账户内支付和第三方支付账户向银行账户转账支付。

第三方支付账户内转账支付时，第三方支付公司只需要分别在不同用户的账户上同时借记一笔和贷记一笔，就完成了支付。主体1用户（转出者）在第三方支付账户内的余额减少，而主体2用户（转入者）在第三方支付账户内的余额增加。目前国内的第三方支付行业中，不同的第三方支付账户之间不能跨机构进行转账。

第三方支付账户向银行账户转账支付时，主体1用户（转出者）在第三方支付机构的账户余额减少，第三方支付机构发出银行转账指令，减少第三方支付在银行的账户余额，同时主体2用户（转入者）在银行的账户余额增加。

第三方支付机构通过在多家银行开设银行账户，能够实现跨行清算的功能。主体1用户先将自己在商业银行1的资金转账给第三方支付机构，然后通过第三方支付机构将资金转给主体3用户在商业银行2的账户。

目前实现跨行清算的系统主要有银联跨行清算系统、第三方支付系统、中国人民银行的网上支付跨行清算系统。

支付清算服务机构向用户提供账户和支付方式，运行处理支付交易、清算和结算服务的基础设施。支付清算服务机构具体包括央行、银行业金融机构、银行间资金清算机构、支付机构、证券登记结算机构、中央对手和交易登记机构等。

支付清算系统是处理支付方式的交换、清算和结算，处理和传递支付信息，在收付款人之间转移资金的有机整体。支付清算系统包括人民银行支付清算系统，银行间资金清算机构、银行业金融机构、支付机构运营的支付清算系统。

银行间资金清算机构包括银联（提供全国银行卡跨行交易清算服务），以及后续成立的城市商业银行资金清算中心（办理城商行等中小金融机构的银行汇票资金清算等异地资金清算业务）、农信银资金清算中心（开发建设了农信银支付清算系统和其他共享服务平台，主要面向全国农村信用社、农村商业银行、农村合作银行，办理全国农村金融机构实时电子汇兑业务、银行汇票业务的异地资金清算和个人存款账户通存通兑业务的资金清算等业务）。

中国人民银行是银行业金融机构及金融市场清算和最终结算服务的提供者，体现在中国人民银行对所有的银行间资金转账系统，既提供清算服务也提供结算服务，对私营部门的支付系统（如中国银联）提供结算服务。中国人民银行各分支机构采取运行同城票据交换系统、对支付机构实施属地监管等多种措施，开展支付清算结算服务。

非金融机构支付服务包括网络支付、预付卡的发行与受理、银行卡收单以及中国人民银行确定的其他支付服务。相关的监管法规包括《非金融机构支付服务管理办法》《支付机构预付卡业务管理办法》《银行卡收单业务管理办法》。中国两家大型第三方支付公司是支付宝和微信支付。

2. 账户体系

当前的支付方式大部分都依托于账户体系，现金支付的占比非常小。账户是用于反映资产负债等会计要素的增减变动情况及其结果的载体，分为银行账户和证券账户。

◎ 银行账户

银行账户是实现资金收付活动、使用非现金支付工具的基础。银行账户分为中央银行账户和商业银行账户。

中央银行账户包括清算账户和非清算账户。其中,清算账户主要指中央银行为银行业金融机构开立的,办理现金存取、支付清算、再贷款、再贴现、公开市场等业务的准备金存款账户。商业银行账户是商业银行为存款人开立的用于人民币或外币资金结算、储蓄和其他管理目的的存款账户,包括结算账户和其他账户。经济主体通过在商业银行开立结算账户的方式,利用在商业银行体系中的存款作为结算媒介,资金的转移只需通过记录结算账户便可完成。银行存款已经成为用于清偿债权债务关系的主要货币手段。

除了为客户提供在银行间转移资金的服务外,商业银行本身在金融市场上的活动,也产生了商业银行同业间的债权债务关系,从而需要在中央银行开立清算账户,使用中央银行货币为同业间债务清算提供最终货币清偿手段。商业银行在中央银行办理的大部分业务都需要通过清算账户。清算账户在支付体系中的作用突出表现在跨行转账清算过程中。

小专题知识

哪些机构可以在中国人民银行开立清算账户?对其有何监管?

银行业金融机构:主要用于办理现金存取、跨行及行内支付清算、再贷款、再贴现、公开市场等业务。

非银行业金融机构:金融资产管理公司、信托投资公司、财务公司、金融租赁公司以及银监会批设的其他金融机构,开立准备金账户,主要用于办理现金存取、支付清算等业务。

支付系统特许参与者:中央银行为中央结算公司、中国银联、城商行资金清算中心、财务公司等支付系统特许参与者开立特许账户,主要用于办理银行间债券市场资金清算、银联卡跨行交易资金清算、城市商业银行汇票业务资金清算、电子商业汇票业务资金清算等特定业务。

央行对于清算账户的监管主要是法定准备金存款日常考核和流动性管理。

商业银行结算账户按存款人可以分为单位银行结算账户和个人银行结算账户。单位银行结算账户是指存款人以单位名称开立的银行结算账户。单位银行结算账户按用途分为基本存款账户、一般存款账户(因借款或其他结算需要,在基本存款账户开户银行以外的银行营业机构开立的银行结算账户,不能办理现金支取)、专用存款账户和临时存款账户。其中基本存款账户是开立其他账户的前提。存款人凭个人身份证件以自然人名称开立的银行结算账户为个人银行结算账户。

商业银行账户也可以分为银行结算账户和银行非结算账户。前者是指商业银行为存款人开立的办理转账收付和现金存取的活期存款账户;后者是指商业银行为存款人开立的不具有结算功能、用于储蓄等非结算用途的存款账户。

单位银行非结算账户除与同名银行账户和开户时约定的银行账户办理资金划转以外,不具有转账收付和现金存取功能。主要包括单位定期存款账户、单位通知存款账户、单位协议存款账户、单位保证金账户。个人银行非结算账户可以办理现金存取以及与同名银行账户的资金划转。包括个人活期储蓄存款账户、个人定期储蓄存款账户、个人定活两便存款账户、个人通知存款账户、个人保证金账户等。

◎ **证券账户**

证券账户是用于记录投资者持有证券余额及其变动情况的账户,

相当于投资者的证券存折。相关的监管政策包括《证券账户管理规则》《证券登记规则》《结算参与人管理规则》《结算银行资金结算业务管理办法》等。

证券账户分为股票账户、债券账户、期货账户。股票(债券)账户是指投资者在证券登记结算机构开立的,用于记载投资者持有股票(债券)的品种、数量及其变动等情况的账户。期货账户是指投资者在期货公司开立的,用于记载投资者期货交易持仓量及其变动等情况的账户。

证券登记结算业务实行全国集中统一的运营方式。中国证券登记结算有限公司(以下简称"中国结算公司")对证券账户实施统一管理,负责证券账户的设立、证券的存管和过户、证券持有人名册登记,以及证券交易的清算和交收等。按交易场所划分,证券账户可以分为上海证券账户、深圳证券账户和开放式基金 TA 账户。人民币普通股票账户简称"A 股账户"。A 股账户按持有人可以分为自然人证券账户、一般机构证券账户、证券公司自营证券账户和基金管理公司的证券投资基金专用证券账户等。

中国结算公司集中统一履行证券存管的职能。投资者要想参与证券市场,需先与证券公司建立托管关系,证券公司代客户保管证券并提供代收红利等权益维护服务。中国结算公司向证券公司提供证券存管服务,受托集中保管证券公司交存的客户证券和自有证券。证券存管服务包括:开立和管理证券账户,通过簿记系统维护证券公司交存的客户证券和自有证券余额、提供查询和代收红利等服务,记录证券公司和客户的托管关系的产生、变更和终止等。

中国结算公司负责办理其与结算参与人(证券公司、托管银行和其他机构)之间的一级结算,由结算参与人负责办理其与客户之间的二级结算,委托中国结算公司划拨证券。

◎ **我国的证券账户体系**

证券公司客户的交易结算资金应当存放在商业银行,以每个客户的名义单独立户管理。在第三方存管制下,客户需要到证券公司营业部指定的一家存管银行开立证券交易结算资金账户,用于存取其买卖证券的交易结算资金,而且只能通过该存管银行账户存取其买卖证券交易结算资金。

证券公司在多家存管银行开立客户交易结算资金专用存款账户,用于存放客户交易结算资金及办理结算划款;同时,证券公司在该账户下为客户设立证券交易结算资金台账,对客户的证券交易进行前端交易控制、清算交收和计付利息等。中国结算公司在结算银行分别开立结算备付金专用存款账户,用于办理多边资金交收业务;证券公司需要以法人名义在中国结算公司该账户下开立资金交收账户,用于存放其结算备付金,并办理其与中国结算公司之间的资金交收;证券公司需要在中国结算公司预留指定收款账户,用于接收证券公司从资金交收账户汇划的资金。我国证券体系的账户架构如图3-3所示。

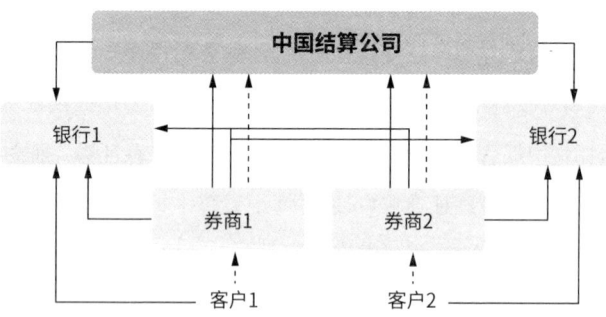

图 3-3 我国证券体系的账户架构

中国的证券公司难以获得像商业银行和保险公司那样的发展,与这一证券账户制度有关。我们可以将证券公司的证券账户体系与商业银行的资金结算账户体系进行对比。当前的证券账户制度下,证券公司没有金融属性的负债业务,只能通过发行债券或是银行借款等方式获得债务资金,而普通的实体企业同样可以运用这些方式获得债务资金。如果商业银行按照证券账户的制度模式运作,那么所有的资金结算账户将全部开设在中央银行。这种情况下,商业银行将无法支配资金,只能通过发行债券或存单等方式获得资金,导致成本大大上升。

如果证券公司按照资金结算账户的制度模式,证券公司将会去中央银行(或商业银行)开立资金结算账户,以及去中国结算公司开立证券账户,证券投资者在证券公司开立资金结算账户和证券账户。证券投资者没有直接持有资金和证券,只是持有对证券公司的债权。这种情况下,证券公司可以支配投资者的资金和证券。这是证券公司理想的模式。这种模式的架构如图3-4所示。

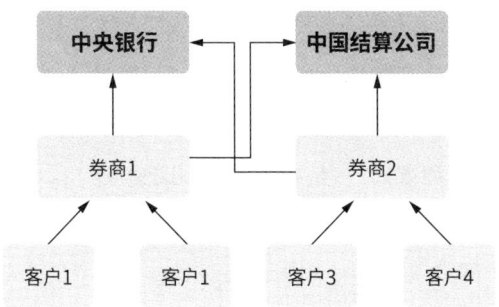

图3-4 证券公司按照资金结算账户的制度模式的架构

3. 支付工具

◎ 票据

票据是指由出票人签发的、约定自己或者委托付款人在见票时或在指定的日期向收款人或持票人无条件支付一定金额的有价证券。相关监管法规包括《票据法》《票据管理实施办法》。票据分为汇票、本票和支票。

汇票是由出票人签发的,委托付款人在见票时或者在指定日期无条件支付确定的金额给收款人的票据。本票是由出票人签发的,承诺自己在见票时无条件支付确定的金额给收款人或者持票人的票据。支票是由出票人签发的,委托办理支票存款业务的银行或者其他金融机构在见票时无条件支付确定的金额给收款人或者持票人的票据。

2019年,中国共发生票据业务1.90亿笔,金额133.81万亿元,同比分别下降14.46%和10.11%。

近年来,随着信息技术的发展,中国人民银行推行电子汇票系统,即依托网络和计算机技术,接收登记转发电子商业汇票数据电文,提供与电子商业汇票货币给付、资金清算行为相关的服务,并提供纸质商业汇票登记、查询和商业汇票公开报价服务的综合性业务处理平台。

电子汇票系统支持电子商业汇票的出票、背书、贴现、转贴现、再贴现、质押、质押解除、保证、提示付款、追索等业务处理。电子汇票系统的资金清算有两种方式:一是票款对付方式(DVP),二是线下自行清算。电子汇票系统通过与大额支付系统连接,完成电子商业汇票的资金清算。跨行资金清算由中国人民银行处理。电子汇票系统与银行、财务公司内部系统及央行的支付系统相连接,全面采用大额支付系统的行名、行号,并作为大额支付系统的无户特许参与者,还可以数据接口方式与再贴现系统连接。电子汇票系统的推出,实现了汇票的证券化,提高了汇票市场的有效性。

◎ 银行卡

2019年,全国共发生银行卡交易3,219.89亿笔,交易金额886.39万亿元,同比分别增长53.07%和2.82%。

第三章
认识现实的金融世界：中国的金融监管与金融市场

> 中国银联（China UnionPay）成立于 2002 年 3 月，是中国人民银行批准设立的中国银行卡联合组织，总部设于上海。中国银联已成为全球发卡量最大的卡组织，迄今共发行近 80 亿张银行卡。通过银联跨行交易清算系统，可以实现商业银行系统间的互联互通和资源共享，保证银行卡跨行、跨地区和跨境的使用。
>
> 银联持卡人不仅可以在 ATM 自动取款机、商户 POS 刷卡终端等传统设备上使用银行卡，还可以通过互联网、手机、固定电话、自助终端、智能电视终端等各类新兴渠道实现公用事业缴费、机票和酒店预订、信用卡还款、自助转账等多项支付功能。
>
> 银联标准卡，是指发卡行识别码（BIN）经中国银联分配和管理，按照中国银联制定的银联卡业务规则和技术标准发行，卡面带有"银联"标识的银行卡。中国银联各成员机构发行的银联标准卡主要是"62"字头卡 BIN。
>
> 另外，一些中国银联成员机构使用独立向 ISO 申请的 BIN 发行的银行卡，卡面带有"银联"单标识，经检测符合中国银联制定的银联卡业务规则和技术标准，并与中国银联签署协议的，也纳入银联标准卡管理。

接入银联跨行清算系统的银行都要在央行存储备付金，并使用备付金账户与银联清算。跨行通信的公共接口模式是定义标准接口，所有银行必须实现这个通信网络定义的 API。第三方支付采取适配器模式。

银联的清算包括跨行清算和收单清算两种。其中，跨行清算是针对收单机构和发卡机构的清算，收单清算是代替收单机构针对商户和收单专业化服务机构的清算。

银联的支付清算包括清分和资金划拨两个环节。清分是指对交易日志中记录的成功交易,逐笔计算交易本金及交易费用(手续费、分润等),然后按清算对象汇总轧差形成应收或应付金额。清分是在银联清算系统内部完成的。资金划拨是银联通过央行的大小额支付清算系统或同城票据交换系统完成的。

无论是跨行清算还是收单清算,银联都是作为一个特许参与者的角色,加入大小额支付清算系统,完成银行卡交换业务的资金划拨。银联通过大额支付系统,实现与境内成员机构清算账户之间的双向资金转移,对应的是银联清算方式的跨行清算。银联通过小额支付系统和当地的票据交换系统,实现与境内第三方机构和商户之间的单向资金转移,对应的是银联清算方式的收单清算。

银联系统银行卡收单(银联直连)资金流及信息流情况如下。

(1)用户在收单机构或收单行的POS机上刷卡消费。(信息流)

(2)收单机构或收单行将消费报文发送给银联。(信息流)

(3)银联交易系统记录交易数据,将消费报文给发卡行。(信息流)

(4)发卡行从消费者卡中实时扣费,完成实时结算,并回复报文给银联。(资金流)

(5)银联更新交易数据,回复报文给收单机构或收单行。(信息流)

(6)银联在其清算系统完成清分。(信息流)

(7)银联通过大额支付系统,完成收单行与发卡行清算账户的资金划拨(跨行清算)(资金流)。

(8)银联通过小额支付系统或当地票据交换系统,完成第三方收单机构和商户结算账户的资金划拨(收单清算)(资金流)。

◎ **贷记转账等其他结算方式**

其他结算方式包括贷记转账、直接借记、托收承付、国内信用证等

第三章
认识现实的金融世界：中国的金融监管与金融市场

方式。2019年，其他结算方式共发生业务88.41亿笔，同比下降9.15%，金额为2,759.28万亿元，同比增长0.06%。其中，贷记转账业务83.85亿笔，金额为2,706.20万亿元。

贷记转账是指由付款人发出支付指令，指令其开户行将一定金额转移到指定的收款人账户中的转账支付。

直接借记是指银行接受客户的委托，按照合同(协议)，从付款人账户上直接付出款项，转入收款人账户的一种结算形式。

托收承付是指根据购销合同，收款人发货后，委托银行向异地购货单位收取货款，根据合同对单或对证验货后，向银行承认付款的一种结算方式。

国内信用证是指开证银行依照申请人(购货方)的申请向受益人(销货方)开出的有一定金额、在一定期限内凭信用证规定的单据支付款项的书面承诺。

◎ 电子支付

2019年，银行业金融机构共处理电子支付业务2,233.88亿笔，金额2,607.04万亿元。2019年，中国电子支付业务的情况如表3-9所示。

表3-9　2019年中国电子支付业务的情况

分类	笔数(亿笔)	增长百分比	金额(万亿元)	增长百分比
网络支付业务	781.85	37.14%	2,134.84	0.40%
移动支付业务	1,014.31	67.57%	347.11	25.13%
非银行金融机构发生网络支付业务	7,199.98	35.69%	249.88	20.10%

网络支付是指依托公共网络或专用网络在收付款人之间转移货币资金的行为，主要包括互联网支付、移动支付、固定电话支付和数字电视支付。

网络支付分为银行账户支付和支付账户支付。支付账户支付是指客户直接使用其在支付机构开立的非银行结算账户的资金进行支付的业务,包括支付账户对支付账户的支付、支付账户对银行账户的支付。

互联网支付分为银行机构网上银行支付、支付机构银行账户模式支付、支付账户模式支付,以及银行卡清算机构在线支付。

4. 支付系统与市场基础设施

◎ 中国人民银行支付系统

中国人民银行支付系统包括大额支付系统、小额支付系统、网上支付跨行清算系统、支票影像交换系统、境内外币支付系统等。

2019年,支付系统共处理支付业务5,685.12亿笔,金额6,902.22万亿元。其中,中国人民银行支付系统共处理支付业务180.17亿笔,金额5,212.49万亿元,同比分别增长14.68%和13.35%。

大额支付系统以电子方式实时处理同城和异地的每笔金额在规定起点以上的大额贷记支付业务和紧急的小额贷记支付业务,支付指令实时发送,逐笔全额清算资金,主要为银行业金融机构、广大企事业单位以及金融市场提供安全、高效的支付清算服务。

大额支付系统在物理结构上设立两级处理中心,即国家处理中心和城市处理中心。国家处理中心是中枢节点,负责接收、转发各参与者提交的大额支付业务,并将大额支付业务逐笔实时提交结算;城市处理中心是城市节点,连接国家处理中心与各直接参与者,负责在两者之间接收、转发大额支付业务。

大额支付系统处理的业务分为普通大额支付业务、即时转账支付业务、中国人民银行内部转账业务和同城轧差净额业务。

小额支付系统是一个净额延时支付系统,主要处理同城和异地纸凭证截留的借记支付业务以及每笔金额在规定起点以下的小额贷记支付业务。小额支付系统处理的基本业务,分为贷记业务、借记业务和信息类业务。贷记业务分为普通贷记支付业务、定期贷记支付业务和实时贷记支付业务;借记业务分为普通借记支付业务、定期借记支付业务和实时借记支付业务。

网上支付跨行清算系统是一个净额延时支付系统,主要支持网上跨行零售支付业务的处理,满足客户通过在线方式提交支付业务,并实时获取业务处理结果的需求;支持客户进行跨行账户信息查询,便利客户的财富管理。网上支付跨行清算系统业务指令逐笔发送,实时轧差、定时清算,实行 7 * 24 小时连续运行。

清算系统的参与者分为直接接入银行机构、直接接入非银行机构和代理接入银行机构。参与者以直连方式通过前置机集中一点接入网银中心。商业银行集中通过一个接口与网上支付跨行清算系统连接,本行所有客户办理的业务均通过一个参与者处理,并通过一个清算账户进行结算。处理的业务包括支付类业务和信息类业务。支付类业务包括网银贷记业务、网银借记业务和第三方贷记业务。其中,网银贷记业务和网银借记业务只能由商业银行办理。

同城清算系统是指由中国人民银行分支机构组织、开发、运营,办理同城或规定区域内借记、贷记支付业务,并定时定点集中交换票据凭证,清算代收、代付资金的区域性跨行支付清算系统。

◎ **其他支付系统**

中国银联银行卡跨行交易清算系统是中国银联利用计算机技术和通信网络开发建设的专门处理银行卡跨行交易信息转接和交易清算业

务的平台。其资金结算通过大额支付系统处理。银行卡是中国居民最广泛使用的非现金支付工具。

城商行资金清算系统包括:城市商业银行汇票处理系统、城商行支付清算系统以及其他支付交易服务平台系统。城市商业银行汇票处理系统是处理城商行资金清算中心成员行汇票签发和兑付的信息传输和资金清算的业务系统。接入大额支付系统,办理汇票的资金移存和兑付资金的清算以及相关查询查复等业务。城商行资金清算中心作为大额支付系统特许参与者,开设特许清算账户并与支付系统上海城市处理中心连接。城商行支付清算系统是处理城商行资金清算中心成员行之间的资金汇划业务的资金清算系统,通过专用网络与各接入行行内系统连接,实现支付指令的实时传送和资金清算。

农信银行支付系统是集资金清算和信息服务为一体的支付清算平台,主要处理农村信用社、农村商业银行、农村合作银行以及其他农信银行成员行之间异地的支付信息查询查复以及银行汇票、实时电子汇兑、个人账户通存通兑等资金汇划业务。

◎ **中央债券综合业务系统**

银行间债券市场发行的债券由中央国债登记结算有限责任公司(以下简称"中央结算公司")和上海清算所登记、托管及结算,交易所债券市场发行的债券由中国证券登记结算有限责任公司(以下简称"中国结算公司")登记、托管及结算,商业银行柜台市场发行的债券由中央结算公司登记、托管及结算。

(由中央结算公司建设运营的)中央债券综合业务系统为债券市场提供发行、登记、托管、结算、兑付、信息等一体化服务,可处理多种类型的债券交易,包括现金交易、债券远期、质押式回购、买断式回购、债券借贷、支付系统大额质押融资和小额质押融资、国库现金管理以及公开市场操作等。

中央结算公司的结算成员均为机构投资者,分为甲、乙、丙三类。甲类结算成员直接与中央结算公司的簿记系统联网,除进行自营账户结算外,还可以代理其客户在中央结算公司开立丙类账户,并代其进行结算操作。乙类结算成员直接与中央结算公司的簿记系统联网,但是只能对自营账户进行操作。丙类结算成员可以查询自己的余额信息,并与甲类结算成员进行对账。

◎ **中国证券登记结算系统与上海清算所登记结算系统**

中国证券登记结算系统为证券账户的设立与管理(直接或委托证券公司为投资者开立证券账户),为各交易场所的证券提供集中的登记、存管和交收服务。证券交易所市场采取以直接持有为主的体系,绝大部分的股票登记在实际受益人名下。

上海清算所登记结算系统为场外金融市场的现货和衍生品提供登记、托管和结算服务。主要包括为信用风险缓释凭证、超短期融资券、非金融企业资产支持票据等提供登记结算服务。

◎ **中央对手**

中央对手是指自身介入一个或多个市场中已成交合约的交易双方之间,成为每个卖方的买方和每个买方的卖方,并据此确保所有敞口合约的履行。中国的中央对手包括上海清算所、中国外汇交易中心清算系统、中国证券清算系统、四大期货交易所。

中国外汇交易中心清算系统作为外汇交易系统的清算后台,主要由外汇竞价交易清算系统和外汇询价交易净额清算系统组成,分别提供银行间市场人民币外汇即期竞价交易与外币对即期竞价交易的集中清算服务以及人民币外汇询价交易净额清算服务。2014年起,上述清算业务移交至上海清算所。中国外汇交易中心建设并推出了交易数据库,该系统可实现对银行间所有市场的各类数据源进行有序存储、统一管理和统计报送的功能,持续为监管机构、中介机构、市场成员及社会公众定期和不定期地提供了大量市场交易情况报表。

上海清算所系统通过与大额支付系统连接,为金融市场现货和场外衍生品交易提供本外币清算服务,主要包括外汇交易净额清算业务、现券交易中央对手清算业务、人民币远期运费协议中央对手清算业务、人民币利率互换中央对手清算业务。

中国证券清算系统主要为沪、深证券交易所及全国股转系统的大部分证券交易提供多边净额清算服务。中国结算公司在交易所市场15点闭市后接收交易信息并进行清算处理,并于当日日终将清算结果发给结算参与人。通过登记结算系统与沪深交易所的交易系统连接,实现从交易到结算环节的直通处理。

根据《证券法》《证券登记结算管理办法》,依法设立具有法人地位的境内证券经营机构可以申请成为中国结算公司的结算参与人,参与中国结算公司组织的证券清算业务。参与人可以分为甲、乙两类。前者可以为其自身的证券自营、证券经纪等业务办理结算,也可以接受其他会员或非会员委托,为其办理结算;后者只能为其自身的证券自营、证券经纪等业务办理结算。

◎ **四大期货交易所**

期货交易所是负责期货交易的统一结算、保证金管理和结算风险控制的机构。期货交易所清算系统主要为在期货交易所挂牌上市的标准期货合约等衍生品交易提供清算服务。在期货交易结算制度上,中

第三章
认识现实的金融世界：中国的金融监管与金融市场

国没有设立专门的结算所进行期货交易结算，而是采取垂直型结算模式，即由四家期货交易所分别内设结算部门进行结算。结算部门不直接对客户结算、收取和追收保证金，此项工作由期货公司代理。期货交易所在当日及时将结果通知期货公司，期货公司根据结算结果对客户进行结算，并将结算结果按照与客户约定的方式及时通知客户。期货结算系统主要是根据交易结果和有关规定，对会员的头寸、保证金、盈亏、手续费、交割货款以及其他款项进行计算和划拨。

中国的四大期货交易所是上海期货交易所、郑州商品交易所、大连商品交易所和中国金融期货交易所。上海期货交易所、郑州商品交易所和大连商品交易所三家期货交易所采取全员结算制度，中国金融期货交易所采取会员分级结算制度。

全员结算制度是期货交易所会员均具有结算资格，交易所对会员结算，会员对其受托的客户结算。期货公司会员可以代理会员的期货交易。分级结算制度是会员由结算会员和非结算会员组成，结算会员可以从事结算业务，具有与交易所进行结算的资格，非结算会员不具有这一资格。期货交易所对结算会员结算，结算会员对其客户及受托非结算会员结算，非结算会员对其受托会员结算。

> 支付结算相关法律法规包括但不限于《票据法》《票据管理实施办法》《支付结算办法》《人民币银行结算账户管理办法》《银行卡业务管理办法》《银行卡收单业务管理办法》《电子支付指引》《非金融机构支付服务管理办法》《支付机构预付卡业务管理办法》《支付机构客户备付金存管办法》《期货交易管理条例》《证券登记结算管理办法》《银行间债券市场债券登记托管结算管理办法》，等等。

认识现实的金融世界
中国的金融机构与业务

第四章

第四章
认识现实的金融世界：中国的金融机构与业务

第一节 金融工程关于金融机构的分类

在我国的金融行业中，按照持有金融牌照可将金融机构分为商业银行、保险公司、证券公司、信托公司、基金公司等。金融机构分业经营的制度下，各类金融机构从事各自传统的金融业务。金融创新过程中，各类机构突破了相互之间业务的界限，形成实质性的混业经营。

本书根据金融机构对金融资源的支配能力，将金融机构分为三类。

第一类是商业银行。储户"寄存"的资金被当作商业银行的自有资金，商业银行对金融资源拥有绝对的控制力，可以自由支配，进行各类投资。商业银行承担资产的风险，享受资产的收益。从对金融资源的支配能力来看，保险公司也属于此种类型的金融机构。保险公司出售保单获得的资金，可以作为保险公司的自有资金自由支配。相比商业银行，保险公司对于金融资源的配置权力更大。商业银行股权类投资受到严格限制。保险公司不但可以投资债权资产，还可以投资股票，甚至投资并控股实体企业。

第二类是资产管理机构。委托人的资金属于资管产品，独立于其他各方。资产管理人以委托人的利益最大化为目的进行管理，开展各类投资活动。资管人不承担资产的风险或享有资产的收益。基金公司、信托公司等各类资管机构属于这种类型的金融机构。

第三类是中介机构。这些机构没有金融资源的控制权力，只是为金融交易过程提供服务。这类机构包括证券公司(除去资管业务)、研究机构、评级机构、财务顾问公司,也包括会计师事务所、律师事务所等。按照本书的定义分类,这些机构并不是真正意义上的独立金融机构,但以这些机构的信息分析能力对金融资源管理提供的帮助及其产生的影响而言,中介机构仍然是整个金融系统中必要的存在环节。

根据能力和责任来划分金融机构,更有利于我们分析金融机构的本质。比如,虽然从分业经营的角度,证券公司是专门从事证券承销发行的金融机构,这类业务通常被划分为投资银行类业务。然而在我国,商业银行同样可以承销中票、短期融资券等证券,以及为企业提供包括上市、并购等各类财务顾问的服务。这些都属于商业银行开展的投资银行类业务,是事实上的混业经营。从营业收入来分析,商业银行实现的投资银行类业务收入规模大于证券公司。

在"资管新规"推出之前,很多银行理财进行资金池运作,提供刚性兑付等。这些违规操作使得银行理财事实上掌握了委托户的资金,银行对银行理财产品的资金拥有绝对的控制力,可以自由支配,并且承担资产的风险,享受资产的收益。本书按照能力与责任的原则对金融机构进行划分,认为银行理财不是资产管理机构,而是商业银行机构。银行理财拥有商业银行的能力,却没有承担与商业银行相同的责任。这是理解银行理财制度套利的关键。

关于"为什么存在金融机构"金融市场学理论的观点认为:金融机构通过专业分工,能够减少金融交易成本,解决金融交易中因为信息不对称而产生的逆向选择和道德风险等。

从职能的发挥角度分析金融机构的业务,主要是通过减少金融交易成本、解决信息不对称等途径达成金融交易,可以在不同经济主体之间跨期配置资源,实现金融资源的有效配置。因此,可以从跨主体和跨

第四章

认识现实的金融世界：中国的金融机构与业务

期对于金融资源有效配置的角度,对金融机构的业务进行抽象分析,将金融机构的业务抽象分类为资源获取(负债业务)、资源分配(资产业务)、风险控制(监管结构)。本书介绍了利用结构化金融理论构建的关于金融机构和业务的统一模型,这种高度的抽象能够有利于我们深入理解金融事物。

在本章中,笔者会用一种实务的、基于商业模式的方式分析各类金融机构的业务,每类金融机构都会选择一家上市公司,分析其年度财务报告。通过财报分析来介绍业务,是从更加微观和实务的角度来学习金融业务;选出的这些机构都是所在行业的代表性企业,企业的情况基本能够反映行业的情况。并且,这样做也是为了展示金融工程中财务分析工具的应用。

第二节　商业银行的业务及中国工商银行财报分析与估值

1. 商业银行业务简介

商业银行被称为金融之母。一切现代金融业务，实质都可以看作商业银行业务演变而来的一种变异形式。商业银行的业务可以分为三大类：负债业务、资产业务、表外业务。负债业务是指获得资金资源的业务；资产业务是指运用资金资源的业务；表外业务是指不对资产负债表产生影响，但是能够为银行带来收入的业务。

负债业务和资产业务，两者结合构成了商业银行完整的业务模式，即套利模式。确切地说，商业银行的业务核心是套取资产端的收益和负债端的成本这两者之间的利差。

◎ **负债业务**

负债业务是金融行业的特征业务，区分界定了不同类型的金融行业。商业银行的负债业务包括存款业务和回购（拆借）业务。

存款业务是指商业银行通过存款吸收其他主体资金的业务。银行能够面向公众吸收存款，这是银行特有的负债业务。这类业务赋予了银行巨大的优势。存款是典型的固定收益产品，存款客户将资金存入银行，可以到期支取资金并且获得收益。存款本质上可以理解为商业

第四章
认识现实的金融世界：中国的金融机构与业务

银行面向大众发行的债券,只不过这类"债券"没有活跃的二级市场交易。我国的大额存单产品于2015年推出,到期之前可以转让交易,性质更接近于债券。根据存款客户的类型,存款业务可以分为居民储蓄存款、机构存款和同业存款等。

拆借业务是指金融机构(主要是商业银行)在银行间市场,向其他金融机构借入短期的资金。有时为了控制交易风险,借入资金的一方需要提供债券等担保品作为质押,这种业务就是回购业务。回购业务的操作又可以分为卖断式回购和质押式回购。卖断式回购是指借入资金的一方先将债券卖给借出资金的一方,然后约定后期以约定的价格买回债券。买卖的价差就是实际支付的借款利息。

◎ **资产业务**

商业银行的资产业务包括贷款业务和投资业务。其中贷款业务属于银行类机构特有的业务。具备贷款业务资格的还包括信托公司设立的信托计划以及一些消费金融公司。由于商业银行理财产品、证券公司资管产品等不具备贷款业务资质,因此,这类资管机构在开展非证券类(非标)产品投资时,很多时候采取先出资金购买信托公司设立的信托计划,然后由信托计划发放贷款的形式,即通过信托产品投资,变相发放贷款。这类业务构成了信托公司营业收入的主要构成部分。

还有一种业务被称为委托贷款,通常是实体企业想要将资金贷款给其他主体,但是自身没有贷款业务资质,因此委托银行发放。银行在此过程中不承担贷款的风险和收益,只提供通道服务。

◎ **表外业务**

表外业务包括支付结算业务、资产管理业务、投资银行业务、金融市场业务、产品代销业务等。这些业务涉及了很多金融产品。有的业务,比如供应链金融中的商业保理业务、商业票据承兑与贴现,本书会在第六章有关结构化金融的内容中专门介绍，此处不作展开。

支付结算业务是金融机构为经济体系提供的支持性服务，本质上和电信公司提供的信息服务没有区别。中国的商业银行的前身"钱庄"主要从事的就是支付结算业务。这是最古老的金融业务，解决运作实物货币进行支付时的运输问题。支付结算业务由中国人民银行负责监管。除了商业银行之外，中国人民银行还面向非金融机构发放支付牌照，业内俗称第三方支付机构，典型的如支付宝和微信支付。

支付结算业务和金融机构的核心职能即金融资源配置职能，没有关系。因此，技术类企业背景的第三方支付公司如支付宝和微信支付，依托巨量用户流量，发展非常迅速。支付结算业务为商业银行提供的收入，占总收入的比例很小，但是为商业银行沉淀了巨额的低息甚至是无息的资金。从这个意义来讲，这类业务也可以看作银行的一种负债业务。

将资金拆借给金融类机构或者吸收金融类机构的存款，这类业务有时候被称为同业业务。同业业务针对的是同为金融类机构的交易对手。这些业务本身可以被划分为资产业务、负债业务或其他业务。

2. 中国工商银行的年报分析

根据年报信息，中国工商银行的注册和办公地址为中国北京市西城区复兴门内大街55号。强调中国工商银行的注册地址和办公地址的原因是，本书是以金融资源的配置权来划分金融机构的。下文将会讲到，仅工商银行一家机构所持有的金融资产规模高达20多万亿元，大于所有证券公司和基金公司所持有和实质管理的金融资产。银行对于金融资产的配置权力大于资管类机构。基于这一理由，从金融资源的配置权的角度来分析，或许北京才是中国真正的金融中心，即使不考虑众

第四章
认识现实的金融世界:中国的金融机构与业务

多金融机构位于北京的这一因素,众多总部在北京的银行及保险公司等合计掌握的金融资源配置权,远远大于上海、深圳等地金融机构掌握的金融资源配置权。

根据中国工商银行 2019 年年度报告:"中国工商银行向全球 809.8 万公司客户和 6.50 亿个人客户提供全面的金融产品和服务。商业银行排名全球第一。2019 年末,中国工商银行共有员工 445,106 人,比上年末减少 4,190 人,共有分支机构 16,605 家,比上年末减少 215 家,其中境内机构16,177 家,境外机构 428 家。"

2019 年,中国工商银行实现净利润 3,133.61 亿元,同比增长 4.9%,平均总资产回报率 1.08%,加权平均净资产收益率 13.05%。营业收入8,551.64 亿元,同比增长 10.5%。中国工商银行的总资产回报率并不高,之所以能够实现较高的净资产收益率,得益于银行的高杠杆。表 4-1 和表 4-2 分别为 2019 年中国工商银行的资产表和负债表。

表 4-1 中国工商银行 2019 年资产表(单位:元)

项目	金额
现金及存放中央银行款项	3,317,916,000,000.00
存放同业及其他金融机构款项	475,325,000,000.00
贵金属	238,061,000,000.00
拆出资金	567,043,000,000.00
衍生金融资产	68,311,000,000.00
买入返售款项	845,186,000,000.00
客户贷款及垫款	16,326,552,000,000.00
金融投资	7,647,117,000,000.00
—以公允价值计量且其变动计入当期损益的金融投资	962,078,000,000.00
—以公允价值计量且其变动计入其他综合收益的金融投资	1,476,872,000,000.00
—以摊余成本计量的金融投资	5,208,167,000,000.00
固定资产	244,902,000,000.00

续表

项目	金额
在建工程	39,714,000,000.00
递延所得税资产	62,536,000,000.00
其他资产	244,283,000,000.00
资产总计	30,109,436,000,000.00

表4-2 中国工商银行2019年负债表(单位:元)

项目	金额
向中央银行借款	1,017,000,000.00
同业及其他金融机构存放款项	1,776,320,000,000.00
拆入资金	490,253,000,000.00
以公允价值计量且其变动计入当期损益的金融负债	102,242,000,000.00
衍生金融负债	85,180,000,000.00
卖出回购款项	263,273,000,000.00
存款证	355,428,000,000.00
客户存款	22,977,655,000,000.00
应付职工薪酬	35,301,000,000.00
应交税费	109,601,000,000.00
已发行债务证券	742,875,000,000.00
递延所得税负债	1,873,000,000.00
其他负债	476,415,000,000.00
负债合计	27,417,433,000,000.00
实收资本(或股本)	356,407,000,000.00
其他权益工具	206,132,000,000.00
资本公积	149,067,000,000.00
其他综合收益	-1,266,000,000.00
盈余公积	292,291,000,000.00
一般风险准备	305,019,000,000.00
未分配利润	1,368,536,000,000.00
归属于母公司所有者权益	2,676,186,000,000.00
少数股东权益	15,817,000,000.00
所有者权益合计	2,692,003,000,000.00
负债和所有者权益总计	30,109,436,000,000.00

第四章
认识现实的金融世界:中国的金融机构与业务

◎ **负债业务分析**

表4-3 中国工商银行2019年的负债表数据摘要

项目	金额(百万元)	负债占比(%)
客户存款	22,977,655	83.8
同业及其他金融机构存放和拆入款项	2,266,573	8.3
卖出回购款项	263,273	1.0
已发行债务证券	742,875	2.7
其他	1,167,057	4.2

客户存款是中国工商银行资金的主要来源,占负债比例高达83.8%。2019年末,中国工商银行的客户存款为229,776.55亿元,同比增长7.3%。

从客户结构上看,中国工商银行的公司存款和个人存款规模相当。吸收个人存款的能力高度依赖于银行网点以及业务开展过程中所积累的客户基础。由于锁定效应,个人用户变更银行账户的成本通常较大,因此个人存款比较稳定,而且对利率的敏感性较低。很多中小银行则更大程度上依赖于公司存款,负债的稳定性较差,成本较高。

从期限结构上看,中国工商银行的定期存款和活期存款的规模接近。理论上,定期存款的稳定性更好,资金期限长更有利于商业银行的资产配置。对于商业银行而言,央行的设立以及一系列的架构设计能够保证商业银行不会出现流动性风险,尤其是大型商业银行,其流动性处理能力几乎等同于央行。因此定期存款和活期存款的占比结构,对于商业银行整体而言并不关键。流动性风险对于非银行类机构而言则是非常关键的,甚至是致命的。认识到这一点,对于非银行类机构设计金融产品来讲非常重要。

2019年末,根据《商业银行资本管理办法》计算,中国工商银行的资本充足率情况为:核心一级资本充足率13.20%,一级资本充足率

14.27%,资本充足率16.77%,都满足监管要求。核心资本主要包括所有者权益。另外工商银行还通过发行一级资本工具和二级资本工具,补充相应的资本。在计算资本充足率的时候,将银行发行的二级资本工具包含在内。

根据定义,资本充足率=资本/风险加权资产。在计算的时候,不同的资产风险权重不同。国债、金融债没有信用风险,风险权重计为0,普通工商业企业和个人的贷款风险权重是100%;其他资产的风险权重则介于两者之间。资产支持证券等结构化产品,由于不同优先劣后分级的产品承担的风险不同,因此有专门的规定进行处理。银行投资的股权类资产则需要按照1,250%的风险权重来计算。

中国的经济制度设计限制商业银行在开展正常业务过程中从事股权投资,尤其是限制商业银行控股实体企业。这是一个非常合理的制度,能够防范金融寡头的出现,破坏良性竞争的市场环境。试想一下,在资本密集型的房地产行业,如果商业银行能够控股地产公司直接开展房地产业务的话,中国房地产行业的市场格局将会和现在大相径庭,银行系股东背景的地产公司将会主导市场。

◎ **资产业务分析**

中国工商银行2019年按照资产类型划分的资产情况表的数据如表4-4所示。从表4-4中可以看出,贷款是中国工商银行最大的资产运用项目,占比超过50%。

表4-4 中国工商银行2019年按照资产类型划分的资产情况表

项目	金额(百万元)	占比(%)
客户贷款及垫款总额	16,326,552,54.2	54.2
投资	7,647,117	25.4
现金及存放中央银行款项	3,317,916	11.0

续表

项目	金额(百万元)	占比(%)
存放和拆放同业及其他金融机构款项	1,042,368	3.5
买入返售款项	845,186	2.8
其他	930,297	3.1

根据年报信息显示,中国工商银行的贷款结构中,2019年末,公司类贷款99,558.21亿元,占比59.4%。其中,长期贷款与短期贷款的比例为3∶1。票据贴现4,218.74亿元,占比2.5%。个人贷款63,836.24亿元,占比38.1%。其中,个人住房贷款占比为80.9%,信用卡贴现占比为10.7%,个人经营性贷款占比5.4%,个人消费贷款3.0%。

近几年,包括中国工商银行在内的银行业机构,个人贷款占总贷款的比例有所提高。个人贷款中最主要的类型是个人住房贷款。个人贷款占比提高,一方面与房地产市场的形势有关,另一方面也与中国的经济结构变化有关。随着经济体的GDP构成中消费占比不断提高,个人贷款比例将会逐步上升。有的银行比如平安银行,近几年实行业务战略调整,压缩对公贷款,大力发展个人贷款,以回应这一趋势。在国外,个人消费贷款由于其单笔规模小,同质性较强,更容易标准化操作,绝大部分都被证券化,形成MBS(抵押支付债券)产品和ABS(资产支撑证券)产品。美国开展个人贷款的机构主要为非银行类机构。这是中国和美国非常不同的地方。

银行面向公司和个人发放的贷款存在信用风险。银行在开展贷款业务时要进行相应的拨备,即一定比例的提取资金用于应对资产的信用风险。监管要求银行将贷款的质量进行分类,并且采取相应的行动。当前的制度下,银行贷款分为五类:正常、关注、次级、可疑和损失。其中,后面三类贷款被称为不良资产。银行的不良贷款率是评估银行及银行业发展状况的重要指标。不良贷款率、贷款拨备率、拨备覆盖率的计算方法如下：

　　银行的不良贷款率＝不良贷款余额÷客户贷款及垫款总额

　　贷款拨备率＝贷款减值准备余额÷客户贷款及垫款总额

　　拨备覆盖率＝贷款减值准备余额÷不良贷款余额

　　按照五级分类的标准，2019年末，中国工商银行的正常贷款为160,662.66亿元，占各项贷款的95.86%；关注贷款4,548.66亿元，占比2.71%；不良贷款2,401.87亿元，不良贷款率1.43%，较去年下降0.09个百分点。

　　由于银行较高的杠杆倍数，即使银行的资产不良率出现较小幅度的变化时，也会对银行的盈利造成巨大的影响。因此，对于商业银行的估值，不能够只考虑银行的利润情况，还要分析银行的资产情况。

◎ **投资情况分析**

　　2019年末，中国工商银行的投资规模为76,471.17亿元，比上年末增加8,924.25亿元，同比增长13.2%。其中，债券投资68,628.50亿元，同比增加8,137.74亿元，增长13.5%，占投资总规模的89.7%。债券投资以利率债为主，主要是政府债券（47,672.97亿元）、政策性银行债券（6,525.22亿元）和中央银行债券（219.79亿元）。信用债券投资规模为14,210.52亿元，占比20.7%。基金及其他投资占比7.3%。权益工具占比1.8%。

　　现金及存放中央银行款项包括：法定存款准备金为26,762.79亿元，超额存款准备金3,228.92亿元，财政性存款及其他2,509.76亿元。

　　法定存款准备金主要为缴存中国人民银行的法定存款准备金及缴存境外中央银行法定存款准备金，分别按照中国人民银行规定的准备金率缴存和境外当地监管机构的规定执行。法定准备金是强制缴存的,其资金运用受到限制。央行为商业银行缴存的准备金支付利息。

超额存款准备金包括存放于中国人民银行用作资金清算的资金及其他各项非限制性资金。超额准备金是银行自行决定存放于中央银行的,银行可以自由运用进行贷款发放或对外投资等。通常可以以超额准备金的变化情况来衡量银行体系的资金充裕程度。

对商业银行的其他主要监管指标还有流动性比率和贷存款比率。流动性比率是指银行持有的流动性资产占总资产的比率,监管要求是25%。中国工商银行是43%。贷存款比率是指贷款总额占存款总额的比率,监管要求是75%,后续监管有所放松。中国工商银行是71.6%。

◎ **收入分析**

中国工商银行2019年的利润表如表4-5所示。

表4-5 中国工商银行2019年利润表(单位:元)

项目	金额
一、营业收入	855,164,000,000.00
利息净收入	606,926,000,000.00
其中:利息收入	1,038,154,000,000.00
其中:利息支出	431,228,000,000.00
手续费及佣金净收入	155,600,000,000.00
其中:手续费及佣金收入	171,641,000,000.00
其中:手续费及佣金支出	16,041,000,000.00
投资收益	9,500,000,000.00
其中:对联营企业和合营企业的投资收益	2,520,000,000.00
公允价值变动净收益	11,312,000,000.00
汇兑及汇率产品净收益(损失以负号表示)	-3,711,000,000.00
其他业务收入	75,537,000,000.00
二、营业支出	464,596,000,000.00
营业税金及附加	7,677,000,000.00
业务及管理费	199,050,000,000.00

续表

项目	金额
资产减值损失	178,957,000,000.00
其他业务成本	78,912,000,000.00
三、营业利润	**390,568,000,000.00**
营业外收入	2,222,000,000.00
减:营业外支出	1,001,000,000.00
四、利润总额	**391,789,000,000.00**
减:所得税	78,428,000,000.00
五、净利润	**313,361,000,000.00**

商业银行的收入主要来自两个板块,一是来自资产负债表运用的净利息收入,二是来自提供服务获得的手续费佣金收入,这部分收入与资产负债表的关系较低,通常被称为中间收入。对于商业银行而言,净利息收入占营业收入比重很大。负债业务和资产业务合计在一起产生的收入就是利息净收入。利息净收入的计算公式为:

利息净收入=资产产生的利息收入−负债产生的利息支出

2019年,中国工商银行利息净收入6,069.26亿元,比上年增长6.0%,占营业收入的71.0%。其中,利息收入10,381.54亿元,同比增长9.5%;利息支出4,312.28亿元,同比增长14.8%。

净利息差和净利息收益率分别为2.08%和2.24%。两者分别比上年下降8个基点和6个基点。净利息差和净利息收益率的计算公式为:

净利息差=平均生息资产收益率−平均计息负债付息率

净利息收益率=利息净收入÷平均生息资产

从综合资产业务和负债业务来分析,商业银行通过吸收存款或回购来获得资金,然后再将资金以贷款、投资等方式进行使用,赚取两者之间的利差。这些利差就构成了利润表中的利息净收入。其中,贷款等资金运用项目存在风险,因此银行要为此提取拨备并且计提相应的资本。当贷款发生实质性损失时,银行还要计提资产减值损失。为了保持银行的付现能力,监管要求银行在央行存放准备金,并且对于银行的资金运用有流动性等方面的要求。

◎ **利息收入结构分析**

中国工商银行的利息收入中,来自贷款及垫款的利息收入为158,973.68亿元,平均收益率为4.45%。来自投资的利息收入为61,411.81亿元,平均收益率为3.60%。存放于中央银行款项的利息收入为29,790.28亿元,平均收益率为1.55%。商业银行存放在中央银行的资金,风险最低且流动性最高,中央银行提供的利率构成了商业银行对外运用资金的利率下限。

近年来,很多商业银行都在推进业务转型,希望收入结构更加多元化。这反映在银行的业务开展中更加重视手续费佣金收入,即中间业务收入。银行通过业绩考核设定指标来影响业务人员的行为。然而,按照本章的观点,利差收入这种套利业务产生的收入更需要发挥金融机构的金融治理能力。很多资本市场的创新,都是利差收入模式的方式不同。利差收入是评估银行盈利能力的核心因素,重要性远远大于手续费佣金收入。很多手续费佣金收入,是商业银行从业人员为了银行考核,将本属于利差收入的项目,以手续费佣金收入来变相获取的。2018—2019年中国工商银行手续费佣金收入的收入结构见表4-6。

表4-6 中国工商银行2018—2019年手续费佣金收入的收入结构(单位:百万元)

项目	2019年	占比	2018年	占比
银行卡	47,054	27.41%	43,719	26.93%
结算、清算及现金管理	37,321	21.74%	31,785	19.58%
个人理财及私人银行	27,337	15.93%	27,596	17.00%

续表

项目	2019年	占比	2018年	占比
投资银行	23,860	13.90%	24,002	14.78%
对公理财	14,024	8.17%	14,582	8.98%
担保及承诺	10,836	6.31%	8,861	5.46%
资产托管	7,004	4.08%	7,045	4.34%
代理收付及委托	1,590	0.93%	1,959	1.21%
其他	2,615	1.52%	2,798	1.72%

根据表4-6,中国工商银行的银行卡业务收入为470.54亿元,占比最大。银行卡主要分为贷记卡(信用卡)和借记卡(储蓄卡)。客户使用银行卡要缴纳相应的费用。用户使用信用卡分期付款,本质上是从银行获得贷款并且支付利息,但是其中的一部分利息收入是以手续费的名义收取。这是银行卡业务收入较高的一个重要原因。

结算类业务是指商业银行依托账户,为用户提供转账等支付结算方面的服务。工商银行的结算、清算与现金管理收入为373.21亿元。

中国工商银行的年报没有披露个人理财与私人银行的业务收入,而是提供了代理代销类业务的信息。根据中国工商银行年报信息:"代理代销类业务收入实现较快增长。通过积极把握资管新规转型期居民财富配置多元化需求,完善以客户为导向的营销体系,稳妥推进资产管理业务平稳过渡,代理保险、贵金属等代理代销类业务收入增长较快。"

上述信息反映了当前个人理财和私人银行的行业现状。在我国,由于信用体系较弱,如果不是提供固定收益的刚性兑付,客户很难做到完全信任金融机构,从而将资金全权委托给金融机构进行资产配置。因此,我国包括商业银行及第三方理财在内的机构开展的私人银行或是财富业务,绝大多数都是具体的金融产品的销售业务。而真正意义上的财富管理业务,似乎只有部分欧洲国家能够实现。

第四章
认识现实的金融世界：中国的金融机构与业务

银行的风险管理

以下关于银行的风险管理内容，大部分直接来自中国工商银行2019年的年报。

（1）信用风险。

信用风险是指因借款人或交易对手未按照约定履行义务从而使银行业务发生损失的风险。银行信用风险主要来源包括：贷款、资金业务（含存放同业、拆放同业、买入返售、企业债券和金融债券投资等）、应收款项、表外信用业务（含担保、承诺、金融衍生品交易等）。

（2）市场风险。

市场风险是指因市场价格（利率、汇率、股票价格和商品价格）的不利变动而使银行表内和表外业务发生损失的风险。银行面临的市场风险主要包括利率风险和汇率风险（包括黄金）。

（3）银行账簿利率风险。

银行账簿利率风险是指利率水平、期限结构等不利变动导致银行账簿经济价值和整体收益遭受损失的风险。本行基于管理策略和目标制定银行账簿利率风险管理政策，明确管理方式和管理工具。通过制定或调整表内调节与表外对冲的利率风险管理方式，灵活运用资产负债数量工具、价格工具以及衍生工具进行管理调控，以及综合运用限额管理体系、经营计划、绩效考评和资本评估等方式开展利率风险管控评估等，实现对各业务条线、分支机构、附属机构以及利率风险影响显著的产品与组合层面利率风险水平的有效控制。

(4) 汇率风险。

汇率风险是指外汇资产与外汇负债之间币种结构不平衡产生的外汇敞口因汇率的不利变动而蒙受损失的风险。

(5) 流动性风险。

流动性风险是指银行无法以合理成本及时获得充足资金,用于偿付到期债务、履行其他支付义务和满足正常业务开展的其他资金需求的风险。引起流动性风险的事件或因素包括:存款客户支取存款、贷款客户提款、债务人延期支付、资产负债结构不匹配、资产变现困难、经营损失、衍生品交易风险和附属机构相关风险等。

(6) 操作风险。

操作风险是指由不完善或有问题的内部程序、员工和信息科技系统以及外部事件所造成损失的可能性,包括法律风险,但不包括策略风险和声誉风险。本行可能面临的操作风险损失类别包括七大类:内部欺诈,外部欺诈,就业制度和工作场所安全,客户、产品和业务活动,实物资产的损坏,IT系统,执行、交割和流程管理。其中,外部欺诈,执行、交割和流程管理是本行操作风险损失的主要来源。

3. 银行的估值

理解银行业务的不同风险以及风险管理,有助于理解银行的价值。银行的净利息收入,是按照当期实际产生的利息收入和实际支付的利息费用来计算的。然而,银行赖以产生利息收入的资产存在信用风险,

第四章
认识现实的金融世界：中国的金融机构与业务

在未来可能会产生损失。虽然银行为这些贷款等风险资产计提了风险准备金，但是未来存在不确定性，有可能计提不足。银行的资产质量及计提的风险准备金，影响银行的盈利能力。因此，对银行的估值需要分两部分进行，分别是与资产质量相关性更高的净利息收入和与资产质量相关性较弱的手续费及佣金收入。

当前，我国上市银行的每股股价普遍低于净资产价格，反映了市场对于银行资产质量即贷款不良率等问题的担心。中国工商银行在2020年5月的总市值为1.84万亿元，股东权益为2.69万亿元，市净率为0.72倍。其他规模较大的银行中，招商银行的市净率最高，达到1.4倍。

由于商业银行的体量巨大，银行业为经济体系的其他行业或机构提供了绝大多数的资金。银行业的放贷行为和银行的资产质量也因此呈现出高度相关性，即"资产负债表效应"。如果商业银行担心未来不良贷款率上升，从而收缩贷款业务的话，那么经济体系由于资金紧缩，很多借款主体的还款能力减弱，不良贷款率会有所提高。

早在20世纪80年代，索罗斯就利用反身性理论精要地讨论过这种情况。他的描述如下："写作过程中，我有两大发现：一个是信贷与抵押之间的反身性关联，另一个是管制者与管制对象之间的反身性关联。"

索罗斯接着写道："贷款是以金融机构对于借款方履行债务能力的评估为基础的，对于贷款的评估被假设为独立于贷款行为的，但事实上贷款可以影响到抵押物的价值，无论对于个别经济领域还是作为整体的经济，这一看法都是适用的。信贷扩张刺激了经济并提高了抵押品的估计价值，收回贷款或是紧缩信贷的负面影响既不利于经济也不利于抵押品的估价。"[14]

发放或收缩单笔贷款对抵押品和经济的影响微乎其微，但全局性

---

[14] 乔治·索罗斯，《金融炼金术》，海南出版社，1999。

地发放或收缩贷款,会对抵押品的价值产生重大影响。全局性地发放或收缩贷款,既取决于商业银行基于市场化的判断,也取决于中央银行等更高级别决策者对经济金融形势的判断和实施的相应政策。

由于上述因素的存在,金融市场很难准确预测商业银行的资产质量,因为金融市场或商业银行对资产质量的判断本身会影响商业银行的资产质量。

从另外一个角度来看待这个问题,意味着大型银行具备通过不断为借款客户(哪怕是经营不善)提供资金支持,延缓不良率的爆发的强大能力。关于这一点,本书在讨论不同金融体系的风险治理能力时有相关讨论。

资产质量的预测难度使对商业银行进行准确估值比较困难。事实上,对商业银行及一切企业进行"准确"估值,本身就是不可能的。我们只能通过估值来获得或者加深对企业价值的主观认识。

因此,此处的估值内容不是为读者提供一个用于对银行股票进行投资的参考,而是为读者提供另一个理解商业银行业务的维度。同时,也为读者提供一个评估和分析银行价值的框架。本章后续对保险公司、信托公司、证券公司的估值,目的与此类似。简单而言,公司的股权价值计算方法如下:

公司的股权价值=利息净收入业务的价值+手续费佣金业务的价值-公司的债务价值

详细估值时,需要先考察以下几个问题。

(1)其他业务收入和其他业务成本(对应的保险业务价值评估)。

中国工商银行的合并报表中,有其他业务收入755.37亿元。中国工商银行的本行报表中,其他业务收入只有50.69亿元。2018年和2019年,相比之前增加了10倍。附注显示其他收入为保费净收入,表

第四章

认识现实的金融世界：中国的金融机构与业务

明这块业务是通过银行控股的保险公司实现的保费净收入。在本章后面对保险公司的业务分析中可以发现，保险公司获得的保费收入对应未来的赔付义务，因此不能将其视为盈利而进行估值。

同时，合并报表的年报上，其他业务成本为789.12亿元。附注显示，其他业务成本主要包括保险业务支出人民币547.54亿元。

估值时，将其他业务收入和其他业务成本一起剥离，由于没有关于保险业务的具体信息，因此参考同等业务规模的保险公司进行相对估值。中国人寿的保费收入为7,451亿元，对应的市场价值为8,067亿元。按照市销率（市场价值/营业收入）简单计算，中国工商银行保险业务的价值为800亿元。由于盈利能力不同，这种简单以保费收入作为估值依据的方式可能高估或低估了中国工商银行保险业务的价值，因为这块业务的价值占中国工商银行的总价值比例很小，所以我们采取这种简单的估值方法，对中国工商银行的整体估值误差的影响很小。

（2）公允价值变动净收益与汇兑及汇率产品净收益。

中国工商银行公允价值的变动净收益为113.12亿元，这是由商业银行持有的以公允价值计量的证券的市场价格波动变化引起的，以固定收益证券为主。这些证券最终在到期时回归票面价值。因此，期间的这些变动加总总值约为0。银行持有的证券的投资回报，最终体现在利息收入上面。在估值时将这块收益去除，由于公允价值变动净收益的规模占收入比例不大，这种处理方式对估值误差的影响很小。

基于同样的理由，中国工商银行持有的外币资产由于汇率变化影响产生的净收益也在估值时去除。这对估值误差的影响很小。

（3）税金及附加、业务及管理费用和所得税费用的配比。

利息净收入和手续费佣金收入，在收入产生过程中需要场地、人员提供业务支持，从而发生相应的税金及附加和业务管理费用。这些收入产生的利润要缴纳相应的所得税费用。严格的估值应该根据这两类业务的性质确定相应的费用。然而,由于范围经济,银行在开展业务过程中,两类业务是交叉进行、相互支持的。比如,银行开展贷款等资产业务的时候,同时会开展中期票据承销。基于这种现状和信息不足,我们简单地按照净收入规模的比例,分配相应的费用。同时,资产减值损失产生的营业支出和手续费佣金收入无关,全部分配给利息净收入。

(4) 资产减值损失。

中国工商银行资产减值损失为1,789.57亿元,属于利润表中占比较大的科目。

根据报表附注,计提资产减值损失由贷款及垫款产生,以及"其他"科目产生的,但是占比只有不到10%。因此,可以将资产减值损失视为全部由贷款产生。银行为其持有的贷款等风险资产提取相应准备金,以应对产生的不良贷款。

前文提到,贷款拨备率等于贷款减值准备余额除以客户贷款及垫款总额。2019年,中国工商银行的贷款及垫款总额为158,973.68亿元,计提的贷款减值准备余额为4,612.21亿元,贷款拨备率为2.90%。2018年,贷款及垫款总额为146,005.96亿元,计提的贷款减值准备余额为3,874.90亿元,贷款拨备率为2.65%。

2019年,中国工商银行计提资产减值损失占贷款及垫款总额为1.3%。当前计提的资产减值损失,是基于当期的实际情况进行的,可能高估或低估了未来的资产减值损失情况。资产减值损失的处理对银行估值的影响重大。资产减值损失也是银行调节利润的重要手段。

我们在估值时将资产减值损失率作为关键变量,通过调整资产减值损失来考察银行估值的变化。

(5) 估值方法。

当前的相对估值方法有两种：一种是市净率法，即考察净资产情况；另一种是市盈率法，即考察盈利情况。

对于普通企业而言，不考虑金融资产的收益情况，而是根据金融资产的公允价值进行估值。因为非金融企业持有的金融资产类似货币资金，和其主营业务没有关系。非金融企业的金融资产占比较低，而且很难取得高于市场平均水平的收益。这是考察净资产的估值方法。

金融机构是通过运用负债业务获得的低成本的负债来持有金融资产并且获得利差净收入的，金融资产相当于其运营资产。通过运营，金融资产能够和其营业网点等固定资产结合起来，使资产产生的回报率高于市场普通金融资产的平均回报水平。这种回报率和企业的运营能力高度相关。因此，选择考察盈利能力来评估这块净利息收入的价值，即选择市盈率法更为合理。

基于这个理由，本章后面将按照净资产对信托公司的金融资产进行估值。这是因为信托公司没有有效地将资金运用与业务开展进行结合，其资金运用只取得了与普通投资者相近的收益率。对证券公司的金融资产估值时分成两部分处理：一部分是证券公司持有的和其他业务发展无关的自营投资，这类投资获得的收益是市场平均水平，按照净资产估值；一部分是证券公司通过举债用于发放股票质押贷款或开展融资融券业务获取的净利息收入。这块与证券公司的经营相关，参照盈利情况估值。

这是一种基于现实的务实处理方法，本身含有工程学的思想：运用了结构分析的方法，即结合业务现实来详细考察利润表和资产负债表的结构情况。

(6) 公司价值的分配。

公司的价值分配,即在股权投资者和债权投资者间如何分配价值,需要考察公司的资本结构。由于金融机构的特殊性,商业银行依靠吸收存款和同业拆借等途径获得的资金与公司的资本结构无关,是公司运营过程产生的负债。这块负债的价值和相应的资产运用的价值已经在对净利息收入的估值中体现,因此,不需要扣除其相应的价值。

公司的资本结构主要由所有者权益和已发行债务证券构成。已发行债务证券是指商业银行在资本市场发行的各类一级资本工具和二级资本工具,属于商业银行的资本管理,在估值的时候将其从公司的价值中减去。

中国工商银行的报表中还有一个占比较大的科目,即其他负债。根据报表附注,其他负债包括其他应付款、租赁负债信贷承诺损失准备和其他,都是和经营相关而和资本结构无关的负债。在估值的时候,不需要将其从公司的价值中减去。

通过以上的分析可以构建中国工商银行两大业务收入的利润表。2017—2019 年,中国工商银行手续费及佣金净收入的经营利润表如表 4-7 所示。

表 4-7 中国工商银行 2017—2019 年手续费及佣金净收入的经营利润表

(单位:百万元)

项目	2019 年	2018 年	2017 年
手续费及佣金净收入	155,600.00	145,301.00	139,625.00
营业税金及附加	1,547.28	1,534.79	1,547.29
业务及管理费	40,118.05	36,499.03	36,837.09
所得税	15,806.98	14,535.23	15,999.37
净利润	98,127.69	92,731.96	85,241.85

手续费及佣金净收入产生的净利润为 981 亿元。2018 年和 2019

第四章
认识现实的金融世界：中国的金融机构与业务

年的增速分别为 8.79% 和 5.82%。增速放缓。我们以 10~15 倍的估值，得到这块业务的价值为 9,812 亿元~14,719 亿元。

2017—2019 年,中国工商银行利息净收入的经营利润表如表 4-8 所示。

表 4-8　中国工商银行 2017—2019 年利息净收入的经营利润表（单位：百万元）

项目	2019 年	2018 年	2017 年
利息净收入	606,926.00	572,518.00	522,078.00
投资收益	9,500.00	18,821.00	11,927.00
营业税金及附加	6,129.72	6,246.21	5,917.71
业务及管理费	158,931.95	148,541.97	140,885.90
资产减值损失	178,957.00	161,594.00	127,769.00
所得税	62,621.02	59,154.77	61,190.63
净利润	209,786.31	215,802.04	198,241.75

2019 年,利息净收入的净利润为 2,097.86 亿元。2018 年和 2019 年的增速分别为 8.86% 和 -2.79%。2019 年出现负增长,主要原因是资产减值损失占利息净收入的比重增加。

其中,资产减值损失的情况与资产总额及资产质量有关。2019 年的贷款及垫款总额合计为 158,973.68 亿元。当前的资产减值损失率在 1% 左右。我们将资产减值损失率分别按照 1.3%、1.5%、1.8%、2% 得到资产减值损失为 2,066.66 亿元、2,384.60 亿元、2,861.53 亿元和 3,179.47 亿元,分别计算得到相应的净利润为 1,820.77 亿元、1,502.82 亿元、1,025.91 亿元和 707.96 亿元。

不同情景下的净利息收入估值情况如表 4-9 所示。

表 4-9　不同情景下的净利息收入估值

贷款资质的不同情景	利润情况	10 倍估值	15 倍估值
净利息收入（情景一）	2,097.86	20,978.6	31,467.9
净利息收入（情景二）	1,820.77	18,207.7	27,311.55

续表

贷款资质的不同情景	利润情况	10倍估值	15倍估值
净利息收入(情景三)	1,502.82	15,028.2	22,542.3
净利息收入(情景四)	1,025.91	10,259.1	15,388.65
净利息收入(情景五)	707.96	7,079.6	10,619.4

公司发行的和资本结构相关的债券为7,428.75亿元。这块债务价值从总价值中扣除。这样得到完整的估值表(15倍估值)见表4-10。

表4-10 中国工商银行的估值汇总

项目	情景一	情景二	情景三	情景四	情景五
净利息收入	31,467.90	27,311.55	22,542.30	15,388.65	10,619.40
手续费收入	14,719.00	14,719.00	14,719.00	14,719.00	14,719.00
估值合计	46,186.90	42,030.55	37,261.30	30,107.65	25,338.40
债务价值	7,428.75	7,428.75	7,428.75	7,428.75	7,428.75
股权估值	38,758.15	34,601.80	29,832.55	22,678.90	17,909.65

在计算估值时,没有将保险公司的估值考虑进来,是因为其相对于整体的价值非常小,全部忽略几乎不产生影响。

根据上面的估值表,我们发现,如果以15倍的市盈率进行估值,当前中国工商银行市值为1.8万亿元左右,与情景五即公司的资产减值损失为2%的情况下的估值比较接近。对于价值投资而言,关键问题是如何判断未来资产减值损失的变化,进而判断对银行利息净收入的价值影响。这是估值方法和模型本身无法解决的,具体取决于每个人的判断,见仁见智。

在此重申一点,未来是不确定的。因此,所有的预测都有可能是错误的。正确的理论和模型加上正确的分析方法,并不一定可以获得正确的预测结果。预测失败的原因来自两个方面:一是世界本身的不确定性,这是量子力学发展所验证并得到认可的理论;二是预测是基于条件概率的贝叶斯推论,是在不完备条件下进行的,因此它本质上是一种

4. 中国工商银行的投资价值分析

通常,股票估值将所有相同权力类型的股票,视为具有相同的价值。然而,掌握控股权的股东持有的股票价值,不同于中小股民所持有的股票价值。这是因为控股股东有权力改变公司的经营和资本管理。在美国,公司的股票持有比较分散,没有实际控股股东。活跃的控制权市场,一定程度上保证了中小股东的权利。大股东一股独大的情况,会使中小股东的权利受到一定的影响。这体现在现实投资中,中小股东虽然持有股票,但无法从公司的整体盈利中获得回报;能够获得回报的是从净利润中提取的用于分红的部分。这取决于公司的资本结构和公司对于留存收益的合理利用。

金融理论中有一个估值模型是股利贴现模型。相比自由现金流贴现模型,由于股利贴现模型需要多增加一个股利分配率的假设条件,因而运用较少。中国工商银行等国有大型银行由国家控股,几乎不存在控制权变更的可能性,直接考察股息分配情况对于投资分析而言很有意义。这种分析框架有其适用的情形,主要适用于分红较为稳定的情况。需要说明的是,由于中国人寿的分红年度波动较大,这一分析思路并不适合用于对中国人寿的投资价值分析。2015—2019 年,中国工商银行的股息分配情况见表 4-11。

表 4-11 中国工商银行 2015—2019 年的股息分配情况(单位:元)

年份	2019 年	2018 年	2017 年	2016 年	2015 年
每股派发现金股息	0.263	0.250	0.241	0.234	0.233

2015—2019 年,中国工商银行的股息分红稳步增长;分红增速也在稳步增长,2016—2019 年的分红增速为 0.43%、2.99%、3.73% 和

5.20%。2020年,股利分配占净利润的比例为30.56%。

2020年5月6日中国工商银行的股价为5.2元,因而税前当期回报率为0.263/5.2=5.06%。意味着投资者投资100元,当期能够获得的股息回报率能达到税前5.06%的水平。在当前债券利率普遍下行的情况下,很多高信用债券的利率只有3%的水平。即使不考虑公司将净利润留存的资金可用于后续业务发展,进而能够推动分红增速的因素,这样的当期回报率也是具备吸引力的。

这是一种类债券(Bond-Proxy)的投资思路,用于业绩和分红稳定但是增长平缓的公司。美国的公用事业类企业,业务具备区域垄断性从而比较稳定,收费受到管制,收入利润增长有限,但是分红相对稳定可靠。很多投资者采取类债券的思路对这种类型的股票进行分析[15]。

巴菲特进行价值投资时非常重视公司对于留存收益的资本配置。留在公司的1元钱,未来能够为股东带来超过1元的价值,才是有意义的。巴菲特特别青睐高比例分红或者回购股票的公司。

中国工商银行的利润增速放缓,既受宏观经济金融形势的影响,也有银行业多年连续高速发展后遭遇行业瓶颈的原因。这种情况下,留存收益能否在未来为股东带来价值,值得研究。如果中国工商银行提高分红比例或者一直保持2019年的这种5%以上的分红增速,意味着投资工商银行可以获得5%(当期回报)加上5%(增速),共10%的投资回报。中国工商银行的资产负债表中,还有13,685.36亿元的未分配利润,能够有效保障后续的分红。

对于金融工程师而言,要认识中美两国在股票控制权市场方面的差异,这一点对股票的估值分析和金融产品的设计具有重要的影响。中国的股票市场,尤其是国有控股股东的上市公司股票,并不存在有效

---

[15] 此处有关Bond-Proxy的内容可以阅读作者翻译的《PPP与基础设施融资》等书。

的控制权市场。而美国大部分上市公司没有控股股东，股权高度分散，控制权市场较为活跃，投资者既可以通过"用脚投票"即买卖影响价格，也可以通过"用手投票"即更换管理层改变公司经营和战略来提升股票价值。在没有"用手投票"权利的现实条件下，中小股东的股票权利实际上是不完整的。权利的不完整必然影响其股票价值。

第三节 保险公司的业务及中国人寿财报分析与估值

1. 保险公司业务简介

保险公司的业务分为人身险业务和财产险业务。根据统计资料，2019年，保险行业共实现原保费收入42,645亿元。其中，人身险收入30,995亿元，财产险收入11,649亿元，人身险收入占据保险收入的主要部分。人身险分为寿险(22,754亿元)、健康险(7,066亿元)和人身意外险(1,175亿元)。

2019年，保险行业的资产总额为205,645亿元。资金运用余额为185,271亿元。其中，银行存款25,227亿元，债券64,032亿元，股票和证券投资基金24,365亿元，此外还有信托计划、保险债权计划等金融资产。

从面向大众发展负债业务的角度来看，人身险公司的业务特征更接近于金融企业。本节选取中国人寿保险股份有限公司(以下简称"中国人寿")进行财务报告分析。

2. 中国人寿财报分析

中国人寿提供个人人寿保险、团体人寿保险、意外险和健康险等产品与服务,是中国领先的个人和团体人寿保险与年金产品、意外险和健康险供应商。中国人寿通过其控股的中国人寿资产管理有限公司,成为中国最大的保险资产管理者之一,同时其还控股中国人寿养老保险股份有限公司。

表 4-12 中国人寿 2019 年资产表(单位:百万元)

项目	金额
货币资金	55,082
以公允价值计量且其变动计入当期损益的金融资产	141,606
衍生金融资产	428
买入返售金融资产	4,467
应收利息	41,455
应收保费	17,281
应收分保账款	808
应收分保未到期责任准备金	369
应收分保未决赔款准备金	145
应收分保寿险责任准备金	483
应收分保长期健康险责任准备金	3,356
其他应收款	19,595
贷款	608,920
定期存款	535,260
可供出售金融资产	1,058,957
持有至到期投资	928,751
长期股权投资	222,983
存出资本保证金	6,333
投资性房地产	12,141
在建工程	14,377
固定资产	36,343
使用权资产	3,520
无形资产	8,070
递延所得税资产	128
其他资产	5,866

续表

项目	金额
独立账户资产	10
资产总计	3,726,734

表4-13 中国人寿2019年负债表(单位:百万元)

项目	金额
短期借款	1,115
以公允价值计量且其变动计入当期损益的金融负债	3,859
卖出回购金融资产款	118,088
预收保费	60,898
应付手续费及佣金	7,418
应付分保账款	817
应付职工薪酬	12,223
应交税费	897
应付赔付款	51,019
应付保单红利	112,593
其他应付款	16,804
保户储金及投资款	267,794
未到期责任准备金	13,001
未决赔款准备金	18,404
寿险责任准备金	2,386,130
长期健康险责任准备金	135,201
长期借款	18,930
应付债券	34,990
租赁负债	3,091
递延所得税负债	10,330
其他负债	43,780
独立账户负债	10
负债合计	**3,317,392**
股东权益:	
股本	28,265
其他权益工具	7,791

续表

项目	金额
资本公积	55,009
其他综合收益	29,163
盈余公积	75,161
一般风险准备	37,888
未分配利润	170,487
归属于母公司所有者权益	403,764
少数股东权益	5,578
股东权益合计	409,342
负债和股东权益总计	3,726,734

表4-14 中国人寿2019年利润表(单位:百万元)

项目	金额
一、营业收入	745,165
已赚保费	560,278
保险业务收入	567,086
其中:分保费收入	5
减:分出保费	5,238
提取未到期责任准备金	1,570
投资收益	162,480
其中:对联营企业和合营企业的投资收益	9,159
其他收益	102
公允价值变动损益	14,419
汇兑收益	-67
其他业务收入	7,947
资产处置损益	6
二、营业支出	685,175
退保金	50,851
赔付支出	127,919
减:摊回赔付支出	3,704
提取保险责任准备金	335,122
减:摊回保险责任准备金	721

续表

项目	金额
保单红利支出	22,375
营业税金及附加	951
手续费及佣金支出	81,396
业务及管理费	42,008
减:摊回分保费用	570
其他业务成本	21,486
资产减值损失	8,062
三、营业利润	**59,990**
加:营业外收入	140
减:营业外支出	335
四、利润总额	**59,795**
减:所得税	781
五、净利润	**59,014**

◎ **负债业务分析**

中国人寿的总销售人力达184.8万人。其中,个险渠道销售人员161.3万人,银保渠道销售人员16.6万人,团队销售人员6.55万人。公司通过个险渠道、银保渠道、团险渠道以及其他渠道销售保单获得保费,总保费分别为4,366.21亿元、700.60亿元、288.46亿元和315.59亿元。

保险行业通过保险代理和保险经纪两类渠道进行产品销售。保险代理公司代表的是保险公司的利益,推销保险公司产品并从中收取佣金;保险经纪公司代表投保人的利益,接受投保人委托为其寻找合适的保险产品。

根据年报信息,中国人寿的正式员工总数为103,826人,相比184.8万人的总销售人力,占比很小。这表明,中国人寿主要依靠非正式员工开展保单销售,即主要依托各类渠道而非直接进行产品销售。

通过个险渠道,保险公司建立起庞大的面向终端客户的销售网络。对于保险公司开展资产管理和财富管理等其他类型的金融业务而言,这些网络具有巨大的价值。当前,这块资源有待保险公司充分发掘。

2019年,中国人寿实现寿险业务总保费4,465.62亿元,同比增长2.1%;健康险业务总保费为1,055.81亿元,同比增长26.3%;意外险业务总保费为149.43亿元,同比增长1.8%。

保险公司通过保单销售所获得的资金,并不是保险公司的收入。与此同时,保险公司承担了未来的支付义务,这些支付义务形成了保险公司的负债,在资产负债表中以保险合同准备金的科目体现。2019年,中国人寿提取的保险合同准备金共25,527.36亿元,其中寿险23,854.07亿元,健康险1,588.00亿元,意外险85.29亿元。

◎ **资产业务分析**

保险公司通过销售保单获得的资金,主要是以投资的方式运用。2018年和2019年中国人寿的资产结构见表4-15。

表4-15 中国人寿2018年和2019年的资产结构(单位:百万元)

项目	2019年	占比(%)	2018年	占比(%)
定期存款	535,260	14.97%	559,341	18.01%
债券	1,410,551	39.46%	1,309,817	42.17%
债权型金融产品	415,024	11.61%	351,276	11.31%
其他固定到期日投资	313,413	8.77%	186,788	6.01%
股票	276,595	7.74%	178,699	5.75%
基金	118,470	3.31%	106,295	3.42%
银行理财产品	32,640	0.91%	32,854	1.06%
其他权益类投资	178,302	4.99%	106,821	3.44%
投资性房地产	12,141	0.34%	9,747	0.31%
现金及其他	59,549	1.67%	62,491	2.01%
联营企业和合营企业投资	222,983	6.24%	201,661	6.49%

从表 4-15 中可以看出，中国人寿的资产结构中占比最大的是债券，其次是定期存款和债权型金融产品。近十年，保险公司的资产结构出现了一个较为明显的结构变化：存款的占比逐年减少，而证券投资和非标准化债权资产的占比有所提高。

根据中国人寿年报信息，债权型金融产品包括债权投资计划、股权投资计划、信托计划、项目资产支持计划、信贷资产支持证券、专项资管计划、资产管理产品等。其他固定到期日投资包含保户质押贷款、存出资本保证金、同业存单等。基金含权益型基金、债券型基金和货币市场基金等。其他权益类投资包括私募股权基金、未上市股权、优先股、股权投资计划等。

◎ 保险公司的收入与利润

保险公司的营利模式是收到用户的保单缴费后，将资金进行投资，按照保单条款约定，在客户达到一定的条件后，向客户支付款项。传统上，寿险公司的利润来源归结为三个来源：费差、死差和利差，即传统三差盈利模式。

保险公司的保单可以从两个方面进行分析：一方面是保险的特征，另一方面是储蓄的特征。

从保险的特征来分析，客户缴纳的保费中，有的是用于承保特定事件的，当客户出现意外事件时，保险公司进行赔付。这种是根据大数法则，通过精算计算得到的赔付比例来确定保费缴存和赔付情况。这种盈利模式对应的是费差和死差。

从储蓄的特征来分析，当客户缴满一定期限的费用后，可以获得定期的收入，客户期间还可以获得红利。这种盈利模式对应的是利差。

从经济意义角度来分析，各个时期收取的保费并不是保险公司的全部收入，保险公司后续要将用这些资金及投资资金获得的收益支付给客户。因此，保险公司需要为这些合同提取相应的合同准备金。

在"权责发生制"的会计制度下，计算盈利时，当期收到的保费收入，对应扣除的支出不是当期的实际赔付支出，而是当期按照精算计算应该计提的赔付支出。权责发生制既使保险公司的利润计算比较复杂，也为保险公司提供了"盈利操纵"的空间。

会计记账时，先将保费收入计入全部营业收入，同时在营业支出中提取保单的责任准备金，减去赔付支出，最终计算保险公司的利润。保险责任准备金根据公司的存量保单在期末提存，同时转回上年同期的提存数，计算两者的差额得到"提取保险责任准备金"，计入当期损益。在计算准备金时，保险公司按照未来的投资收益率对未来要发生的赔付进行折现，确定当期的数值。

由于保险公司的保费收取在前，赔付在后，期间保险公司将资金进行投资，相关的投资收益对保险公司盈利能力的影响非常重要。当前，保险公司的盈利能力越来越依赖于利差，投资能力非常关键。

简单而言，保险公司的营利 = 当年收到的保险收入 + 投资的收益 - 当年计提的责任准备金 - 当年赔付支出 - 相关的税金及营业费用。

我们以中国人寿2019年的利润表来分析。当期实现的保费收入是5,602.78亿元，加上当期的投资收益1,624.80亿元以及其他收益91.59亿元，公允价值变动损益144.19亿元，汇兑损益-6,700万元，其他业务收入79.47亿元，当年的营业收入合计为7,451.65亿元。

营业支出包括退保金，可以视为保费收入的相反事项。赔付支出1,279.19亿元，是当年实际支付的赔付。有的保单条款要求先期要给客户支付红利，因此有保单红利支出223.75亿元。2019年，中国人寿计入营业支出的提取保险责任准备金3,351.22亿元。

摊回赔付支出37.04亿元及摊回保险责任准备金7.21亿元，是退保事项等引起的相关调整,规模相对赔付支出和提取的保险责任准备金很小,其影响可以忽略。

其他项目如税金及附加 9.51 亿元,手续费及佣金支出 813.96 亿元,业务及管理费 420.08 亿元,都是开展业务过程中产生的营业费用,相当于实体企业的税金、管理费用、销售费用等营业费用。

◎ 表外业务

根据年报信息,中国人寿表外管理的投资连结保险,总规模共有 1,000 万元。相对而言,保险公司的表外业务规模很小,可以忽略。

保险公司的风险管理

以下关于保险公司的风险管理的内容,主要引自中国人寿 2019 年的年报。

(1) 保险风险。

中国人寿年报信息显示:"保险公司的每份保单的风险在于承保事件发生的可能性和由此引起的赔付金额的不确定性。从每份保单的根本性质来看,上述风险是随机发生的,从而无法预计。对于按照概率理论进行定价和计提准备的保单组合,保险公司面临的主要风险是实际赔付超出保险负债的账面价值。这种情况发生在赔付频率或严重程度超出估计时。保险事件的发生具有随机性,实际赔付的数量和金额每年都会与通过统计方法建立的估计有所不同。"

中国人寿的保险业务包括寿险保险合同和非寿险保险合同。就寿险保险合同而言,不断改善的医学水平和社会条件有助于延长寿命,是最重要的影响因素。保险风险也会受保

第四章
认识现实的金融世界：中国的金融机构与业务

户终止合同、降低保费、拒绝支付保费或行使年金转换权利影响，即保险风险受保单持有人的行为和决定影响。就非寿险保险合同而言，传染病、生活方式的巨大改变、自然灾害和意外事故均为可能增加整体索赔率的重要因素，可能会导致比预期更早或更多的索赔。

中国人寿通过承保策略、再保险安排和索赔处理来管理保险风险。

（2）金融风险。

中国人寿的经营活动面临多样化的金融风险。主要的金融风险是出售金融资产获得的收入不足以支付保险合同和非保险合同形成的负债。金融风险中最重要的组成因素是市场风险、信用风险和流动性风险。

（3）利率风险。

利率风险是指因市场利率的变动而使金融工具的公允价值或未来现金流量变动的风险。保险公司受利率风险影响较大的金融资产主要包括定期存款、债权型投资及贷款。利率的变化将对本集团整体投资回报产生重要影响。由于大部分保单都向保户提供保证收益，因此保险公司面临利率风险。

（4）价格风险。

价格风险主要由保险公司持有的股权型投资价格的不确定性而引起。股权型投资的价格取决于市场。中国人寿面临的价格风险主要因中国的资本市场相对不稳定而增大。

（5）汇率风险。

汇率风险是指金融工具的公允价值或未来现金流量因外

> 汇汇率变动而发生波动的风险。中国人寿的汇率风险敞口主要包括持有的以记账本位币之外的其他货币(包括美元、港币、英镑和欧元等)计价的现金及现金等价物、定期存款、债权型投资、股权型投资及借款。
>
> 保险公司按照《保险公司偿付能力监管规则(第1号—第17号)》计算的核心及综合偿付能力充足率,中国人寿的核心资本、实际资本和最低资本的情况分别为:核心资本9,520.30亿元、实际资本9,870.67亿元、最低资本3,569.53亿元、核心偿付能力充足率为267%、综合偿付能力充足率为277%。

3. 保险公司的估值

前面对中国工商银行进行估值时,我们运用的是股利贴现模型的分析思路。接下来,先以这一思路来分析中国人寿。中国人寿2015—2019年的股息分配情况如表4-16所示。

表4-16 中国人寿2015—2019年的股息分配情况(单位:元)

年份	2019年	2018年	2017年	2016年	2015年
每股派发现金股息	0.73	0.16	0.40	0.24	0.42

2020年5月6日,中国人寿的每股价格为28.6元,计算得到当期回报率=0.73/28.6=2.55%。中国人寿的历史分红纪录显示出较高的周期波动性,当前的每股0.73元分红,处于历史较高水平。计算得知,五年的平均分红为0.39元,当期回报率为0.39/28.6=1.36%。相比中国工商银行的当期回报率,只有不到一半。而且,不像中国工商银行展示出来的那样,具备稳定增长性。因此,中国人寿不适宜采取类债券的投

资分析思路。

对于中国人寿的估值,采取传统的现金流分析方法比较合适。

根据利润表信息,中国人寿有一个重要的科目——"提取保险责任准备金",对利润的影响重大,而且存在较大的利润操作空间。这个科目的数值不是依据当前的事实记录的,而是基于对未来的形势预测,运用统计学理论通过精算得到的。

笔者作为外部人员无法掌握中国人寿的保险合同和精算细节,基于合理采信的原则,对这个科目不进行定量层面的调整。当保险行业发生重大保险事件或其他可能引起提取保险责任准备金变化的事件时,需要考虑这些事件的影响。

"公允价值变动损益"科目也会对估值产生干扰,因其数值每年都会产生较大的波动,进而导致净利润的相应波动。"退保金"科目若表现出较大的波动性也会引起净利润的相应波动。中国人寿2017年的净利润为327.52亿元,2018年的净利润为119.36亿元,2019年的净利润为590.14亿元。

我们分析保险公司的业务发现,退保金和公允价值变动损益都会使净利润产生相应的波动,但是两者的意义不同。退保金是承保人要求在保险合同到期前结束合同,可以视为保费收入的相反事项。保费收入和退保金合计在一起,才能真正体现保险公司的业务发展趋势。公允价值变动损益,则是由于保险公司所持有的以公允价值变动计量且其变动计入当期损益的金融资产的市场价格变化所导致的,这种变化和保险公司的业务经营没有关系。

因此,退保金的变化情况对保险公司估值的影响更为重要。这反映了保险公司的业务增长情况及保险行业的业务增长情况。相对而言,公允价值变动损益对保险公司的价值影响不大。

巴菲特在伯克希尔公司的年报中也一再呼吁投资者将重点放在伯克希尔公司的运营利润方面，忽略由于证券市场价格变动引起的利得（或损失）。由于持有的近2,000亿美元的股票都是按照公允价值计量，股票价格变动对于伯克希尔公司的净利润影响巨大。根据伯克希尔公司年报，2018年伯克希尔公司的资本利得为负200多亿美元，2019年其资本利得为正500多亿美元，这使得伯克希尔公司的年度利润波动很大。如此巨大的波动使利润表出现扭曲，估值时需要对其进行报表调整。

一种可行的方法是确定以公允价值计量且其变动计入当期损益的金融资产，再确定这些资产在当期相应产生的公允价值变动收益和投资收益，将其从利润表中剥离出去。对这部分金融资产以期末公允价值来直接估算。公允价值本身具备公允性，这种方法是合理的。

在此举个简单的例子帮助大家理解。假设中国人寿在2019年期初，持有1,000亿元以公允价值计量且其变动计入当期损益的金融资产，当年产生投资收益为20亿元，公允价值变动为120亿元，估值时将这140亿元从利润表中去除。对这块资产的估值就是其在期末的市值，即1,000+140=1,140亿元。

根据资产负债表的信息，2019年末，中国人寿持有的以公允价值计量且其变动计入当期损益的金融资产的公允价值为1,416.06亿元。然而，这些金融资产在2019年的期间可能会产生分红、利息等投资收益，需要扣除，否则就会重复计算。

根据2019年年报附注信息，中国人寿以公允价值计量且其变动计入当期损益的金融资产，有851.93亿元为债权型投资，主要包括772.1亿元企业债券和68.55亿元的政府机构债券。我们以4.5%的票面利率来估算，债券投资产生的投资收益约为38亿元，有564亿元为股票投资,以2%的分红率来计算,产生的投资收益为10亿元。两者合计为48亿元,需要从2019年利润表中扣除。

根据2018年中国人寿的年报信息,1,387.16亿元以公允价值计量且其变动计入当期损益的金融资产中,有879.89亿元为债权型投资,以4.5%的票面利率来计算,产生的投资收益为39.6亿元;有507亿元为股票投资,以2%的分红率来计算,产生的投资收益为10亿元。两者合计为49.6亿元,需要从2018年利润表中扣除。

根据2017年中国人寿的年报信息,1,368.08亿元以公允价值计量且其变动计入当期损益的金融资产中,有828.78亿元为债权型投资,以4.5%的票面利率来计算,产生的投资收益为38亿元;有539.3亿元为股票投资,以2%的分红率来计算,产生的投资收益为10亿元。两者合计约为49亿元,需要从2017年利润表中扣除。

中国的股票市场中,存在着"牛市炒保险股"的现象。这是因为保险公司持有的股票类权益性资产,在牛市会产生较高的公允价值变动损益。因此,无论是在绝对数值方面,还是相对之前非牛市年份的增速方面,保险公司的净利润都表现良好。基于同样的逻辑,中国股市中牛市炒券商股的倾向更高。这是一种认知误区。

我们以具体事实来分析,2019年,中国人寿持有的以公允价值变动且其变动计入当期损益的股票市值共564亿元,相比中国人寿8,000亿元的总市值,这部分市值的比例非常小。股票牛市能够为中国人寿产生的贡献非常有限。只是在牛市当年里,贡献了较大的"账面利润"而已。

产生这种扭曲问题的关键是公允价值变动损益不具备可持续性。我们在估值时,对具备可持续性的收益(或利润),通常是将未来贴现,会得到相当于收益(或利润)一定倍数的估值;对不具备可持续的收益

(或利润),则不能获得倍数的估值,其影响已经直接体现为资产规模的增加了,资产以公允价值或账面净资产来估值。

很多机构投资者虽然认识到了这个问题,仍然会参与到"牛市炒保险股"或"牛市炒证券股"的潮流当中。这个现象无法用价值投资理论来解释,也许要用凯恩斯"击鼓传花"的观点或者索罗斯的"反身性理论"来解释。

正如索罗斯的名言:世界经济史是一部基于假象和谎言的连续剧。要获得财富,做法就是认清假象,投入其中,然后在假象被公众认识之前退出游戏。从这一角度来理解,"牛市炒保险股"或"牛市炒证券股"就是对股票牛市的杠杆头寸,成功的关键在于识别牛市与熊市的转折,与保险公司的实际经营情况相关性并不大。

另外,对于利润表的调整还包括"对联营与合营企业的投资收益"科目,将相应的91.59亿元扣除。作为一种近似办法,将其对应的"长期股权投资资产"也按照账面价值估算,为2,229.83亿元。公司的股权价格通常会高于账面资产,因此,这种方法会产生一定程度的低估。然而,由于这块资产的价值占中国人寿总体价值的比例很小,这种低估产生的误差有限。

2019年,中国人寿有79.47亿元的其他业务收入,根据年报附注信息,这些收入分别来自保单销售代理费、养老保障产品管理费、投资管理服务费、非保险合同账户管理费收入等,这些都是中国人寿提供服务获得的收入,而且每年都比较稳定。

经过上述调整后,可以得到中国人寿2017—2019年的经营利润表,如表4-17所示。

表 4-17 中国人寿 2017—2019 年经营利润表（单位：百万元）

项目	2019 年	2018 年	2017 年
调整后保费收入	509,427	415,794	412,281
调整后投资收益	148,521	98,735	122,940
其他业务收入	7,947	7,825	7,271
赔付支出	124,215	172,080	196,661
提取保险责任准备金	334,401	190,910	174,753
保单红利支出	22,375	19,646	21,871
营业税金及附加	951	743	733
手续费及佣金支出	81,396	62,705	64,789
业务及管理费	42,008	39,116	37,685
其他业务成本	21,486	19,708	18,010
资产减值损失	8,062	8,210	2,846
经营利润	31,606	9,774	25,970
所得税	781	1,985	8,919
净经营利润	30,630	7,423	16,840
再次调整的净经营利润	20,907	17,064	16,920

注：调整后保费收入为保费收入减去退保金。在调整报表时，为了简便起见，一些规模占比较小的科目没有一一列出，避免使净经营利润的最终数值有出入。由于误差很小，这种调整不会影响估值。

考察经过调整后的经营利润表，我们发现这三年中国人寿的净经营利润波动很大。2018 年相比 2017 年出现较大下降，2019 年则同比增长近 300%。

产生如此大的变化有几个方面的原因：一是 2018 年的保费收入同比增长较低，2019 年则出现较快增长；二是 2018 年的投资收益同比下降，2019 年实现同比快速增长。根据年报附注信息，投资收益产生这种波动的原因是投资资产买卖价差收益的变化导致的。2017 年投资资产买卖价差收益为 51.13 亿元，2018 年为 -215.16 亿元，2019 年为 134.02 亿元。另外，2019 年的赔付支出相比 2018 年出现大幅下降。

由于缺乏具体的信息，无法评估投资资产买卖价差收益的原因。

根据会计记账规则,金融资产市场价格变动有两种处理方法:一种是变动计入当期损益;另一种是变动先计入资本公积,在出售时才确认收益。据此推测,出现变动的原因是中国人寿出售第二种金融资产产生的。这类收益受市场波动影响很大,比较容易"扭曲"报表。根据年报附注信息,我们取三年的平均值-30亿元,得到经调整后的净经营利润数值。2017年、2018年和2019年分别为107.27亿元、279.39亿元和162.28亿元。

经过这种调整之后,在2019年业务出现向好的情况下,利润情况反而下降,这显然不合理。产生这种现象的原因是,2019年中国人寿的提取保险责任准备金相比2018年出现了较大幅度的增长。然而,由于财报信息有限,无法进行深入地分析。

用一种近似的方法,我们假设:2017—2019年的净利润和调整后的保费净收入保持一定比例,三年净经营利润总和为548.93亿元,如此得到再次调整的2017年、2018年和2019年净经营利润分别为169.20亿元、170.64亿元、209.07亿元。2017—2019年的复合增长率为11%,以此对中国人寿进行估值。

由于中国人寿的收入和利润的增长速度较高,我们采用20倍估值倍数(中国工商银行为15倍),则此块业务估值为4,181亿元。加上中国人寿的以公允价值变动且其变动计入当期损益的金融资产价值1,416.06亿元,以及长期股权投资价值2,229.83亿元,合计7,827.41亿元。

中国人寿资产负债表中,涉及资本结构的负债科目包括长期借款189.3亿元和应付债券349.90亿元。计算得到中国人寿的股权估值为7,827.41-189.3-349.90=7,288.21亿元。2020年5月6日,中国人寿的总市值为8,067亿元,以20倍市盈率估计的数值和中国人寿的总市值较为接近。

保险行业当前仍然处于较为高速发展的阶段,这和银行业发展趋于低速稳定形成明显的对比。因此,净经营利润在未来的不同增速,相应产生不同的估值。

中国人寿 2010—2019 年调整后的保费收入情况如表 4-18 所示。

表 4-18　中国人寿 2010—2019 年调整后的保费收入情况

年份	2019	2018	2017	2016	2015	2014	2013	2012	2011	2010
保费收入/亿元	5,094	4,158	4,123	3,523	2,556	2,324	2,599	2,814	2,817	2,924
增长/%	22.52	0.85	17.02	37.8	9.99	-10.5	-7.62	-0.13	-3.63	16.1

根据表 4-18 可以看出,中国人寿的保费收入增长情况显示出较强的周期性。在 2011—2014 年期间,连续四年出现负增长。2019 年出现较高增长。如果以 2017—2019 年复合增长速度作为对未来的预测参考,有可能出现较大偏差。我们取 2009—2019 年的复合增长速度。2019 年为 5,094 亿元,2009 年为 2,517 亿元,计算得到年复合增速为 7.3%。

严格的估值可以用经营利润的三阶段自由现金流贴现模型,但由于估算未来的经营利润情况本身存在较大的不确定性,三阶段自由现金流贴现模型和估值倍数模型两者得出的估值误差是在同一个量级的水平。三阶段自由现金流贴现模型的价值,在于能够通过调整估值参数获得不同的估值,让我们更详细地获得各类因素对于估值的具体影响。

◎ 三阶段估值模型

我们把中国人寿当期的税后净经营利润近似作为当期自由现金流,2019 年为 209.07 亿元。贴现率即股东期望的回报率,取决于具体估值者的主观意愿,我们以 10% 来进行贴现。十年以后的永久经营利润增速通常假设和经济实际增长水平及通胀水平保持一致,我们选择3%,这是假设未来经济实际增长速度大约为1.5%,物价上涨水平大约为1.5%。在此假设下,分别对高速增长(10%)、中速增长(7%)、低速增长(5%)这三种情形进行估值,得到估值情况见表4-19。其中,中速增长的速度与前十年的增速一致。

表4-19 三阶段估值模型的估值表(高速增长)

自由现金流量	增速	数值(亿元)	贴现率	净现值(亿元)
第一年	10.00%	229.98	110.00%	209.07
第二年	9.00%	250.67	121.00%	207.17
第三年	8.00%	270.73	133.10%	203.40
第四年	7.00%	289.68	146.41%	197.86
第五年	6.00%	307.06	161.05%	190.66
第六年	5.00%	322.41	177.16%	181.99
第七年	4.00%	335.31	194.87%	172.07
第八年	3.60%	347.38	214.36%	162.06
第九年	3.40%	359.19	235.79%	152.33
第十年	3.20%	370.69	259.37%	142.92
第十一年及以后	3.00%	5,454.39		2,102.90

高速增长下,现金流贴现合计为3,922亿元,加上按净资产价值估值的金融资产1,416.06亿元,以及长期股权投资价值2,229.83亿元,减去长期借款189.3亿元和应付债券349.90亿元,得到股权价值为7,028亿元。如果将贴现率从10%变为8%,则得到贴现合计为5,539亿元,可以计算得到股权价值为8,645亿元。

表4-20 三阶段估值模型的估值表(中速增长)

自由现金流量	增速	数值(亿元)	贴现率	净现值(亿元)
第一年	7.00%	223.70	110.00%	203.37
第二年	6.50%	238.25	121.00%	196.90
第三年	6.00%	252.54	133.10%	189.74

续表

自由现金流量	增速	数值(亿元)	贴现率	净现值(亿元)
第四年	5.50%	266.43	146.41%	181.98
第五年	5.00%	279.75	161.05%	173.70
第六年	4.50%	292.34	177.16%	165.02
第七年	4.00%	304.03	194.87%	156.02
第八年	3.60%	314.98	214.36%	146.94
第九年	3.40%	325.69	235.79%	138.12
第十年	3.20%	336.11	259.37%	129.59
第十一年及以后	3.00%	4,945.63		1,906.75

中速增长下,现金流贴现合计为3,588亿元,加上按净资产价值估值的金融资产1,416.06亿元,以及长期股权投资价值2,229.83亿元,减去长期借款189.3亿元和应付债券349.90亿元,得到股权价值为6,694亿元。如果取贴现率为8%,则得到贴现合计为5,055亿元,股权价值为8,161亿元。

表4-21 三阶段估值模型的估值表(低速增长)

自由现金流量	增速	数值(亿元)	贴现率	净现值(亿元)
第一年	5.00%	219.52	110.00%	199.57
第二年	4.80%	230.06	121.00%	190.13
第三年	4.60%	240.64	133.10%	180.80
第四年	4.20%	250.75	146.41%	171.27
第五年	4.00%	260.78	161.05%	161.92
第六年	3.80%	270.69	177.16%	152.80
第七年	3.60%	280.43	194.87%	143.91
第八年	3.60%	290.53	214.36%	135.53
第九年	3.40%	300.41	235.79%	127.40
第十年	3.20%	310.02	259.37%	119.53
第十一年及以后	3.00%	4,561.75		1,758.75

低速增长下,现金流贴现合计为3,341亿元,加上按净资产价值估值的金融资产1,416.06亿元,以及长期股权投资价值2,229.83亿元,

减去长期借款 189.3 亿元和应付债券 349.90 亿元,得到股权价值为 6,447 亿元。如果取贴现率为 8%,则得到贴现合计为 4,696 亿元,股权价值为 7,802 亿元。

2020 年 5 月 6 日,中国人寿的总市值为 8,067 亿元。这个数值和我们在中速增长且贴现率为 8% 时的估值 8,161 亿元最为接近。从估值对参数敏感度来看,贴现率(或股权回报率)的影响较大。如果取贴现率为 6%,可以得到 1.16 万亿元的估值。

随着中国经济进入新常态以及资本原始积累的完成,资本的回报率下降,如果投资者的预期回报率随着资本回报率的下降而向下调整,意味着盈利能力较为稳定的蓝筹类公司的估值中枢将上升。2020 年以后的几年时间,资本市场的相关股票价格或许能够体现这一驱动因素的影响。

估值的难度或者说投资的难度很大,原因在于估值模型只是提供了一个分析工具,本身无法确定公司未来经营利润的趋势情况并且为股权预期回报率确定一个合适的数值。公司未来经营利润的趋势情况与估值者对金融行业的理解高度相关,股权预期回报率与估值者对于市场参与者风险偏好的心理预期的估计有关。由于未来存在很多不确定因素且当前很难预测,因此这种基于当前信息的估计,往往会和实际情况有很大出入。

第四章
认识现实的金融世界：中国的金融机构与业务

第四节　资管机构的业务及陕西国投财报分析与估值

1. 资管机构业务分析

中国的私募基金等资产管理行业，通常运用"募、投、管、退"的分析框架。"募"是指如何募集资金，这是负债业务；"投"是指资金投向什么产品，这是资产业务；"管"是指对产品以什么形式进行管理，这是产品的结构；"退"是指产品以什么方式计量，投资者在期间或到期之后如何退出，这是产品的类型。

我国的资产管理机构主要包括银行理财、公募基金公司、信托公司和证券公司。还有一类机构——获得基金业协会备案的私募基金管理公司，不属于金融持牌机构，但是也从事资产管理业务。

当前的资产管理产品中，只有公募基金和银行理财可以面向公众公开募集资金，其他类型的资产管理产品都只能进行私募募集。当前国内的信托公司通过私募发行资金信托募集资金，通过信贷贷款等方式进行投资。获得的收益分配给信托产品的投资人，信托公司收取管理费。这是典型的资产管理业务。信托公司的产品也属于私募性质，最低投资门槛为100万元。

我国的上市公司中有两家比较典型的资管机构，即安信信托股份有限公司和陕西省国际信托股份有限公司（以下简称"陕西国投"）。本节选取陕西国投进行年报分析。

根据陕西国投年报信息："公司经营的主要业务包括信托业务、固有业务和其他业务。"

根据陕西国投年报信息："信托业务是指公司作为受托人，按照委托人意愿以公司名义对受托的货币资金或其他财产进行管理或处分，并从中收取手续费的业务，由公司内设的各信托业务部门和财富管理总部共同负责开展经营活动。报告期内，公司积极转型创新，开展的信托业务主要包括债权信托、股权信托、标品信托、同业信托、财产信托、资产证券化信托、消费信托与慈善信托、事务信托等。"

根据陕西国投年报信息："公司的固有业务主要包括自有资金贷款及投资业务（金融产品投资、金融股权投资等），该类业务由公司内设的投资管理总部负责。其中，公司的利息收入主要来源于运用自有资金向客户发放贷款产生的利息收入，公司的投资收益主要来源于金融产品投资、股权投资等。"

根据陕西国投年报信息："投资顾问等中介业务，是指为企业提供投融资、重组并购等顾问服务；针对客户的资产配置需求，为高净值客户提供动态的资产管理服务等。"

简单理解，信托公司业务由两大块组成。一类业务是设立并且管理信托计划（资管产品），收取管理费，这是资产管理业务。另一类业务是利用公司自有资金进行贷款或对外投资，这类业务被称为固有业务，严格意义上不是信托公司的特征业务，因为当前信托公司的固有业务和资产管理业务之间的关联很低。固有业务中的投资活动没有对资产管理业务形成较大推动。换言之，有无这类固有业务对资产管理业务几乎没有任何影响。这种情形和大部分实体企业将闲置资金购买理财或进行债券股票投资，这些投资对实体企业的主营业务没有任何影响，

第四章
认识现实的金融世界：中国的金融机构与业务

道理是一样的。信托公司的自有资金投资和实体企业的理财投资，两者没有本质区别。理解这一点，对我们后续构建陕西国投的估值模型有很大帮助。

固有业务和证券公司等其他中介提供的服务没有区别，业务收入占信托公司收入比例很低，几乎可以忽略不计，不能视为信托公司的特征业务。根据陕西国投年报的分行业营业收入构成信息显示，陕西国投100%的营业收入都来自金融信托业务。

根据信托公司承担的责任，信托业务又分为主动管理业务和通道业务。主动管理业务是指信托公司主动获取项目，进行尽职调查，并且制作材料，销售给客户。这类业务中，信托公司发挥的作用较大，承担的责任较重，因此收取的费用较高，通常在1%~3%不等。在国内市场中，还存在刚性兑付的惯例。通道业务是指信托公司应银行等机构的委托，按照委托人的指令成立信托并且进行相应的投资。信托公司只是提供服务，并不对项目进行尽职调查和风险管理，发挥的作用较小，基本上不承担项目的责任，收取的费用也低，通常在0.1%~0.3%之间。

信托公司的主动管理业务模式将业务分为资产端和财富端。资产端负责获取项目并与项目方确定好交易方案，然后制作相应信托计划材料，经银监局认可备案后，即可面向高净值客户等合格投资者销售信托产品，募集资金；信托公司的财富端业务人员，则负责销售信托产品。

信托公司的产品销售有两种方式：一种是直销，一种是渠道销售。直销就是信托公司自有团队面向合格投资者销售。渠道销售是指信托公司委托商业银行、证券公司等具备销售资格的金融机构销售信托产品。工商银行、招商银行的私人银行业务，很大一块收入就是来自代理销售信托公司的信托产品。由于银行等金融机构有自身的产品标准，有的信托产品不符合银行等机构的标准,而信托公司自身又没有能力直接销售。因此,市场上发展起来了第三方财富公司。这些公司没有信托产品销售资质,但是具有一定的客户资源。在政策的灰色地带,以中介的形式来协助信托公司销售信托产品并获取佣金。

信托产品目前还没有通过有组织的交易场所构建起全国性的交易市场。客户资源分散在各类渠道机构手中,整体的交易成本较高。典型的以政府融资平台基础设施项目为底层资产的信托产品,信托公司的管理费在年化1%~1.5%之间。如果通过外部渠道销售,销售费用也接近1%。由于较高的交易成本和投资者要求产品具有较高的收益率,当前非证券投资类的信托产品大部分投向房地产企业和政府融资平台。这两类企业对于融资成本的接受度较高,而且融资受到政策的限制较多,因此产生了通过信托等高成本融资的需求。

2. 陕西国投财报分析

2019年陕西国投的资产表见表4-22。

表4-22 陕西国投2019年资产表(单位:元)

项目	金额
货币资金	827,053,835.34
交易性金融资产	3,208,868,062.80
买入返售金融资产	262,487,000.00
债权投资	3,268,215,695.73
其他权益工具投资	1,394,892,287.62
发放贷款及垫款	4,202,641,095.66
长期股权投资	3,537,379.37
固定资产	68,489,522.43
无形资产	6,679,929.77
递延所得税资产	329,714,177.32

续表

项目	金额
其他资产	1,094,157,416.34
资产总计	14,666,736,402.38

其中,贷款和垫款按行业分布情况如表4-23所示。

表4-23 贷款和垫款按行业分布情况(单位:元)

行业分布	期末余额	比例(%)	期初余额	比例(%)
房地产业	1,970,000,000.00	46.57	1,450,000,000.00	54.72
公共基础设施业	1,700,000,000.00	40.19	1,200,000,000.00	45.28
其他	560,000,000.00	13.24	0.00	0.00
小计	4,230,000,000.00	100.00	2,650,000,000.00	100.00
应收利息	9,493,750.00	—	0.00	—
贷款和垫款总额	4,239,493,750.00	—	2,650,000,000.00	100.00
减:贷款损失准备	36,852,654.34	0.87	23,035,653.76	0.87
其中:单项计提数	0.00	—	0.00	0.00
贷款和垫款账面价值	4,202,641,095.66		2,626,964,346.24	

根据年报附注信息,我们来分析陕西国投最重要的三个资产科目。

发放贷款及垫款共42亿元,主要针对房地产业和公共基础设施业,规模分别约为20亿元和17亿元。这一结构和信托公司的主动管理业务的资产集中在房地产和基础设施领域的结构特征相同。这两个行业有较强的资产抵押和强信用担保,相对安全。

其他债权投资全部为信托计划。信托公司通过自有资金设立信托计划,对外发放贷款。有的情况是为了支持公司主动管理业务,比如,公司主动管理的信托产品在短期内没有募集到足额资金。公司可以以自有资金参与购买。后续既可以持有,也可以将信托受益权转让。这种模式类似证券的包销模式。附注中没有披露信托计划的投资细节。我们可以合理推测,这些信托计划主要投向房地产和基础设施两个领域。

交易性金融资产通常都是证券类资产,以公允价值计量且其变动计入当期损益。

表 4-24 陕西国投 2019 年负债表摘要(单位:元)

项目	金额
应付职工薪酬	387,239,626.05
应交税费	116,628,165.46
递延所得税负债	15,150,271.11
其他负债	3,170,354,627.80
负债合计	**3,689,372,690.42**

陕西国投的负债结构比较有特色的地方,是公司没有从银行等金融机构借款。公司的负债合计为 36.89 亿元,其他负债为 31.7 亿元。根据附注信息,其他负债中有 16 亿元为信托业保障基金提供的资金,还有 15 亿元没有具体信息。总而言之,陕西国投没有主动发展负债业务去开展投资,获取利差收入。

从这个角度来说,有理由认为陕西国投的投资业务难以超出市场平均收益水平。公司资产产生的投资收益和公允价值变动收益,每年都会引起利润的较大变动。然而,引起这种变动的因素更多来自市场,而非公司的经营管理。后续估值时,按照净资产账面价值对陕西国投的固有业务进行估值。

表 4-25 陕西国投 2019 年利润表(单位:元)

项目	金额
一、营业收入	**1,755,654,630.76**
利息净收入	240,326,605.33
其中:利息收入	355,172,490.03
利息支出	114,845,884.70
手续费及佣金净收入	926,917,464.18
其中:手续费及佣金收入	927,603,459.93

第四章
认识现实的金融世界：中国的金融机构与业务

续表

项目	金额
手续费及佣金支出	685,995.75
公允价值变动收益	172,358,260.39
投资收益(损失以"一"号填列)	411,641,974.85
其中：对联营企业和合营企业的投资收益	−986,071.46
资产处置收益	−13,767.25
其他收益	2,400,000.00
其他业务收入	2,024,093.26
二、营业支出	993,297,223.32
营业税金及附加	13,554,051.69
业务及管理费	529,900,030.49
信用减值损失	444,938,224.54
其他业务成本	4,904,916.60
三、营业利润	762,357,407.44
加：营业外收入	874,723.04
减：营业外支出	2,980,249.39
四、利润总额	760,251,881.09
减：所得税	178,723,897.24
五、净利润	581,527,983.85

3. 陕西国投的估值

陕西国投的业务主要分为两大块，即信托业务和固有业务。下面分别对这两块业务进行估值。

对于固有业务而言，陕西国投以自有资本及举债获得资金进行对外投资。这类投资所获得的收益来自通过所持有的资产本身创造的收益，与陕西国投的投资管理水平关系不大。陕西国投的投资水平并没有表现出明显高于或者低于市场的平均投资水平。因此，这类业务的资产和实体企业的金融资产本质是一样的。

由于金融资产具备良好的流动性，有较为活跃的二级市场，公允价值容易获取。因此估值时,可以按照资产负债表上资产和负债的公允价值来进行。资产和负债的账面价值比较接近公允价值,可以用账面价值来近似估计。陕西国投的总资产为146亿元,负债为36亿元,陕西国投固有业务的价值为所有者权益合计价值为110亿元。

陕西国投基于信托的特许经营权利,提供信托计划的设立与管理等资产管理服务。这类业务创造的收入为手续费及佣金净收入,合计9.27亿元。利润表中的利息净收入、投资收益、公允价值变动收益是固有业务的金融资产产生的投资回报。这块业务需要从利润表中剥离出去,获得信托业务的经营利润表。

估值过程中存在一个问题,即固有业务和信托业务的营业支出配比问题。通常而言,进行金融投资需要的运营成本很低。假设将146亿元的资产全部委托给外部专业的投资团队进行管理,收费约在0.5%~1%之间。这样估算,费用在8,000万元~1.5亿元之间,我们取1亿元。根据资产规模变化,2017年取8,000万元,2018年取9,000万元。将这块费用从业务及管理费中扣除,所得税率取25%。经过上述的收入和费用的调整之后,可以得到陕西国投通过信托业务获得的经营利润表。我们用同样的方式对于2017年和2018年的信托业务的利润表进行调整,得到相应年度的经营利润表,如表4-26所示。

表4-26 陕西国投2017—2019年调整后的利润表(单位:元)

项目	2019年	2018年	2017年
手续费及佣金净收入	926,917,464.18	955,431,361.26	939,241,477.38
营业税金及附加	13,554,051.69	12,232,504.15	11,078,860.29
业务及管理费	429,900,030.49	255,135,650.57	213,978,152.17
经营利润	483,463,382.00	688,063,206.54	714,184,464.92
所得税	120,865,845.50	172,015,801.60	178,546,116.20
税后经营利润	362,597,536.50	516,047,404.91	535,638,348.69

通过分析经营利润的年度变化趋势,可以发现陕西国投2017—

第四章
认识现实的金融世界：中国的金融机构与业务

2019年手续费及佣金净收入保持稳定,几乎没有增长。但是由于业务和管理费增加,这块业务对应的税后经营利润出现了较大幅度的下降。

根据年报附注信息,陕西国投的信托资产运用表显示,2017年、2018年和2019年,陕西国投信托资产的规模分别为4,532亿元、2,895亿元和2,887亿元。2018年较2017年出现较大比例的下降。这主要是由于交易性金融资产减少1,000亿元的原因。2017年,由于证监会限制证券资管和基金专户及子公司的相关证券类投资结构化产品的杠杆比例,很多业务需求转向信托公司,通过成立结构化信托产品得到满足。随着"资管新规"的实施,政策对各类资管产品采取相同的监管,这类业务将更多地回归证券资管和基金专户及子公司。

随着"资管新规"等政策的推出,当前信托业务的发展受到影响,增长前景有限。我们对这块业务采取10~15倍的估值倍数,得到估值为36亿元~54亿元。

因此,陕西国投的整体估值为110亿元+(36亿元~54亿元)=146亿元~164亿元。2020年4月29日,这部分内容写作当日,陕西国投股价为3.43元,总市值为136亿元。市场对陕西国投的定价相对比较合理。

下面从另一个角度分析陕西国投的估值。陕西国投的价值包括资产的价值和特许经营权的价值(牌照)。资产的价值体现为资产负债表的价值,由于固有业务的投资没有涉及运营,难以获得超出市场平均的投资水平,我们以净资产来估值是合理的。手续费及佣金收入主要来自特许经营权,以及公司在之前业务开展中积累起来的客户基础。手续费及佣金收入每年的净利润在3.6亿元。我们按照36亿元~54亿元估值。从中可以推断,信托公司的牌照价值,需要从这一价值中扣除客户基础的价值,比36亿元~54亿元的估值略低。

然而,信托等金融牌照在不同的主体手中所能发挥的价值不同。

比如,目前四大国有银行中,中国建设银行控股的建信信托依托建设银行的资源,信托资产规模巨大,业务发展和创造的利润远高于陕西国投。中国农业银行、中国银行、中国工商银行目前还没有信托牌照,有收购信托公司的潜在需求。这种并购,通过产生协同效应,为信托牌照的增值提供了机会。

由于当前监管已经不再批准新的信托牌照,因此信托牌照的价值取决于银行等金融机构对信托牌照的需求和市场信托牌照存量的供应。这是上述估值过程中没有考虑的因素。因此,陕西国投的估值实际应该要比前面估计的146亿元~164亿元略高。

这样的估值模式存在一个问题:当前信托行业存在着刚性兑付的市场惯例,这与信托行业的市场文化有关。在这种惯例下,如果信托公司主动管理的信托计划的资产出现信用风险,信托公司作为资产管理人,虽然在法律意义上不需要承担责任和相应的损失,实际中却要承担责任。很多信托公司在信托计划出现问题时,会以自有资金承接或其他方式进行化解。由于这种市场惯例,信托业务和固有业务之间产生了耦合,信托业务的商业模式从而具备了和商业银行的息差模式相同的特征。信托资产的质量将影响信托公司的估值。

当前大部分信托公司主动管理并且受"刚性兑付"约束的信托计划,都是面向地方融资平台和房地产项目公司。前者有较强的信用,目前没有出现大面积风险爆发的迹象;后者通常都有足值的房地产作为担保品,在房地产市场不出现大风险的情况下风险可控。当然,更严格的估值,需要深入分析信托公司主动管理的信托计划的资产质量。如果资产质量出现较大的问题,需要相应调减估值。由于没有进一步的信息,加之陕西国投在信托行业开展业务属于相对稳健的风格类型,此处估值不作调整。

第四章
认识现实的金融世界：中国的金融机构与业务

第五节　证券公司等其他机构的业务及海通证券财报分析与估值

1. 证券公司业务分析

证券公司的业务分为两类：一类属于本书提到的金融核心业务，即证券资管业务；其他业务如经纪业务、投资银行业务等，不涉及金融资源的配置，不是真正严格意义上的金融业务，属于为金融业务提供服务的中介服务业务。本节选取海通证券股份有限公司（以下简称海通证券）的财务报告进行分析，从微观的角度来了解证券公司的业务。

根据海通证券年报信息，海通证券的主要业务有财富管理、投资银行、资产管理、交易及机构、融资租赁等。

海通证券 2019 年的年报中披露的分行业的营业收入情况如表 4-27 所示。

表 4-27　海通证券 2019 年分行业的营业收入情况（单位：元）

分行业	营业收入	营业成本	毛利率（%）
财富管理	9,324,239,441.75	4,608,369,400.68	50.58
投资银行	3,610,172,088.00	2,133,748,259.48	40.90
资产管理	2,847,320,876.06	1,364,819,787.66	52.07
交易及机构	8,186,219,091.27	3,820,799,076.00	53.33
融资租赁	3,706,107,176.04	2,376,930,349.41	35.86

续表

分行业	营业收入	营业成本	毛利率(%)
其他	6,754,582,526.32	6,747,989,141.87	0.10

海通证券年报内容显示,"财富管理业务主要是指向零售及高净值客户提供全面的金融服务和投资解决方案,提供的服务包括证券及期货经纪服务、投资顾问服务、理财策划服务以及向客户提供融资融券、股票质押等融资类业务服务。"

简单理解,证券公司的主要业务就是通过营业部发展股票投资者在证券公司开立股票投资账户。股票投资者开户后,未来每次股票交易都要向证券公司缴纳交易佣金。这块经纪业务的收入曾经占证券行业收入的80%。近五年来,这一比例逐步下降。股票投资者在证券公司开立账户之后,证券公司也会提供投资顾问,但是基本上不会产生收入,性质更接近经纪业务的配套业务。

本书在第三章中介绍过我国现有的证券账户监管制度。股票投资者的资金托管在商业银行,证券公司无法运用这些资金进行投资。换言之,中国的证券公司实际上并没有自己的账户体系,股票投资者的证券账户是开设在中国证券登记结算有限公司。类比商业银行体系,相当于储户的结算账户直接开设在中国人民银行。就对资金的控制权力而言,证券公司的权力还不如非金融机构的第三方支付公司的权力大。

这种制度使中国的证券公司实际上没有金融属性的负债业务。证券公司可以通过发行债券或者债券回购获得资金,但是这些获得资金的手段,并不是金融机构的特许经营权。实体机构如果满足条件,也能够利用这些手段获得资金。由于负债业务的缺失,证券公司的发展远不如保险公司。体现在资产负债表上,就是证券公司的资产负债率普遍较低,甚至远低于相同资产规模的实体企业。

证券账户的特征限制了证券公司的业务开展。从技术层面分析,在当前信息技术发达的情况下,股票投资者通过手机移动端或电脑就可以进行交易,根本不需要前往证券公司的营业部网点。证券公司的营业网点架构的作用日益降低。有的证券公司尝试开展互联网金融业务,以线上开户取代线下,受到的限制并不是技术和操作方面的,而是监管方面的。

同时,也有证券公司尝试利用现有的证券账户来发展业务。一种比较便利的模式是通过证券账户向客户提供融资融券业务。融资融券业务是指证券公司将证券或资金出借给客户,并且收取利息的业务。其他机构也能够开展这类业务,但是证券公司由于证券账户的存在,能够更快捷地获取客户并且低成本地开展业务,具备一定的优势。

通过这种账户制度,证券公司只能掌握客户的信息,不能掌握客户的资金和证券等资产。证券公司利用证券账户所获得的接触客户的便利,面向客户销售各类理财产品,包括证券公司自己开发的资管产品,也包括其他资管机构的资管产品。证券公司通过代理销售产品,来获取销售佣金。这些业务都属于财富管理业务。

证券公司通过自有资金及发债募集的资金,成本低于提供给客户的资金利率,因此证券公司也能够从中获得利差收入,但是这种利差收入和商业银行及保险公司的利差收入有巨大的差异。商业银行和保险公司的利差收入,所获得的资金主要来自普通公众客户的资金,自有资本和发行债券等举债获得的资金占比较少。而证券公司主要依靠自有资本和发行债券等举债途径获得资金。产生这种差异的关键因素正是证券公司的证券账户制度。

这类产生利息收入的业务属于证券公司的资金运用业务,相当于资产端业务,和管理客户的财富无关,并不是严格意义的财富管理业务。

虽然证券公司受制于负债端不能面向公众吸取资金的限制，但是凭借证券公司当前较好的信用，可以通过发行债券、收益凭证、短期融资券来获得较低成本的资金。由于国内这块市场的竞争并不激烈，所以提供融资获取的收益较高，证券公司可以获得较高的利差。

根据海通证券年报信息，海通证券的公司融资类业务规模为836亿元，其中融资融券为417.5亿元，股票质押为417.5亿元，约定式购回为1亿元。海通证券对这类资金的运用，无论从规模还是占公司总资产的比例来看，在国内的证券公司里都是排名靠前的。

同时，海通证券通过短期融资券和债券举借的债务为1,649.49亿元。这些低成本的资金为融资类业务提供了支持。在业务从信息中介模式向套利模式转型的过程中，海通证券是最为领先的。从这个角度而言，我们可以认为海通证券是国内最接近国外投资银行的证券公司。

根据海通证券2019年年报信息："投资银行主要是指向企业和政府客户提供股票资本市场和债券资本市场融资活动的保荐和承销服务，为企业客户的收购兼并、资产重组等提供财务顾问服务，同时提供新三板服务。根据业务性质不同，将投资银行业务分为股权融资业务、债权融资业务、并购融资业务、新三板与结构融资业务，公司致力于为客户提供一站式的境内外投资银行服务。"

简单来讲，这类业务就是证券公司利用自己证券承销的特许经营权，帮助客户发行股票、债券、资产支持证券等来募集资金，从中获取承销佣金。在此过程中，证券公司发挥的作用是提供顾问服务，制作材料；协助与监管审批部门沟通，寻找投资者。

我国当前的证券承销业务中，证券公司采取的主流模式是余额包销模式。余额包销模式是指证券公司先面向投资者销售，没有销售出去的证券由证券公司以自有资金购买。然而，证券公司很少会采取以

第四章
认识现实的金融世界：中国的金融机构与业务

自有资金购买的方式，实际上并不承担销售不成功的责任。而在全额包销模式下，投资银行先以自有资金全部购买证券，放入自身的资产负债表，再销售给其他投资者。投资银行相当于开展了证券的批发零售业务，并且承担了证券库存的跌价风险。正因为存在这种风险，投资银行更注重对证券的研究和定价分析，从而为市场提供了一定的金融治理。

在当前的业务模式下，我国的证券承销不是严格意义的承销，而是一种类似于房地产中介的销售中介。这种业务模式下，证券公司发挥的金融职能相对较少，在开展业务过程中创造的价值较低，因而在面对客户时处于劣势地位。证券公司在开展这类业务过程中更多地借助关键员工的客户资源，通过与客户的关系进行运作，和华尔街的投资银行在20世纪80年代之前的情况类似。这和商业银行在面对融资客户时的强势谈判地位形成了鲜明对比。

海通证券年报信息显示："资产管理主要是指向个人、企业和机构客户提供全面的多元产品投资管理服务，提供的服务包括资产管理、基金管理和公募、私募股权投资服务。海通资管公司的经营范围包括定向业务、集合业务、专项业务、QDII业务和创新业务等；海富通基金、富国基金的主要业务包括共同基金（含QDII）管理业务、企业年金、全国社保基金和特定客户资产管理等，为投资者提供专业化的基金投资理财服务；公司还具备一批私募股权投资业务（PE）的专业投资管理平台，经营范围为产业投资基金管理、投资咨询、发起设立投资基金等。"

海通证券的集合资产管理业务管理规模为772.6亿元，实现收入为8.19亿元；定向资产管理业务的管理规模为1,506.42亿元，实现收入为1.29亿元；专项资产管理业务的管理规模为304.72亿元，实现收入为0.16亿元。

在前面资管机构的业务分析中,我们已经将证券资管业务和其他类型的资管业务放在一起进行对比讨论过,此处不再展开讨论。

海通证券年报信息显示:"交易及机构业务主要是指向全球机构投资者提供全球主要金融市场的股票销售交易、大宗经纪、股票借贷、股票研究,以及固定收益产品、货币及商品产品、期货及期权、交易所买卖基金及衍生品等多种金融工具的发行、做市。同时通过投资基金及私募股权项目,发挥及增强公司各业务分部的协同优势,专注发掘合理资金回报的投资机会,进而拓展客户关系及促进公司业务的整体增长。"

海通证券将股票研究放入交易及机构业务当中。股票研究是指证券公司通过为基金等机构投资者提供证券研究服务,定期提供研究报告供机构投资者参考,以吸引机构投资者在证券公司开户并且通过证券公司的交易席位进行交易。证券公司可以获得相应的交易佣金。这在国内被称为"分仓"收入。

交易和做市商业务在华尔街投资银行的业务收入中占比很大。但是在国内证券公司当前的商业模式下,利用自有资金投资股票、债券等金融产品的业务属于自营业务,形成的收益体现在利润中的"投资收益"和"公允交易价值变动"。

证券公司利用自有资本驱动其他业务发展的商业模式,在国内并不是主流。比如,典型的以自有资金投资驱动投资银行业务的模式就是全额包销。证券公司承担其所承销的证券在未来一定时期的市场风险,能够有利于业务部门获得客户和业务。但是这种风险相对较小的模式,都没有得到普遍推广。海通证券公司在这方面的业务模式转型,相对领先其他证券公司。

国外投资银行还有一种风险更大但是收益也更大的操作,即先以自有资金投资创新企业,然后扶持企业上市,在此过程中为企业提供各类服务，包括 IPO。典型的案例就是高盛投资阿里巴巴，并且担任阿里巴巴 IPO 的主承销商。

国内的九州证券，股东在私募股权基金领域较为领先的九鼎集团，曾经试图大力发展这类模式，即先投资企业股权，然后通过协助企业在新三板和 A 股上市，提供投资银行服务，并且获得投资回报。然而由于中国特有的审批体系，上市面临着较大的不确定性，加上近几年资本市场的动荡，这类尝试并没有取得预期效果。这说明金融行业的商业模式能否取得成功，依赖于是否有相应的金融体系和金融市场环境提供支持。

根据年报信息，海通证券的交易与机构业务的收入高达 80 亿元。股票研究的分仓收入应该不高，估计在 10 亿元以内；还有 70 亿元的收入主要来源应该为投资债券和股票获得的投资收益。由于缺乏具体信息，不得而知。证券公司的业务近几年在迅速转型，这块业务收入还需要进一步的研究。

海通证券年报信息显示："融资租赁主要是指向个人、企业和政府提供创新型金融服务解决方案，提供的服务包括融资租赁、经营租赁、保理、委托贷款和相关咨询服务。公司租赁业务主要由海通恒信经营，海通恒信目前在基础设施、交通物流、工业、教育、医疗、建筑与房地产及化工等诸多行业领域开展业务，充分运用丰富的行业经验及市场渠道，与国内外知名设备厂商展开合作，为客户的业务发展提供全面的融资解决方案及服务。近两年来，积极开拓有券商特色的融资租赁业务模式，推出了与股权、债权相结合的多样化产品组合，为客户提供更多的结构化创新融资方案。"

证券公司通过并购融资租赁公司，可以开展融资租赁业务。这类业务不属于典型的证券公司的业务，因此不进行详细讨论。在后续估值时,也会将租赁剥离,进行单独估值。

对于证券公司而言,通过租赁公司开展非证券类的资产业务是一种新的业务模式的尝试。这种业务如果结合租赁资产证券化的业务,将会形成一条完整的套利模式,类似于商业银行信贷业务。国内的证券公司里,海通证券和广发证券通过并购租赁公司开展此类业务。然而,由于租赁资产证券化并没有有效发展,难以摆脱主体信用,这种套利模式并没有形成较大的影响。

2. 海通证券财报分析

海通证券 2019 年的资产表、负债表、利润表分别如表 4-28 至表 4-30 如示。

表 4-28 海通证券 2019 年资产表(单位:元)

项目	金额
货币资金	117,016,819,693.77
其中:客户资金存款	76,178,521,758.22
结算备付金	8,611,100,784.11
其中:客户备付金	6,755,135,499.87
拆出资金	90,085,277.69
融出资金	52,797,925,710.05
衍生金融资产	1,516,495,825.10
存出保证金	10,756,100,197.75
应收款项	9,752,377,293.00
买入返售金融资产	57,485,193,782.50
金融投资:	
交易性金融资产	219,593,069,669.76
债权投资	2,624,092,944.57
其他债权投资	11,154,221,274.32
其他权益工具投资	15,783,977,730.41

续表

项目	金额
应收融资租赁款	52,941,642,872.73
长期应收款	21,943,691,725.01
长期股权投资	4,942,937,512.38
投资性房地产	176,838,607.67
固定资产	6,305,460,562.07
在建工程	273,833,514.07
无形资产	1,311,833,877.36
使用权资产	985,650,866.54
商誉	4,134,434,372.94
递延所得税资产	3,143,085,667.30
其他资产	33,452,761,842.11
资产总计	636,793,631,603.21

表4-29 海通证券2019年负债表(单位:元)

项目	金额
短期借款	41,792,004,889.56
应付短期融资款	32,206,854,511.25
拆入资金	20,622,513,497.55
交易性金融负债	30,085,966,203.69
衍生金融负债	2,170,598,512.25
卖出回购金融资产款	68,877,677,524.61
代理买卖证券款	87,464,142,308.27
应付职工薪酬	5,699,701,657.27
应交税费	2,575,352,237.00
应付款项	9,467,098,681.29
合同负债	182,997,693.86
预计负债	75,080,474.97
长期借款	46,333,118,325.69
应付债券	132,742,370,997.51
租赁负债	990,874,291.80
递延所得税负债	251,079,237.63

续表

项目	金额
其他负债	14,137,457,426.31
负债合计	495,674,888,470.51
股东权益:	
股本	11,501,700,000.00
资本公积	56,526,248,966.71
其他综合收益	-888,898,605.19
盈余公积	6,935,712,199.87
一般风险准备	15,156,735,176.65
未分配利润	36,859,495,812.92
归属于母公司所有者权益	126,090,993,550.96
少数股东权益	15,027,749,581.74
所有者权益(或股东权益)合计	141,118,743,132.70
负债和所有者权益(或股东权益)总计	636,793,631,603.21

表4-30 海通证券2019年利润表(单位:元)

项目	金额
一、营业收入	34,428,641,199.44
手续费及佣金净收入	9,929,355,586.14
其中:经纪业务手续费净收入	3,571,010,848.08
其中:投资银行业务手续费净收入	3,456,860,762.60
其中:资产管理业务手续费净收入	2,394,892,182.53
利息净收入	4,147,849,553.82
其中:金融资产利息收入	13,631,112,781.49
其中:融资租赁收入	4,552,042,489.48
其中:利息支出	14,035,305,717.15
投资收益(损失以-号填列)	9,230,895,239.56
其中:对联营企业和合营企业的投资收益	149,644,491.71
其他收益	105,295,048.49
公允价值变动收益(损失以-号填列)	2,369,067,916.60
汇兑收益	243,053,004.76
其他业务收入	8,427,689,505.65

第四章
认识现实的金融世界：中国的金融机构与业务

续表

项目	金额
资产处置收益(损失以-号填列)	-24,564,655.58
二、营业支出	21,052,656,015.10
营业税金及附加	162,293,882.94
业务及管理费	11,094,672,690.02
信用减值损失	2,847,409,976.86
其他资产减值损失	-7,914,002.33
其他业务成本	6,956,193,467.61
三、营业利润	13,375,985,184.34
加:营业外收入	538,904,928.65
减:营业外支出	42,969,096.27
四、利润总额	13,871,921,016.72
减:所得税	3,331,258,255.25
五、净利润	10,540,662,761.47

表4-31 海通证券负债结构表(单位:亿元)

项目	2019年规模	占比	2018年规模	占比
应付短期融资券+应付债券	1,649.49	33%	1,666.85	38%
卖出回购金融资产+拆入	895.00	18%	710.97	16%
短期借款+长期借款	881.25	18%	802.03	18%
代理买卖证券款	874.64	18%	718.94	16%
交易性金融负债	300.86	6%	262.01	6%
其他负债等	355.5	7%	283.58	6%

分析海通证券的负债结构，并将之与中国工商银行和中国人寿进行对比，可以发现海通证券没有金融属性的负债业务。海通证券通过发行债券、银行借款、卖出回购等方式获得资金。非金融企业同样可以使用这些方式进行融资。这些负债都属于与公司的资本结构相关的部分。而银行通过吸收存款、保险公司通过销售保单所获得的资金，都是银行和保险公司在运营过程中形成的负债，和资本结构无关。

证券公司的负债中，"代理买卖证券款"属于在运营过程中形成的和资本结构无关的负债。然而,在当前的证券账户体系下,这些资金都被商业银行托管,与资产表中的"客户资金存款"和"客户备付金"大体对应。这些资产对应的负债科目是"代理买卖证券款"。证券公司并不能自由支配这些资金,也不能通过这些资金进行息差套利,相关资产和负债都只是在资产负债表上的形式体现而已。因此,笔者认为,除了资产管理业务具备金融属性之外,证券公司其他业务本质上并不是金融业务,而是属于和审计、评级类似的金融相关业务。

表 4-32 海通证券资产结构表(单位:亿元)

项目	2019 年金额	占比	2018 年金额	占比
货币资金+结算备付金+存出保证金	1,363.84	21%	1,154.72	20%
交易性金融资产+其他债权投资+其他权益工具投资	2,491.55	39%	2,082.48	36%
融出资金	527.98	8%	488.61	9%
买入返售金融资产	574.85	9%	826.79	14%
应收融资租赁款	529.42	8%	616.53	11%
其他资产	802.88	13%	515.98	9%

根据附注信息,海通证券的公司融资类业务形成的资产包括融资融券和股票质押及约定购回,合计余额为 836 亿元。后面在对海通证券进行估值时,将海通证券这种进行息差套利的和业务运营相关的资产估计为 950 亿,并且以 3% 的利差来估算这部分的息差净收入。950 亿元和 836 亿元略有误差,但是不产生实质影响。除了这部分资产和应收融资租赁款,其他金融资产都是纯粹的投资性资产,和公司的经营基本没有太大关系,因此,很难获得高于市场平均水平的回报率。后面都是按照账面价值来对这些资产的进行估值的。

3. 证券公司的估值

海通证券的估值相对来说更为复杂。一方面是因为公司控股租赁公司,将租赁公司合并报表后,财务报表数据更加难以分析。另一方面是因为证券公司的金融资产中,有一部分和运营紧密相关,即为用户提供融资融券等获得利息收入的部分;还有一部分则属于自营资产,和运营没有关系。按照估值逻辑,对前一部分和运营相关的金融资产主要参考利润进行估值,后一部分资产则按照金融资产的市场价值进行估值。因此,需要对资产负债表和利润表进行重构,这种重构需要利用附注信息。

(1) 租赁资产需要剥离进行单独估值。

根据附注信息,整理海通证券的租赁业务相关科目如表 4–33 所示。

表 4–33 海通证券租赁业务相关科目(单位:百万元)

项目	2019 年	2018 年
流动资产	51,149.47	43,472.82
非流动资产	47,897.80	38,638.56
资产合计	99,047.27	82,111.38
流动负债	46,183.69	35,082.95
非流动负债	37,573.80	34,108.58
负债合计	83,757.49	69,191.53
净资产	15,289.78	12,919.85
净利润	1,354.91	1,311.26

根据海通证券报表信息,租赁公司的净资产回报率在 2018 年为 10%,2019 年为 8.86%,且 2019 年相比 2018 年几乎没有增长。从特许经营权的角度,租赁公司没有金融方面的特许经营权。任何机构只要有资金,都能够很方便地通过租赁进行放款。因此,租赁公司难以获得

估值溢价。我们以净资产来估值,为153亿元。海通证券持有的比例为85%,对应的价值为130亿元。此部分价值占海通总市值比例不高,因此这种处理引起的误差较小。

我们将租赁公司对应的资产、负债、收入、费用及利润从合并报表中去除,得到合并报表的资产总计为5,377亿元,净资产为1,258亿元。

(2)营运资产、自营投资资产和长期股权投资的划分。

我们对普通企业进行估值时,根据收入来源性质不同,将其划分为经营资产、长期股权投资和金融资产。对于经营资产部分,通常根据经营利润情况,运用相对估值法,将经营利润乘以一定倍数或者利用自由现金流贴现模型进行估值。对于长期股权投资和金融资产部分,则用账面价值进行估值。

这种操作处理对于普通企业而言比较容易,因为普通企业的长期股权和金融资产对应的收益体现为"投资收益"和"公允价值变动损益"科目。因此在计算经营利润的时候,可以很方便地将金融资产和长期股权投资产生的收益从利润表剥离,得到经营利润表。

和普通企业不同的是,证券公司等金融企业有两种金融资产,一种作为营运资产,和公司的业务紧密结合。这种资产需要运用相对估值法或绝对估值法对其产生的经营利润进行估值。还有一种是自营投资资产,没有和公司的业务有效结合,采用账面价值估值比较合理。在计算经营利润的时候,由于营运资产和投资资产这两种资产产生的收入没有单独分别计账,无法进行有效区分。

海通证券有近950亿元的资产是进行融资业务的资产,通过股票质押式回购和融资融券为投资者提供资金,这部分资产是和运营高度相关的。海通证券通过发行债券等获得资金,赚取两者的利差。我们同时扣除相应的负债。假设资产和负债两者的利差为3%,对应的收益为

28.5亿元。这部分收益和手续费及佣金净收入都是来自证券公司基于特许经营权和运营管理而获得的。我们在扣减相应的费用及所得税后,以15倍的估值来计算。

其他的资产,无论是投资债券还是股票,产生的投资收益、公允价值变动都不视为可持续性的。而且在没有运营支持的情况下,没有理由认为证券公司的证券投资能够取得超出市场平均水平的收益。根据海通证券年报,海通证券2017—2019年的净资产回报率约为5%,事实上并不高,没有取得超出市场平均水平的收益。因此以净资产来对这块资产进行估值。海通证券这块资产的价值为1,258亿元,同样按照账面价值对长期股权资产进行估值,为49.42亿元,已经包含在1,258亿元这块价值当中。

这样处理时有两个重要的费用需要划分,即业务及管理费和所得税费用。所得税按照25%的税率来计算。对于111亿元的业务及管理费,取70%的比例作为与运营资产相配比的费用。之所以将较高的业务及管理费分配给经营利润表,是因为经营相比证券投资需要更多的费用和成本。

当然,以上处理都涉及大量的估计,存在较大误差。

经过以上的调整,我们可以得到海通证券2019年的经营利润表,见表4-34。

表4-34 海通证券2019年经营利润表(单位:元)

项目	金额
手续费及佣金净收入	9,929,355,586.14
运营利差净收入	2,850,000,000.00
营业税金及附加	162,293,882.94
业务及管理费	7,766,270,883.01
营业利润	4,850,790,820.19

续表

项目	金额
所得税	1,212,697,705.00
净经营利润	3,638,093,115.14

如果以15倍来估值,海通证券净经营利润的价值为540亿元。

合计得到海通证券的价值为540亿+1,258亿元+130=1,928亿元。由于第二块净资产的估值为1,258亿元,估值时已经扣除海通证券的所有负债。因此,1,928亿元就是股权价值的估值。

2020年5月6日,海通证券的市值为1,460亿元,和其净资产1,411亿元相当。计算得到,海通证券2019年的净资产回报率7.47%,并不高。这一估值有其合理性。然而,考虑到证券公司持有的资产都是变现能力较强的金融资产,净资产的估值没有考虑证券公司的特许经营权以及形成的营业网点、品牌、客户基础等无形资产。

海通证券这种高信用主体,能够以低成本获得资金,再以高成本放贷,这种盈利模式存在较大的增长空间。因此可以断言,当前的市场价格存在低估。低估的部分就是我们对于证券公司通过运营每年能够获得的稳定的净经营利润对应的价值,即540亿元。

第四章
认识现实的金融世界：中国的金融机构与业务

第六节 结构化金融：理解所有金融机构和业务的统一模型

前面分析资管业务的时候，我们用到了"募投管退"的分析框架；在分析商业银行的业务的时候，则是从资产端和负债端的利差模式进行分析。同时，我们可以看到资管业务的募集和银行的负债业务有高度的相似性，资管业务的投资与银行的资产业务有高度的相似性。在结构化金融领域里，这两种分析框架被抽象为统一模型，即 CDO 模型。无论是商业银行业务，还是保险业务以及公募基金、私募基金等资管业务，都是 CDO 业务的一种特例。

从资产负债表的角度，银行的资产端全是各类没有流动性的贷款类资产，银行的负债端则变成了具备最高流动性的活期存款产品，而且银行的负债端出现了结构分层。存款人持有最优先级的份额，而股东持有最劣后级的权益，首先承担风险。

银行的资产证券化能力构建在一系列复杂的体系之上，包括：巴塞尔协议，相当于 CDO 的杠杆比例限制；存款准备金，相当于 CDO 的流动性准备金；以及最重要的存款保险制度（在中国则是中央政府的隐性信用背书）和央行的最后贷款人角色（以保障商业银行体系整体的流动性）。

法博齐曾提到，CDO 就是一个迷你银行。关于 CDO 的内容，本书在后文介绍关于资产证券化的内容时有更详细的介绍,此处不作展开。我们换一个思路,从商业模式的角度来理解各类金融机构的业务。根据商业模式的不同,金融机构可以分为经纪商模式、交易商模式、做市商模式和套利商模式。

经纪商模式下,金融机构无须发挥任何金融治理作用,其职能是寻找买卖证券(或资金供需)的双方,并为双方的证券买卖(或金融交易)提供撮合结算等服务。在此过程中,金融机构无须承担任何风险。在信息技术高度发达的当今时代,信息的生产、获得与传送变得非常容易,几乎所有行业都存在去经纪化的趋势。全国性证券交易市场的建立,使得证券买卖双方寻找交易对手的成本几乎为零。

当然,经纪商仍然存在于很多行业中,但是这些行业大都是商品价值难以定价、单位价格较大、买者卖者数量都较小且交易税费成本较高的行业,比如房地产中介行业、艺术品中介行业,等等。因此,对于一些另类资产业务以及像公司并购这样的大型业务而言,经纪商仍然存在价值。然而,随着证券化的发展,具备相当市场深度与广度且流动性较好的金融市场,去经纪化将是最彻底的。

交易商模式与经纪商模式最大的区别在于,金融机构本身作为交易的一方参与了证券交易,但是其参与交易不是为了投资收益或套利,而是为了再次进行反向交易,赚取两次交易的利差或价差。这是一种改进后的经纪商模式。考虑到有时要直接匹配交易双方的需求,这种模式难度较高,如果有金融机构能够充当交易的普遍对手方,那么匹配买卖的难度将大大减少,交易效率将大大提高。自从货币在商品交易中充当一般等价物后大大减少了交易的难度,较之"以货易货"交易,交易效率有了质的飞跃。理解了货币发挥的作用,我们就可以理解相比经纪商模式,交易商模式在提高市场交易效率方面有了质的提升。

第四章
认识现实的金融世界：中国的金融机构与业务

在交易商模式中，金融机构发挥了两大作用：首先是为市场提供流动性，提升了市场的交易效率；其次是为市场生产了信息。由于金融机构在交易商模式中持有了头寸，因而有了风险敞口。因此，金融机构就有动机去生产与该交易相关的信息，并试图利用自身的信息优势获利，其交易行为将会影响金融市场的价格。金融机构在基于自身利益从事交易的时候，提供了市场治理。

做市商模式则在交易商模式之上更进一步。做市商持有某类金融产品，同时报出买入价和卖出价，与市场其他主体进行交易。做市商模式与交易商模式的差别在于，做市商模式中，有一家或多家金融机构作为某个金融产品的特殊交易商（即做市商）居于主导地位。而在交易商模式中，各个金融机构的地位基本相等。做市商模式在金融产品的投资者相对稀少且信息不对称相对严重的市场，比起交易商模式更能够发挥金融机构的市场治理的作用。此外，金融机构还可以适度发挥中介治理的作用。

做市商的存在实际上解决了信息生产"搭便车"的问题。因为信息不对称越严重，要生产的信息就越多，花费的成本就越高，如果生产信息花费的成本无法通过盈利弥补的话，那么金融机构将没有动机去生产信息。

在套利商模式中，金融机构通过负债放大自身的财务杠杆，再去投资金融资产用于获益，赚取金融资产收益与债务利息的差价。这种模式下，金融机构提供了中介治理与市场治理。商业银行和保险公司采用的就是典型的套利商模式。国外的大型投资银行，通过举债、拆借、回购等方式获得资金，然后进行各类投资，通过套利获取利润，做大资产负债表，基本上发挥了商业银行的核心职能。

在套利商模式中，投资银行承担了巨大的风险。这种模式对金融机构尤其是投资银行的专业能力要求也最高。稍有不慎,金融机构就可能步雷曼兄弟、贝尔斯登之后尘。投资银行在套利商模式下,承受的风险比商业银行或保险公司更大,主要原因是:一方面负债依赖于机构而不是公众,稳定性差;另一方面是其缺乏中央银行的最后的流动性支持。

  国内证券公司的业务模式基本处于经纪商的模式。银行则兼具经纪商、交易商、做市商和套利商的模式,以套利商模式为主。国内当前还缺乏典型意义的专业交易商和做市商。一些具备较大资金规模的游资进行的短线操作,虽然存在投机成份,但是从商业模式的角度来分析,这类操作其实是一种交易商模式,只是这些资金还没有形成正规化的运作机制。

第五章

特定合成应用

保尔森做空次贷赚超百亿美元的案例分析

第五章
特定合成应用：保尔森做空次贷赚超百亿美元的案例分析

2008年，由美国次贷危机引发的全球性金融危机，被认为是自"大萧条"时期以来，资本主义世界经济运行中遭遇的最大危机。次贷危机之所以没有造成像大萧条那样的严重后果，得益于人们吸取了"大萧条"的经验教训以及美国政府和美联储采取的多种危机处理手段。但这些危机处理手段，如财政资金注入金融机构、量化宽松等，也产生了很多不良的后果。一直到今天，这些影响仍然没有完全消除。

介绍次贷的文章和关于次贷的经验总结非常多。很多文章更多地讨论如何发现次贷产品市场存在的问题和机遇，侧重于宏观战略和决策分析。正如"大萧条"是研究宏观经济的"圣杯"，次贷危机也为我们洞察资本主义经济体系和金融体系的运转机制提供了丰富的素材。

本章将首先详细讨论保尔森在美国通过做空次贷在危机中大获其利的著名案例，讨论的重点落在金融工程上，侧重于战术执行和微观操作细节。即当战略决策者发现机会并且愿意以承担风险为代价进行做空操作的时候，战术执行者运用金融工程的技术，以最低成本和一定资金构建尽可能大的做空头寸，在获得最大可能的收益的同时有效控制风险和落实利润。

相比宏观的高屋建瓴，负责落地的微观细节总是更为琐碎而枯燥。然而对于讲究实际盈利的金融市场而言，无法真正落地的想法就没有现实意义。正如软件工程师经常所说的："Talk is cheap. Show me the code"。

本章还详细讨论了金融工程中的"特定合成"技术的运用。从中观维度，围绕投资银行如何在市场竞争中利用"特定合成"技术创设产品以及通过商业模式创新创造市场，最终发展到当前的地位格局。最后得出结论：投资银行本身也是"特定合成"的产物，是对商业银行的一种特定合成。这对于理解中国的金融创新与市场发展有非常重大的借鉴意义。

第一节　保尔森做空次贷案例的背景介绍

我们首先对美国次贷危机形成的历史进行简单回顾。次贷,即次级贷款(Subprime Mortgage),是指次级住房抵押按揭贷款。次级是相对于优级而言的,次级的信用质量低于优级。各类贷款都有优级和次级的分类,比如汽车抵押贷款,同样有优级汽车抵押贷款和次级汽车抵押贷款。如无特别说明,次贷或次级贷款在本章中通常是指次级住房抵押贷款。

次贷危机是指美国的金融机构发放并且持有过多的次级贷款,在次级贷款出现大量违约的情况下,对美国的金融机构造成重大损失,进而引起信用违约的连锁反应,导致了整个金融体系的动荡局面,并且对实体经济运行产生重大冲击的危机事件。

若严格考究次贷危机的根源,应该追溯到克林顿执政的20世纪90年代。当时美国政府为了改善居民福利,也为了迎合选民获取选票,出台各类政策推动住房金融的发展,以提高美国的住房自有比率,帮助美国人民实现"居者有其屋"的"美国梦"。美国的两房机构,即"房地美"(Freddie Mac)和"房利美"(Fannie Mae),作为国会授权设立的政府发起机构,也正是从这个时期开始进入高速发展的阶段。

克林顿执政的后期,美国高科技股票泡沫破灭,经济出现衰退。美联储开始进入降息周期,释放流动性以提振经济。尤其是2001年的"9.11事件",严重挫伤了美国人民对于未来的信心。自此之后,美联储的货币政策进入高度宽松化的阶段。小布什政府大力推行鼓励中低收入者购买房屋的政策,"两房"成为政府政策推行的重要抓手。

第五章
特定合成应用：保尔森做空次贷赚超百亿美元的案例分析

与此同时，中国等国家的经济高速发展，以大量外汇储备购买美国国债，并且中国生产的大量廉价商品进入美国市场，很大程度地抵消了美国货币宽松政策所引起的物价上涨压力，也为美国这一较长时期的高度货币宽松政策提供了支撑基础。

正常情况下，美国的货币政策是在经济增长和物价控制之间寻求平衡。自20世纪70年代沃尔克在美联储主席任上控制恶性通胀之后到如今的几十年里，美国的货币政策更偏向物价控制，是一种事实上的通货膨胀目标制，CPI指数增幅基本控制在2%以内。一旦物价上涨，CPI接近或超过这一数值，将会倒逼美联储的货币政策收紧。这意味着，货币宽松政策不可能一直持续，总有收紧的时点到来。作为对比，中国的通胀目标值大约在4%的水平。自20世纪90年代以来，中国的物价控制能力大幅提高，物价水平整体比较稳定。

图5-1是美国2000—2015年的联邦基金利率走势图。从图中可以看出，进入2000年以后，美联储开始下调利率，从7%的高位一直下降到2005年1%的低位。

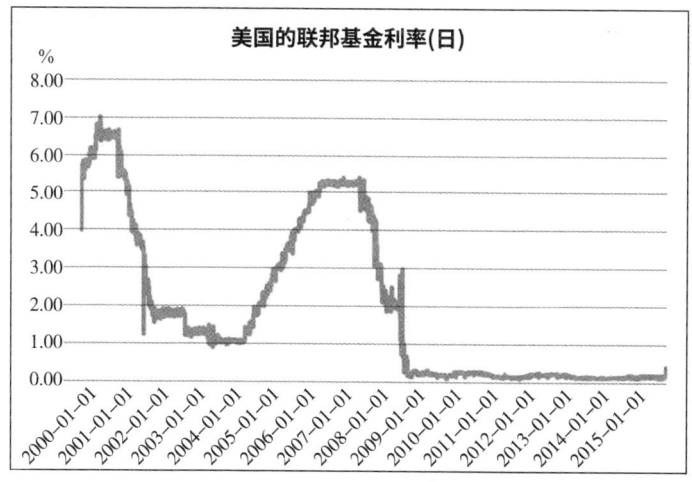

图5-1　美国2000—2015年的联邦基金利率走势

美国的房地产价格也正是在 2000—2007 年的这一期间进入高速增长，增长速度远远超过美国历史水平。诺贝尔经济学奖得主罗伯特·席勒在这一期间出版了《非理性繁荣》一书。席勒在书中指出，在考虑通胀因素并且进行相应调整之后，美国的房地产价格在 1890—2004 年期间只上升了 60%，年均增长 0.4%。而在 1997—2004 年期间，房价上升了 52%，年均增长 6.2%。

这种短期房价增速相对长期房价增速的严重偏离，预示了房价泡沫不可持续。一旦货币政策转向收紧，危机迟早到来。当美联储 2004 年进入加息周期后，美国有很多投机者就开始进行做空操作，遗憾的是，泡沫持续的时间比人们最乐观预计的时间还要更长。很多先行者大败而归。

2004—2006 年期间，做空太早的人亏损出局的原因，一方面是房价泡沫持续的时间超出预期，体现了做空者在战略和决策层面的失误；另一方面，做空者没有选择合适的工具，也未能有效控制风险。这是战术和执行层面的问题，也正是本书的讨论重点。

货币宽松政策一直持续，最终必然会引起物价上涨。但是为什么上涨的不是消费品价格或股票价格，而是房地产价格呢？换句话说，货币宽松是房价上涨的必要条件而非充分条件，充分必要条件是什么呢？

对于这一问题的不同理解和回答，正是金融工程师与经济学家或金融学家的思维区别所在。经济学家把金融市场当作一个"黑匣子"，只考虑"输入"（即货币宽松）和"输出"（即房价泡沫）的关系，金融工程师则需要进一步理解金融市场的内部构造，掌握从"输入"到"输出"这一过程的运作机制。

基于这种工程师思维，笔者深入分析背后的机制，发现美国政府的"有形之手"对房价泡沫的形成起到了非常关键的作用。在货币宽松的

第五章
特定合成应用:保尔森做空次贷赚超百亿美元的案例分析

前期,美国政府通过"两房"机构提高购房贷款的可获得性和大幅降低房贷利率,直接刺激居民的房地产需求,从而推升房价。在房价已经形成上涨趋势,市场进入追涨杀跌的正反馈状态之后,"两房"逐步退出房地产金融领域,由投资银行等市场化的机构顶替其角色,进一步推波助澜。

图 5-2 是 2000—2009 年,美国机构类 MBS 和私人类 MBS 每年的发行情况(单位:亿美元)。

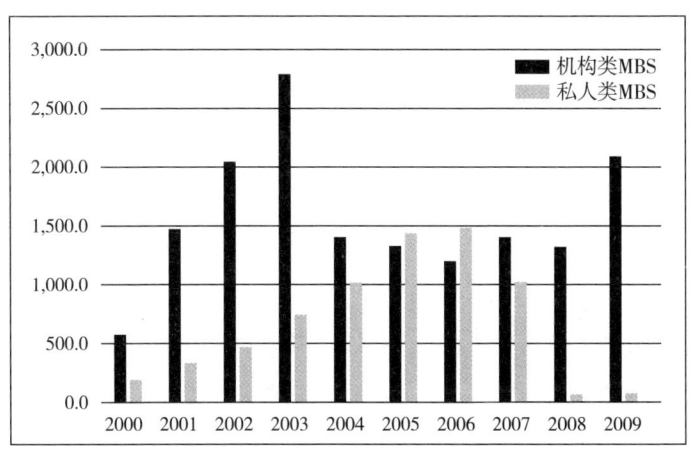

图 5-2 2000—2009 年,美国机构类 MBS 和私人类 MBS 每年的发行情况

从图 5-2 中我们可以看出,在房价泡沫形成的早期,私人类 MBS 的发行规模很小,远远低于机构类 MBS 的发行规模。机构类 MBS 的发行规模在 2001 年的增速接近 200%。房价泡沫形成后,机构类 MBS 的发行规模减小,在 2004 年的降幅接近 50%。2005 年,私人类 MBS 的发行规模首次超过机构类 MBS。[16]

---

[16] MBS(Mortgage Backed Securities,抵押支持证券)是指将发放给购房者的住房抵押按揭贷款,打包发行证券,面向投资者募集资金。在美国,MBS 产品是购房者获得住房抵押贷款资金的最主要来源,为房地产市场提供了终极弹药。机构类 MBS 是指由美国两房等政府发起机构提供担保的 MBS,私人类 MBS 是指由华尔街金融机构创设的 MBS。

2007年次贷危机开始出现苗头,私人类 MBS 的发行规模大幅减少。到了 2008 年次贷危机发生以后,华尔街的金融机构受到重创。接下来的两年里,私人类 MBS 的发行规模大幅减少到几乎可以忽略不计。而在此期间,机构类 MBS 发行规模大幅增长,重新主导市场。

货币宽松引导市场的"无形之手"和政府的"有形之手",是房价泡沫的充分必要条件。而在信用货币体系之下,货币宽松也是由"有形之手"决定的。这是理解现代经济运行机制的关键,后文将对此进行详细讨论。

本书认为,美国政府才是推动房地产市场及房价泡沫的主导力量,也是次贷危机的真正"元凶"。美国是个三权分立的国家,美国的政府、司法机构(法院)和立法机构(国会)三者的联合,可以视为"大政府"。两房类机构是由国会设立并对国会负责,并不是一个真正意义上营利性的市场化机构。美国政府通过"两房",在前期引导房地产市场发展和推动房地产价格泡沫,在后期对地产市场进行托底护盘,证据确凿。华尔街的金融机构则通过各类金融创新,将推动泡沫的各种力量发挥到极致,起到了帮凶的作用。政府与市场,一个决策,一个执行。

在次贷危机发生之前,美国的各项经济金融数据都表现良好,以至于很多经济学家都下定结论,美国的经济没有问题,更不可能发生重大危机。经济学家几乎全体出现这种误判的原因,很大程度上正是由于没有深入了解金融体系的内部运作和分析金融产品的细节所导致的。换言之,这是由于经济学家缺乏金融工程师的视角和思维所引起的。

要深入了解次贷危机的形成以及华尔街金融机构的作用,需要我们进一步分析这些金融创新的细节。

举例来说,软件工程师在合作开发软件的时候会定义函数或过程。其他工程师在调用函数时通常只考虑函数的功能,即"输出"和"输入"

第五章
特定合成应用：保尔森做空次贷赚超百亿美元的案例分析

之间的关系，不考虑函数的编程细节。这可以视为一种合理的社会分工。面向对象编程的软件工程方法则将这一理念模式更进一步推进。然而，在函数出现 bug 的时候，这种有利于分工合作的方法显然不能够应对问题。次贷危机，正是美国经济或金融体系出现的"bug"。这种情况下，必须深入函数的细节，才能找出问题所在。

从系统工程的角度来看，优秀的系统架构师应该掌握子系统的细节、各子系统之间的耦合关系以及子系统对于母系统的价值。在软件工程里，这要求优秀的软件架构师具备良好的编程技巧。

由于专业学科的分科设置等原因，当前中国很多的经济学家将金融体系和金融产品视为"黑匣子"，缺乏对金融微观机制的研究和理解，这是一个相比美国更为普遍存在和严重的问题。

第二节　保尔森做空次贷的案例分析

上一节介绍了次贷危机的背景知识。本节接下来介绍保尔森在发现机遇后，如何通过具体运作创造利润。关于这一过程，两本比较经典的书《史上最伟大的交易》和《大空头》有非常详细的介绍。本书择其运作精要，从实际操作的角度进行介绍。

从金融工程实际操作的角度来看，知道次贷存在问题并且抓住做空机遇并不难。早在 2006 年（次贷危机还没发生时），笔者当时是金融专业在读研究生，听过好几场由美国华人教授回国举办的讲座，主题是美国的房地产泡沫及其可持续问题。这说明除了保尔森之外，美国还有很多人同样知道其中的机遇，或者说，次贷引致的房价泡沫是个公开的秘密。

美国的金融市场是个开放的市场，对次贷进行投机不难。任何人只要有资金和风险承担能力，都可以在市场建立头寸，进行投机。除了保尔森之外，还有很多个人投资者也通过做空次贷获得了不菲的收益回报。然而，很多投资者的运作可以说和金融没有任何关系。这些从中获益的投资者甚至都不知道自己是由于什么原因而赚到大钱，完全属于碰运气。根据本书对金融从业者的抽象分类，这些个体投资者不是金融从业者，他们属于金融行业所服务的目标客户。

保尔森真正做到了"知行合一"。在发现机遇后，他能够通过研究

第五章
特定合成应用：保尔森做空次贷赚超百亿美元的案例分析

深入了解机遇背后的机理，坚定信念，并且能够发起基金募集资金，有效构建头寸，同时深知其中的风险从而有相应的止损止盈设置等风险控制手段，最终还能落袋为安，实现收益。

直到 2005 年，保尔森才开始接触 CDS 产品。在此之前，保尔森管理几支对冲基金，主要进行股票二级市场交易以及一些并购交易。在美国金融行业，并没有太大名气和影响力。

在对 CDS 产品有过深入研究之后，保尔森的团队进一步研究美国的房地产市场，以寻求其中的机遇。保尔森的团队研究发现，美国的房价在 1975—2000 年，年度增速为 1.4%；2000—2005 年，每年增速超过 7%。这一结论与席勒在《非理性繁荣》一书中的观点相近，并无新意，对保尔森下定决心做空次贷影响不大。美国很多根据这一观点进行做空的投机者，由于时机过早，铩羽而归。

1. 从工程学的角度，分析次贷市场中的正反馈机制

当时有研究发现，美国房价走势对违约率的影响很大，有很多策略性违约事件的发生。另外，融资能力对违约率的影响很大，而融资能力受房屋权益即房价的影响很大。"房价走势对违约率影响很大"和"融资能力对违约率影响很大"这两个观察到的现象，对保尔森下定决心做空次贷起到了关键的作用。

从系统工程的角度来讲，这两个现象意味着金融系统中存在"正反馈机制"。正反馈机制是指在系统中存在这样的反馈闭环：输入产生输出结果，输出重新输入，进一步强化输入，然后强化的输入产生强化的输出结果。周而复始，一直到系统超载至崩溃。有过电路设计经验的工程师都知道，如果电路系统中存在正反馈机制，将会影响系统稳定性，最终导致系统崩溃。

"房价走势对违约率影响很大"具体是指房价越上涨,居民的违约率越低。美国房地产市场的正反馈机制是这样的:房价上涨,违约率越低,金融机构对住房抵押贷款的信心更强,更愿意提供贷款和降低风险利差。金融机构提供贷款的意愿增强和融资成本降低,居民越容易获得资金,购房需求增加。购房需求增加,房价越是上涨。

"融资能力对房价影响很大"具体是指如果房屋所有者很容易获得再融资,住房抵押贷款的违约率越低。这与金融机构不断放松原有的信贷标准,推出各类金融创新且次贷产品广泛流行等高度相关。

举个具体的例子帮助读者理解。很多美国居民本身没有储蓄,无法支付首付,也没有稳定的收入来源支付按揭月供还款。然而,通过华尔街"可支付力产品"的金融创新,这类群体也能够获得信贷资金购买房屋,并且可以在很长一段时间内不会出现违约!

可支付力产品的"可支付"一词是指华尔街的金融机构为这些低收入群体量身定制,根据其收入能力(即可支付力)确定还款安排。正常的贷款则是根据收入能力确定贷款额度,再根据贷款额度确定相应的还款安排。如果按照正常贷款的原则,这些居民根本无法获得用于购买房产的资金。

一个较为典型的可支付力产品的设计,是贷款购买房屋之后的前三年里不需要偿还月供,第三年末才开始偿还月供。在第三年的时候,购房者的还款压力剧增。常识及直觉告诉我们,这时违约率将会上升。

但是在房价上涨的期间,这种违约率上升的现象不会产生。"融资能力对违约率的影响很大"的意义体现出来了。美国金融体系的效率如此之高,使房贷借款人进行再融资非常容易。房价上涨时,居民在第三年末本来要开始还款的时候,可以将房子向金融机构抵押进行再融资。由于房价上涨了,按照新的估值,房产可以抵押贷到更多的资金。

第五章
特定合成应用：保尔森做空次贷赚超百亿美元的案例分析

居民除了偿还之前的贷款外，甚至还有剩余资金用于大宗消费。经济因此呈现一派繁荣景象。

基于这些现象，保尔森派出团队到美国各地进行实地考察，他惊奇地发现，美国的次贷产品风险非常巨大，已经累积到将要出现大面积违约的临界点。次贷产品当时之所以没有立刻出现大面积违约，全部建立在房价稳定和上涨的基础之上。一旦房地产价格下降或仅仅只是不再快速上涨，体系将进入反向的正反馈机制，即"房价下跌，违约率上升，金融机构惜贷，居民难以获得资金，进一步提高违约，同时购房需求降低，使得房价下跌"，周而复始。这种正反馈机制一旦被触发，违约率将会快速飙升，不是线性上涨，而是脉冲式上涨。

构建头寸、做空次贷的最佳时机，是在这一正反馈机制被触发前的一段时间里。过早或者过晚，都可能错失良机。

发现做空次贷的机遇并且深入理解次贷危机的微观机制之后，保尔森开始募集专门做空的对冲基金"保尔森信贷机遇基金"。基金一开始是与大型投资银行做交易对手，向这些机构购买 CDS。在此过程中，由于美国的经济数据良好，金融市场普遍比较乐观，CDS 价格出现向下调整。也就是说，金融市场普遍认为次贷产品的信用风险不高，CDS 的市场价格被高估。

正是由于对次贷危机微观机制的深入研究和透彻理解，保尔森没有被市场主流观点影响，持续买入 CDS，坚定看空与做空房市。

前文从系统工程方法论的角度，讨论了对微观机制缺乏认识的经济学家出现误判的原因。而从金融实践的角度，经济学家出现误判的根本原因是，华尔街的金融创新改变了市场结构，从而改变了之前基于原有市场结构之上的经济规律。

以可支付力产品为例。经济学所认同的一般规律是，房价和居民收入存在一定的比例关系。国内有经济学家,在十年前就以中国的"房价收入比"高于其他国家和"正常"水平为由,认为中国的房价过高,不可持续。事实证明这一观点是错误的。

目前普遍流行的分析观点认为,之所以出现这种误判,并不是因为"房价收入比"的理论或逻辑推理有问题,而是中国有中国的国情,比如,中国的户口制及相应社会福利与自有房产挂钩政策、中国的城市化进程、中国的高储蓄率等。这些中国特色的因素,导致中国的房价收入比较高。这些观点有其合理性。

然而,基于金融工程学原理对美国金融产品的分析,本书认为,房价和居民收入存在关联关系的这一逻辑前提本身就存在问题。房价与居民收入存在关联关系的逻辑前提是居民最终需要依靠收入来支付购买房屋的资金。实际上,从可支付力等次贷产品可以看出,在金融机构的协助下,没有任何储蓄和收入的居民也能够购买房屋,并在很长一段时间里正常偿付贷款。美国金融市场原有的"房价收入比"的稳定性,自此丧失了。在此期间,房价和收入之间没有关系,而是与信贷资金的可获得性有更强的关系。

很多人可能很难接受这一观点,并且声称房价最终要回归到与收入相一致的水平。这一观点并没有错,但是不能告诉我们更多关于房价运行的知识。而金融工程师接受这一观点,应该不存在任何的心理障碍。毕竟金融的定义是"在跨期和跨主体的资源配置中发挥作用的各类事物"。金融工程师不仅能够认识到在房价最终回归到与收入相一致的水平之前,有可能会由于各种原因而大幅偏离。金融工程师还实际参与了使房价与收入水平相偏离的实践,一些"知行合一者"还有机会从中大获其利。

根据中国人民银行《2019年金融稳定报告》的内容,近几年,中国的

第五章
特定合成应用:保尔森做空次贷赚超百亿美元的案例分析

房价增速与个人住房贷款增速高度相关。

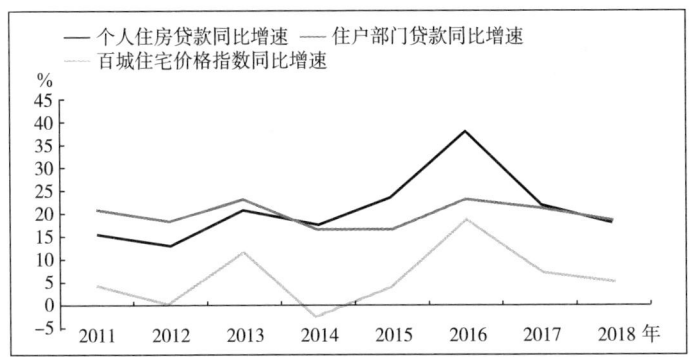

图 5-3　个人住房贷款与房价增速对比(2011—2018 年)

(数据来源:中国人民银行、万得)

具备了金融工程师的思维之后,想必上述观点对于一般读者来说也变得易于接受了,但或许有人会问:房价回归到与收入一致的临界点在哪里?

从系统工程的角度来看,美联储处于系统架构师的位置,金融市场处于美联储的架构之下。因此美国的金融市场作为子系统,面临的临界点是美联储货币政策收缩到房价持平开始出现下跌的时候。但是如果美联储不收缩货币政策呢?是不是房价泡沫就一直可以持续?美联储作为系统架构师的临界点在哪里?解答这个问题有助于理解中国未来房价的走势。

此处提请读者注意,本书的分析是基于金融工程实践的角度而非学术研究的角度,因此很多总结都是源于实践经验的思考。很多学术研究为了逻辑的严密性,在构建模型时进行了过多的简化。作为讨论金融工程的文章,相比逻辑的严密性,本书更侧重考虑现实的复杂性。

我们换个角度,从财务报表着手分析,从现金流可持续的微观角度展开讨论。对于金融机构而言,面对没有偿付能力的主体发放贷款,其中的风险不言而喻。但是正如时任花旗集团首席执行官的查尔斯·普林斯（Charles Prince）所说，"从流动性的角度考虑，当音乐停止时，事情可能会变得复杂。但只要音乐还未停止，你就得起身继续跳舞。现在我们大家都还在跳舞。"音乐还没停下就退出舞会的人，未战就已先败。金融机构之间竞争的关键不在于谁能存活，而在于谁能够比其他机构存活得更久。这取决于金融机构财务报表的表现。

仍然以可支付力产品为例。虽然金融机构明知这类产品存在很大的风险，但是在风险没有暴露之前，因为违约率处于低位，金融机构仍然可以在资产负债表上记录一笔优质资产。从利润表的角度来看，这类产品的收益率比国债、高信用公司债券及优级抵押贷款等高出不少，能够为金融机构创造可观的收益。这些产品的问题存在于现金流量表当中。因为在很长时间里，产品根本不会产生任何现金流入。

在权责发生制之下，一个公司可以通过挂应收账款的方式实现较好的利润，并且产生一个强健的资产负债表，但其应收账款存在是否能够顺利回收现金流的问题。从财务分析的角度，次贷的运作本质就是金融机构以挂应收账款的形式，短期内美化资产负债表和利润表。短期内，应收账款回收现金流之前，企业必须依靠外部筹资性现金流来平衡；长期内，如果应收账款最终不能回收，形成坏账，财务报表必然坍塌。

美国的金融机构同样需要外部筹资来平衡。金融机构针对次贷客户的现金流出主要依靠两类资金流入来平衡：一是储蓄，次贷客户借钱而有另一部分人存钱；二是依靠外部的筹资资金流入，如发优先股或债券。

将微观主体的情况推广到宏观系统，美联储考虑的是整个美国金融体系的现金流平衡，考虑的是美国国内的储蓄率和国外的资本流入

第五章
特定合成应用：保尔森做空次贷赚超百亿美元的案例分析

情况。当储蓄和资本流入不足以平衡时，必须结束之前的游戏。从宏观经济学的角度，不考虑上述金融微观细节，经济学家同样可以得出结论：当一个国家储蓄率处于低位，外部资金流入减少时，如果继续实行货币宽松，将会导致物价失控，倒逼央行收缩货币。两者的结论一致。

有了上述微观分析的基础之后，我们更有信心对中国的房价进行判断。根据上述机理分析可以认为，中国房价一直上涨的趋势，如果要出现大的转折，有两个关键的临界点。

一个临界点是，央行作为金融系统的总架构师，主动强行收缩货币。这个临界点非常难以判断，取决于决策者的价值取向等各种因素，不确定性较大。市场通常认为这种可能性很低。

另一个临界点是，经济金融形势倒逼央行收缩货币。依美国的经验，就是国内储蓄率下降到很低的水平和国内的资本大量外逃。中国当前的房地产金融，第一套房的首付比通常为30%，第二套房的首付比高达50%。相比华尔街的房贷产品创新情况，中国的金融创新还有足够的发挥空间。另外，中国的经常项目仍然盈余，而且有3万亿美元的外汇储备，不存在对外部资金流入的依赖。不确定性较大的地方是国内资金大量外逃。但在资本管制之下，资金出入闸门尽在政府掌握。

依此来看，中国的房地产市场比较稳定，而且形势可控，不会出现类似逼仓美联储的次贷危机！

2. 保尔森充当金融工程师，自己创设CDO，构建头寸

深入研究了次贷危机的微观机制之后，保尔森审时态势，决定自己主动出击。他充当金融产品经理和金融工程师，与高盛合作，创建CDO，并将产品销售给机构投资者，构建了大量做空次贷的头寸。自危

机发生后,保尔森持有的CDS⑰被寻求对冲风险的金融机构追捧,价格上涨高达数十倍。最终两只信贷机遇基金分别获得了590%和350%的盈利,盈利规模超过100亿美元,震惊全球金融界。据传闻,投机大师索罗斯对保尔森的操作十分钦佩,还曾专程登门请教。

接下来从执行层面,对保尔森的做空操作进行更加专业的分析讨论。认识到了次贷存在的问题和做空机遇后,做空者需要考虑的第一个问题是如何做空。从金融工程的角度诠释,就是选择什么样的金融工具进行做空。

做空的对象应该与次贷产品的表现高度相关。这样的产品包括房地产企业的股票、持有大量次贷产品的金融机构的股票等。保尔森选择的产品是信用违约互换,即CDS。从操作层面来看,这类产品可以视为完美的做空工具。

CDS通常要确定某一特定资产或一篮子资产,这类资产称为参考资产。CDS的购买方每年向CDS的出售方支付保费。保费是按名义面值的一定比例收取。CDS的购买方因而获得保护。当参考资产出现信用违约等事件时,出售方需要向购买方赔付因此遭受的损失。CDS支付的保费,与参考资产的违约概率和违约损失情况高度相关。在一个有效市场里,保费通常和参考资产相对国债的风险利差相近。

举一个更详细的例子来说明。比如,某个参考产品债券的利率是7%,国债利率是4%。在不考虑流动性溢价的情况下,意味着金融市场为参考资产的风险定价是3%。CDS的保费比率通常也在3%的水平波动。CDS的另一个概念是名义面值。比如,名义面值为100万元,则每

---

⑰ CDS(Credit Default Swaps,信用违约互换)相当于保单,购买CDS的人向出售CDS的人每年支付"保费",当特定债券出现信用违约时,出售CDS的人向购买CDS的人赔付违约所造成的损失。通常特定债券的违约率越高,支付的保费越多。违约率上升(下降),CDS的价格上涨(下跌)。

第五章
特定合成应用：保尔森做空次贷赚超百亿美元的案例分析

年支付的保费是 3 万元。如果债券违约本金全部损失，则赔付 100 万元。

CDS 和普通保单不同的地方是，CDS 作为证券能够流通转让，有活跃的二级市场。如果参考资产的信用风险在 CDS 交易达成之后增加，CDS 的价格会上涨；反之，如果信用风险减少，CDS 的价格则会下降。国外金融市场以 CDS 的价格来度量参考资产的信用风险。

在美国次贷危机发生之前的一段时间里，CDS 交易的名义面值总额高达几十万亿美元，远远超过实际存在的参考资产的面值总额。这意味着，参考资产（即次贷资产）的风险被金融机构之间的交易人为放大了很多倍。

3. 从投机者的角度分析通过 CDS 做空的优势

相比做空房地产股票和金融机构的股票，通过购买 CDS 做空次贷产品有很多方面的优势。

第一个优势是杠杆倍数非常高。保尔森购买的 CDS 产品，参考资产是在当时被认为是相对优质的债券，信用利差在 1% 左右。换言之，只需要支付 1% 的名义面值，就可以做空 100%，杠杆倍数可以达到 100 倍。在实际操作过程中，考虑到参考资产不会立即出现信用风险，可能需要支付多期的保费以维持头寸，杠杆倍数要比 100 小一些。

第二个优势是盈利空间巨大。做空股票的风险巨大，通常难以获得较高的杠杆，只能够获得达到 2~3 倍的杠杆倍数。做空股票，最大的盈利空间是股价跌到 0，可以获得 100% 的收益率，整体而言，盈利空间有限。

第三个优势是风险高度可控。CDS 的购买方支付了保费之后，相当于获得了一个期权。只要能够正常支付保费，后续 CDS 价格的变化不会影响购买方的头寸规模。做空股票,一旦股价没有按照预期下降反而上升,做空者面临着追加保证金的压力。杠杆越高,压力越大。在资金实力有限的情况下,放大杠杆的空间用尽之后,有时卖空者会被逼斩仓出局。正因为存在风险,做空股票的杠杆比例通常不会太高,无法想象能够做到像 CDS 那样几十倍的杠杆倍数。

做空 CDS 的缺点在于,前期参考资产还没有出现信用违约的时期,做空者所持头寸的现金流和收益一直为负,需要不断投入资金。对于这种情况,金融市场的行话是"负的 carry"。这给做空者带来了较大的压力,尤其是对于管理他人资金的对冲基金经理而言。面对投资者的质疑和撤资威胁,做空者能否抗住心理压力,坚定持有头寸,极度考验意志和信念。而保尔森经受住了考验。

根据本书第一章中对金融从业人员的抽象分类,金融从业人员根据其所从事的具体工作,可以分为 banker(银行家)、structurer(产品构建者)、trader(交易员)和 supporter(支持人员)。基金经理的工作,通常是基于金融市场的金融产品定价中出现的套利机会,进行交易获利,属于典型的 trader。保尔森选择 CDS 产品作为做空次贷的工具,表明了他是一个优秀的"trader",是一个充分了解金融产品细节的优秀基金经理。设立基金游说投资人注资,通常是 banker 的工作。Banker 的典型工作就是承销股票、债券等金融产品。

保尔森团队后续的操作,表明他还是一个优秀的"structurer"和"banker"。保尔森自己创设 CDO 并销售给投资者,进而构建起巨额的 CDS 头寸。通常情况下,如果保尔森只是发挥 trader 的角色,即使有足够的资金和承担风险能力,也很难构建规模如此巨大的头寸。这与金融产品的流动性有关。金融学理论中的流动性,是指在购买或出售金融产品时,买卖规模对金融产品当前价格的影响程度。流动性越好,影

第五章
特定合成应用：保尔森做空次贷赚超百亿美元的案例分析

响程度越低。

初期，保尔森是从金融机构购买 CDS。在美国，有意愿且有实力出售 CDS 的金融机构并不多，主要是像高盛、雷曼、贝尔斯登等投资银行以及 AIG 等大型保险公司。因此，相比存在大量投资者的股票市场或国债市场，CDS 市场的流动性要差很多。在购买的 CDS 规模较小的情况下，构建头寸相对容易。一旦购买头寸规模较大时，会给市场带来扰动，也会对 CDS 当前的价格影响很大。国内很多风险对冲、套利、动态调仓等金融工程方面的操作之所以很难实施，金融产品的流动性不够是关键原因。

保尔森的做空行为不可避免地向金融市场传递了信息。作为保尔森交易对手的金融机构，面对保尔森持续购买 CDS 的行为，从刚开始的不以为然到后来的疑惑不解，再到后面开始认真分析保尔森的举动，经历了心态和认知的变化。另外，各家金融机构出于风险控制的因素，通常会对特定风险暴露有总量控制。当某类风险暴露达到一定水平的时候，机构会提高对这类风险暴露的收益要求。

在保尔森做空次贷的案例中，金融机构后期提高了 CDS 的价格，增加了保尔森构建头寸的成本。到后来，没有机构愿意出售 CDS 给保尔森了。有的机构甚至反转过来，从出售 CDS 转为购入 CDS。

保尔森从机构购买大量 CDS 还存在另外一个重要的问题：如何将盈利落袋为安。保尔森的盈利，就是出售 CDS 的金融机构的亏损。当金融机构可能会因为次贷危机而造成信用违约时，做空者再追加 CDS 头寸，由于金融机构此时丧失了赔付能力，CDS 买方的盈利无法兑现。这就像富翁和一个身无分文的人进行 100 万元的赌局一样，富翁即使赢了也没有意义。读者可以想象一下，做空者向雷曼购买 CDS 的情形。

保尔森通过自己创设合成型 CDO 产品，并且借助高盛的银行家能力,将产品顺利销售给了机构投资者,完美地解决了上述问题。

下面详细讨论合成型 CDO 等产品[18]。CDO (Collateral Debt Obligation),即债务担保证券,是指设立特定目的载体,募集资金投资于债券、贷款等固定收益类资产。这种业务模式和私募基金相似。不同的是,CDO 的份额通常进行结构化分级,而且有信用评级,可以在二级市场进行交易。在国内,也有结构化分级的基金投资于二级股票市场,另外也有份额可以在交易所流通 ETF 基金,只是这类基金通常是公募基金,只能投资于证券,不能投资贷款等非证券类资产。

合成型 CDO 中的"合成"一词,是指这类 CDO 产品应用了金融工程的特定合成的技术,合成(创设)了投资者所期望投资的目标金融产品。

合成型 CDO 的操作模式是这样的:先成立一个特殊目的载体(如公司或者是信托计划),特殊目的载体的作用在于破产隔离,拥有独立的财产权;然后进行结构化分级,确定产品细节,面向投资者募集资金;募集资金后用于购买国债、高信用等级的公司债券。这类操作和普通的 CDO 操作没有区别。

区别在于,合成型 CDO 面向特定机构出售 CDS(信用违约互换)。这正是保尔森自己创设 CDO 的目的。保尔森自己管理的基金作为 CDS 的购买方,而保尔森自己参与创设的合成型 CDO 作为 CDS 的出售方。合成型 CDO 最终销售给了各类机构投资者。从风险承担的角度,这些机构投资者充当了 CDS 的最终卖方。由于各类机构投资者相对分散且为数众多,相比从少数的投资银行等机构购买 CDS,解决了建仓困难和建仓成本高的问题。

机构投资者为什么愿意购买合成型 CDO?难道不知道其中的风险吗?需要从产品比较的角度来看待这个问题。上述操作使合成型 CDO

---

[18] 为了理解方便,文中关于 CDS、CDO 等各类金融产品的介绍,都做了一定程度的简化处理。

第五章
特定合成应用：保尔森做空次贷赚超百亿美元的案例分析

产品的现金流与次级贷款非常接近，相当于合成了次级贷款。在次级贷款存在大量投资者甚至是供不应求的情况下，这类合成型产品如果相比次级贷款在风险收益特征方面有所改进，显然更加吸引投资者。

下面详细分析合成型 CDO 的现金流特征。将案例适当简化，以 100 元的规模为例。合成型 CDO 投资 100 元国债或者高信用等级债券。债券每年的利息收入为 4%。另外，合成型 CDO 出售了针对参考资产（如指定的某类次贷资产）的 CDS。这类参考资产的市场收益率是 7%。这意味着不考虑流动性溢价的情况下，参考资产相对国债而言的风险利差约为 3%。在较为有效的金融市场里，这类 CDS 的保费是 3% 左右。为了提高产品的吸引力，CDS 的保费可以给到更高的水平，比如 3.1%。这样，合成型 CDO 通过出售 CDS，每年可以获得的保费收入为 3.1%。

当次贷资产不出现信用违约的情况下，合成型 CDO 的保费收入加上利息收入，两者合计收益率为 7.1%。而直接持有参考资产的收益率是前面提到的 7%。购入并持有合成型 CDO 优于购入并持有参考资产。

当次贷资产出现违约的情况时，比如，违约造成的损失是本金的 50%。那么 CDO 需要向 CDS 的购买方赔付 50%。这样持有合成型 CDO 的收益率是 7.1%-50%=-42.9%。在这种情况下，直接购入并持有次贷资产，收益率是 7%-50%=-43%。购入并持有合成型 CDO 仍然优于购入并持有次贷资产。

可以看出，在次贷资产不违约和违约的两种情况下，合成型 CDO 和参考资产即次贷资产的现金流与参考资产高度接近，甚至更优。在本案例中，保尔森为了吸引机构投资者从而顺利买到 CDS，还为合成型 CDO 提供了稍高一些的收益。

我们再来考虑市场环境。合成型 CDO 产品之所以被推出并且流行,正是因为市场上的次贷产品供不应求,现有的次贷资产规模远远不能满足机构投资者的投资需求。次贷危机发生之后,我们站在"上帝"的视角,自然可以断定对于次贷产品的投资决策是错误的。然而,在当时的市场环境中,大部分投资者"身在此山中",很难有这样的先见之明。尤其是大量机构投资者的投资决策是由管理他人资金的基金管理人做出的,决策受到短期考核、资金委托人偏好等影响,情况更为复杂。

相似的情况发生在2016—2017年的中国金融市场。这一期间,在货币宽松的宏观形势下,国内金融市场出现"资产荒"。优质资产的风险利差一路收窄到无利可图。一方面,投资者为了获取收益,被逼放松原有的较为严格的信贷标准;另一方面,货币宽松能够通过提高资金的可获得性和资产价格,在短期内改善资产的整体信用状况,让金融机构暂时感到心安。很多在2018年中央推行"去杠杆政策"、货币收紧之后出现违约的高风险"网红"融资项目,都是在那个"资产荒"期间获得资金的。

当时的市场形势是机构投资者热烈追捧次贷资产。这些投资是基于评级公司的信用评估模型。金融工程学告诉我们,任何金融模型都建立在一定的假设条件之上,因此都存在模型风险。

本书不展开讨论模型的细节。总体而言,这些模型的错误假设就是忽略了前文提到的"正反馈机制"。模型假设每个贷款人的违约行为和其他贷款人的违约行为没有关联性或关联性很小。根据大数法则,次级贷款大面积发生违约的可能性非常低。因此通过结构化分级由劣后级提供安全垫,购买高评级的优先级产品风险较低。市场认为,优先级产品的风险定价已经足够补偿相关风险。而存在正反馈机制的情况下,违约会导致更多的违约,直接破坏了所有结构化产品的模型构建前提,即"违约相关性很小"。保尔森正是认识到了这一正反馈机制,确信

第五章
特定合成应用：保尔森做空次贷赚超百亿美元的案例分析

主流依赖的模型假设存在问题，才敢于和当时的市场主流进行对赌。

通过合成型CDO，保尔森同时还解决了收益落袋为安的问题。合成型CDO的创设用到了具备破产隔离效力的特殊目的载体，CDO的资产和购买CDO的机构投资者的资产由此实现了破产隔离。在危机发生后，出售CDS的机构可能没有赔付能力，这种风险被称为交易对手风险，而CDO没有这种风险。CDO的资产都是高信用公司债券或是国债。这些资产是用来向CDS购买方进行赔付的抵押品，即使在危机中也不会出现损失。这种以资产为支付保障的金融行为，在结构化金融中被称为"资产融资"（Asset Finance），应用最为广泛。本书基于金融工程方法，将所有的融资交易都抽象分类为资产融资、主体融资和项目融资，相关内容在第六章中有专门讨论。

最令人感叹和佩服的是，合成型CDO是保尔森参考创设的。保尔森在创设产品时，已经充分考虑了CDS合约的履约情况，通过限定CDO的投资范围可以有效控制资产遭受危机的风险。另外，参考资产也是由保尔森的团队进行挑选的，保尔森团队通过实地考察深入了解贷款的质量，选择的参考资产都是最有可能违约的资产，保尔森获得了相对其交易对手即CDO购买人的信息优势。这是一种不对称的降维打击。后续有机构投资者因此控诉高盛和保尔森公司。

保尔森在构建好头寸之后，就万事俱备，只待东风了。次贷危机爆发后，保尔森持有的CDS头寸成为各家机构争相追抢的优质资产，价格涨幅都在几倍以上。保尔森先是小量出售CDS，落实部分利润，并且基于自己的判断，将大部分的头寸坚定持有，几乎实现了最大化的收益。这个过程同样精彩，然而与金融工程无关，略过不提。

第三节 从保尔森案例看金融工程的特定合成方法:原理与步骤

前文提到,所有金融资产都可以抽象为一系列现金流。特定合成是指针对市场已有的金融产品或者所要获得的金融产品,进行现金流分析,然后利用其他更为简单的、流动性更高的金融产品构建资产组合并且进行动态调整,使资产组合的现金流和目标产品的现金流相一致。特定合成包括静态复制和动态复制。相比目标产品,构建的资产组合更容易理解、分析和定价,因此特定合成可以用于资产的定价。

1. 金融产品的现金流建模分析

首先讨论静态复制,我们以利用外汇远期和另一国家的债券市场构建合成的零息票债券为例进行分析。

市场上的美元零息票债券是指在当期付出一定美元,到期后可以获得票面面值的美元。票面面值与当期支付的价格的差值就是利息。如果当期支付的美元数值为 B,为计算简便,假设期间为 1 年,票面面值为 1 美元,则计算可得利率 r_d 为:

$$r_d = (1-B)/B$$

这一表达式可以变形为:

第五章
特定合成应用：保尔森做空次贷赚超百亿美元的案例分析

$$B = 1/(1+r_d)$$

先分析被复制资产所产生的现金流。美元零息票债券未来可以获得的现金流是固定的,期间没有利息支付。美元零息票债券的现金流情况如图5-4所示。

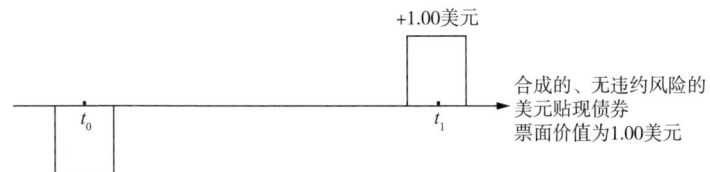

图5-4 美元零息票债券的现金流情况

然后,为了重新构建资产,将这些现金流分解,使新现金流垂直相加与目标资产的现金流匹配。

现在假设市场没有这样的零息票美元债券,需要进行合成,构造与零息票美元债券相同的现金流。假设市场有欧元的即期外汇交易、欧元债券、欧元的远期外汇交易。欧元债券利率为r_e,即期汇率为e,远期汇率为F。我们现在可以利用这三个市场的产品构建美元零息票债券。欧元债券的现金流情况如图5-5所示。

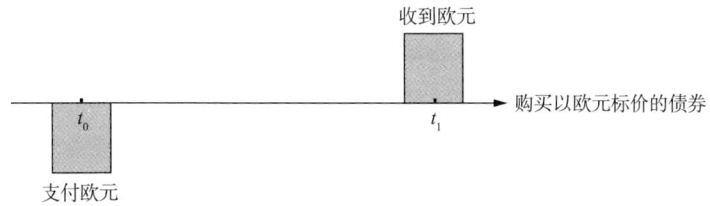

图5-5 欧元债券的现金流情况

欧元即期外汇交易合约的现金流情况如图5-6所示。

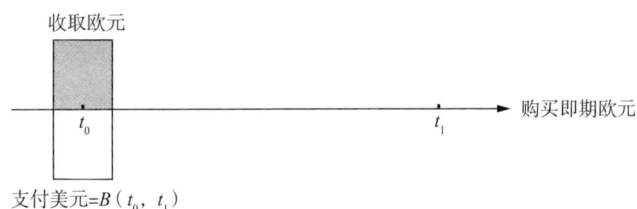

图 5-6 欧元的即期外汇交易合约现金流情况

欧元远期外汇交易合约的现金流情况如图 5-7 所示。

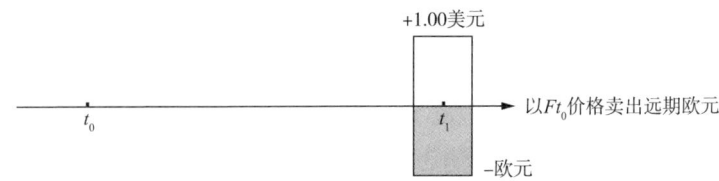

图 5-7 欧元的远期外汇交易合约现金流情况

在即期外汇市场当期支付 B 美元购买 ($B \times e$) 欧元,然后购买 1 年后到期的欧元债券,债券到期后获得 $B \times e \times (1+r_e)$ 欧元,同时,按照远期汇率 F 把未来将要得到的欧元换成美元,到期后,可以获得 $B \times e \times (1+r_e)/F$ 美元。

将图 5-5、图 5-6、图 5-7 的现金流垂直相加,可以得到图 5-4 的现金流。

最后,确认目标资产的风险与构建的合成资产的风险是相同的。由于购买的是无风险资产,利率是无风险利率即国债利率,在不考虑远期外汇交易的交易对手风险的情况下,两者的信用风险相同。

我们现在可以利用特定合成对资产进行定价。根据无套利定价原则,这一资产组合的价值应该与零息票美元价值的价值相同。即:

$$B \times e \times (1+r_e)/F = 1$$

将 $B = 1/(1+r_d)$ 代入,得到:

第五章
特定合成应用：保尔森做空次贷赚超百亿美元的案例分析

$$F=e(1+r_e)/(1+r_d)$$

这也是国际金融学中即期汇率与远期汇率的关系式。

有了前面的分析框架之后，我们可以利用金融工程的工具来从技术上分析保尔森的特定合成案例。根据无套利定价原则，不考虑流动性的情况下，如果市场有效，次级贷款的利率相对于国债利率的风险利差应该等于CDS的保费率。因此，保尔森通过购买CDS做空次级贷款的操作，不是一种套利，而是一种投机操作。保尔森认为市场对次贷产品的定价存在重大偏差，次贷产品未来发生违约所造成的损失率，要远远大于保费率。

2. 关于静态复制的技术讨论

保尔森创设的合成型CDO产品，运用的是静态复制的技术。静态复制的资产组合，其构成比例在整个期间都是不变的，即静态的。随着时间的流逝，合成工具的公允价值和目标资产的价值朝同一方向变动，最后趋于完全一致。理论上，任何线性资产都可以通过制定复制策略进行精准的特定合成。然而，在实际操作过程中，静态复制存在以下几个技术问题。

一是所需的金融资产可能并不存在。比如，之前的以外汇即期合约、远期合约和欧元债券构建美元零息票债券的案例中，如果不存在外汇远期合约市场，则不能进行特定合成。在保尔森的案例中，要构造次贷资产，如果没有CDS合约，则不能构建CDS空头，也不能精准合成次贷资产。

二是金融资产虽然存在，但是不具备流动性。如果流动性较差，那么很难获得这些资产，并且在构建这类金融资产的过程中会对资产的现有市场价格造成重大影响，使资产组合各资产的价格相加与被复制的资产的价格之间原本存在的套利价差空间缩小。保尔森自己创设合成型 CDO 的目的,正是解决 CDS 流动性不高的问题。

三是被复制的资产本身是高度非线性的。非线性意味着随着价格的变化,决定价格的因素的变化对资产组合的价格和目标资产的价格所造成的影响不同。这就使得资产组合需要定期调整以实现再平衡。

四是在资产定价中起作用的参数可能发生变化,这可能需要对复制投资组合进行平衡。定期对资产组合进行调整,使其能够与被复制的金融资产的现金流保持相同。这就是动态复制方法。这种方法与静态复制的原理是一样的。理论上,动态复制只有在时间连续的情况下才能够实现精准;而现实中,由于交易时间的离散性,交易费用的存在、交易价格的跳跃变化等原因,动态复制只能做到近似逼近。关于动态复制,本书在第一章中有过相关讨论。

第五章
特定合成应用:保尔森做空次贷赚超百亿美元的案例分析

第四节　金融工程的特定合成方法与金融机构的商业模式

套利是一种经济行为,人们进行套利的目的是盈利。因此,套利需要符合商业逻辑。从业务与套利的商业角度看待静态复制,存在以下几个问题。现实中,从事资产证券化的投资银行机构便面临着这些问题。投资银行不断调整业务模式甚至是商业模式,以应对金融市场竞争。金融工程的大规模应用实际上是从资产证券化领域开始的。

1. 从商业逻辑分析特定合成

一是价格是否存在套利空间的问题。现实中,金融机构进行静态复制是为了满足用户的需求,同时通过静态复制实现盈利。比如,某种资产受到客户追捧,但是市场的供给有限。这种情况下,金融机构利用现有资产,对这类资产进行特定合成,然后销售给客户,赚取利润。无风险利率定价原则指出,当众多金融机构进行这类特定合成的时候,供给增加,市场竞争导致价格出现变化,最终会使套利空间消失。

举一个简单的例子,设被复制的目标资产 S 的价格为 P,用于构建目标资产的资产 S_1 和 S_2 的价格为 P_1 和 P_2。如果静态复制要具备经济可行性,则 $P>P_1+P_2$。这样金融机构通过静态复制进行特定合成目标资产,可以获得的利润为 $P-(P_1+P_2)$。随着市场竞争,S_1 和 S_2 的价格上涨,最终使金融机构没有套利空间。

二是余量现金流形成的资产的销售问题。由于金融资产的交易成本很低,套利操作比较容易实现。因此,通过静态复制进行特定合成的套利机会,即使由于市场存在不完备时出现,也只是稍纵即逝。更常见的形式是客户所需要的资产是 S。然而,通过 S_1 和 S_2 这两个资产去静态复制 S 时,资产组合的现金流不能做到完全精准匹配 S 的现金流,出现了余量现金流。我们将这个余量的现金流称为资产 E,期望价格为 P_e。显然,经济上可行的情形是 $(P+P_e)>(P_1+P_2)$,即 $P_e>(P_1+P_2)-P$。由于金融机构进行特定合成的操作本来就是为了满足客户对于 S 的需求,因此,S 以 P 的价格销售不是问题。问题出在资产 E 的销售上,金融机构需要以大于 P_1+P_2-P 的价格将资产 E 销售出去,才能获得盈利。

一开始,由于市场高度缺乏效率,华尔街的投资银行机构从事的是最简单的信息中介业务,即撮合交易。投资银行寻找交易的买卖方,协助将某家信贷储蓄机构持有个人住房贷款销售给其他储蓄信贷机构,赚取手续费佣金。

后来,由于市场参与者较多,竞争增加,投资银行已经不能简单地依靠撮合交易来获取收益了。为了提高效率和获得业务,投资银行先用自有资金购买大量资产,然后将资产打包出售给特殊目的载体,再切分成相等受益份额对外进行出售。这可以视作一种简单的特定合成。成千上万笔到期期限等特征不同的资产,可以视作资产组合,具备相同特征的受益份额,可以视为特定合成的资产。这类资产相比初始的资产,更容易受到投资者的青睐。这个过程进行时,华尔街的投资银行已经在构造新的现金流,即新的金融产品了。

到后面,同样还是因为竞争的关系,套利空间越来越小。上面的产品制造,是一种简单的来料加工,无论哪家投资银行,由于所特定合成

第五章
特定合成应用：保尔森做空次贷赚超百亿美元的案例分析

的证券的现金流是资产组合现金流的汇总再平均分割，资产组合确定之后，任何一家投资银行所生产出来的证券都具备相同的现金流特征，产品同质化严重。这种业务模式类似制造业中的石油、钢铁生产，技术含量低，没有太多附加值。

随着市场竞争加剧，投资银行面对越来越小的盈利空间，开始进行结构化设计。由于不同的投资者具备不同的风险、期限偏好，投资银行便将资产组合的现金流进行重新分配，不再按照简单的平均分配，而是将现金流按照一定的规则进行分配，如此一来，不同的分级产品，在受偿优先度、时间先后顺序等方面都有所不同。

华尔街通过结构化设计创造了不同的产品。不同的产品有着不同的价格，因此华尔街必然需要掌握定价能力，金融工程开始正式登上舞台。根据《说谎者的扑克牌》一书的描述，20世纪80年代初期，所罗门住房抵押部门的负责人拉涅里首先将具备计算机、物理、数学等学位的高学历人士引进到投资银行界，解决含有期权的抵押支持证券的定价问题。美国的住房抵押贷款市场的惯例是借款人以固定利率借入长期限的资金，这与我国的住房担保贷款是跟随基准利率调整的惯例不同。由于利率固定，投资者承受了利率风险。

然而，这还不是问题的关键。更大的问题来自"条款再融资"带来的提前偿付风险。条款再融资是指当市场利率下行时，借款人可以以更好的条款来借得新的贷款，还掉之前利率更高的借款，使投资者面临着不对称的风险收益特征。利率上行时，投资者持有的证券资产价格下跌，没有"条款再融资"；而利率下行时，投资者持有的证券资产价格上涨，本来可以获得收益，但是这个时候，贷款被提前偿还了。

"条款再融资"相当于在贷款中内置了一个期权，这个期权赋予了借款人一个选择权，即当利率下跌时买回贷款的权利。这是一个国债期货看多期权。这一期权的定价比传统的固定收益产品的定价，难度要大很多，金融工程得以发挥作用。

由于存在提前偿付风险，当时投资者普遍不喜欢住房抵押贷款支持证券。为了解决管理提前偿付风险，结构化人员引入了"期限分级"，即针对多笔住房抵押贷款的现金流，将现金流分成两部分，构造两个互为配对的分级产品 S 和 E。如果有提前偿还，则本金先偿还其中的一个分级产品 E。当这个分级产品的本金全部被偿付完毕之后，才偿还另一个分级产品 S 的本金。这样提前偿付风险大部分被分级产品 E 承担了。

我们前面假定，资产 S 是相对更容易被定价和更容易被投资者接受的资产。投资银行要解决的是资产 E 的定价和销售问题。

不同的结构化方法在第 n 种构造方法里，可以获得不同的资产 S_n 和不同的资产 E_n。投资银行的盈利是资产 S_n 的销售价格加上资产 E_n 的销售价格，减去购买 S_1 和 S_2 这两个资产的成本。因此，投资银行需要在深刻理解下游客户需求和金融市场形势的基础上精心设计产品，使销售总价格达到最大。这种行为在资产证券化的行话中被称为获得最佳执行(best execution)。另外，这个过程还考验投资银行的销售能力。

如果说撮合交易是服务业的话，那么这种打包资产进行证券化的业务则是一种制造业。购买的住房抵押贷款资产是投资银行的原材料，抵押支持证券则是投资银行制造的产品。投资银行的盈利诀窍是"低买高卖"，这和任何制造业都是一样的。

三是募集资金构造头寸和风险承受的问题。

资产 E_n 被华尔街的投资银行销售出去之前，相当于投资银行的存货。在此阶段，投资银行承担了一定的市场风险。如果市场形势发生变化，投资银行有可能遭受损失。比如，如果利率突然上行，住房抵押

第五章
特定合成应用：保尔森做空次贷赚超百亿美元的案例分析

支持证券的价格可能下跌。投资银行通过利率互换、利率顶、利率底、国债期货等利率衍生品工具对利率风险进行对冲，通过信用违约互换、总收益互换等产品对信用风险进行对冲，这些衍生品市场便在市场需求的推动下蓬勃发展起来了。

我国的利率衍生品和信用衍生品推出之后一直没有得到有效发展，表面看是因为没有市场需求，更深层次的原因是缺乏商业模式的支撑。这与我国的商业银行尤其是大型商业银行占据市场绝对主导地位有关。大型商业银行拥有众多的下设机构和巨大的资产负债表，自身通过多样化就能够有效降低各类风险。同时，美国金融市场中发生在不同金融机构间的各类交易，在中国则发生在同一家金融机构的内部子机构之间。换言之，交易被高度内部化了。根据罗纳德·科斯（Ronald Coase）的《企业的性质》一文的思想，是市场被企业替代了。

也正因此，笔者批评当前国内金融工程学的主流教材将重心放在衍生品市场及其定价方面，某种程度是一种脱离中国金融市场实际的"教条主义"。中国的衍生品市场及其定价，很多情况下是一种无用武之地的"屠龙之术"。本书则将中国的金融工程讨论的重心放在金融套利、产品创设和金融创新这三个方面，这三个方面背后的重大因素也是决定性因素，是金融机构在竞争下的趋利行为。

贝尔斯登公司在次贷危机中遭受重大损失的原因是持有了大量的有毒资产。贝尔斯登将购买的次级贷款打包发行分级产品的时候，优先级产品由于有劣后级产品提供风险缓释，市场接受度较高。但是劣后级产品的销售难度很大。从投资银行的商业模式和证券化的本来目的来讲，投资银行更愿将这些劣后级产品销售给机构投资者等下游客户，只是市场不认可这些产品，要使销售价格达到投资银行可以从中盈利的水平，难度很大。贝尔斯登便将其持有在资产负债表中，以等待市场形势的有利变化。

为了促进销售,贝尔斯登还运用了结构化金融的手段。贝尔斯登将公司员工打造成次贷产品领域的专家明星,协助其募集资金,成立CDO,投资次贷支持证券。CDO投资的证券资产中,有很大部分是贝尔斯登原先持有的有毒资产。

投资银行持有劣后级产品,既有暂时持有库存再伺机销售的情况,也有主动持有劣后级以进行套利的情况。这涉及现代投资银行即"大投行"的商业模式。

20世纪80年代以来,兴起的高盛、摩根士丹利等"大投行"与之前的投资银行或"精品投行"的外在特征区别,就是大投行拥有巨大的资产负债表。像高盛、摩根士丹利等大型投资银行的资产规模都在万亿美元的水平,远远超过绝大部分商业银行的资产规模。加上受这些投资银行影响和驱动的对冲基金、共同基金等机构管理的资产,投资银行所掌控的金融资源配置权非常重大。这是投资银行能够成为华尔街甚至美国金融体系的主导机构的根本原因。

当前,国内很多商业银行声称要向轻资产的投资银行转型,这是一种根本性的认识错误,源于不了解华尔街投资银行的演化历史。任何市场最终都要凭借实力说话,金融市场更是如此。资产负债表代表了某类实力。当前我国证券行业的商业模式还停留在美国投资银行20世纪70年代阶段,资产规模很小,整个证券行业所掌握的金融资源配置权甚至还比不上一家大型国有商业银行。这是中国的资本市场发展不起来的一个重要因素。

2. 美国金融现代化与投资银行的兴起之路

投资银行做大资产负债表和完成转型的历史契机是巴塞尔协议的

第五章
特定合成应用：保尔森做空次贷赚超百亿美元的案例分析

推出和美国金融市场的现代化改革。

巴塞尔协议的推出使商业银行被迫去杠杆,出现金融脱媒,投资银行等资本市场机构得以有机会承接资产。现代化改革使资本市场的机构之间市场化竞争程度提高,并且占据主导地位。在此之前,投资银行从事证券承销发行业务和投资顾问业务,模式与我国证券行业当前的模式非常类似。证券行业整体属于服务业,不承担风险。业务竞争主要是比拼服务,本质上就是比拼关系资源。从业者很多都是家庭背景很强的政企界和金融界子弟。典型的人员是 WASP,英文全称为 White Anglo-Saxon Protestant,是指盎格鲁—撒克逊新教徒后裔。所以摩根士丹利才有所谓的具备"蓝血血统"的说法。投资银行普遍规模很小,但是依托父辈荫护和制度保障,活得相当滋润。

所罗门、高盛、雷曼兄弟等犹太人背景较深的投资银行,当时还处于蛰伏时期,影响力很小。投资银行竞争格局和市场地位发生变化的原因既有金融创新和金融工程技术应用的因素,更主要的还有商业模式的变化,从原来没有承担风险到主动承担风险。笔者认为,犹太人由于在几千年的时间里都没有自己的国家,受到所在国家的歧视,财产、生命安全得不到有效保障,一直处于高度风险的环境中,形成了犹太人强大的风险管理能力。犹太人既敢于承担风险,也善于承担风险。

投资银行的业务重心也发生了变化,从原来依赖于大型企业提供承销证券、财务顾问等业务机会的服务业,转变为各类大中小型企业的资金提供方。

回到前面提到的产品分级和余量现金流即资产 E_n 的销售难这个主题。大型投资银行之所以做大资产负债表,还是为了解决资产 E_n 的销售问题。有的资产 E_n 根本无法以合理价格销售出去,只能由投资银行自身持有。信息经济学中有"柠檬市场"的概念,用来解释二手车定价难和销售难的问题。产品之所以销售困难，是因为买方和卖方之间存在着信息不对称。卖方在自己所制造的产品领域，通常相比买方具有更高的专业能力和信息优势，使买方或选择退出市场，或选择给出一个"不合理"的价格。

这种情况下，投资银行自己持有产品是存在盈利空间的。现实中的做法之一是投资银行提供做市商服务。做市商服务可以从业务操作和商业模式两个方面来理解。

传统对做市商服务的理解更多基于做市商的业务操作，即做市商持有产品的部分头寸，并且报出产品的买入价和卖出价，随时接受市场其他机构的交易请求。做市商的意义，一方面是为产品提供流动性；另一方面，做市商作为一种风险共担的机制，解决了信息不对称的问题。投资银行作为产品的卖方，自身持有头寸，向产品的买方发送了产品质量可靠的关键信息。典型的做市商模式，应用于美国的垃圾债券市场。当前美国的市场惯例是承销垃圾债券的投资银行必须持有一定比例的垃圾债券，并且为市场提供做市服务，否则没有投资者会购买。

从商业模式的方面理解做市商服务，做市商实际构造了某个本来没有买家的产品的市场，这其实是做市商英文"market maker"的本意。双边报价只是其中的一种形式。从这个角度理解，另一个做市商模式就是投资银行自己持有全部产品。通过这种方式，投资银行构建了一个原本不存在的底层资产的市场。

举一个简化的例子来讨论分析这个观点。某个中型企业要想发行债券，但企业信用评级为投资级以下，能够接受的成本是8%。投资银行基于自身的尽职调查和专业判断，认为这个利率能够补偿企业违约风险，愿意提供承销服务。然而，市场的机构投资者由于信息不对称，不愿意接受8%，需要12%的利率。但是对于债券发行企业来说这个利

第五章
特定合成应用：保尔森做空次贷赚超百亿美元的案例分析

率无法接受。这种情况下，债券交易无法达成，市场无法发展起来。当前中国很多民营企业债券发行就面临这种困境。国内的承销机构局限于当前的信息中介模式，无法提供解决方案。

一种有效的解决方案是主承销商自己购买并且长期持有所发行债券的一定比例，比如20%，并且提供做市服务。此时，投资者基于主承销商自己持有头寸的行为，认为信息不对称的问题得到了解决，决定进行投资。这和风险投资领域的跟投机制类似。投资银行主动为投资者提供了一种信息搭便车的便利。

另一种解决方案是投资银行运用资产证券化的手段。在此举例说明。首先设立一个CDO购买100元的债券，然后将CDO进行结构化分级，分为优先级（假设比例为80%，评级为AAA）和劣后级（假设比例为20%，无评级）两个分级。这种分级就是本章所讨论的特定合成方法。100元的债券就是用来构建目标资产的资产组合 S_1，优先级风险较小，能够被投资者所接受并且获得相对有效率的定价，是特定合成的目标资产 S。

劣后级则是余量现金流形成的资产 E。投资银行理想的情况是将劣后级产品也能够销售出去，并且优先级销售价格和劣后级销售价格，总计超过100元，才能实现盈利。然而投资银行发现，对于劣后级产品，要么是市场无人问津，要么是市场给出的价格过低使得投资银行亏损。这种情况下，投资银行自己购买全部劣后级。这种模式下，投资银行杜绝了其他投资者"搭信息便车"的现象，利润空间有可能比前一种做市商模式更大。

按照通常"做市商是双边报价"的理解，投资银行没有提供做市服务。而从"市场创造"的角度来看，投资银行的行为本质上创造了一个原来不存在的投机级企业，以8%的利率发行债券的融资市场，提供了真正的做市。这种观点也是贯穿本书的"从本质理解金融"的金融工程思想的体现。

投资银行在不断创造市场的过程中发展壮大,通过自身持有各类资产,形成了巨大的资产负债表,这个过程需要资本支持,因此投资银行纷纷上市募集,从原来的合伙型精品投行转变成为大型投资银行。

从特定合成的角度而言,投资银行企业的股票和债券,本身也是特定合成的金融产品。投资银行自身持有大量无法被金融市场直接有效定价的金融资产,这些资产可以被视为用来构建目标资产的资产组合,如前面简化的 S_1 和 S_2。这些资产用于特定合成的目标资产是投资银行的债券(资产 S)和股票(资产 E)。这两类产品能够被金融市场有效定价。

根据本节的分析可以看出,投资银行对于金融市场和金融创新的发展而言至关重要。国内推出很多创新产品,如中小企业私募债券、资产支持证券、新三板股权、国债期货、利率互换、股指期权、信用缓释工具等,这些产品市场都没有如愿有效地发展起来。原因有很多,其中,缺乏作为"market maker"的大型投资银行是最重要的原因。金融工程及结构化金融,则是 market making 中的重要金融技术和工具。

本书对投资银行商业模式的转化,只是基于投资银行自身如何达成金融交易的分析。而在现实的金融市场里,投资银行还要面临商业银行的竞争。前面所举的企业发行债券的例子中,商业银行也可以通过吸收存款,然后以 8% 的利率发放贷款给该企业。投资银行开展业务时如何与商业银行竞争,涉及金融体系更高层面的讨论和证券化技术的应用。

第六章 金融工程工具与技术应用示例
结构化金融与资产证券化

第六章
金融工程工具与技术应用示例：结构化金融与资产证券化

第一节 结构化金融与资产证券化理论概述

1. 中国的资产证券化发展历程简介

2013年以来，中国金融进入了创新发展的阶段，资产证券化在中国广受关注。经过多年的发展，目前国内的资产证券化发展已经具备了雄厚的基础。企业资产证券化产品和金融资产证券化产品的余额分别达到上万亿元的规模。美国的资产证券化中出现的各类主流产品，如MBS、ABS、CDO，都已经在中国市场推出。同时，中国还出现了诸多具备中国特色的各类资产收益权证券化产品。

然而，从对中国的金融市场的影响来看，中国当前的资产证券化仍未达到像美国的资产证券化那样的影响力。在近几年各类固定收益产品大发展的背景下，资产证券化产品却并没有大放异彩。在美国金融市场中伴随资产证券化而出现的银行业"金融脱媒"现象，也没有出现在中国的金融市场中。

到了2019年，随着中国推行"资管新规"等一系列规范治理资产管理行业的政策，银行业的核心作用越发体现。据央行统计数据，2019年的社会融资规模中，银行贷款增速高于社会融资规模的平均增速。银行贷款占社会融资规模的比例提高，高达90%以上。

资产证券化等创新金融与银行信贷等传统金融，两者是此消彼长的关系。从这个角度来看,很难说中国的资产证券化取得了较大的成功。

资产证券化的操作过程中,运用了结构化金融的手段。如设立特殊目的载体,将企业资产负债表的资产通过转让、购买保险等方式"真实出售",再以特殊目的载体的资产作为支持,进行融资。这种操作可以视为从"整体剥离部分"的结构化手段。

还有一种操作:将特殊目的载体的现金流,不是平均分配给投资者,而是通过分级,将现金流按照事先约定的规则进行分配,不同的投资者获得现金流的权利不同。这种操作可以视为从"整体构造局部"的结构化手段。

正因为资产证券化多处运用了结构化金融手段,致使国内很多对于资产证券化的认识出现误区,将资产证券化与结构化金融混同。比如,有的学者提出,资产证券化的特色或者本质就是"左侧融资",即基于资产负债表的左侧(资产端)进行的融资,以突出其与普通的债务融资是基于资产负债表的右端(负债端)的区别。这是一种片面甚至错误的观点。

"左侧融资"是一种区别于传统融资手段的结构化融资手段,这种手段并不只是体现在资产证券化的操作中。企业既可以将应收账款转让给特殊目的载体进行证券化运作获得融资,这是一种"左侧融资";企业还可以将应收账款保理给商业银行获得融资,这同样也是一种"左侧融资"。现实中,大部分资产证券化能够操作的业务或者能够解决的问题,商业银行也同样能够完成。

因此,理解资产证券化的核心并不在于如何以证券化手段为企业提供融资的层面,而是在于非银行体系如何为企业提供融资,并且能够获得相对于银行体系的比较优势。

第六章
金融工程工具与技术应用示例：结构化金融与资产证券化

资产证券化由两个词组成。资产指代的是"资产融资"，即"左侧融资"；证券化则是指融资所形成的资产，最终变成特殊的金融产品，即可以在市场上流通转让、有活跃交易且定价效率的证券产品。因此，对于资产证券化的完整理解是，资产证券化=结构化融资（资产融资）+证券化。理解证券的特殊性才是理解资产证券化的关键。

在美国，资产证券化的发展是整个金融证券化发展的一个方面，而金融证券化则是美国金融体系现代化的一个方面。美国的金融证券化发展过程中出现了三个创新方向，分别是资产证券化、中小企业的债务证券化（垃圾债券），以及中小创新企业的股权证券化（纳斯达克市场）。其中，资产证券化最为简单、基础。某种程度上，资产证券化的发展是其他两类证券化发展的前提。

当前我国的中小企业融资面临困境，AA级以下的民营企业债券发行困难，新三板市场没有流动性，几乎丧失功能。这些现象表明，中国的中小企业债务证券化以及中小创新企业的股权证券化，面临着发展困境。

理解资产证券化与结构化金融，有助于我们理解中国资管行业近年来出现的各类创新以及中国推进"资管新规"的影响。从金融本质来讲，中国的理财等资管就是中国特色的资产证券化。

"资管新规"自2018年推出以后，对中国经济金融产生了重要的影响。"资管新规"推出的目的主要是针对资产管理行业之前的种种乱象进行整顿治理，还资管以本来面目。"资管新规"与同一时期推出的强监管等政策一起，使很多之前基于违反法律法规的金融创新活动受到限制，进而影响了创新金融板块的信贷创造与货币创造。很多之前采取高杠杆运作的企业受到冲击，形成了流动性危机。受到波及影响，中小企业出现了融资困难，这些对中国经济金融产生了重要的影响。以至于到了 2019 年,开始有人讨论"资管新规"的问题和不足之处。

"资管新规"为什么会产生这样的影响?之前的资产管理行业到底存在哪些乱象?这些乱象带来了什么样的不良影响?对于这些问题,各方观点见仁见智。借鉴结构化金融理论和美国资产证券化的历史经验,有助于我们理解资产管理行业以及"资管新规"。

在"资管新规"推出之前,我国资产管理行业存在的最大问题就是"刚性兑付"。其他如期限错配、资金池运作、关联交易等问题产生的不良后果,则被刚性兑付所抵消。刚性兑付是指投资者购买银行理财、信托、资管计划等资产管理产品时,资产管理人为这些产品的收益提供了预期收益回报。当产品的投资标的因为各种原因,无法达到预期的收益回报时,资产管理人以自有资金或以发行新的资管产品募集的资金等各种手段,补偿投资者以使其获得预期收益回报。

与此对应的是,我国的公募基金行业,经过多年的规范治理,不允许为投资者提供预期回报。投资者投资基金的收益与基金投资的资产表现挂钩,基金管理人不能对其进行补偿。在股票市场表现不好的时候,很多购买股票型基金的基民亏损巨大,也只能买者自负,自行承担。

刚性兑付的问题出在哪里?很多银行和信托的从业人员认为,刚性兑付是金融机构对投资者负责任的一种表现,刚性兑付不但没有错,反而是一件值得表扬的行为。这实际上没有理解现代金融与银行业的本质。

商业银行对居民在商业银行的存款是提供刚性兑付的,并且商业银行通过购买存款保险,还能使储户获得存款保险公司的赔付保障。即使商业银行破产清算后,因为资产不足无法刚性兑付居民的存款,存款保险公司还能够赔付居民 50 万元规模以内的存款部分。

商业银行提供刚性兑付的权利,是建立在商业银行履行相应的义

第六章
金融工程工具与技术应用示例：结构化金融与资产证券化

务之上的。

首先，商业银行业务是一种特许经营业务，商业银行及其股东必须满足一定的资质，并且在获得银监部门的金融许可证之后才能开展业务。在"分业经营，分业监管"的金融体系里，即使是同样持有金融许可证的证券公司，也不能开展商业银行业务。

其次，商业银行面向普通大众吸收存款，是商业银行特有的负债业务。这种负债来源和发债融资或者向金融机构吸收存款不同。普通大众不具备分析信用风险的能力，承担风险的能力也较弱。一旦存款的刚性兑付被打破，不但会破坏整个社会信用体系，经济发展也会受到影响，甚至会引起社会动荡。

因此，为有效保障商业银行的刚性兑付能力，商业银行需要受到更严格的监管，监管制度对商业银行的行为提出了更高的要求。其中，最主要的两个方面是巴塞尔协议的资本充足率要求和存款准备金要求。

《巴塞尔协议》是国际清算银行(BIS)的巴塞尔银行业条例和监督委员会的常设委员会(即"巴塞尔委员会")于1988年7月在瑞士的巴塞尔通过的《关于统一国际银行的资本计算和资本标准的协议》的简称。该协议第一次建立了一套完整的、国际通用的、以加权方式衡量表内与表外风险的资本充足率标准。

巴塞尔协议的实质性进步体现在《关于统一国际银行的资本计算和资本标准的报告》(简称《巴塞尔报告》)中。该报告将银行的资本划分为核心资本和附属资本两类，对各类资本按照各自不同的特点进行明确地界定。其次是风险权重的计算标准,报告根据资产类别、性质以及债务主体的不同,将银行资产负债表的表内和表外项目划分为 0%、20%、50% 和 100% 四个风险档次。风险权重划分的目的是为衡量资本标准服务。资产按照风险权重加权计算得出总的风险资产。资本要求为风险资产 8%(其中,核心资本对风险资产的比重不低于 4%)。

简单来讲,巴塞尔协议的资本充足率要求商业银行为持有的风险资产计提相应的风险资本。举个例子,商业银行吸存款 100 亿元用于购买债券或发放贷款。如果商业银行投资出现问题,拿什么来保障刚性兑付呢?资本充足率要求商业银行必须为持有的 100 亿元风险资产按照不同风险权重计提资本。如果是贷款类资产,按照 100% 的风险权重,则需要计提 100×8%=8 亿元的资本。这些资本由核心资本(如股本)和附属资本(如发行的次级债券)来提供。如果银行的投资出现损失,这些损失首先由资本承受,资本可以为存款提供风险缓释。

1997 年,巴塞尔委员会推出《有效银行监管的核心原则》,确立了全面风险管理的理念。该文件共提出涉及银行监管 7 个方面的 25 条核心原则。2004 年,巴塞尔委员会提出了以三大支柱——资本充足率、监管部门监督检查和市场纪律为主要特点的新资本协议框架,即《巴塞尔新资本协议》。同时,提出了两种处理信用风险办法:标准法和内部评级法。标准法以 1988 年资本协议为基础,采用外部评级机构确定风险权重,适用对象为复杂程度不高的银行。将内部评级法用于资本监

第六章
金融工程工具与技术应用示例：结构化金融与资产证券化

> 管是新资本协议的核心内容。内部评级法有两种形式，初级法和高级法。初级法仅要求银行计算出借款人的违约概率，其他风险要素值由监管部门确定；高级法则允许银行使用多项自己计算的风险要素值。
>
> 2010年9月12日，巴塞尔银行监管委员会宣布，各方代表就《巴塞尔协议III》的内容达成一致。根据这项协议，商业银行的一级资本充足率将由目前的4%上调到6%，同时计提2.5%的防护缓冲资本和不高于2.5%的反周期准备资本。这样核心资本充足率的要求可达到8.5%~11%。总资本充足率要求仍维持8%不变。此外，还将引入杠杆比率、流动杠杆比率和净稳定资金来源比率的要求，以降低银行系统的流动性风险，加强抵御金融风险的能力。

2007年，中国银监会发布了《中国银行业实施新资本协议指导意见》，正式启动了实施《巴塞尔新资本协议》的工程，并且确立了分类实施、分层推进、分步达标的基本原则。

在巴塞尔协议的要求下，银行的杠杆率受到限制，要想扩大资产负债表，就必须补充资本金。《巴塞尔协议III》将进一步降低银行的杠杆率，这无疑会降低股东的回报水平以及长远可持续的资产增速。在此情况下，银行产生了资产证券化的需求。我们甚至也可以认为，巴塞尔协议是众多现代金融创新的推动力量。

2. 巴塞尔协议下的两种商业模式：直接金融与间接金融

银行的业务模式是吸收存款并且发放贷款，赚取中间的利差，这是一种间接金融模式。资产证券化的直接金融模式是发放贷款,并且将贷款出售给其他机构,赚取中间的利差或者服务费。这是从事信贷业务的两种模式。

银行为了规避资本监管的要求,或选择将资产打包发行资产支持证券进行转移,或选择购买CDS,在会计科目上保留资产的同时,实现了监管资本的减少。合成型的CDO就是银行设立的特殊目的载体与银行签订担保合约,将风险从银行表内转移至CDO中。其中,不存在资产从银行出售到CDO的真实交易。

在巴塞尔协议没有实施以前,美国银行体系的核心资本充足率大约在1%的水平。要满足巴塞尔协议4%的资本要求,商业银行要么将75%的风险资产转移,要么需要补充3倍的资本金。这种情况下,银行保留原有的资产规模都存在困难,更难以与直接金融体系竞争。

此时,高盛等投资银行趁势而起,通过做大自身的资产负债表与直接金融体系的基金等一起,承接商业银行的资产负债。众多投资银行从原先轻资本的精品投行到20世纪80年代纷纷上市增加资本,与此不无关系。因此可以说,没有巴塞尔协议对于银行资产负债表的限制,资产证券化就不会获得如此重大的发展。

然而,虽然中国的银行业也同样实施了巴塞尔协议,近年来的货币宽松在中国并没有推动直接金融体系的快速发展,反而促进了银行的资产规模快速扩张,进一步拉大了商业银行与直接金融体系的差距。原因正是商业银行通过银行理财业务的发展,尤其是业务开展中的刚性兑付等行为,变相突破了巴塞尔协议。

3. 国内进行监管套利的资管业务,本质是一种资产证券化

资产管理业务是指金融机构接受投资者委托,对受托的投资者财

第六章
金融工程工具与技术应用示例：结构化金融与资产证券化

产进行投资和管理的金融服务。资产管理机构如果不为资管产品提供刚性兑付，那么资管产品的投资风险，将全部由资管产品的投资人承担。这种情况下，资产管理机构不需要相应的资本。也就是说，提供刚性兑付本来没有错，而没有银行牌照以及相应的资本保障面向大众提供刚性兑付才有错。

非金融机构提供刚性兑付，很容易形成庞氏骗局，给普通大众造成重大损失。这样的案件层出不穷，屡禁不止。很多从事P2P业务的互联网金融平台，就是通过刚性兑付、资金池运作等方式，获取普通投资者的资金进行投资，投资失败后无法兑付，造成大量风险事件。在中国，这类行为通常会以"非法吸收公众存款罪"被追究法律责任。

除了互联网金融企业之外，面向大众提供刚性兑付的资管产品主要是银行理财。而信托公司或基金子公司发行的专项资产管理计划、证券公司发行的集合资产管理计划，属于私募性质，投资人都是合格投资者，投资门槛较高。

银行理财的刚性兑付，没有产生像互联网金融这样的后果，主要原因是银行理财的管理人——商业银行具备较强的实力，没有出现兑付失败的现象。然而，刚性兑付混合了银行理财的投资风险和银行表内的风险。银行对这部分资产并没有像表内资产那样计提相应的风险资本。商业银行通过这类操作突破了巴塞尔协议，实质承担的风险超出了资本能够承担的风险，给金融体系的稳定性带来了重大不利影响。

监管部门对银行理财的非标额度监管，没有重视巴塞尔协议注重风险的实质。金融机构在标准产品与非标产品的形式上大做文章，引发了中国金融市场一系列创新。比如，商业银行理财为了突破非标的限制，可以将原来发放给企业的信托贷款，改成购买该企业在交易所发行的债券。信托贷款和债券，底层风险都来自该企业的信用风险。无论风险的形式如何,都应该同等对待,计提相同的风险资本。

商业银行提供刚性兑付的理财本就是规避资本要求的监管套利,治理商业银行理财的根本在于合并报表与风险资本。通过设立特殊目的载体,将本应该体现资产负债表的资产隐藏,是很多企业实施财务欺诈的重要手段。

在美国曾经出现过安然事件[19]。安然公司大量设立特殊目的载体,这些表外特殊目的载体在满足一定形式的条件下,没有合并到安然公司的财务报表之中。安然公司将自己的资产负债装入载体,同时将亏损也放到这些载体,通过这种操作进行财务造假。美国自安然事件以来,通过严格的立法规范,对企业的会计行为与信息披露提出更加严格的要求。商业银行的理财是否需要合并到银行的资产负债中,需要考察理财产品的具体运作情况。

从实质上而不是从形式上,美国出台了相应法律对于特殊目的载体的合并报表要求进行判定。特殊目的载体满足两个条件,就需要合并到相关主体的报表之中。一个条件是相关主体对于特殊目的载体具有实质控制,即使从持股比例上没有达到控股条件;另一个条件是相关主体对于特殊目的载体具有可变收益。

银行理财存在刚性兑付的情况下,一方面银行理财受到银行的实质控制,另一方面,银行对于银行理财具有可变收益,即银行理财的投资收益在为理财投资者提供了固定的预期回报之后,剩余的变动部分的收益将由银行获得。

按照结构化金融的处理原则来解决理财的刚性兑付问题非常简单。如果提供刚性兑付,银行理财需要和银行合并报表。合并报表之

---

[19] 安然事件是指2001年发生在美国的安然公司破产案,该案也是美国历史上企业第二大破产案。

后,银行理财的资产自然而然需要计提相应的风险资本。

由于监管制度的差异,中国当前存在大量公司采取类似安然公司的操作,即以特殊目的载体为工具,利用合并报表的弹性处理空间,转移表内资产负债和收益亏损到表外,操纵财务报表。

地产企业的地产基金操作案例非常具有典型性。地产企业通过关联企业设立私募基金,募集资金用于投资特定地产项目公司的股权。在这种操作中,项目公司不被并入地产企业的合并报表,可以降低地产企业的资产负债率。到地产项目开发到可以实现销售收入的阶段,再从私募基金回购项目公司的股权,合并报表,以提高地产企业的业绩。

不从巴塞尔协议与会计合并报表的角度来理解银行理财并采取相应的监管,必然会导致监管套利等市场行为的混乱。

以 2017 年前后银行间快速发展的私募 ABS 为例。商业银行将表内信贷资产打包信托给信托计划,信托计划进行优先劣后分级。通常优先级评级在 AAA,劣后级不进行分级。很多银行将优先级出售给其他银行。对于 AA - 的优先级产品,由于风险缓释作用,风险权重为 20%,中间存在监管套利的空间。

然而,资产证券化相关的法律对于风险在不同分级之间再分配导致风险权重不同的情况有应对措施。相关法规要求,没有评级的劣后级部分,风险权重为 1,250%。假设一个有分级的证券化产品,优先级部分 95%,劣后级部分为 5%,则总的风险资产为 95% × 20% + 5% × 1,250% = 81.5%。

在没有证券化之前,底层资产原有的风险权重为 100%。通过这种方式,整个银行体系能够节约 18.5% 的风险资本。资产证券化的分级,可以将风险在不同分级产品中进行再次分配。通过资产证券化节约的风险资本,可以视为规则允许下的合理套利。

然而，中国曾经出现过被监管限制的实际情况是：很多银行将劣后级产品销售给其他银行的理财，或选择直接用自己的理财产品来承接。2017年，国内监管并未对银行理财作出任何的风险资本要求[20]。因此，通过这种私募ABS方式，整个银行体系能够节约80%的风险资本。如果全部的证券化产品都由银行理财来购买的话，那么银行体系可以节省100%的风险资本。在银行理财的不当创新之下，巴塞尔协议失效。

2017年加强监管以来，有部分地方银监局针对这种行为，要求私募ABS不再按照20%的权重计提风险资本，而要按照100%的权重。从风险实质的角度来分析，这种要求有不合理之处。资产证券化分级的核心作用在于能够让底层资产的信用风险在不同主体重新分配。因此，优先级部分的风险权重降低，符合风险实质减少的原则。只是需要相应提高劣后级部分的风险权重，保证整体的风险权重与分级前大致相等。这反映了分级没有改变风险总量的金融本质。如果劣后级能够被非银行体系的机构投资者购买，那么银行体系的确从总体上降低了风险，从而减少了风险资本的要求。

问题的核心是提供刚性兑付的银行理财，并不是真正独立于银行资产负债表的实体，需要针对银行理财计提风险资本。如此一来，所有相关的监管套利（甚至严重地说是违规套利）都会大大减少。非银行的机构投资者在此过程中，购买银行的劣后级，承接银行转移过来的风险与收益，可以实现自身的发展。

银行与非银行体系的资产负债表，一收一涨，实现了社会整体的资产负债较为平和的过渡。这正是美国实施巴塞尔协议后的资产证券化发展历史提供给我们的宝贵经验。

---

[20] 2019年12月，银保监会发布了《商业银行理财子公司净资本管理办法》，此处的未作资本要求仅针对当时环境下的举例分析，以帮助读者理解。

第六章
金融工程工具与技术应用示例：结构化金融与资产证券化

"资管新规"对银行理财等业务的规范治理，对整个金融体系产生的收缩效应，可以从资产证券化的角度去理解。从商业竞争的角度而言，正是因为银行受到巴塞尔协议和存款准备金这两个方面的限制，从而竞争力下降，才使得资产证券化能够得到发展。

4. 银行信贷和资产证券化，两者具有相同的金融本质

从结构化金融等融资的角度理解资产证券化，之所以是片面或者错误的，是因为资产证券化能够实现的融资，银行信贷等业务同样能够实现。

我们分析住房抵押贷款可以发现，资产证券化和银行信贷发挥了同样的金融职能。住房抵押贷款实现的金融职能是将资金从富余者手中转移到资金需求者手中。银行信贷的业务模式是以吸收存款的方式从资金富余者手中获得资金，然后以发放抵押贷款的方式将资金转移到资金需求者手中。资产证券化的业务模式是先通过抵押银行以抵押贷款的方式将资金转移到资金需求者手中，抵押银行再将自己持有的贷款资产出售给投资银行，投资银行将贷款资产打包发行证券，面向投资者（资金富余者）募集资金。

根据本书强调的现代金融工程理念，金融的本质是金融职能的发挥，而不是金融的具体形式。从这个角度来讲，资产证券化和商业银行在本质上是同类事物。法博齐在其书中将资产证券化的一类产品 CDO 称为"迷你银行"，也正是这个道理。国外有的研究将资产证券化所形成的业务体系称为"影子银行"。本书则基于金融工程的特定合成技术，称之为"合成银行"。

然而，由于银行的资金来源更广、成本更低、流动性管理能力更强，资产证券化的业务在和银行业务竞争过程中处于绝对劣势地位，很难

发展起来。我国近二十年以来，其他金融行业的发展相比银行业的发展，不可同日而语。这验证了银行在金融业务竞争中的优势地位。

回顾美国的资产证券化发展历史，可以发现20世纪80年代巴塞尔协议的推出，和美国的资产证券化、债权证券化及股权的证券化等发展，在时间上存在先后顺序。这不是一种巧合。巴塞尔协议的推出和证券化发展，两者之间不只是存在一种相关关系，而是因果关系。

巴塞尔协议的推出，使银行业的资产负债扩张受到限制。一方面，银行产生了将存量信贷资产通过资产证券化出表的需求，即将资产打包销售给基金等资管机构发行管理的资管产品；另一方面，银行由于自身资产负债表的压力，无法满足经济体系产生的新的金融需求，这些金融需求被从事资产证券化的相关机构满足。商业银行体系和资产证券化业务出现此消彼长，形成了商业银行角度的"金融脱媒"与资产证券化的高速发展。

因此，要想从本质上理解资产证券化，不能只是将资产证券化理解为将资产打包证券这样的技术操作。这样的技术操作的确起到了锦上添花的作用。单就技术能力而言，证券化技术无论如何先进，其在处理流动性方面的能力，始终无法和受到央行支持的商业银行相提并论。资产证券化的真正意义是不需要资本的信贷业务，这类业务和需要资本的银行信贷业务形成了差异化竞争。或者，按照法博齐的观点来说，资产证券化的本质就是对于巴塞尔协议的监管套利。

由此，我们能够清楚地认识到，在"资管新规"推出之前，资管乱象的本质也是对于巴塞尔协议的套利。然而，国外资产证券化的套利模式符合金融监管的逻辑，国内资管的套利模式却不符合金融监管的逻辑。两者的差异在于提供"刚性兑付"与否。

由于银行提供刚性兑付，将银行表内的能力运用到了表外理财产

第六章
金融工程工具与技术应用示例：结构化金融与资产证券化

品上，对于投资者而言，银行理财也因此具备了其他资管产品所不具备的优良特征。银行理财迅速发展，短时间内规模达到了 30 万亿，超过了发展近 20 年的公募基金的规模。

对比美国我们可以看到，在银行业受到巴塞尔协议的资本充足率的限制以及在中国受到的信贷额度的限制之下，银行出现"金融脱媒"现象，金融资源从银行体系分流到非银行体系，这助推了资本市场的资产证券化业务体系等事物的发展。然而在中国，由于银行理财等通过刚性兑付等操作获得快速发展，分流了银行表内的金融资源，替代了资产证券化业务体系的发展。

从"资产证券化的本质是对巴塞尔协议的监管套利"的角度来看，中国的银行理财（提供刚性兑付的产品）才是中国特色的资产证券化。只是这种监管套利破坏了金融纪律，是一种会给金融体系带来风险的不合理的套利，最终引起了监管的规范治理。这就是"资管新规"推出的真正原因。

"资管新规"推出之后，银行理财这种中国特色的资产证券化的发展受到限制，短期内信贷创造能力受到破坏，进而对实体经济造成了影响。这种影响究其根底，并不是因为"资管新规"的推出，而是因为之前的这类信贷创造本就存在制度问题，不应该继续进行。如果因为短期内"资管新规"的推出使得经济发展受到冲击，而指责"资管新规"甚至推翻它，一方面会给金融体系带来风险隐患，另一方面也破坏了金融制度的权威和公信力，对中国的金融和经济的长期发展十分不利。

对冲"资管新规"负面影响的合理途径是大力发展合规的资产证券化，由不提供刚性兑付的公募基金等资管产品，募集资金购买银行的信贷支持证券或企业的资产支持证券，从而将银行体系的风险在规则信息透明的情况下，由广大投资者自愿承担。

资产证券化的重要意义,不在于资产支持证券的规模发展,而是需要资金的渠道来源于非银行体系,并且形成能够独立于商业银行业务的链条。因此资产证券化或直接金融的发展,核心在于约束银行的资产负债表的扩张,同时大力发展基金、保险等非银行机构投资者。

第二节 结构化金融

1. 结构化金融的定义

结构化金融目前没有权威的定义。固定收益领域专家法博齐在其著作《结构金融导论》中给出了一个定义,是指"在现有的金融工具无法解决融资、风险管理等金融问题时,所运用的各类金融方法和工具"。[21] 这一定义将结构化金融等同于所有的非传统金融,是一种广泛的定义,没有将"结构化"一词的特别意义体现出来。本书后续给出一个更加突出"结构化"一词的定义。虽然描述方式不同,但是两个定义所指的事物几乎一致。

按照法博齐的思路,要理解结构化金融,先要理解传统金融。哪些属于传统金融的领域?银行贷款、债券和股票,这些都属于资产证券化和结构化金融兴起之前就存在的金融产品,可以视为传统金融。

还有一种更加有力的概念,从风险管理的本质角度来区分不同类型的金融方法和工具。这个概念就是标准化交易,与之对应的概念是非标准化交易。标准化交易是指针对高信用主体的信用融资以及有抵押品担保的融资。其中,抵押品不是指通常意义上用于借贷担保的资产,而是指满足特定要求的资产。要使交易达到标准化,抵押品通常要

---

[21] 法博齐等,《结构金融导论》,东北财经大学出版社,2011。

求变现能力强,有交易活跃的二级市场,能够提供公允合理的交易价格。在中国,最常见的抵押品就是房地产和股票。

标准化交易风险可控,金融机构能够按照一定的标准,比较容易地进行操作。非标准化交易则充满不确定性,金融机构很难按照一定的标准进行操作,必须借助结构化金融技术以及金融专家的主观判断等"艺术"方面的能力。

我国当前金融体系存在的"重(高信用主体)担保和重抵押,轻现金流分析"的现状,上述概念也意味着我国的金融体系只能处理标准化交易。

在金融实务中,哪些属于标准化交易？国有企业贷款或发债、高信用的大型企业贷款或发债、有房地产足额抵押的贷款或发债、股票抵押的融资,等等,这些属于标准化交易,由于风险可控,成为各家金融机构争夺的焦点。然而,充分竞争也使这些业务为金融机构提供的收益较低。同时,这类业务的操作不需要过多依赖于金融方面的专业技能,各家金融机构都能操作。金融机构在这些业务领域的竞争比拼的是成本和客户关系营销,属于高度同质性竞争。

随着金融市场的逐步完善以及金融机构间的竞争日益激烈,开始有金融机构运用创新金融工具从事非标准化交易。这些创新金融工具正是法博齐泛指的结构化金融,工具包括:资产证券化等资产融资、供应链金融、项目融资、互联网金融、租赁、保理、结构化产品等。

前文提到,理解资产融资、项目融资与供应链融资等各类结构化金融事物的前提概念是标准化交易中的高信用主体融资和强资产抵押融资。各类结构化金融只有通过和高信用主体融资及强资产抵押融资进行对比理解,才有意义。

第六章
金融工程工具与技术应用示例：结构化金融与资产证券化

2. 最为普遍的结构化金融：资产融资

资产融资是指针对企业特定资产进行的融资。除了资产证券化，融资租赁也可以被视为一种资产融资。结构化金融中所指的资产融资，其中的资产通常是变现能力较弱的资产。如果是有流动性和变现能力特别好的住宅类房地产作为抵押，则可以归类为标准化交易。非金融机构只需要稍许具备金融常识知识，对这类交易都能应付自如。

因此，资产融资可以分为狭义的资产融资和广义的资产融资。狭义的资产融资不包括以变现能力强的地产资产或股票资产作为抵押的融资。后文讨论的是狭义的资产融资。

下面重点以融资租赁作为资产融资的模式来进行分析。

融资租赁通常分为两类模式：直接租赁和售后回租。直接租赁的操作模式是融资租赁公司根据承租人的要求，先购买特定设备资产，再将资产出租给承租人。承租人按照租赁合同，分期支付租金。到期后，承租人以一定的价格将设备资产购买回来。承租人支付的租金，通常要大于设备的购买价格，高出的部分就是承租人支付的融资成本。

比如，汽车租赁公司根据与客户的合同，先按照客户要求购买20万元的指定类型和品牌的汽车。客户先支付30%的保证金给租赁公司。在为期两年的租赁期内，每月支付1万元租金给租赁公司。两年后，承租方客户再支付1元价格将汽车购买。在此过程中，客户共支付了30万元。30万元和20万元的差额，相当于支付的利息。如果中间客户出现违约，汽车租赁公司可以终止合同，将汽车收回对外出售，回收资金。

售后回租和直接租赁的操作基本类似。区别在于，售后回租中的设备资产,原本就是承租人的。融资租赁公司是将资产从承租人手中购买过来的同时将资产出租给承租人。

传统的融资方式如银行贷款给融资人用于购买设备资产。如果设备资产不能办理抵押的话,那么当融资方破产时,银行方不能获得设备资产的优先权利。通过融资租赁这种模式,租赁公司控制了设备资产的所有权。当承租人(融资方)违约或者破产时,租赁公司可以回收租赁物。租赁公司获得了比普通债权人更优先的权利,从而更加能够控制风险。

通过资产保障自身的优先权利,控制交易的风险,尤其是交易对手的违约风险,这是所有资产融资的特征。从这个角度理解,中国民间的典当行、交易定金等,都可以视为一种资产融资。

融资租赁被视为一种非标准化交易或结构化金融手段,是因为融资租赁操作中的租赁物资产通常都不像房地产或者股票那样有活跃的二级市场和良好的变现能力。资产变现能力越强,金融交易越容易,也更容易被用于开展融资租赁业务。国外常见的融资租赁的租赁物包括飞机、轮船、汽车、集装箱等,这些都是标准化程度较高的产品。

除了通过资产保障金融安全解决融资问题的驱动因素,融资租赁的发展还有一种驱动因素就是税收套利。不同类型的机构面临的税收环境不同,从而产生了融资(经营)租赁的需求。根据国外的研究表明,针对中小信用的企业开展的融资租赁业务,主要是解决融资难的问题。针对高信用主体开展的融资租赁业务,其中有更多的税收套利因素。

从不同信用主体的金融机构开展风险管理的角度来划分,融资租赁有两类。

一类是针对中小企业的融资租赁。由于中小企业的信用较差,直接提供信用融资风险较高,阻碍了金融交易的达成。通过融资租赁的

第六章
金融工程工具与技术应用示例：结构化金融与资产证券化

方式，金融机构能够凭借资产缓释风险。因此，针对中小企业的融资租赁对租赁物的要求更高，要求租赁物的通用性较强，租赁公司对于租赁物的处置有一定的经验，并且相比其他类型的机构有更强的能力。

另一类是针对高信用主体的融资租赁。由于高信用主体本身就可以通过发行信用债券募集资金。金融市场对这些债券也有相对公允合理的定价。因此，交易实施对租赁物的依赖程度较弱。租赁物的存在意义不是风险管理，更多是为了架构合理的税收套利模式。

中国的融资租赁业务具有鲜明的中国特色，这是因为中国的金融体系相对不完善，金融抑制程度较高。一些信用较高的主体，如果是在美国的金融市场里，凭借自身主体信用能够比较容易获得融资。但是在中国，或是因为传统金融机构如银行的风险偏好过低和贷款受到"三个办法与一个指引"的限制，或是因为融资主体本身受到政策的限制等诸多原因，这些高信用主体无法通过银行贷款或债券发行获得融资。因此，融资租赁有了发挥空间。

这种形势下催生的融资租赁业务，主要是为了规避贷款或发债等限制而采取的融资。从风险管理的角度来看，这类租赁业务虽然外在形式体现为"资产融资"，但是资产担保的意义不大。

典型的业务就是针对上市公司的设备融资和针对融资平台的基础设施融资。

上市公司信息披露较为完全，公司治理结构完善，属于中国最为优秀的公司群体。正常的债券市场中，很多上市公司即使信用达不到AA，发行债券应该也比较容易，只是比AAA或者AA+的公司利率要高，以体现信用风险的差异。

然而，在中国，这些AA级以下的上市公司几乎很难通过发行债券来募集资金。这意味着，债券市场没有为AA级以下信用进行定价的能力。这些公司的融资需求得不到满足的时候,便转向了成本更高的融资租赁。同时,融资租赁公司受制于自身吸取资金成本较高的劣势,很难和银行等竞争高信用级别的主体,也愿意承受更高的风险来开展业务,和银行开展差异化竞争。

对于融资平台企业而言,融资平台的很多融资项目,本身不产生现金流,难以满足银行等金融机构的贷款标准。当融资需求得不到满足的时候,融资平台便转向了更高成本的融资租赁。融资平台的融资租赁业务中的租赁物,很多都是无法产生现金流的市政公路、管网等基础设施,几乎没有变现能力。这意味着,如果融资平台企业违约或者破产,融资租赁公司既无法将资产出卖也无法依靠经营这些基础设施类资产来获得现金流。因此,从风险管理角度的角度来讲,这类融资租赁和直接将钱贷给融资平台,没有太大的区别。这些融资租赁虽然采取"资产融资"的形式,但是资产融资的实质没有体现。

由于国内的金融管制较多和市场发展尚不完善,经常会出现形式和实质不一致的情况。这既带来业务机会,也会影响我们对金融事物的正确理解。从金融的本质而非金融的形式上去理解和分析金融事物,是现代金融工程的理念。此处的分析正是这一理念的体现。

从风险管理的角度来看,和融资租赁类似的方式是抵押融资。抵押融资是指借款人将特定的资产抵押给贷款人。当借款人无法如期还款时,贷款人可以处置抵押物获得资金。在借款人发生破产时,(享有担保权的)抵押权人对于抵押物有优先受偿的权利。抵押融资和租赁融资都是运用结构化金融中的解构技术,将部分资产从借款人企业的总体负债表中剥离出来。只不过融资租赁解构的是资产的所有权,抵押融资解构的是资产的担保物权。在资产证券化的运作过程中,也是将资产的所有权剥离出来,出让给特殊目的载体。

第六章
金融工程工具与技术应用示例：结构化金融与资产证券化

结构化金融的解构技术，目的是防范风险感染。有限责任公司也是这一目的下的产物。站在股东角度，股东设立有限公司这种具备破产隔离属性的特殊目的载体，只以出资为限承担有限责任，然后利用该特殊目的载体从事特定业务，能够保障股东在公司业务出现失败的时候，不至于影响其他业务以及生活。

利用有限公司举债融资是结构化金融的最广泛应用。相比合伙企业中合伙人承担无限连带责任，这大大地促进了社会的投资。从投资人的角度，设立特殊目的载体，将特定资产或者业务从融资人的整体资产与业务中切割出来，更有利于进行风险管理。

抵押融资正是这种解构的应用。很多主体信用较弱的企业，主营业务面临的竞争激烈，现金流波动很大，因此难以依靠信用进行融资。但是企业的资产负债表中有一部分是价值较高且较易处置的资产如房产，企业则可以将该部分房产抵押进行融资。

这种情况下，投资人可以将注意力从企业的整体现金流转移到特定抵押品的现金流及处置价值上来。无论企业现金流波动情况如何，只要预期的抵押品处置价格能够覆盖融资的本金与利息，就可以很好地控制这笔融资的风险。

存在抵押品的情况下，融资人与投资人的利益保持高度一致，也能够有效降低信息不对称所导致的逆向选择与道德风险问题。在社会信用体系不健全的情况下，很多信用较差的企业经常会利用信息不对称，隐瞒关键信息甚至财务造假以获得融资。在获得资金后，也有挪用资金到其他用途的情况，给投资人带来了不可预期的风险。

抵押融资是我国金融体系当前最重要的金融治理手段。然而，过度依赖抵押融资，也造成了中国当前金融抑制的现状。

3. 中国最需突破的金融技术：项目融资

项目融资是指为了运作特定项目，发起人设立项目公司作为特殊目的载体，通过设计资本结构面向不同金融机构募集资金，资金用于项目的建设和运营，并且通过项目运营或者出售等获得的资金偿还项目融资和为项目出资方提供回报。

广义的项目融资是指为了一个新项目，或者收购现有项目，或者为现有项目进行债务重组所进行的融资。狭义的项目融资，是以项目本身的未来收益和资产为融资基础，由项目的参与各方分担风险的具有无追索权或有限追索权的特定融资方式。追索权是指贷款人在借款人未按期偿还债务时，要求借款人用除抵押资产之外的资产偿还债务的权力。

项目融资分为有追索的项目融资的和无追索的项目融资。有追索的项目融资是指金融机构除了依靠项目本身的现金流来回收投资之外，还可以向项目的发起人要求权利。将归还贷款资金来源限定在特定项目的收益与资产范围之内，是项目融资的最主要特点。

与信用债券或信用贷款不同的是，在项目融资中，对项目发起人只有限追索权。因此项目发起人的信用好坏并不十分重要，更重要的是项目本身的优劣。

> 项目融资的常见概念有 BT、BOT、BOOT、PPP 等。其中，BT 和 BOT 是国内常见的两种项目融资方式。在此分别简单介绍一下。
>
> BT(Build-Transfer，建设-移交)，是指项目实施方委托项目

第六章
金融工程工具与技术应用示例：结构化金融与资产证券化

建设方建造项目，在项目建造完成后，项目实施方以约定的方式购回该项目。BT是一种简单的项目融资方式，之前用于地方政府的基础设施建设，比较典型的方式就是工程施工方如中国建筑，先以自有资金投入建设基础设施，在建设完成后的几年时间里，地方政府（或其控制的地方融资平台企业）分期支付资金，购买基础设施。

这种类型的项目融资，虽然在形式上体现为项目融资，但本质是一种基于主体信用的标准化交易。在此过程中，项目的建设资金不是基于项目公司自身信用而从银行借的有限追索的贷款。同时，政府用于购回项目的资金规模也不是基于项目建成后的运营收入。BT模式，实际上是承包商垫资承包工程或政府延期支付工程款项。这种操作，通过把形成对政府或政府融资平台的应收账款质押，将政府等高信用注入项目，再利用该项目进行融资。这是基于中国预算法限制地方政府不得对外提供担保的创新。

BT在中国的金融实践中出现一种业务模式，工程承包方将BT项目产生的针对政府或地方融资平台的应收账款打包转让，创设资产支持证券进行融资。还有一种操作是将应收账款质押给银行获取贷款。这种情况下，项目投资主体即工程承包方自身的信用已经不再重要，不是融资决策的关键问题。这可以看作是项目融资与供应链融资的结合。

BOT（build-operate-transfer，建设－运营－移交），是指地方政府通过特许权协议，授权项目运营商进行项目的融资、设计、建造、运营和维护，在规定的特许期内向该项目的使用者收取费用,由此回收项目的投资、经营和维护等成本,并获得合理的回报。特许期满后,项目将被移交给政府。

2004年,中国住房和城乡建设部颁发《市政公用事业特许经营管理办法》,对城市供水、供气、供热、公共交通、污水处理、垃圾处理等行业实施特许经营,制定了详细的规定。建设部还制定了特许经营协议示范文本,以降低交易双方的签约成本。

BOT模式主要用于基础设施项目包括电厂、机场、港口、收费公路、隧道、电信、供水和污水处理设施等,以及自然资源开发项目。这些项目都是一些投资较大、建设周期长、可以运营获利的项目。

BOT融资更能够体现项目融资的特点,这与BT融资中项目本身可能没有现金流而纯粹依赖政府回购,有较大的区别。

中国最早的BOT融资案例是深圳沙角B火力发电厂项目融资。该项目于1984年签署合资协议,1986年完成融资安排并动工兴建,1988年投入使用。

2014年以来,中国政府大力推进PPP,以试图在限制地方政府债务扩张的情况下,推动基础设施的建设。PPP(Public Private Partnership)在中国通常被称作"政府与社会资本合作"。

从业务角度来看,PPP是一种基础设施的项目融资。通过PPP形成的政府与社会资本合作,原来由政府或地方融资平台举债进行基础设施建设,转变为由政府资本和社会资本共同出资成立项目公司,通过项目融资获得资金进行基础设施

第六章
金融工程工具与技术应用示例：结构化金融与资产证券化

> 建设。地方政府通过 PPP 将基础设施从自身的资产负债表上剥离出去，可以实现去债务杠杆的目标。某种意义上，这也是一种结构化金融的解构与重构的技术应用。

项目融资的操作，相比项目发起人以自身为主体进行融资建设和运营项目的操作，有特定的意义。由于项目公司和项目发起人相互独立，在某些形势下，对于风险隔离、风险定价和融资交易的达成都起到了重要作用。

首先，对于项目发起人而言，这种操作使项目运营的风险和自身的风险隔离。当项目融资是无追索的情况下，项目发起人仅以自身投入的资本为限，承担项目的风险，即使项目失败，也不至于连带影响项目发起人其他业务的正常经营。项目融资的这种独立特征，早就体现在有限责任公司的应用。人类发明有限责任公司，将有限公司与公司股东分离独立，股东仅以投入的股本为限承担风险，从而大大降低了投资的风险。有限责任公司是项目融资最为普遍的特殊目的载体。

另外，对于金融机构而言，通过项目融资这种方式，金融机构能够针对特定项目进行可行性分析和风险评估，从而进行风险定价。通过结构化设计，原本难以实现的融资项目可以获得融资。

以房地产项目融资为例。很多地产企业自身具备很高的杠杆，信用风险较高。同时，地产企业在发展过程中，还可能存在因偷税漏税、民间拆借集资、强拆引起法律诉讼等问题。如果地产企业没有公开上市的话，金融机构很难全面获取这些信息，或者获取信息的成本过高。信息不对称使得金融交易很难达成。当前有两种解决方案。

一种解决方案是地产企业以地产为抵押获得贷款。贷款金额通常为地产抵押物的一定折扣。这种交易中,金融机构对风险的控制主要依靠抵押物的价值变现,与项目成败盈亏等情况相关度不大,属于广义的资产融资方式,是一种标准化交易。我国当前银行开发贷款基本上都是采取这种模式。然而,这种方案下金融机构提供的融资金额受制于抵押物的价值,很多情况下不能够满足融资人的需求。

还有一种方案是项目融资方案。这种方案的通常做法是,地产企业和金融机构(如信托公司)联合成立一个项目公司。双方按照出资协议对项目公司提供股权或债权融资之后,双方共同管理项目公司。然后,通过项目公司进行土地竞拍、地产开发建设、地产销售等地产项目运作。项目公司的地产销售获得的资金,按照事先约定进行分配。在此运作过程中,项目公司拍卖获得的土地,仍然可以用于抵押向银行申请开发贷款。

下面以一个地产项目开发的具体案例来分析项目融资。案例分析包括项目融资的概念和分析框架方法,项目融资的具体操作及相关的项目融资风险。这些内容可以推广到其他类型的项目融资。

中国当前的住宅类地产开发项目,通常采取的模式为项目制。地产企业为了获得某个地产开发项目,先成立项目公司,地产企业作为股东为项目公司提供股本资金和股东借款,然后以项目公司的名义拍卖土地。土地拍卖后,项目公司以自有资金缴纳土地出让金。获得土地证等相关证照后,符合银行房地产开发贷款的条件,项目公司以土地为抵押,向银行申请房地产开发贷款。通常,银行为了保障贷款的安全性,还要求地产企业为项目公司提供连带责任担保。贷款资金用于地产项目的建设。

当建设达到一定程度可以满足预售条件之后,地产企业面向购房人销售期房。由于是预售,购房人在支付购房款项目之后,并未当期获

第六章

金融工程工具与技术应用示例：结构化金融与资产证券化

得房产证，存在一定的风险。因此预售的资金受到监管，优先用于项目的建设和偿还金融机构的资金，然后才能用于分配地产企业的股利。

当前国内地产开发项目的融资，采取地产企业成立项目公司，项目公司以土地抵押申请贷款，并且地产企业为项目公司融资提供担保的混合方式。如何分析银行提供的贷款融资，到底是资产融资、项目融资，还是主体融资？由于融资过程中采取了混合模式，单纯从形式上很难界定融资的类型，需要从金融风险管理的实质进行分析。

当银行贷款存在土地抵押担保，而且贷款的额度相比土地市场价值要少的时候，这种贷款属于资产融资，而且是广义的资产融资，是一种标准化交易。从金融风险管理的角度，银行既不需要分析项目的可行性，也不需要分析担保方的信用情况，只要抓住足值抵押物这一核心风险控制关键就可以控制住大部分风险。当然，银行也会关注项目的可行性和开发情况，也不希望项目出现问题而导致融资回款出现波折。但是当银行有足额抵押物的情况下，这种项目开发风险基本上就被全部转嫁到了融资方。

存在抵押物时，融资方和金融机构之间由于信息不对称而产生的逆向选择和道德风险等问题，得到有效解决。这种情况下，银行机构没有必要深入到项目运营和管理当中。现实中，大部分的银行对于项目贷款的管理在资金账户的层面，主要目的是控制资金的用途和销售资金的流向，并不会去关注项目运营的细节。

举一个具体的资产融资的例子。地产企业进行可行性研究，得出结论：某住宅类土地的拍卖价为 5 亿元，项目建设成本和建设销售期间的费用合计 10 亿元，项目建成后预计销售额为 18 亿元，净利润为 3 亿元。假设用于建设的成本和期间费用达到 5 亿元之后，才能够对外销售。那么项目在回收现金流之前需要投入 5 亿元的土地购买资金和 5

亿元的建设费用，共计10亿元的资金。地产企业成立项目公司，出资5亿元拍下土地，等证照办理完备后，再以土地证向银行机构申请贷款3亿元，后续还要投入2亿元。整个项目，向金融机构获得融资3亿元，土地抵押物的市场价值是5亿元。融资规模低于土地抵押物的市场价值。这是典型的资产融资。

有的情况下，银行贷款的额度超过了抵押物的市场价值或是抵押物的变现能力相对较差。比如，抵押物是商业地产性质的土地，拍卖时的市场价格5亿元，开发企业申请10亿元贷款用于项目开发。或者土地是商业用途，受到市场形势变化的影响很大。在形势不利的时候，很难以合理价格出让。这种情况下，一旦项目开发出现问题，银行无法通过处置抵押物来控制风险。

当前很多商业地产开发项目，因为抵押物不像住宅类项目那样具备较强的变现能力，加之项目完工后的商业地产销售回款周期较长，因此难以获得银行的开发贷款。银行通常要求地产企业提供担保，而且提供担保的企业通常具备较强的信用，比如万科、万达、保利、中粮等这类企业。这类企业本身的主体信用得到金融机构的广泛认可，能够在债券市场通过发行信用债券获得资金。因此，这类融资虽然有项目公司的形式，也有资产抵押，但是从风险管理的本质来分析，可以将其归类为主体融资。

举一个具体的主体融资的例子。地产企业进行可行性研究，得出结论：某商业类土地的拍卖价为5亿元，项目建设成本和建设销售期间的费用合计15亿元，项目建成后预计销售额为30亿元，净利润为5亿元。假设用于建设的成本和期间费用达到10亿元之后，才能够对外销售。那么项目在回收现金流之前需要投入15亿元的资金。

和住宅类地产项目不同的是，商业地产的销售去化周期更长，而且

第六章
金融工程工具与技术应用示例:结构化金融与资产证券化

不确定性更大。一旦市场需求不振,项目销售回款会大幅波动。而且在这种情况下,项目的抵押物难以快速找到买家。地产企业成立项目公司,出资 5 亿元拍下土地,等规定需要的相关证照办理完备后,再以土地证向银行机构申请贷款 10 亿元。整个项目,向金融机构获得融资 10 亿元,土地抵押物的市场价值是 5 亿元。这种情况下,由于抵押物没有足值覆盖,加之商业地产的变现能力较差,因此贷款的风险无法通过抵押处置变现来控制,在国内很难获得融资。

从金融风险管理的本质来看,真正的项目融资,融资风险高度和项目开发及运营有关,风险管理不能全部依靠抵押物或(/和)主体的担保。正因此,金融机构需要深入了解项目的可行性进行决策分析,在提供融资的时候,通过设计项目公司的资本结构,在不同主体之间有效合理地分配风险,并且深度介入项目的开发和运营过程,以控制项目融资中的项目完工风险、项目销售风险等各类风险。

举一个项目融资的例子。地产企业进行可行性研究,得出结论:某住宅类土地的拍卖价为 5 亿元,项目建设成本和建设销售期间的费用合计 10 亿元,项目建成后预计销售额为 18 亿元,净利润为 3 亿元。假设用于建设的成本和期间费用达到 5 亿元之后,才能够对外销售。那么项目在回收现金流之前需要投入 10 亿元的资金。

地产企业和信托公司成立项目公司,共同出资 5 亿元拍下土地。其中,地产企业出资 2 亿元,信托公司出资 5 亿元。等相关证照办理完备后,再以土地证向银行机构申请贷款 3 亿元。地产企业为项目公司提供担保,但是地产企业本身是中小企业,信用较弱。在这种情况下,整个项目向金融机构获得的融资为信托 8 亿元,远远高于前面所举的资产融资的金额。

就风险管理的本质分析而言,不同的资本结构下,不同金融机构的风险不同。对于有足额抵押担保的银行来说,几乎没有风险。对于信托公司来说,没有抵押物提供保障,一旦项目建设出现问题,自己处于劣后受偿人的地位。土地拍卖之后的资金先用于偿还银行贷款,然后才偿还信托公司。这使得信托公司承担了较大的风险,风险的大小和项目高度相关,取决于项目的可行性与地产市场形势的变化,以及项目公司的经营管理水平。

对比主体信用融资和项目融资可以发现,两者在融资的交易结构上高度类似,都是针对特定主体提供信用融资。然而,由于风险不同,金融机构发挥的金融职能也不同。因此理解项目融资的本质,并不在于融资所采取的外在形式,而在于融资所面对的风险特征以及采取的风险管理手段。项目融资采取的这种风险管理手段,还可以应用于垃圾债券的金融治理之中。能够采取主体信用融资的主体一般都具备较高的信用。在国外的金融市场上,通常信用评级在投资级及以上;而在国内的金融市场,信用评级至少要在 AA 以上。由于主体具备较高的信用,因此金融机构开展主体信用融资的时候,不会对资金用途、融资主体的业务行为、还款来源等有严格的要求。

金融机构在开展项目融资的时候,由于项目公司是新成立的,不具备较高的信用或者说完全没有信用,因此金融机构需要深入到项目的管理控制,要对资金用途(如严格用于项目的建设和运营),融资主体的业务行为(如严格限定为项目的建设和运营,不得有其他对外投资和开展非项目相关业务),还款来源(如项目产生的收益要用于偿还项目融资)进行严格的管理。

我国的民营企业债券市场发展至今,出现过很多信用违约事件。这些事件的发生,一方面与民营企业本身具备较高的信用风险有关,另一方面,与我国金融机构没有理解主体信用融资和项目融资的差异,在

第六章
金融工程工具与技术应用示例:结构化金融与资产证券化

操作过程中,风险管理出现失控也有很大关系。

从风险管理的角度来看,信用较低的民营企业接近于项目公司。因此,对于这类企业发行债券,不能像高信用主体发债那样——承销商只是将募集资金交付给发债企业,等待债券到期,企业偿还资金;而是承销商需要更多地介入发债企业的业务管理。

美国的债券市场,针对高信用主体(投资级)和针对低信用主体(投机级)采取的方式不同。针对高信用主体采取的方式和国内采取的方式一样,而针对低信用主体,则通过债券条款对低信用主体的行为进行约束。典型的债券条款对发行主体的财务指标如资产负债率等有严格要求,同时会对发行主体的重大资产重组、重大对外投资、向股东分配股息等行为施加限制。另外,为了防止承销商的道德风险(即承销商为了赚取承销佣金,故意隐瞒关键信息,并且在不能有效管理风险的情况下也向投资者销售债券)对投机级债券的发行和承销,市场惯例要求主承销商自己购买一定比例的债券,并且提供做市商服务。

我们以上面所举的项目融资案例来对项目进行分析。一个完整的房地产开发项目的运作包括以下几个方面:

(1) 项目的可行性分析及财务建模。

(2) 项目公司的设立、内控管理和融资。

(3) 项目公司的项目建设与运营。

(4) 项目公司的收益分配。

项目融资和项目运作密切相关,因此同样需要从这四个方面进行运作。首先,项目的可行性分析和财务建模。不同项目的可行性报告格式不同,然而从金融的角度来看待,可行性报告最终的落脚点是构建项目的财务预测模型。通过模型分析项目的收益和风险情况,并最终得出项目具备投资价值的结论。

住宅类地产项目的特征,使得其可行性分析更加简单,财务建模相对容易而且不确定性较低,能够较好地预测项目的收益,评估项目的风险。基于这种特征,地产项目最有潜质应用项目融资。此外还有基础设施类项目和 PPP 项目,也具备和地产项目类似的特征,从风险管理的角度,同样比较容易应用项目融资的手段,但是由于回款周期过长,金融机构难以提供与回款周期匹配的长期资金,项目融资的落地较难。

具体而言,住宅类地产项目的可行性分析比较简单的原因如下。

住宅类项目开发后形成的资产是住宅类房地产。这类房地产有较为活跃的二级市场。二级市场的交易价格能够为项目的产出估值提供参考。作为对比,商业地产类项目的二级市场交易活跃度较弱,商业地产的价格波动性更高,很多情况下出现"有价无市"的情况。当前的市场价格并不能为提供项目开发后的地产销售价格提供参考。

住宅类项目回款周期较短,通常在 3 年以内。很多高周转模式的地产企业,通过预售回笼资金,回款周期甚至可以缩短在 1 年左右。相比之下,商业地产类项目的销售回款周期要长很多。

住宅类项目的项目建设对技术的要求较低。因此,项目的完工风险较少而且建造成本可控。作为对比,铁路类基础设施的建设可能遭遇极端地质条件,完工风险很大而且成本不可控。

住宅类项目是重资产轻经营的项目,在项目回款周期内的成本测算比较简单。作为对比,电力能源项目在运营过程中,需要购买煤炭并且产生大量人工成本,煤炭价格的波动和人工成本的变化,会大大影响项目的盈利能力和项目融资的风险。

了解住宅类地产项目的这些特征之后,我们可以比较容易地进行粗略的可行性分析和初步的财务估算。这些特征,也使得国内房地产领域成为项目融资应用最为广泛的领域。

第六章
金融工程工具与技术应用示例：结构化金融与资产证券化

一个房地产项目的关键变量包括土地面积、容积率、项目可出售面积，这些是拍卖土地时就确定的。其他变量则需要进行估计，包括房屋的单位销价、单位面积的土地成本、每单位面积住宅的建造成本、期间的管理费用、销售费用和财务费用，以及税费。初步估算时可以简化。期间的费用可以简化为销售收入的一定比例。

下面以一个具体例子估计房地产项目的财务回报。假设是销售面积为 50,000 平方米的住宅项目。预计房子单位面积售价是 8,000 元，土地楼面价格是 1,000 元，建设成本是通常 2,000~3,000 元，视项目所在区域和项目的产品定位而定。税费约为项目销售收入的 10%，管理费用和销售费用约为销售收入的 3%，财务费用约为 5%。这样计算，则项目的总回报为 $50,000 \times (8,000-2,000) - 50,000 \times 8,000 \times (10\% + 3\% + 5\%) = 2.28$ 亿元。假设所得税率为 25%，则税后利润为 1.71 亿元。其中没有考虑土地增值税。

房地产财务建模中的不确定性因素是房屋的预计销售价格和开发运作周期的时间长度。预计销售价格取决于宏观经济形势、金融形势以及区域的房地产形势。完整的开发运作周期，是从一开始拍卖土地投入资金到产品全部销售回款的周期。由于期间费用和运作周期的时间长度相关，销售回款的时间会对利润和权益资本回报率产生重大影响。

仅作简单的财务估算时，只考虑了现金流入和现金流出的总量，更加严格的财务模型还需要考虑时间因素，结合项目开发运作周期的具体时点，预测各时点的现金流入流出情况，然后将现金流折现，可以计算项目的内部回报率 IRR。通常项目融资的财务模型框架如表 6-1 所示。

表 6-1 项目融资的财务模型框架

时期	筹备期	建设期	运营期	结束期
现金流入	股本、借债	—	销售、运营	销售、运营
现金流出	—	土地款、建设款	偿债、建设	偿债、分红、缩减股本
现金净额	正	负	正	负

通常项目的筹备期是指构建项目公司,并且构造资本结构,即项目公司通过股权融资和债权融资获得的金额。这个阶段项目公司的现金流是净流入的。项目的建设期是用于建造未来用于提供服务或对外出售的项目。这个阶段的现金流是流出的,用于购买土地使用权、项目工程建设等。项目运营期,通过销售项目或运营项目获得现金。现金中的一部分用于偿还债务,一部分用于项目工程建设。项目结束期,项目获得的资金用于偿债、向股东分红以及缩减股本。最终实现所有项目投资人的退出。

上面的财务模型中,现金流入流出的具体时点和具体金额,根据模型构建者对项目的预测来确定。房地产项目财务建模比较容易的地方是不确定性因素较小,预计房价有二手房交易提供参考,建造成本通常稳定且有历史成本可作参考,同时运营周期即销售回款周期较短,具体时点和具体金额的预测差异,对财务模型结果的影响较小。

相比其他行业的运营管理,房地产开发项目公司的运营管理比较简单。市场上有专门的机构,可以为房地产企业提供各方面的专业服务。比如,房地产项目的建筑设计,有专门的设计公司;工程建设有建筑公司;甚至房地产销售也有专门的公司。房地产企业对项目公司的管理主要集中在资金运营方面,包括融资、资金使用、销售回款资金以及回款资金的分配等等,都和资金运营相关。从这个角度而言,房地产项目公司也是相对轻运营管理的公司。因此,近年来很多房地产企业才能够以标准化的模式,在全国各地大规模扩展业务。

第六章
金融工程工具与技术应用示例：结构化金融与资产证券化

基于这种现状，笔者将房地产视为一种对冲基金，本质上更接近于金融企业。笔者在翻译《REITs：房地产信托投资基金》一书的译者序中这样写道："在房地产价格刚性上涨的大背景下，房地产开发企业的专业聚焦无从建立或是根本无须建立，采取粗放式的生长反而成为最佳策略。据此，译者将中国的房地产企业视为宏观对冲基金。房地产企业利用土地和外部融资，构造了对未来经济形势和货币形势的杠杆化看多头寸，土地运作和房地产开发都只是这些基金的建仓手段而已。"[22]

上述项目融资通用的财务模型框架，也可以用于 PPP 项目。和住宅类房地产项目不同的是，PPP 项目的运营周期较长，需要提前缩减股本，以满足权益资本的逐步退出和提高资金的使用效率。根据《公司法》，权益资本通过减少注册资本的形式退出，需要征得债权人的同意。因此，这要求在筹备期构造项目公司的资本结构时，股东和债权人需要事先就后续的现金流分配做出安排。

这种操作的原理，与 CDO 中的利息覆盖测试和资产质量测试类似。在 CDO 中，存在优先劣后结构的分级，两类分级之间的利益存在冲突。关于存续期间的收益分配，两者利益并不一致。对于优先级而言，将劣后级的收益分配部分的资金留存在 CDO 内，更能够保障优先级的回报；对于劣后级而言，延期获得收益分配会产生损失。利息覆盖测试和资产质量测试的目的是提供一个判断标准，在满足标准的情况下，也就是在通过了测试的情况下，劣后级可以分配收益。这样，双方的利益可以达到平衡。

4. 供应链金融：原理与实务

供应链是指通过信息流、物流及资金流的流通，将供应商、制造商、

---

[22] 拉尔夫 L.布洛克，《REITs：房地产投资信托基金》(第四版)，机械工业出版社，2014。

分销商、零售商以及终端客户连成一个整体的功能网链结构。在供应链中,货物从原始持有人到供应商、制造商、经销商,再到终端消费者;伴随着货物的流通,资金从终端消费者到经销商、厂商、供应商,再到原始持有人;而信息流则自始至终在整个链条中双向流动,如图6-1所示。其中,上方箭头表示货物流,下方箭头表示与之对应的资金流。

图6-1 供应链结构

随着国际分工的深化及市场竞争的日益激烈,原先由单个企业负责大部分商品生产环节的生产模式逐渐让位于由核心企业主导,不同环节由不同生产厂家和商家合作完成的经营模式。国际贸易的发展加剧了这种模式的转变,大型跨国企业作为核心企业在全球配置资源,进行中间产品的采购,安排生产。例如,在苹果手机的生产过程中,苹果公司作为供应链中的核心企业,主要负责产品的研发、设计与营销,而将产品元器件的生产放在韩国和中国台湾地区,产品的组装放在中国大陆,销售则面向全球。

在这种新的生产模式下,竞争由原先单个厂商之间的竞争转变为不同供应链之间的竞争,由此产生了供应链管理的需求,供应链管理要求作为核心企业的厂商合理配置资源,在不同的国家与地区安排生产,由供应链上不同的经济主体担任不同的职责,以实现整个供应链价值创造的最大化与成本最小化。供应链管理包括物流的管理、资金流的管理以及信息流的管理。

供应链金融主要管理的是资金流,作为供应链管理的一部分,有两方面的含义。

第一层是广义的含义,在供应链管理中,要求充分考虑供应链上不

第六章
金融工程工具与技术应用示例：结构化金融与资产证券化

同企业的融资投资禀赋及需求，在实现整个供应链价值最大化或成本最小化的过程中，将金融财务因素作为重要考虑因素，比如在全球组织安排生产时，将金融资源的可得性与成本作为重要的考虑因素，从而将劳动力密集型的生产环节安排在劳动力成本具有优势的国家或地区，将资本密集型的生产环节安排在资本容易获得且成本较为低廉的国家或地区。改革开放初期，我国资本积累较少，资金的可获得性较差且获取成本较高。当时普遍采取"三来一补"的模式，即由外商出资提供原材料，由国内提供劳动力，结合进行生产。这可以视为外商在考虑了当时形势下财务因素后的一种供应链管理。这种情况下，供应链金融被内置于或隐含在整体的供应链管理之中。

第二层是狭义的含义，即在供应链管理中，假定其他因素给定不变的情况下，如何合理安排不同的经济主体的融资行为，使供应链的融资成本最小化。这是经济学意义上的局部均衡。在这种均衡下，融资行为将由供应链中具备的最高信用(从而融资成本最低)来支撑。

供应链金融是指对供应链条中货物的流转过程形成的对资金的需求，通过将外部信用注入该链条，或使信用在供应链中不同主体进行合理分配，以保障资金与货物的流通。支持这种外部信用的注入及信用的分配行为的经济活动就是商品的买卖。

任何处在供应链中的经济主体，其作为供应商而言，有三种资金流转方式：一是货款两清，发出货物的时候同时收到现金；二是发出货物，形成应收账款资产，再回收现金；三是先获得现金，形成预收账款，再发出货物。作为经销商而言也有三种资金流转方式：一是货款两清；二是先收到货物，形成应付账款，延期支付现金；三是先支付现金，形成预付款，再收到货物。在需要先付现金或延期才能获得现金的情况下，出现了贸易融资的需求，分为预付账款融资、应收账款融资和存货融资。

不同的资金流转方式产生了不同的融资需求,也导致了不同的融资成本。

与其他融资方式不同的是,在供应链融资中,风险控制管理已经超越了对融资主体的主体信用评估与控制,而主要考虑与货物流相对应的现金流,强调信贷资金使用的封闭运作,以控制现金流的流向来控制风险,是一种贸易项下的自偿性融资。

国内深圳发展银行(2012年吸收合并中国平安后更名为平安银行)率先提出了自偿性贸易融资的概念。自偿性贸易融资是指以支持企业基于商品销售而进行的生产或购销经营活动为目的的金融产品。企业所借的款项主要以产品的销售收入直接偿还,而不是完全依赖于授信到期阶段企业的综合现金流,具有典型的自偿性。这显然也是一种结构性融资技术。银行是否提供融资,不仅仅考虑该公司个体的财务状况,而是将该公司放在整个供应链中去考虑,不片面强调借款客户的财务特征及行业地位。换句话说,供应链融资方式下,融资方是谁、信用好坏并不重要,而融资方的客户是谁、信用如何,非常重要。

供应链融资方式下,融资的目的是用于交易,用于商品的流转需要。需要深入理解产业链上下游客户之间的商务模式、结算方式以及货物流转的特点,需要深入把握客户与其上下游之间的贸易关系。供应链金融运作思路是直接切入企业的经营环节,资金直接用于企业的原材料采购(供应),密切监控企业的采购、生产、销售,以贸易项下的货物销售来偿还信贷资金。最大的好处是对于资金贷出方而言,可以锁定资金的使用和还款。

供应链融资不是一种产品,而是一种超越传统贷款的结构性融资方式与理念,可以应用到各种产品组合,包括流动资金贷款、票据、信用证、国内保理、银行保函、保兑仓、货权质押融资等多种方式。

第六章
金融工程工具与技术应用示例：结构化金融与资产证券化

目前供应链金融并没有一个明确的定义。有一个常见的定义是，银行围绕核心企业，管理上下游中小企业的资金流和物流，并把单个企业的不可控风险转变为供应链企业整体的可控风险，通过立体获取各类信息，将风险控制在最低的金融服务。这个定义是一种狭义的供应链金融，局限性较多。

局限性之一是将供应链金融的从事主体限定为银行，而现实中，还存在着商业保理公司、代理采购公司、票据中介公司等非金融机构，也在从事供应链金融业务；二是将供应链金融业务的方式局限在核心企业，而当前中国真正要解决的金融难题，能够充分发挥金融职能的，并给相关机构带来业务机遇的，不是围绕核心企业开展的供应链金融，而是针对中小企业开展的供应链金融。

本书给出的定义是针对供应链中，上下游企业的交易开展的各类创新金融。这是一个广义的供应链金融的定义，包含很多的供应链金融模式，如保理、代理采购、票据承兑贴现、信用证、预售融资、消费信贷，等等。

宋华在其《供应链金融》一书中也指出："国外的供应链金融研究已经开始从供应链融资领域扩展到动产融资、订单周期融资和运营资本管理中，而国内的研究还仅仅局限于供应链融资。国内外对供应链金融的理解不同。大多数国内学者将供应链的融资功能作为供应链金融的全部。国外对供应链金融的理解更为广泛，其视角不仅仅局限在融资这一功能之上，还加入了对资本结构、成本结构和资金流周期等问题的研究，以更加整体的视角看待供应链金融问题。"[23]

在讨论具体的供应链金融模式之前，先来分析供应链。典型的家用电器供应链：元器件供应商—电器生产商—经销商—消费者。供应

---

[23] 宋华,《供应链金融》,中国人民大学出版社, 2015。

链上下游企业之间,由于实体层面的货物交易,除了"一手交钱,一手交货"的模式之外,都会形成对应的债权债务关系。这种债权债务关系的形成方式区别于金融交易的形成方式,但是从风险本质的角度来看,并没有实质区别。

很多普通居民也在不知不觉之中参与了供应链金融的交易,如:办理健身卡时一次预缴多年会费、申请"花呗"分期付款购买苹果手机、购买新开楼盘的期房,等等。

金融交易形成的债权和货物交易形成的债权,即使两者风险特征一致,居民对相同风险的认知也不同,并且表现出来的风险偏好也存在较大的差异。这为运用供应链金融进行套利提供了基础。

无论是金融企业还是实体企业,无论是否持有金融牌照,大部分企业都在不自觉地从事供应链金融业务。然而,由于供应链金融理论知识的欠缺,很多企业并没有将其实际面对的供应链金融事物,按照金融事物来理解和分析。很多利用供应链金融手段支持自身发展的企业,由于没有深刻认识金融特有的风险,最终出现问题。

> 居民在不同交易形式中产生的风险,虽然本质上风险相同,但是态度和行为却存在重大差异。比较典型的例子就是借款给房地产企业和购买期房的行为差异。
>
> 如果一个中小地产企业以高杠杆运行,该企业成立项目公司运作某个地产项目。在当前的形势下,项目公司除了以土地抵押向银行获取贷款之外,通常很难再向金融机构获得资金。当前国内有部分信托公司和地产基金会以股加债的形式为项目提供融资,这种融资没有土地抵押,因此是一种项目

第六章
金融工程工具与技术应用示例：结构化金融与资产证券化

融资。然而，当前从事这类业务的机构并不多，整体业务规模不大，能够获得这类融资的项目比例很小。也有部分地产企业设立地产基金，自己组建募资团队面向高净值客户募集资金。但是，募资难度很大且资金成本很高。这说明，金融市场对这类项目的信用风险偏好较低。个人投资者也比较回避这类风险。

然而，相同的风险如果以供应链金融的方式形成的话，投资者对同类风险的认知和行为态度却完全不同，比如投资者购买期房。当前国内的房地产销售普遍采取预售制度。预售制度下，房子还未盖好并且办理房地产证之前，地产项目公司和购房人签订购房合同。购房人缴纳全部或部分认购款。但是交付购房款之后，购房人不能立即办理房产证登记。这种情况下，购房人实际上是通过预付款为地产项目公司提供了一笔融资，支付购房款的同时获得了相对项目公司的债权。

如果从信用风险的角度来分析，这种风险和提供给地产项目公司的无抵押贷款的信用风险接近。购房人未来能否获得房产证，与地产项目的运作成败高度相关。如果项目运作失败，地产项目公司的资产会首先用于偿还拥有抵押权的银行贷款。购房人和其他普通债权人处于同一受偿地位。在现实中，出现过多起地产项目开发失败而开发商跑路，致使购房人损失巨大的案件。这说明，购买期房存在很大的信用风险。

然而，我们观察发现，大众普遍不愿意直接借钱或购买私募基金将资金提供给地产企业，却愿意通过预付款购买期房的形式将资金提供给地产企业，虽然两者面临着同样的信用

> 风险。房地产企业正是利用了大众的这种心理特征,大量通过预售的形式,从购房者一端融入资金。这是供应链金融的一种应用。
>
> 典型的如万科,通过供应链金融形成的应付预收等债务,融入的资金高达 9,000 亿元;与此相对应的是,万科通过向金融机构融入的资金规模约在 3,000 亿元的水平。两者规模相差 3 倍。从这个角度来讲,房地产企业是中国最大的供应链金融企业。

和房地产行业预售类似的现象还发生在消费领域。很多健身房通过办理会员卡的形式,预收会员多年的服务费。健身房运营机构再将这种通过供应链金融方式获得的资金用于公司的运营或拓展新的业务,比如新开分店。健身房为了吸引用户预缴服务费,通常会提供较大的价格折扣,这种价格折扣可以理解为用户提供融资的收益。这种方式使得企业的财务杠杆很高。在企业发展顺利的时候,有助于快速扩张业务,一旦后续发展受挫,比如新的会员卡销售获得的现金流不如预期,形势就会迅速反转。因此供应链金融形成的经营性债务是一把双刃剑,需要合理谨慎地运用。供应链金融则为企业提供了本来很难融到的资金。

回到前面的家用电器供应链的债权债务关系的分析。元器件供应商和电器生产商之间,形成的债权债务关系有以下两种情况。

第一种情况,元器件供应商将商品销售给电器生产商之后,电器生产商并未及时支付货款,而是在 6 个月之后支付。这种情况下,元器件供应商拥有对电器生产商的应收账款。这是一种债权。这种债权的信

第六章
金融工程工具与技术应用示例：结构化金融与资产证券化

用风险和电器生产商发行的债券的信用风险，两者是相同的。相应地，电器生产商则在其资产负债表上形成一笔应付账款，即对元器件供应商的债务。

第二种情况，电器生产商先支付货款给元器件供应商，订制一批货物。元器件供应商根据订单进行生产，在半年之后交货。在交货期间，电器生产商拥有一笔对元器件生产商的债权。这种债权的信用风险和元器件生产商发行的债券的信用风险也是相同的。元器件生产商的资产负债表计有一笔"预收款项"，这是负债科目。相应地，电器生产商的资产负债表计有一笔"预付款项"，这是资产科目。

电器生产商和经销商之间，也会形成两种方式的债权债务关系：或是电器生产商拥有对经销商的债权，或是经销商拥有对电器生产商的债权。

供应链金融的一个关键问题：是什么因素决定了供应链上下游企业之间的债权债务关系的具体形式？

本书提供了一个供应链金融的成本最小原理：在满足特定条件的情况下，供应链作为整体，从外部获得的融资要满足成本最小化。由此可以得出一个推论：供应链应该以融资成本最低的企业对外融资，该企业再将募得的资金通过供应链金融形式，提供给该企业的上下游。这是经济理性在供应链中的具体应用。

然而在现实中，供应链的上下游企业到底会形成什么样的债权债务关系呢？很多时候，现实中的债权债务关系和供应链金融的成本最小化原理所推导的债权债务关系并不一致，甚至很多情况下是完全相反的。出现这种现象的原因主要是供应链中信用最高从而成本最低的核心企业，由于没有掌握供应链金融理论和实务操作技能，导致其行为决策没有实现自身利益最大化。

在此以格力电器为核心企业的供应链为例进行分析。首先分析格力电器在供应链中的净债权地位。如果格力电器对供应链上下游企业的债权大于对供应链上下游企业的债务,那么格力电器就为供应链提供了融资;反之,则是格力电器从供应链获得了融资。

格力电器对于供应链的债权=应收票据和应收账款+预付款项+其他应收款+长期应收款。这些科目都是资产科目,属于债权类资产。格力电器对于供应链的债务=应付票据和应付账款+预收款项+其他应付款。

我们结合格力电器2018年的财务报告的数据进行计算,格力电器对供应链的债权规模为483亿元,对供应链的债务规模为1,277亿元。供应链债务的规模远远大于供应链债权的规模,两者的差额就是格力电器从供应链获得的融资。

进一步研究格力电器2018年的财务报告可以发现,格力电器的金融性负债约为200亿元,全部为短期借款。这意味着,格力电器从金融机构获得融资的资金占比很低。格力电器几乎完全是依靠自有资本及从供应链获得的融资,来支持企业高速发展。由于从供应链获得的融资形成的是经营性负债(通常又称为无息负债),即格力电器不需要为这些负债支付利息,以至于格力电器的财务费用为负数!

格力电器的这种净债权地位,与我们前面提到的供应链金融原理推出的结论正好相反。根据供应链金融原理及其推论,格力电器作为供应链中信用最高从而融资成本最低的核心企业,本应该大量从金融机构融入低成本的资金,然后提供给供应链上下游企业。由于格力电器从金融机构融资的成本低于其上下游企业,这样可以减少整个供应链的融资成本。

格力电器能够从供应链获得发展所需的资金,这从一定程度上反

第六章
金融工程工具与技术应用示例：结构化金融与资产证券化

映了格力电器的产品竞争优势和谈判地位，体现了格力电器的实力。但是实际上，格力电器没有实现自身的利益最大化。针对格力电器的供应链管理，存在改进的空间。

经营性负债虽然在形式上属于无息负债，但是从机会成本的角度考虑，这种无息负债也是有成本的。以元器件供应商对格力电器供货形成的应收账款为例。通常元器件生产商的融资成本相比格力电器要高，假设为 8%。货物销售结算的时候，通常销货方会根据账期不同而提供不同的折扣。假设现在供货给格力，销货方提供的结算方式是：如果三个月的账期，价格没有折扣；如果格力能够及时付款，那么可以提供 2% 的折扣。三个月的账期对应 2% 的折扣，相当于年化 8% 的资金成本，这是企业可以接受的融资成本。及时支付货款给供应商，并不会给格力电器带来信用风险，但是能够获得 8% 的收益。格力可以通过向银行借款或发行债券，获得资金用于及时付款。假设格力电器的资金成本约为 4.5%，那么就会有 3.5 个百分点的无风险套利空间。

这种要求价格折扣的形式，有一种利用强势地位占人便宜的味道，有时候会破坏和供应商之间的商务关系。

而京东的做法就值得借鉴。京东成立商业保理公司，以一个较高的利率，比如 8% 的利率，将供应商对京东的应收账款保理过来。由于应收账款的债务人本来就是京东，对于京东而言，现金流是从"左口袋"到"右口袋"。通过这类商业保理业务，京东赚取的是无风险利差。

格力电器案例分析中的现实情况与理论推论的冲突，为其他机构开展供应链金融提供了机会。当前国内有很多商业保理业务，都是围绕核心企业的信用开展的。这类业务高度依赖于核心企业的配合。随着供应链金融越来越被大众所熟悉，越来越多的核心企业会自己开展这类业务，正如京东公司那样。

再以东方园林为例,对比 2018 年的格力电器进行分析。东方园林对供应链的债权=应收票据和应收账款+预付款项+其他应收款+长期应收款+其他非流动资产+存货,债权规模合计为 337 亿元。东方园林对供应链的债务=应付票据和应付账款+预收款项+其他应付款,债务规模合计为 224 亿元。

东方园林的供应链债权规模大于供应链债务规模,两者的差额为 113 亿元。这一差额就是东方园林为供应链提供的融资。东方园林的净债权地位,符合前面介绍的供应链金融融资成本最小原理的推论。东方园林作为供应链中的核心企业,通过银行贷款、发行债券等方式募集资金,然后再提供给上下游企业,进行套利。同时,在下游企业存在融资困难的情况时,东方园林提供资金支持,能够提升自己的产品或服务对于下游客户的吸引力,有助于获得业务机遇。

借助供应链金融为企业的主业提供支持,这是供应链金融的另一种应用。早在 20 世纪 20 年代,通用电器就已经通过分期付款的方式,为家庭购买缝纫机提供资金支持,以提升产品的竞争力,促进销售。除了东方园林,还有怡亚通、中联重科、上汽集团等,都为购买自身产品的客户提供信贷支持,以获得竞争优势。

企业开展这类供应链金融业务的本质是在从事银行信贷业务。只不过相比银行而言,企业的资金来源不是存款,而是银行借款或发行债券。正是这种资金来源的差别,一旦从事供应链金融的企业业务规模过大,超出了自身资产负债的承载能力,便会造成重大损失。东方园林在 2018 年便经历了流动性危机,给企业的发展造成了很大影响,最终通过引入国企背景的股东,实质控制人变更为国资,才得以解决问题。

东方园林从事的园林建设、市政环境工程建设等业务,属于行业龙头,经过多年的发展,形成了较大的比较优势。自 2015 年以来,国家大

第六章
金融工程工具与技术应用示例：结构化金融与资产证券化

力推行 PPP。PPP 的运作模式中，社会资本方成立 PPP 项目公司，市政环境工程的投资建设由 PPP 项目公司进行，项目建设完成后为地方提供服务，政府根据服务质量分期支付费用。费用的支付周期很长，长达 10 年甚至 15 年。由于项目融资在中国应用较为困难，很多 PPP 项目难以融入资金。因此，东方园林通过自身举债获得资金后，投入到 PPP 项目公司股权。

PPP 项目建设基础设施，这些基础设施原本是由地方政府通过融资平台举债融资进行投资。当融资平台举债融资受到限制之后，加之国家的推动，地方政府会选择采取 PPP 方式。由 PPP 项目公司建设基础设施，未来政府再以财政资金逐年支付给项目公司，以实现项目投资的成本回收和收益。

从供应链金融的本质理解东方园林的 PPP 项目运作，相当于东方园林垫资建设基础设施，地方政府后续再分期付款将东方园林垫资偿还并且为垫资提供回报。通过这种方式，东方园林为下游客户提供了融资。除了垫资的资金回报之外，东方园林通过工程建设本身也能获得收益。这是典型的通过供应链金融助力主业发展的案例。

然而，风险体现在东方园林从金融机构融入的资金，期限普遍较短。东方园林的债券和银行借款中，1 年、3 年和 5 年的期限比较普遍。而投资的 PPP 项目回款周期普遍在 10 年以上。资产负债存在期限错配，隐含了巨大的流动性风险。前文在"资管新规"与资产证券化专题中分析过银行的资产负债也同样存在期限错配，但是相应的流动性风险由于中央银行的架构设计而被化解了。

由于缺乏中央银行的支持，非商业银行的机构在化解流动性风险方面存在天然的劣势。2018 年，由于"资管新规"推出，整体的信用收缩。民营企业首当其冲，融资受到严重影响。尤其是市场化程度更高的债券市场,几乎已经对大部分 AA+ 及以下的民营企业关闭。

东方园林的业务模式及其形成的高杠杆和资产负债的期限错配等问题,引起了市场的关注。2018 年上半年,东方园林发行一笔总规模为 10 亿元的债券,一期总共只募集到了 5,000 万元。流动性危机最终爆发。

流动性危机和资产质量危机不同。流动性危机来自资产和负债的期限错配。负债的期限短于资产的期限,而企业需要滚动融资,以使资产负债表保持平衡。一旦融资没有如期进行,就会出现问题。这种问题,可以通过提供流动性支持解决。资产质量危机是指企业持有债权资产,本身出现信用问题,导致未来无法按照预期回收现金流。企业将会因此产生亏损,严重的话,会出现资不抵债的情况。

非银行类企业从事供应链金融,相比银行的比较优势是信用风险的管理,比较劣势是流动性风险的管理。流动性危机的发生,有时是一种"预期的自我实现"。这意味着,如果市场认为企业将会出现问题,将会导致最终企业真的出现问题。一家经营发展非常正常的企业,没有受到任何外来的不利冲击,在"预期的自我实现"之下,会突然面临灭顶之灾。这是非银行类企业从事供应链金融需要时刻警惕的。

化解流动性风险的手段是保持资产和负债的期限一致。这可以利用本章讨论的资产证券化的手段来实现。企业将供应链债权资产出售给特殊目的载体,用以发行资产支持证券募集资金。即使企业需要对债权资产出现问题而产生的损失提供补偿,不能够实现资产出表,但是企业仍然保留了资产的风险和收益,这种方式能够有效化解企业的流动性风险,因为流动性风险由证券的投资者承担了。后文会详细讨论应收账款资产证券化的案例,此处不再赘述。

按照广义的供应链金融的定义,供应链金融业务包括预售、消费信贷、保理、代理采购（订单融资）、票据业务、信用证业务等。前文在讨论供应链金融原理的时候，已经介绍过预售和消费信贷的业务。下面将分别介绍其他供应链金融业务。

◎ **保理业务**

保理业务是指企业将持有的应收账款转让给保理机构，保理机构将资金支付给企业之后获得了应收账款的权利，后续应收账款产生的现金流由保理机构获得，保理机构获得的现金和保理机构支付给企业的现金之间的差额，是保理机构提供融资的收益。

保理业务是最被广泛认知的供应链金融业务。狭义的供应链金融业务几乎等同于保理业务。

根据从事保理业务的机构类型不同，保理分为银行保理和商业保理。前者是银行提供的保理业务，后者是商业保理公司提供的保理业务。商业保理公司之前由商务部监管，2018年起划归银保监会监管。

保理业务分为有追索的保理业务和无追索的保理业务。无追索的保理业务中，企业将应收账款转让后，不再承担应收账款出现的任何损失。有追索的保理业务中，保理机构获得应收账款之后，如果应收账款出现坏账，导致保理机构不能回收预期的现金流，保理机构有权利要求企业提供相应的现金流支付。

此处举个保理业务的具体例子。企业销售货物给10家经销商，形成了合计10亿元的应收账款。应收账款6个月后到期偿还。企业由于资金需求，将应收账款转让给保理公司，获得9.5亿元现金。如果是无追索保理，无论应收账款是否如期偿付，企业不承担任何责任。如果是有追索保理，6个月后，应收账款只回收了9.2亿元现金，此时保理公司可以要求企业支付0.8亿元现金，并在支付之后将剩余的应收账款求索权转让给企业。企业实际承担的融资成本，年化利率是5,000万元/

95,000万元×2=10.53%。

从融资方企业的角度可以看出,保理业务和应收账款证券化几乎没有任何区别。商业保理公司还可以将保理的应收账款,再转让资产支持计划,发行资产支持证券以回收资金。这个案例印证了前面提到的一个结论,即融资不是资产证券化的核心职能。资产证券化能够提供的融资解决方案,商业银行同样可以。

◎ **代理采购业务**

代理采购业务是指当企业接到下游客户的订单,需要购买原材料的时候缺少资金,企业凭借订单,向代理采购的企业申请相应的服务。代理采购企业购买用于订单生产的原材料,再分批提供给企业。企业获取原材料之后,进行生产和销售。销售回笼的资金,用于支付代理采购企业的原材料的货款。和普通的原材料销售的不同之处在于,代理采购企业采购和销售原材料,都是基于企业的确定需求进行的。代理采购企业本质上不是从事商贸业务,而是为企业提供融资资金的金融业务。原材料销售价格和采购价格的差额,则是提供融资的收益。

从风险管理的角度来看,相比流动资金贷款时直接将资金借给企业,这类业务的开展有着特定的优势。它使供应链金融机构深入到供应链的交易细节。企业的融资用途被锁定,资金用于购买特定原材料,而且原材料的用途也被锁定,用于生产订单所需的商品。生产的商品基于订单,能够获得现金流用于支付原材料的售价。这体现出"自偿性融资"的特点。代理采购业务相比保理业务,更能体现供应链金融的特点。

原材料分批提供,分批支付货款,将较大的风险敞口分割成多个较小的风险敞口,可以有效降低风险。如果企业出现风险,则只有前期的货款回收受到影响。代理采购企业手中持有的仍未发货的原材料,不

第六章
金融工程工具与技术应用示例：结构化金融与资产证券化

会受到较大损失,尽管仍然存在存货跌价和处置的损失。

原材料属于动产,物权以实际控制优先,而不是像房地产那样以登记优先。动产无法办理抵押,如果是银行将资金借给企业用于购买原材料,一旦出现违约,这些没有用完的原材料也会被纳入破产财产。银行无法优先获得这些原材料,和其他债权人处于同样的受偿地位。

"动产的物权以实际占有和控制优先"的原则,对依托动产类资产开展资产融资的业务有重要影响。典当行的业务模式就体现出动产类资产的资产融资特征。需要资金的主体将自己的手表等动产交付给典当行以获得资金。一定时期后偿还资金,收回动产。

市场上,投资者对"动产的物权以实际占有和控制优先"这一原则存在理解偏差。有的机构利用这种偏差创设了很多貌似安全,实际风险极大的金融产品。

在此举例说明。2015年前后,某金交所[24]推出一个茅台期权产品。产品的特性是投资者出资1,000元给到某酒类销售企业,一年后投资者可以提取一瓶茅台,或获得1,006元现金,即年化6%的收益。根据协议,这个产品的收益特征似乎是"进可攻、退可守"。如果茅台涨价,则投资者赚取差价;如果茅台跌价,则投资者赚取6%的固定回报。从金融工程的角度分析,这种交易相当于可转债。企业相当于用6%的固定成本获得了融资,并且提供了一个转换期权。这个产品的不足之处在于,投资者手中根本没有茅台的所有权或是抵押权,而只有针对酒类销售企业的债权。因此,产品存在着巨大的交易对手风险。

参考期货交易所的运作模式,我们可以指出这类产品需要改进的地方。在期货交易所的运作模式中,酒类销售企业需要缴纳保证金,保

---

[24] 金交所的全称是"金融资产交易所"(或金融资产交易中心),是指地方人民政府批准设立的综合性金融资产交易服务平台。

证金的作用在于确保酒类企业能够正常履约。期货交易所对茅台的价格进行每日盯市。如果茅台的价格上涨,则酒类销售企业需要补充保证金。还有一种解决方案,就是酒类销售企业购买相应的茅台酒,存放到第三方的仓库,并将提货权仓单质押。

本书在第五章中分析的保尔森做空次贷案例,也与交易对手风险管理和资产融资的特点有关。在次贷危机发生之前,保尔森向投资银行购买了大量CDS,存在较大的交易对手风险。因为当次贷危机发生时,这些投资银行(如雷曼兄弟)等破产后,会丧失履约能力。"资产融资"的意义体现在通过控制资产的产权(所有权或抵押权),获得对资产的排他性的优先权利,通过资产的支持来降低交易对手风险。

本章在第三节讨论中国特色的资产收益权证券化的时候分析,资产收益权证券化运作过程中,资产的产权并没有被转移到资产支持计划,这类产品和企业发行的信用债券的信用风险是相同的。当前,很多资产支持证券获得了比原始权益人主体信用更高的信用评级,是一种对结构化金融的错误认识。

在中国从事供应链金融的风险管理,除了要考虑金融交易协议的设计,还要考虑协议外的因素。诺亚财富旗下歌斐资产的基金爆雷案例为我们提供了经验教训。

2019年7月,著名财富管理公司诺亚财富旗下的歌斐资产管理公司发行的私募基金产品没有如期兑付,出现信用风险事件,引起金融市场和媒体的高度关注。这个私募基金产品投资的是一家公司对京东的应收账款。从形式上看,承担最终偿还责任的主体是具备极高信用的京东。因此,这类产品被投资者视为是低风险产品。由于歌斐资产及诺亚财富的品牌被市场投资人广泛认可,这一产品的收益率只有不到8%的水平,与同期限的信托产品收益接近。

第六章
金融工程工具与技术应用示例：结构化金融与资产证券化

产品出现兑付问题后，诺亚报案起诉。随后，融资方实际控制人被公安部门实际控制。诺亚同时起诉京东。很快京东回应：歌斐资产在产品的运作过程中，并没有就应收账款的相关事项与京东方面进行过沟通确认。

基金爆雷，问题出在应收账款的真实性方面。京东的信用很高，但是其信用并没有体现在产品当中。这是供应链金融需要特别注意的地方。

除了虚构应收账款之外，还有一种情况：应收账款的确是真实的，债务人也认可相应的债务，但是转让方将同一笔应收账款多次转让给不同的主体，出现"一女多嫁"的现象。保理方不能够排他性地独自占有这笔债权资产。当出现违约的时候，其他债权人也会对应收账款提出权利要求。

应收账款的确权问题和现金流回款问题，是当前围绕核心企业开展供应链金融面临的主要难题。大部分教科书是从理论上着重分析应收账款的信用质量。对于核心企业为债务人的应收账款，由于核心企业信用很高，通常发行过信用债券，债券在市场有活跃的交易和公允的定价。从信用风险的角度而言，参考债务人公开发行的债券的交易和定价，可以很容易对相应的应收账款进行信用分析。针对核心企业的应收账款保理业务，属于"标准化交易"，本来是很容易被金融机构处理的。然而，中国的信用环境使得金融机构对于供应链金融产品的分析难度增大。除了供应链金融，其他类型的金融交易同样存在着欺诈风险，很多金融技术的实施更需要相关的环境支持。

根据应收账款债务人的信用特征，可以将应收账款的保理业务分为两类：一类是针对高信用债务人的应收账款，一类是针对中低信用债务人的应收账款。对于前者，主要的风险是欺诈风险；对于后者，除了欺诈风险之外,还有应收账款自身的信用风险。

下面从实务的角度讨论如何有效防范和管理欺诈风险。关于应收账款的信用风险分析,我们将在本章第三节资产证券化产品 CDO 的介绍中讨论。

严格来讲,在现有制度下,金融机构对应收账款这类债权类资产的转让,无法完全消除其中的风险。这是因为应收账款的确权存在难度。我们将其和房地产的转让或质押作比较。

房地产的交易在中国非常广泛,涉及规模巨大,但是很少出现欺诈现象。金融机构通过规范操作,几乎可以做到完全规避其中的欺诈风险。原因在于房地产的确权有一个法定的权威机构,就是房产登记中心。房地产作为不动产,采取的是登记优先原则。根据我国物权法律制度,产权和抵押权可以对抗任何人,包括善意第三人。通过在房产登记中心查证,可以对房产的真实性进行有效核查确认。

买房人购买房屋时,需要先将房产证过户再支付价款,不存在房产不真实的情况。房屋持有人即使同时将房产卖给其他主体,其他主体也不能够因此对已经登记过户的房产要求权利。

证券也是因为有了中央登记的法定机构,才使确权问题得以解决。投资者在通过交易所等系统购买股票或者债券的时候,不用担心买到伪造的股票或者债券。法定登记的制度,支持了证券的活跃交易。

依此经验,政府未来可以建立统一的债权登记中心,债权的设立、转让等都在中心登记,并且采取登记优先原则,公众可以查询在中心登记的事项。当前的信息技术完全可以支持这样的系统运作。这样的话,上面所讨论的诺亚歌斐资产案例中的应收账款确权问题便可以得到解决,这类欺诈案件也会大量减少。

市场运用区块链技术来开展供应链金融。区块链技术通过多点存

第六章

金融工程工具与技术应用示例：结构化金融与资产证券化

储,相互验证,有助于保障应收账款的真实性。然而,当前区块链技术对于应收账款的真实性的验证,只是起到信息验证的作用,无法确权而形成登记优先的权利。

在当前没有法定的债权登记中心的现实情况下,我们讨论金融机构对应收账款的确权问题,有一种能够有效减少欺诈风险的操作是:应收账款的债务人确认应收账款,并且出具书面函件,承诺将现金支付到指定的账户。然而,债务人没有义务配合金融机构,并且由于担心给自己可能带来的不便或者风险,通常债务人是不会出具这类满足金融机构风控要求的书面函件的。

实务操作中,对于应收账款的确权和应收账款转让的风险管理包括：

（1）核实应收账款的具体内容,以确认转让方确实持有应收账款。形成应收账款的交易合同、转让方是否履行了自己的义务、应收账款的债务人是否认可应收账款的事项,等等。

（2）核实应收账款是否存在权利限制和转让限制。应收账款是否被用于质押向金融机构融资,形成应收账款的交易合同是否有条款对应收账款转让有限制,是否有其他主体对应收账款有权利要求,等等。

（3）应收账款转让合同的签订和债务人通知。律师通常有比较标准化的转让合同,对双方的权利义务有比较清晰的界定。《民法典》要求债权资产转让需要通知债务人。

（4）应收账款后续现金流的回收。严格的风控标准,要求应收账款在转让之后,债务人偿还的现金要归集到新的权利人（即受让方保理机构）的账户。但是在现实中,由于操作上的困难或债务人的不配合,债务人的现金仍然是先归集到原权利人（即转让方）的账户,再由原权利人的账户转到保理机构的账户。这就产生了资金混同风险,给保理机构带来损失。比如,在资金存留在原权利人的账户,并即将转出的时候,原权利人的资金账户被司法冻结。

正如前文分析的,在没有法定债权登记中心的情况下,金融机构无法完全消除其中的欺诈风险。各家金融机构的风险管理水平和相应的风控操作,决定了其具体保理业务的风险。

另外,对转让方的诚信分析非常关键。这里的诚信分析不是指对转让方的整体信用能力的分析,而是指对转让方欺诈意愿的分析。有的企业规模很小,从财务状况的角度分析信用较低,但是诚信水平可能很高。相反的,一些大的信用评级较高的A股上市企业,曾出现过多起财务造假和欺诈案件。

防范欺诈风险有两个基本原则,即"有罪推定和质疑一切"原则和"慎对证据和交叉验证"原则。这些是金融机构和融资企业斗智斗勇,以大量损失换来的经验教训。作为实务操作经验的总结,本书不展开理论的论证,而是以具体的例子来说明。

"有罪推定和质疑一切"原则是指一切材料、一切言语和书面文字,在没有经过核实与验证之前,都假定是造假材料和欺骗言行。在开展业务过程中,所接触的所有机构和所有人员,都有可能进行欺骗。

举个私募债发行材料造假的例子。某民营企业发行私募债,但是自身信用不够,难以募集资金,因此寻求本地的国有融资平台公司提供担保。融资平台公司之前公开发行过债券,信用评级为AA,得到金融市场认可。民营企业获得融资平台公司的担保之后,私募债券成功发行。但是后面债券到期时,由于经济形势变化和经营不善,企业无力兑付。当投资人要求融资平台作为担保人履行担保责任、进行代偿的时候,担保人声称没有对债券提供无限连带责任担保,只是担保债券评级能够达到AA。

第六章
金融工程工具与技术应用示例：结构化金融与资产证券化

问题出在哪里？担保函件的内容被人篡改了。为了防范合同文件的关键页面被替换导致内容被修改，通常合同双方会加盖骑缝章。本案例中的担保函加盖的骑缝章和担保函最后处加盖的公章，不是同一个公章。风控人员在审核材料的时候犯了一个错误，只看到加盖了骑缝章，却没有认真查看和比对骑缝章。

另举一个更加极端的私募债发行爆雷的案例。金融机构的人员在收集审计报告的材料时，没有亲自去会计事务所获取，而是由会计事务所人员转交过来。后面发现，会计事务所的两个审计师是假冒的，整个企业的财务报告存在全面造假。后续债券竞付出现问题，企业家锒铛入狱。金融机构也遭受损失。

金融机构人员出现这种操作方面的问题，固然和欠缺社会经验有关，但也与职业训练较少、业务素养不够有关。这从侧面反映了中国的金融机构整体的风险管理水平较低的现状。中国一直存在较大的金融抑制问题，一方面和中国的实体企业的诚信水平较低有关，另一方面和中国的金融机构的金融治理水平较低有关。

再来介绍第二个原则，"慎对证据和交叉验证"。有的时候，即使金融机构有了前面所说的"质疑一切"的精神，也对材料进行了核实和验证，但是仍然会遭遇欺诈。孤例难证。在没有其他证据支持相互验证的情况下，即使是亲眼目睹、亲手获取和亲耳所听的事物，也有可能是伪造的。

举一个具体的例子。美的财务公司为了获得较高收益，对外进行投资，投资的是一个信托产品。信托产品发放信托贷款，将资金提供给民营企业。民营企业由于融资难愿意接受较高的成本。该信托产品有银行出具保函，将银行的信用注入。银行信用注入后，这是一个低风险高收益的产品。

风险管理的核心是银行出具的保函是否真实有效。因此美的财务公司派人前往出具保函的银行核实,在银行副行长的办公室里亲自从银行人员手中接过银行人员当面加盖公章的保函。保函的内容由美的财务公司拟定并且事先打印出来。美的财务公司自认为这样的操作万无一失,然而还是出了问题。

问题是银行工作人员、公章等都是假的。融资方的人员借用银行副行长的办公室,假冒银行工作人员,自编自导自演了一场话剧。

还有一个商业票据贴现的案例。商业票据的运作模式是,企业在购买商品的时候,不是支付现金而是开具商业承兑汇票,承诺到期支付现金。商品销售方获得商业承兑汇票。这类商业承兑汇票是针对购货方企业的债权,和针对购货方的应收账款在金融本质上是一致的。商业票据贴现业务和保理业务非常类似,就是销售方将持有商业票据转让给金融机构,提前获得资金。金融机构获得商业票据到期时,承兑方支付的资金后续支付给金融机构。

承兑方是大型国有企业,属于高信用的优质客户。银行之前与承兑方有过很多业务往来,有较高的授信额度。银行愿意为该大型国有企业承兑的商业票据提供贴现。银行在开展商业票据贴现业务的时候,为了核实商业承兑汇票的真实性,前往承兑方进行核实。银行人员与国有企业的财务负责人早已熟悉,在财务办公室亲眼看着财务负责人在商业汇票上面加盖财务专用章。银行人员自认为这样的风控措施已经做得非常到位,然而后面还是出了问题。

问题出在该国有企业的财务负责人被收买了,他也是实施欺诈的团体成员之一。财务印章是该财务负责人自行刻制的。

上面的这些案例都是真实发生的,部分地反映出中国的信用环境。金融机构在这种环境中,如何防范风险?之所以出现问题,主要是过于

第六章
金融工程工具与技术应用示例：结构化金融与资产证券化

依赖单一来源的证据。我们知道法院在判案时，通常不能采纳孤证，以避免误判；而是基于多个来源的证据，相互进行验证并且结论保持一致，这样的结论可信度更高。

回到上面的案例。如果美的人员在前往银行进行实地调查验证的时候，随机拜访银行的其他部门核实保函，而不是只和企业安排引荐的人员见面，那么骗局就很容易被识破。如果商业银行去核实商业汇票的真实性的时候，除了与财务人员调查取证，还和业务部门进行沟通了解，（因为商业票据基于真实贸易背景，必然涉及企业的采购部门）或者更仔细一些，银行人员比对加盖的印章和企业留存在银行的印鉴，也许就不会上当受骗。

上面分析的是金融机构如何有效应对外部机构的欺诈风险，是将金融机构作为单个个体。然而，金融机构内部存在着人员分工，内部人员之间也存在欺诈的可能性。金融机构的内部控制制度非常重要。很多欺诈风险，都与公司内部控制制度不健全有关。很多情况下，公司内部的人员故意隐瞒信息甚至直接参与造假。

基于"有罪推定和质疑一切"原则，金融机构要对欺诈风险进行管理，要形成公司内部的制衡。公司的风控部门需要防范公司的业务部门。公司风控部门需要对业务部门的尽职调查等风险管理工作进行质量控制。公司的管理层需要防范公司的风控部门，需要对风控部门的工作进行质量控制。

金融机构每个层级之间都存在信息不对称。单个业务涉及前台、中台、后台等部门，每个部门之间也都存在着信息不对称。内部管理层级越多，业务涉及的部门越多，信息不对称越严重。信息不对称严重到一定程度，会使得金融交易难以达成，尤其是非标准化交易更加难以达成。中国大型金融机构及由此产生的信息不对称，是中国的金融机构在风险管理的时候"重信用担保和资产抵押,轻现金流分析"的重要原因。

第六章
金融工程工具与技术应用示例：结构化金融与资产证券化

第三节 资产证券化

1. 资产证券化概述

资产证券化的内涵非常丰富。本书认为，可以从微观、中观和宏观三个维度来理解。

◎ **微观的维度**

资产证券化是金融机构利用结构化金融技术和证券化技术，将企业的资产剥离出来，放入破产隔离的特殊目的载体，并且以资产未来的现金流为支持，发行证券，面向投资者募集资金。投资者的证券可以进行现券交易、质押回购交易，具备一定的流动性。美国的资产证券化实践过程中，被资产证券化的资产基本都是债权类资产，而且信贷资产占据95%以上的比例。

传统金融中，金融企业依靠抵押品市场的价格对金融交易进行定价和风险管理。结构化金融中，则是金融市场根据未来的现金流对资产进行定价，这种定价为其他市场的交易提供了支持。证券化的手段包括集中登记托管、竞价交易、产品抵押市场构建、做市商技术等，虽然是微观层面的技术，但是其影响更多体现在中观层面，因此很容易被金融行业包括监管部门的人员所忽视。

◎ 中观的维度

资产证券化是金融机构为了突破巴塞尔协议的资本充足率要求,通过资产证券化形成新型信贷业务体系,这个新型体系被称为"影子银行"体系。该体系的运作依赖于证券的创设、交易等业务。中观维度是理解资产证券化的关键。银行也能够运用结构化金融手段开展业务,而银行又存在明显的竞争优势,为什么资产证券化业务体系还能够发展起来并和银行有效竞争?本质上,资产证券化业务就是银行业务,是对巴塞尔协议的监管套利。

中国的资产证券化发展至今,虽然规模体量很大,但是对金融体系的实质影响很小。这一现象正好可以用本章中的解构与重构技术来解释。解构和重构技术要求重构的组织或体系具备独立运行的能力。由于国内非银行体系的公募基金等资产管理机构没有发展起来,中国的资产证券化产品仍然大量由商业银行或由商业银行控制的银行理财购买,使资产证券化体系无法摆脱对银行体系的依赖,从"影子银行"变成了"银行的影子"。

中观层面上,资产证券化可以理解为以商业银行为主导的间接金融体系和以金融市场为主导的直接金融体系两方此消彼长的历史进程。

从商业银行的角度来说,资产证券化是一个没有意义的事物,因为银行是最具备资产证券化能力的主体。银行的资产端全是各类没有流动性的贷款类资产,但是银行的负债端是具备最高流动性的活期存款产品。银行的资产证券化能力构建在一系列复杂的体系之上,包括:巴塞尔协议,相当于 CDO 的杠杆比例限制;存款准备金,相当于 CDO 的流动性准备金;以及最重要的存款保险制度和央行的最后贷款人角色。

存款保险制度和最后贷款人的存在,使风险通过商业银行体系最

第六章
金融工程工具与技术应用示例：结构化金融与资产证券化

终全部沉淀在政府的财政体系，造成了资产证券化的需求。资产证券化催生了直接金融体系的发展，使风险能够在更广的社会主体间进行分摊，化解宏观金融风险的需要；本身引起的直接金融体系与间接金融体系的竞争，也将有助于金融体系提高效率，更好地为实体经济服务。

在直接金融体系没有发展起来之前，中国的金融体系曾出现"一放就乱、一收就死"的十年周期。

周期的大致模式是，为了发展经济，中央银行放松银根，商业银行趁势快速扩张资产负债表，形成信贷繁荣的景象。过度的信贷投放，形成资产泡沫和众多不良资产，对金融体系的安全性造成冲击。由于国企的预算软约束等问题，对财政的稳健性也会造成影响。这是"一放就乱"。

在不良资产过多的情况下，为保障系统安全，中央银行银根紧缩，由于没有直接金融体系的补充与对冲，实体经济将出现大面积萧条。很多未来前景很好的项目面临系统性的流动性收紧的情况，也不得不遭遇失败的后果。这是"一收就死"。要打破这种信贷周期律，必须依靠直接金融体系的发展。

根据笔者研究资产证券化的经验，美国的资产证券化是美国政府有意扶持直接金融体系的政策产物，可以视为一种顶层设计，是一种金融体系的供给侧结构性改革。从时间顺序来看，20世纪80年代巴塞尔协议推出实施，美国直接金融体系的投资银行、公募基金、私募基金、对冲基金等机构投资者在进入80年代以后高速发展，二者时间高度吻合。

中国当前面临着系统性风险增大导致银根收紧的形势。是选择借鉴美国资产证券化的经验，通过5~10年时间逐步将银行体系杠杆降低并转移到直接金融体系中去；还是选择沿袭传统做法"一收就死"？这是值得金融行业揣摩的监管思路。

2013年,笔者在《资产证券化与结构化金融》一书中,预言中国的资产证券化规模将达到30万亿。现在看来这一预言基本宣告失败,原因是商业银行体系发展起来的30万亿规模的银行理财挤压了直接金融体系资产证券化的发展空间。

◎ **宏观的维度**

资产证券化形成的"影子银行"体系,改变了金融体系的货币创造,进而影响了传统的货币政策等宏观政策的实施。美国的QE,即量化宽松,则是基于证券化形成的新型体系进行的货币政策操作。这类操作与传统的货币政策在理念和形式上都有重大差别。

从宏观层面而言,资产证券化形成的直接金融体系,本身也在参与着货币创造。正因此,资产证券化的发展能够对宏观经济产生重大影响。美国的资产证券化过度发展,就曾经引发次贷危机,造成全球经济的动荡。前文提到,一个CDO就是一个迷你银行,其本身也如同商业银行一样在进行着货币创造。我在"新货币论"中将其称为M3,并且从金融工程的角度给出了货币合成公式。

在结构化金融体系中,本质上商业银行与其他类型的金融机构没有区别。中国的金融认知拘泥于M1或M2这种为便于统计的货币形式,而忽略了货币的本质。

如果银行理财按照会计实质并入银行资产负债表,则中国的M2就需要增加30万亿元的规模。这样的会计处理,会带来经济体系中30万亿元的货币消失或者增加。这显然是一种悖谬。近年来,金融从业人员所体会到的货币宽松程度与央行M2增速统计数据出现偏离,原因也在于此。

资产证券化或银行理财这种新型金融产品的负债端,虽然没有并入银行的资产负债表,但是与银行的资产负债表所发挥的融通资金的

第六章
金融工程工具与技术应用示例：结构化金融与资产证券化

功能完全一致。相比银行货币，这些金融产品在经济体系中发挥的购买力转移的作用，只有量的差别，并无质的差别。

我们如果不从货币的本质出发去理解未来的经济与金融形势，将会造成一系列误判。在本书第七章关于"新货币论"的内容中，有详细讨论。

2. 资产证券化的几类产品 MBS、ABS 与 CDO

根据基础资产不同，美国的资产证券化产品主要分为三大类，即MBS、ABS 和 CDO。

MBS（Mortgage-Backed Security），是抵押支持证券，其基础资产是住房抵押贷款。

ABS（Asset-Backed Security），是资产支持证券，其基础资产是汽车抵押贷款、信用卡应收账款、房屋权益贷款等消费类贷款。

CDO（Collateral-Debt Obligation），是债务担保证券，其基础资产比较多元化，既有工商业企业贷款，也有公司债券，还有其他类型的结构化产品，如 REITs 等。根据基础资产的不同，可将 CDO 划分为不种类型的细分品种。

美国的资产证券化产品中，从规模来看，MBS 占主导地位，规模占比在 80% 的水平；其次是 ABS，规模占比在 10% 的水平；然后是 CDO，规模占比也在约 10% 的水平，比 ABS 略低。

虽然有个观点广为流传，即"只要有稳定的现金流，就能够进行证券化"，但是从美国证券化实践的历史经验来看，经过金融市场近四十年的发展，资产证券化的产品主要集中在这三个类型的产品，其基础资产都是债权类资产。这些资产在没有资产证券化之前，都是由银行通过发放贷款形成，保留在银行的资产负债表中。

美国的资产证券化产品分为这三个品种，一方面与基础资产不同有关，另一方面也与历史上三类产品的起源不同以及操作模式不同有较大关系。这种划分背后体现出现代金融的理念。我国将所有资产证券化产品都称为资产支持证券，即 ABS，采取同样的操作方式。这其中存在认识上的误区，这种误区也导致了中国的资产证券化发展并不尽如人意。

回到 MBS，在美国，MBS 是资产证券化产品中规模最大的一类产品。MBS 根据信用不同，分为机构类 MBS 和私人类 MBS。

机构类 MBS 由"两房"提供担保。两房是美国的政府发起机构，隐含了联邦政府的信用。市场普遍认为由两房担保的机构类 MBS 不存在信用风险。"两房"作为政府的"有形之手"，对美国的住房金融乃至资本市场的发展都发挥了重要作用。

私人类 MBS 则是由市场化机构进行运作的资产证券化产品，没有"两房"的担保，存在信用风险。

私人类 MBS 和机构类 MBS 的此消彼长，正是美国政府刻意推动房地产泡沫的证据。2001 年，美联储为了应对"9·11"事件后国民的信任危机，实施货币宽松政策。实施政策之前，美国的房地产市场没有任何过热迹象。而政策实施后，机构类 MBS 占据市场主导，"两房"大量发放住房抵押贷款，引导宽松的货币流入房地产市场，引发房地产泡沫；房地产市场形成泡沫之后，机构类 MBS 占比急剧下降，私人类 MBS 快速增长，规模超过机构类 MBS；房地产泡沫破灭之后，私人类 MBS 急剧下降至几乎为零，此时机构类 MBS 再度快速增长，填补市场空间。

"两房"和市场化的金融机构一同推升房地产泡沫，而且逆势运作。考虑到"两房"是由美国政府发起并且是对政府负责的"国有企业"，本书在第五章中介绍次贷危机的发生背景时也提到过，美国 2006 年之前

第六章
金融工程工具与技术应用示例：结构化金融与资产证券化

的房市泡沫，是美国政府为了化解社会问题而采取的金融经济手段。

机构类 MBS 的运作过程中，"两房"为产品提供担保。"两房"制定了标准，只有符合担保条件的住房抵押贷款，才能获得担保。因此，有大量不符合担保条件的住房抵押贷款通过市场化运作后，变成了私人类 MBS。这些私人类 MBS 有很多基础资产是次级贷款。

次级贷款是相对于优级贷款而言的，是指在某些方面如贷款人的信用评级（FICO）[25]、贷款价值比、月供偿付比、贷款申请材料齐备性等要求等方面，相比优级贷款要差的贷款。典型的优级贷款，借款人的信用评分即 FICO 评分需要满足一定要求；同时，贷款合同对贷款价值比和月供偿付比有严格的要求，贷款申请材料如收入证明齐备等。这些要求保障了贷款的安全性。

贷款的金额除以购买的房子的价值，就是贷款价值比。比如价值 100 万美元的房子，贷款 80 万美元，则贷款价值比为 80%。在国内，与贷款价值比相对应的概念是首付比。80% 的贷款价值比，首付比是 20%。

在此简单介绍美国住房抵押贷款的特征。住房抵押贷款是指购房人为购买房屋而向金融机构借款，购房人将购买的房屋抵押给金融机构。后续，购房人按照还款安排定期偿还贷款，通常是每个月还款一次。每月还款的额度除以购房人的当月收入，就是月供偿付比。住房抵押贷款的还款期限通常很长，有 10 年、15 年、20 年、30 年等期限。

住房抵押贷款的上述特征和中国的住房抵押按揭贷款，即"房贷"非常类似。但是有两个特征在中美的情况不同，这种差异也直接影响了中国 MBS 的发展。

一个不同的地方是，中国的住房抵押按揭贷款大部分都是浮动利

---

[25] 美国 Fair Isaac 公司推出的个人信用评分系统。

率定价。贷款利率根据贷款基准利率上浮或下浮一定比例确定。比如,5年期贷款基准利率是4.5%,贷款利率是基准利率上浮10%,则贷款利率是4.95%。央行对贷款基准利率进行调整,则房贷的贷款利率也按照调整后的贷款基准利率,进行相应的调整。在美国,住房抵押贷款的贷款利率绝大部分是固定利率。另一个不同的地方是,在美国,对房地产进行再融资比较方便。当市场利率下降,以住房为抵押可以向金融机构获得利率更低的贷款时,会有很多人选择借入新的利率更低的贷款,来偿还之前的利率更高的贷款。而在中国,除了在房屋交易时会将房屋进行相应的再融资的情况,绝大部分情况下,再融资是非常难以实现的。

基于以上情况分析,在美国的房贷产品上,金融机构承担的利率风险更大,因而进行证券化转移风险的动机更强。通过证券交易,投资者能够对利率风险进行管理,或者基于利率变化进行投机。欧洲的住房抵押贷款同样也是以浮动利率为主,金融机构的利率风险被购房人所分担了。相比美国,欧洲的MBS的交易也因此更不活跃。

◎ MBS的产业链条

典型的MBS产业链条的运作模式是:贷款经纪公司将客户的贷款需求,介绍给抵押银行或者贷款发放机构。抵押银行以自有资金和来自商业银行的贷款资金向客户发放贷款。抵押银行再将发放的贷款打包出售给投资银行。投资银行集合大量贷款资产后,打包发行抵押支持证券,抵押支持证券出售给投资者,如共同基金、保险机构、养老基金、对冲基金、商业银行、国外央行等。

这种模式是"贷款发放—证券化—销售"模式。商业银行的住房抵押贷款模式是"吸收存款—发放贷款"模式。美国MBS的产业链条及相应的住房抵押贷款市场,是由投资银行和"两房"主导,而不是由商业

第六章
金融工程工具与技术应用示例：结构化金融与资产证券化

银行主导。

◎ 过手型证券与支付型证券

本书介绍结构化金融解构与重构的技术的目的，是说明如何通过现金流重组进行产品创设，因此对于期限分级的细节不作展开讨论。有兴趣的读者可以参考法博齐所著的《抵押支持证券：房地产的货币化》一书。这里举一个简化的美国 MBS 的例子。

有 10,000 笔住房抵押贷款资产，每笔资产的本金 100 万美元，合计 100 亿美元。发行了 1 亿张证券，每张面值 100 美元。证券的固定利率为年化 5%，分 10 年偿还，每期偿还等额本金。贷款由"两房"提供担保，没有信用风险。这些资产打包发行 MBS。MBS 产品的还款计划安排如表 6-2 所示。

表 6-2 MBS 产品的还款计划安排（单位：亿美元）

	1期	2期	3期	4期	5期	6期	7期	8期	9期	10期
利息	6.00	5.54	5.06	4.55	4.01	3.43	2.82	2.18	1.49	0.77
本金摊余	7.59	8.05	8.53	9.04	9.58	10.16	10.77	11.41	12.10	12.82
还款总额	13.59	13.59	13.59	13.59	13.59	13.59	13.59	13.59	13.59	13.59

一种 MBS 是将基础资产的现金流平均分配给投资者。比如，MBS 的基础资产在第 1 期回收了 6 亿美元利息和 7.59 亿美元的本金，则将 13.59 亿美元的资金平均分配给投资者。每张面值为 100 美元的证券，可以获得 6 美元的利息和 7.59 美元的本金偿付。后续，每张证券的本金余额只有 92.41 美元。这种类型的证券被称为过手型证券。因为特殊目的载体没有对现金流进行任何操作，只是将其过手转付给了投资人。

另外一种 MBS 是支付型证券，这类证券将现金流进行重新组合，按照一定的规则分配给投资人。不同类型的投资者分配到的现金流是不一样的。这种现金流的重新组合就是分级。我们以机构类 MBS 为例讨论结构化分级。机构类 MBS 由于基础资产有"两房"的担保,没有信用风险。机构类 MBS 的结构化分级主要是期限结构分级,目的在于将提前偿付风险进行分配,由不同风险偏好的投资者分别承担。

为什么需要将现金流重新组合,进行结构分级?这与住房抵押贷款的现金流特性有关。根据现金流贴现的估值原理,当市场利率上行的时候,固定收益类证券的价格会下跌;当市场利率下行的时候,固定收益类证券的价格会上涨。由于再融资比较容易且较为常见,这种贷款支持证券会出现一种怪异的不对称现象。当市场利率上行的时候,再融资较少;而当利率下行的时候,再融资较多。这意味着,当证券的价格上涨的时候,很多证券被债务人以原价赎回了。

以前面的过手型产品为例,当利率下行的时候,当期的现金流可能不是 13.59 亿美元,而是 23.59 亿美元。这里比计划还款多出的 10 亿美元,是贷款人的提前本金偿还。后续证券的本金余额只有 82.41 亿美元,比前面例子中没有提前偿付情况下的 92.41 亿美元,少了 10 亿美元。证券原来的利率是 6%,现在利率下行,证券价格上涨。但是提前偿还的 10 亿美元部分,却不能够享受价格的上涨。从另一个角度理解,也就是提前收到的 10 亿美元后续不能再以 6% 的利率产生收益,只能以更低的利率进行投资。

这种风险就是提前偿付风险。很多投资者对这种提前偿付风险比较厌恶,因此比较回避这类资产的投资。

为了吸引投资者,华尔街开始创设产品,将提前偿付风险进行分配。采取的操作是,设立两个相互对应的产品 A 和 B。当有提前偿付发生的时候,现金流的本金部分先用于偿付其中的一个产品 A,产品 B 仍然保持原有的本金规模不变。这样,基础资产的现金流对于 A 和 B 就不是平等分配了。

第六章
金融工程工具与技术应用示例：结构化金融与资产证券化

还是以上面的例子来说明，A产品共5,000万张，面值为100美元，合计为50亿美元，B产品共5,000万张，面值为100美元，合计为50亿美元。此时仍然碰到提前偿还10亿元的情况，和前面的提前偿还的例子一样。之前是每张证券的余额都变成82.41美元，现在按照期限分级的规则，提前偿还的本金全部分配给了A产品。每张B产品的余额仍然是92.41美元，而每张A产品的余额则为72.41美元。

通过这样的现金流安排，B产品未来的现金流变得更加稳定和容易预测，风险更低，因而更容易销售，利率也更低。提前偿付风险被A产品承担了。投资者也出现了分层。普通投资者购买B产品，对提前偿付风险更有研究且更有承担能力的投资者购买A产品。

上面的例子是为了说明结构化分级的原理，因此作了简化，简化过程使A产品的规模和B产品的规模相等。现实中，结构化人员的工作会更加复杂。结构化人员要根据基础资产的历史数据进行建模，使A产品的规模和B产品的规模两者的比例达到最优。另外还有其他形式的分级。每种不同形式的分级，可以得到各类不同规模的具备不同特征的产品。结构化人员的工作目标就是使产品的销售金额总额最大，从而实现证券化操作的利润最大化。这被称为获得"最佳执行"（best execution）。

另外一种结构化是优先劣后的结构化。对于特殊目的载体而言，解构在于解决资产端的问题，即如何有效从原始权益人的资产负债表中获得目标资产，并提高收益。重构在于解决负债端的问题，即如何创设不同产品以满足不同投资人的需求，并降低成本。这种"点石成金"式的重构，目的是提升产品质量。

很多情况下，投资人偏好现金流稳定的产品，并且愿意为现金流稳定的产品付出更高的价格。试想一个预期一年后可以获得100元现金流的产品,假设该产品现金流完全没有波动,如有中央财政担保,那么不考虑产品的流动性,只从风险定价的原则,该产品的价格应与国债相同。国债通常称为金边债券,意思是具备如黄金一样的品质。假如一年期国债的贴现率为 2.5%,则该产品的售价为 $100/(1+2.5\%)$。而对于波动性较高的产品,需要有一定的风险溢价,如 100bp,则该产品的售价为 $100/(1+3.5\%)$。如果能够将产品的波动性降低,则可以赚取两者的差价。"点石成金"式的重构,目的正在于此。

优先劣后的分级,正是通过为这类投资人提供现金流稳定的产品,提高产品的售价,从而将收益留给那些愿意接受现金流不稳定的产品的投资人。

资产证券化的特殊目的载体将大量的同类资产汇聚成资产池,按照大数法则,资产池的现金流波动相比池中单个资产的现金流波动,随着资产池中资产个数的增加,波动性方差与资产个数成反比减少。然而,即使汇集了大量的笔数,现金流仍然存在波动性。通过优先劣后的分级,劣后为优先提供担保,这种内部增信的方式,使优先级的波动性减少,而劣后级的波动性增加。劣后级的部分越多,优先级的波动性越少。

在现实操作中,通常根据底层资产的波动性情况测算,提供足够的劣后级,使最高优先级的产品能够达到 AAA 评级。高收益产品的 CDO,其输入的资产是评级较低的工商业企业的贷款(大多是达不到投资级的产品),但是通过汇集成池再加上优先劣后分级,其输出的产品则是评级 AAA 的高信用产品。这类高信用产品具备与国债相同的信用评级,也可以视为金边证券了。

金融工程师利用结构化金融的手段,成功地将垃圾债券转换成为类国债产品,这正是"点石成金"的含义。关键是,在此过程中没有借助

第六章
金融工程工具与技术应用示例：结构化金融与资产证券化

任何外在的担保、信用衍生品等力量，完全是依靠基础资产本身。这是华尔街2001—2007年，通过资产证券化得以大获其利的奥秘，可以视为"现代炼金术"。

优先劣后分级除了使风险在不同主体之间进行分配之外，还有一个作用就是保持激励相容，以消除道德风险。通常CDO的管理人会在CDO中拥有权益级份额，使其在筛选基础资产等业务管理方面会更加尽心。另外，劣后级的投资者通常都是由更加专业的对冲基金组成。这些投资者的专业技能为产品的质量起到监督作用。

美国的次贷危机的出现，与破坏激励相容机制出现的道德风险不无关系。在次贷危机发生前，信贷发放机构能够不留有任何收益与风险就将资产销售给投资者，这些信贷机构逐步放松信贷标准。同样，CDO的管理人，在自己不购买权益级产品、不承担CDO任何风险的情况下就可以赚取管理费，自然也逐步放宽原有的资产筛选标准，尽力做大资产规模以赚取更多的管理费。

优先劣后分级得以分配风险的基础，是资产池中各笔基础资产之间的相关性。相关性越小，所有资产同时发生违约的概率越小。在相关性为1的极端情况下，所有资产要么同时违约，要么都不违约，大数法则失效，劣后级起不到能够有效为优先级缓释风险的作用。

在美国次贷危机发生时，受到宏观经济下滑、货币收紧的因素影响，很多资产同时发生违约，资产的违约相关性与危机发生前的正常经济金融形势下出现重大偏差。另外，很多高杠杆依靠抵押融资的产品，受到市场流动性枯竭的影响，价格同时下跌，引起连锁反应。在这种情况下，各类资产价格的相关性增强，也与正常市场形势出现重大偏差。这是一种模型风险。这种风险将很多模型原有建立在资产分散、相关性弱的基础假设破坏了。

金融产品的创新，根本目的在于有利润地满足客户需求。因此，比金融逻辑更具决定力量的是商业逻辑，这是开展套利的前提。很多套利机会，都是不符合常规金融逻辑的事物提供的。

ABS的底层资产包括汽车抵押贷款、信用卡应收账款、房屋权益贷款等。ABS的操作和私人类MBS的操作比较类似，因为底层资产大部分也都是个人贷款，和住房抵押贷款性质类似，只是ABS的抵押物不同，信用风险也不同，其信用风险通常要高于住房抵押贷款。

ABS中一个比较值得关注的基础资产是房屋权益贷款(Home Equity Loan，HEL)。这类资产也是房屋持有人将住房抵押获得的贷款，但和住房抵押贷款不同的地方有两个方面：一个是贷款用途不同。住房抵押贷款主要是购买被用于抵押贷款的房屋，房屋权益贷款则是用于各类大宗消费，如房屋装修、儿女大学费用、出国旅游等。另一个是抵押权优先度不同。由于购买房屋时通常已经将房屋用于抵押来获得住房抵押贷款。因此，房屋权益贷款的抵押属于第二顺位抵押，抵押权处于住房抵押贷款的抵押权之后。这也意味着，房屋权益贷款的风险要高于住房抵押贷款。

房屋权益贷款的贷款是以房屋的权益为抵押支持的。举个具体的例子。房屋价值100万元，购买时申请了80万元的住房抵押贷款。经过一段时间的还款，贷款余额只有60万元，同时房屋价格上涨到120万元。如果按照80%的贷款价值比，这套房屋可以贷款96万元。除了住房抵押贷款的60万元外，还有36万元的权益可以为贷款提供担保支持。因此，金融机构开发出来房屋权益贷款，满足房屋持有人的需求。

在国内，也有一类产品接近于房屋权益贷款，被称为"房抵贷"。国内有专门从事这类业务的机构，比较有名的像泛华金融，它在美国纽交所上市。国内的"房抵贷"模式是信托设立信托计划，由像泛华金融这

第六章
金融工程工具与技术应用示例：结构化金融与资产证券化

样的开展"房抵贷"业务的机构出部分资金作为劣后级，再面向合格投资者募集优先级资金。"房抵贷"机构向信托公司推介有借款需求的客户。经过审核合格并且办理好房产抵押等手续后，信托计划运用募集的资金向客户发放贷款。后续，客户偿还贷款的本金和利息等现金流，优先用于偿还优先级的本金和利息。剩余的现金流由劣后级产品的投资人，即开展"房抵贷"的机构获得。

然而，由于"房抵贷"没有通过资产证券化的运作，产品不能面向更为广泛的投资者进行销售，产品缺乏流动性，这些因素使房抵贷的成本很高，普遍在10%~20%之间。相比美国市场，要高5~10个百分点。

我国较为普遍的金融抑制环境，使很多中小企业和家庭难以获得低成本的融资。由于有了房屋作为抵押，房抵贷能够有效地解决金融交易中的风险管理问题。这是一个较有发展前景的方向，未来将是金融创新的重要领域。体现金融抑制的另一个方面是竞争不充分，使这类业务的利差较高，为从事这类业务的机构提供了较为可观的收益。

从以上的讨论中，我们也能够看出资产证券化对于非银行金融机构发展的重要意义。非银行金融机构由于不能够吸收存款，普遍存在资金规模小和资金成本高的问题。这类机构在资产端即发放贷款的这一端，为了获得生存发展空间，只能避开银行的锋芒，和银行展开差异化竞争，在一些风险相对较高、体量规模较小的贷款产品领域开展业务，而这些领域不被银行重视。

在没有资产证券化的情况下，房抵贷无法形成完整的业务链条，业务规模很难做大。相比而言，美国以房屋权益贷款为基础资产的证券化产品RABS，规模体量达到上万亿美元。存在于中国的经济体系中的大量本可以用来解决金融抑制的担保品，被闲置起来了。

根据底层资产的质量以及美国资产证券化的经验，这类资产是很有潜质、能够被大规模证券化的。当前国内的资产证券化为什么没有实现？其中，不仅有操作模式及产品设计方面的原因，更多的还是金融监管层面的原因，分别体现在微观和宏观两个层面。

从微观层面来看，当前国内金融产品的创新创设的权力实际上掌握在监管部门的手中。各类金融产品，如资产支持证券、中期票据、私募公司债券等，都是监管部门在制定了详细规则之后，再向市场推出的。市场化金融机构"戴着镣铐跳舞"，能够自由发挥的空间很小。而在国外，金融创新和金融产品创设的主力是投资银行等市场化机构。这些机构在遵守法律法规、满足监管原则的前提下，基于市场形势和客户需求，结合自身的风险偏好和发展战略等进行金融创新和产品创设。

以房抵贷的证券化为例。我们可以试想在相对市场化的环境中，这类资产证券化的操作模式大致如下：金融机构先以自有资金成立信托计划，发放房产抵押贷款，再将优先级信托计划出售给投资银行，投资银行将大量的房产抵押贷款打包，转让到专门的信托计划，进行优先劣后的结构化分级后，打包发行各类资产支持证券。这些资产支持证券经过信用评级公司评级后，销售给基金、保险公司、商业银行等各类机构投资者。在国内当前的政策下，房抵贷类的基础资产想要进行资产证券化，很难获得批准。

从宏观层面来看，当前国内推出的金融产品创新，尤其是固定收益类产品创新，没有从构建非银行的业务体系的高度去推动创新事物的发展。很多产品创新要么没有实际意义，要么无法有效发展起来。

对于资产证券化发展而言，要想形成独立的业务体系，关键在于负债端能够摆脱对商业银行的依赖。如果资产支持证券仍然由商业银行购买（比如 A 商业银行将信贷资产进行证券化操作，由 B 商业银行出资购买），则相关资产的信用风险仍然由银行体系承担，商业银行体系仍

第六章
金融工程工具与技术应用示例：结构化金融与资产证券化

然需要为这些资产计提相应的风险资本。只不过是由之前的 A 商业银行变成 B 商业银行。这一模式下的资产证券化对于宏观的经济金融体系的意义大为减少。

如果由非银行机构发起资产证券化业务，但是资产支持证券仍然由商业银行购买，资产证券化业务本身和商业银行的信贷业务存在竞争，这显然不是一个好的商业模式，使得由非银行机构发起的资产证券化业务很难发展壮大。

因此，国内的资产证券化要想得到有效发展，政策除了推出资产支持证券产品之外，还要扶持整个直接金融体系的发展，尤其是非银行的资产管理机构的发展，如公募基金、保险机构等。而这一切都是以商业银行的发展受到限制为前提的。美国的资产证券化发展与商业银行的金融脱媒，可以看作同一个事物的两个方面。

从这个角度来讲，资产证券化的发展不取决于资产证券化产品本身而取决于金融体系的顶层架构设计。在商业银行体系事实上已经获得了竞争优势的情况下，其他体系很难凭借自身力量与商业银行开展竞争。换言之，金融产品的创新需要金融体系创新的支持。以软件系统开发为类比：国外的情况是，金融监管部门是系统架构师、金融机构是产品经理和项目实施经理；中国的金融产品创新过程中，金融监管部门是产品经理，而金融机构是项目实施经理，金融监管部门作为系统架构师身份的顶层设计工作相对不足。

包括资产证券化在内的金融创新,本质上是一种商业活动。这类在金融领域的商业活动,必须符合商业逻辑。在金融逻辑和商业逻辑出现冲突的情况下,商业逻辑往往大于金融逻辑。国内很多金融创新推出后,之所以无法取得较大成功,与不符合商业逻辑有关。

企业开展市场营销的目的,是能够有利润地满足客户的需求。这就要求生产的产品能够有效定位,能够满足市场需求。产品能够卖得动和卖得多,企业才能够获取利润。

从商业的角度来讲,资产证券化的意义是使信托计划等非标资产可以让更为广泛的投资者购买,扩大消费者群体。而在当前中国的模式下,信托计划只能够销售给高净值客户。各类机构投资者如商业银行、银行理财等受制于"非标"投资的限制,无法购买。

资产证券化的运作过程,通过打包、结构分级和信用评级,使产品成为标准化产品。标准化程度提高,更有利于购买人判断产品的质量,从而促进销售,符合商业逻辑。可以作为参考的例子是苹果手机、中华香烟的成功。

苹果公司在介入手机行业之前,诺基亚等各家手机公司推出的产品系列众多。诺基亚希望能够满足不同消费者的具体需求,但是从消费者的角度来看,各类产品千奇百怪,消费者很难评判各类产品的优劣。苹果手机具备高度的标准化,目前为止所有的产品类型,只有不到 10 个。苹果每隔一段时间推出新一代产品。购买者对于这类高度标准化的产品容易形成认知。

第六章
金融工程工具与技术应用示例：结构化金融与资产证券化

中华香烟的成功与之类似。中华香烟最为经典的两个产品，硬装中华和软装中华。一个定位中端，一个定位高端，历经数十年不变。消费者形成了非常稳定的产品认知。某烟草集团，推出一个香烟产品之后，大受市场欢迎，然而后续推出各种类型的类似产品，让消费者无所适从，根本无法有效区分各种不同类型的香烟之间到底有何区别。

通过上述类比可以看出，资产证券化的操作过程中，将各种类型相同但是底层信息不同的房抵贷等基础资产变成了AAA级、AA+级、AA级三个产品，信息高度简化。这种信息的简化，有助于投资者分析、判断、投资决策和交易。

当前国内的金融创新存在误区。很多创新以新奇为荣，经常出现"国内第一个某某产品"的宣传。但是，除了一些在品牌提升上的意义，没有实质的商业意义，甚至是有害的。苹果的成功并不是因为它是第一个生产手机或第一个生产智能手机的公司，而是在它投入巨额研发费用生产了划时代的智能手机之后，大规模化生产和销售了数亿台手机！大规模化生产将前面投入研发手机进行创新的巨额成本，高度摊薄。

从商业角度讲，当前中国真正具备创新价值的领域有以下几个。

一个领域是房抵贷的证券化。其市场空间巨大，风险可控，具备较大的盈利空间。2019年，中国的房地产的市场价值已经达到450万亿元的量级。这类房产抵押品，是金融体系中非常宝贵的可以用于风险管理的资源。金融创新需要有效发掘这些资源的价值。

另一个领域是上市公司的信用债券及以这些信用债券为基础资产的证券化产品,即高收益 CBO。目前达不到 AA+ 信用评级的民营上市公司,发行债券比较困难。这些公司是中国高收益债的主力群体。正如本书其他章节所分析讨论的,上市公司经过证监体系的深度治理,信息不对称程度较轻,内部控制制度较为完善,风险相对可控。

还有一个领域是小额贷款公司的贷款证券化。我国的小额贷款公司由地方金融办监管,只能从事贷款业务,不能吸引存款,只能从股东及金融机构进行融资。小贷行业在 2016 年之前高速增长,整体规模曾接近万亿元。近几年由于资金渠道受限、风险暴露等原因,很多小额贷款公司的股东开始撤出,规模增长放缓甚至呈现负增长。小额贷款公司由于深耕本地,对于本地客户比较熟悉,相比银行具备一定的比较优势。这一点类似国外服务于社区的小型地方银行。小贷公司最大的发展瓶颈是资金来源受到限制,因此急需资产证券化。由于中国的金融抑制环境,"小额贷款发放—贷款证券化—证券产品销售"的业务链条,利差较大,能够为相关机构提供可观的收益。

◎ CDD 及其细分产品

标准化大规模生产和个性化定制,是从事商业活动的两难选择。标准化大规模生产有利于降低生产成本,而个性化定制更有利于满足各类细分市场的特定需求。从美国资产证券化的经验来看,MBS 和 ABS 采取的是标准化大规模生产的发展模式。与此同时,美国存在众

第六章

金融工程工具与技术应用示例：结构化金融与资产证券化

多的另类基金，在细分资产领域满足特定投资人的需求。

解决标准化大规模生产和个性化定制的两难困境的一种模式是大规模定制化生产。美国的 CDO，采取的就是这种大规模定制化生产模式。CDO 本质上是另类基金的证券化。CDO 的资产类别有很多，不像 MBS 或 ABS，单从产品的命名如汽车 ABS 或信用卡 ABS，就能够很方便地获知基础资产的信息。各个 CDO 产品之间的差异非常大，投资者很难单纯依靠名字获知 CDO 产品的信息，需要深入分析 CDO 的具体材料，才能把握 CDO 产品的性质。

CDO 的业务兼具银行业务和资产管理业务的特点。CDO 可以和银行从事一样的业务，发挥相同的职能。从金融本质来讲，商业银行可以视为 CDO 的一种特例。将这一观点进一步推广，其他资产管理机构也是 CDO 的一种特例。本书基于现代金融理念，用一个统一的 CDO 模型来分析各类金融机构和业务。

从 MBS 和 ABS 的命名来看，将工商业贷款支持的证券命名为贷款支持证券，英文全称为 LBS（Loan Backed Securities），更符合思维惯性。但是国外将这类工商业贷款支持的证券命名为 Collateral Debt Obligation，即 CDO。CDO 之所以被称为 CDO 而不是 LBS，是因为其操作模式和 MBS 及 ABS 不同。根据美国的经验，工商业信贷资产由于各个不同借款人的性质差异很大，适合采取 CDO 的操作模式。而中国的信贷资产证券化操作，对于住房抵押贷款和工商业贷款采取的都是相同的模式。这是中国工商业信贷资产证券化无法有效发展起来的一个微观层面的原因。

CDO 的操作模式是资产管理人设立特殊目的载体，制定有关相应投资标准等方面的产品说明书，并且对特殊目的载体进行结构化分级，然后聘请评级公司进行信用评级。获得评级后,面向合格投资者募集资金。募集资金后,再根据之前确立的标准,进行投资。

通过对比可以发现,这类操作与公募基金的操作非常类似。在我国,公募基金是先制定产品说明书,上报监管部门获得审批之后,再面向大众销售,募集资金。资金募集后,再由基金管理人进行投资。

CDO 与公募基金的区别体现在以下几个方面。

第一,CDO 的份额进行结构化分级。我国的公募基金之前也有分级基金产品,但是分级基金占基金总规模比例较小。当前的监管政策,限制分级基金的发行。

第二,CDO 的分级产品进行信用评级。这是一种标准化的手段,目的是便于二级市场交易,提升产品的流动性。

第三,CDO 的份额不能赎回,只能在市场交易。而公募基金既有可以赎回的开放式基金,也有不能赎回的封闭式基金,既有不能交易的基金,也有上市交易的基金。

第四,CDO 可以投资证券,也可以投资贷款类产品,还可以投资 REITs,投资范围较广。而公募基金的投资则被限定为证券。

根据 CDO 的业务特点,本书将 CDO 的资产证券化模式称为"募集基金另类资产管理"模式,接近于买方业务。

相对应地,在 MBS 的资产证券化操作过程中是先有基础资产(即住房抵押贷款)再将基础资产转让给特殊目的载体,特殊目的载体的基础资产产生的现金流根据事先制定的规则分配给不同的投资者。本书将 MBS 及 ABS 的资产证券化模式,称为"资产打包发行证券产品"模式,更接近于卖方业务。

CDO 的交易结构如图 6-2 所示。

第六章
金融工程工具与技术应用示例：结构化金融与资产证券化

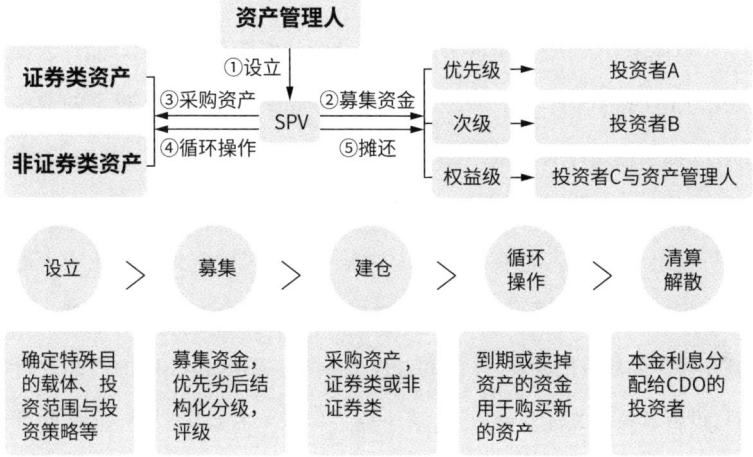

图6-2 CDO的交易结构

分析一个CDO产品，可以从资产、结构、负债、目的这四个维度来进行。我国对于基金的分析，提炼出"募、投、管、退"的框架，两者有异曲同工之处。募集对应负债，即产品的资金来源怎么获得；投资对应资产，即产品投资哪类资产；管理对应结构；退出对应CDO的清算。当然，这种对应并不是完全一致的，只是为了便于理解。

(1) 资产。

资产是指CDO投资的资产类别。根据CDO的资产不同，CDO产品可以分为CLO、CBO、SF CDO等各种细分产品。CLO(Collateral Loan Obligation)是贷款担保证券。这类CDO主要投资信用评级为投机级及以下的工商业企业贷款。CBO(Collateral Bond Obligation)是债券担保证券。这类CDO主要投资信用评级为投机级及以下的高收益债券。SF CDO(Structured Finance CDO，结构化融资CDO)产品主要投资其他结构化产品，如MBS、ABS或其他CDO，通常是结构化产品的评级较低的劣后级。

整体来看，CDO 投资的资产，都是信用评级较低的金融产品。这反映出 CDO 另类资产管理的特色和非标转标的意义。CDO 投资的这些资产，由于信用评级较低，大多数金融机构都不愿意投资。其中，既有受到投资范围限制的原因，比如有的公募基金投资范围限定只能投资投资级以上的证券，也有缺乏对于这类产品的风险定价的专业能力的原因。投资另类资产，需要专门的知识和技能。CDO 的管理人，都是具备在特定领域专门知识、技能和经验的专家。MBS 和 ABS 的产品发行时，投资者更多关注基础资产，这一点类似投资者投资股票，CDO 的产品发行时，投资者更关注 CDO 管理人，这一点类似投资者投资公募基金。

CBO 产品，是一种债券证券化产品。债券本身就是一种证券。CBO 相当于是证券的证券化，即再证券化。这种再证券化更能充分反映证券化的意义。证券化的意义就是提高产品的标准化，增强资产的流动性，以提高市场定价效率。CLO 之所以投资投机级企业的贷款，是因为投资级企业可以通过发行信用债券募集资金，市场定价效率很高，没有必要再通过"贷款+证券化"的迂回方式获得资金。CBO 之所以投资垃圾债，也是因为投资级债券，本身定价效率很高。CBO 管理人无从发挥其自身专业能力，进行价值挖掘。垃圾债券的市场定价效率相对更低，流动性更差，因此也更需要再证券化。美国的垃圾债券中，目前有 60%由 CBO 购买。这一现象可以为中国的高收益债发展提供经验借鉴。

（2）负债。

负债是指 CDO 的资金来源，具体是指 CDO 的负债进行什么样的结

第六章
金融工程工具与技术应用示例：结构化金融与资产证券化

构分级。

典型的 CDO 的负债分级结构情况举例如表 6-3 所示。

表 6-3 CDO 的负债分级结构情况举例

结构类别	连接/分离的百分比	连接/分离（百万美元）	总风险金额（百万美元）	指导评级	指导价格（基点）
A	13%~100%	130~1,000	870	AAA	15
B	7.5%~13%	75~130	55	AA+	90
C	6.5%~7.5%	65~75	10	AA	175
D	4.5%~6.5%	45~65	20	A	275
E	3.5%~4.5%	35~45	10	BBB	550
F	0~3.5%	10~35	35	NR	NA

其中，指导价格是指相对于国债的风险利差。

(3) 结构。

CDO 的结构分为现金流型和市值型。

现金流结构下，通常只有当资产实际的现金流和计划的现金流出现不一致的问题时，才会触发条款，要求对 CDO 产品进行调整等。现金流型结构通常用于流动性较弱的贷款等资产。市值型结构下，当资产的市场价格出现变化，会触发条款，引起对 CDO 产品的调整。市值型结构通常用于流动性较强的证券等资产。类比国内，现金流型结构相当于资产按照成本法记账。市值型结构相当于按照公允价值记账。市值型结构，会更多地受到市场风险的影响。

(4) 目的。

设立 CDO 的目的通常有三类，即资产负债表型、套利型和发起型。

资产负债表型主要包括商业银行的资产证券化产品。商业银行受到巴塞尔协议的资本充足率的约束，需要为风险资产计提资本。因此，当资本不足的时候，为了能够进一步开展业务，就会选择通过资产证券化,将风险资产出售给 CDO,以释放相应的资本。

套利型产品的目的是赚取 CDO 的资产收益和负债成本的利差。比如 CDO 购买的垃圾债的收益是 6%,但是结构化分级的优先级的成本是 4%,劣后级产品可以套取的利差为 2%。假设优先劣后的比例是 4∶1。如果不发生违约,劣后级投资的回报可以达到 10%。

发起型,是指设立 CDO 产品,专门用于购买特定类型的金融资产。如果没有 CDO,市场上根本没有投资者投资这类资产。国内有一类产品和发起型的 CDO 在目的方面比较类似,这种产品就是用于参与上市公司的股票定增的结构化信托。在股票二级市场表现疲软的时候,很多定向增发的股票缺少投资者认购,于是金融机构设立信托计划或资管计划,由上市公司的大股东出资作为劣后级,金融机构提供优先级资金,再由信托计划或资管计划出资认购上市公司定增发行的股票。

CDO 的发展形成的模式,暗中契合现代金融监管的理念。我们可以从这一理念分析中国资产管理行业存在的问题。

发展金融的目的是促进经济发展,但是金融发展如果失控,会产生金融风险,这会给投资者带来损失。金融行业具备较强的外部性,有的时候会出现"太大而不能倒"的情况。因此,金融行业比普通行业受到更为严格的监管。金融监管的原则是在促进经济发展和防范金融风险及保护投资人利益间寻求平衡。很多监管制度的设计背后体现出这一原则。

具体而言,我们可以从公募基金和私募基金的区别入手进行分析。从金融监管的角度看,国内对证券和基金的监管最为严格,而且最符合现代金融监管理念。我们选择其中的一个方面来简单说明。为什么公募基金能够公开募集,但是只能投资证券?而私募基金非公开募集可以投资信托计划、非证券类资产?这背后的逻辑是什么呢?CDO 的资

第六章
金融工程工具与技术应用示例：结构化金融与资产证券化

产端和负债端不能同时放松监管，目的在于保护投资者的利益。

私募基金放松投资端的监管，赋予了基金管理人较多的权限，这会增加投资的风险。如果在负债端也同时放松监管，可以面向大众募资金的话，由于很多大众投资者缺乏风险识别能力和风险承担能力，一旦投资出现风险，容易引发社会问题。公募基金面向大众投资者募集资金。因此，需要限定公募基金的投资范围，并且对公募基金的投资进行更为严格的监管，来有效控制风险。

投资证券类和投资非证券类产品，还有一个重要的差别，即投资受到的限制不同。在我国，证券类相比非证券类金融产品，受到的监管要严格得多，包括证券的发行、上市、交易、信息披露等都受到严格的监管。如证券发行需要通过证券公司或者商业银行作为主承销商来承销，主承销商是卖方，购买证券的投资机构是买方。有效监管的防火墙原则，要求买方业务和卖方业务之间要进行隔离，否则有可能损害投资人的利益。

举个例子，证券公司承销股票，同时证券公司的资管部门管理的产品来全额认购。这其中就会出现利益冲突。证券公司承销股票时，代表的是发行人的利益，希望股价越高越好。证券公司开展资产管理时，代表的是投资人的利益，希望股价越低越好。当买方和卖方是一家的时候，最后如何确定证券的定价？现实中很容易出现"抬轿"的现象，即资管部门出高价购买股票，以资管产品投资人的利益为代价，获得股票承销业务及相应的承销收入。

虽然法律法规对公募基金的监管非常严格，但是仍然出现了很多基金管理人利用自己的投资权限损害基金投资人利益的行为。如"老鼠仓"或基金经理在投资某个证券的时候，接受主承销商或发行人的贿赂等。

从资产管理机构的角度理解商业银行，商业银行的资产端可以投资非证券类资产，在负债端可以面向大众募集，因此，商业银行具备了其他机构所不具备的金融资源控制能力。但是，商业银行受到巴塞尔协议的约束，这其实也是对商业银行资产和负债的一种约束，即要求股东根据资产端的风险情况，提供股本作为负债来源，以保障储户的安全。

掌握了上述知识我们便能够理解，近十年来，中国金融市场最有价值的业务就是银行理财。银行理财既可以投资非证券类资产，不受投资端的约束；又可以面向大众募集资金，不受负债端的约束；同时又不受到巴塞尔协议的资本充足率要求的约束。银行理财具备银行、公募基金和私募基金的优点于一身。

对于银行理财产品，银行作为受托人，应该代表委托人的利益。但是在银行理财掌握了投资权限之后，很容易出现"以权谋私"的行为。银行理财选择信托计划作为通道，面向企业发放信托贷款。贷款的利率如何确定？银行掌握定价权力，可以故意压低利率而要求企业以存款、信托托管费等方式将利益输送给银行。证券投资受到的监管，要求证券投资人不能操纵市场价格。而在非证券投资时，投资人已经不仅可以操纵市场，而且可以完全控制价格。现实中我们可以发现，同一企业和不同银行理财在同一时段所做的融资，融资利率相差巨大。

国内的资管行业，证监体系监管的公募基金和私募基金，法规健全。相比美国金融市场，中国缺少的正是CDO产品。

第六章
金融工程工具与技术应用示例：结构化金融与资产证券化

本书基于现代金融工程的抽象方法提出 CDO 模型，模型显示，商业银行、公募基金、私募基金，都是 CDO 的不同类型。

表 6-4　CDO 与商业银行、公募基金、私募基金的类比

	资产	负债	结构	目的
CDO	证券、贷款、结构化产品	私募，面向合格投资者	现金流型或市值型	资产负债表型、套利、发起
商业银行	证券、贷款、结构化产品	公募	现金流型	套利
公募基金	证券	公募	市值型	投资管理
私募基金	证券、贷款、结构化产品	私募	现金流型或市值型	投资管理

商业银行可以被视为一种特殊的 CDO。商业银行本身的法律实体是有限责任公司或股份有限公司，这是具备破产隔离属性的特殊目的载体。商业银行的资产，既可以是贷款，也可以是债券和其他结构化产品。商业银行的特殊性体现在巴塞尔协议，商业银行的资产端受到负债结构的影响。这是由法规强制规定的。而 CDO 的资产端投资和负债的结构分级，则是由市场自由协商确定，并且定期经受评级机构的测试。商业银行的结构是现金流型的，也就是说商业银行的资产价值变化不影响商业银行的资产负债表的调整。

公募基金的资金募集可以公开，募集行为受到的限制较少。公募基金的投资受到限制，只能投资证券。公募基金按照净价计量。基金投资的资产按照公允价值计量，通常是根据市场的交易价格，也有的是根据特定组织的定价模型给出的估值进行计量。投资者在申购或赎回时，以基金份额的净价为依据进行操作。

> 私募基金可以投资各种类型的资产,既包括证券类等标准化资产,也包括非标资产及股权类资产。然而私募基金的募集受到较大的限制,只能通过非公开方式进行而且有较高的投资门槛。其他各种类型的资产管理机构,从各方面都接近私募基金。
>
> 银行理财也是一种类型的基金产品,而且是一个相对比较特殊的存在,其特殊性体现在银行理财的资产端和负债端同时具备较大的自由度。本书有很多相关内容的讨论。

3. 中国的银行 CLO 案例与企业应收账款证券化案例

这里介绍国内的城市商业银行发行的 CLO 案例——泰和 2017 年第一期微小企业贷款资产支持证券。

发起人泰隆商业银行是一家致力于小微企业金融服务的中小银行,成立于 1993 年。2016 年末,泰隆银行贷款余额是 761.46 亿元。其中,小微企业贷款余额是 543.31 亿元,占各项贷款余额比例为 71.35%。2017 年,泰隆商业银行拥有 7,000 多名员工、272 家分支机构,服务范围涵盖浙江、上海、苏州等长三角区域。

在中国,小微企业通过传统形式进行融资的难度很大,泰隆商业是国内相对比较少见的聚焦于中小企业贷款业务领域且发展良好的金融机构。然而,泰隆商业银行自身受到资本金不足、吸收存款能力较弱的限制,开展小微金融业务受到影响。泰隆银行产生了通过资产证券化获得融资的需求。泰隆银行的这种需求得到满足,是解决小微企业需求的重要手段。

当前我国存在大量的小额贷款公司在自身所在区域或产业链等利基市场开展信贷业务,具备相对商业银行的比较优势。然而受制于融资渠道有限,这类贷款公司无法有效放大杠杆。小额贷款公司的资产证券化是解决中国小微企业融资难的重要手段。

泰和 2017 年第一期微小企业贷款资产支持证券的产品要素情况如表 6-5 所示。

表 6-5　泰和 2017 年第一期微小企业贷款资产支持证券的产品要素情况

产品分级	规模（万元）	比例	期限（年）	支付结构	票面利率	评级（中债资信/新世纪）
优先 A 级	46,900.00	66.7%	0.15	过手型	5.3%	AAA/AAA
优先 B 级	7,900.00	11.24%	0.38	过手型	5.4%	AA+/AA
次级	15,513.00	22.06%	0.38	无	无	无

优先级产品的本金偿还采取过手型的结构,信托计划将借款人偿还的本金依照比例归还给各分级证券的投资者。

为了增强投资者信心,泰隆商业银行承诺,等比例持有各级资产支持证券,持有规模不低于本期资产支持证券发行规模的 5%;持有各级资产支持证券的比例,不低于该级证券发行规模的 5%;持有期限不低于本期各级资产支持证券的存续期限。产品各分级的对外配售的规模分别为:44,555.00 万元、7,505.00 万元和 14,737.00 万元。泰和 2017 年第一期微小企业贷款支持证券的交易结构如图 6-3 所示。

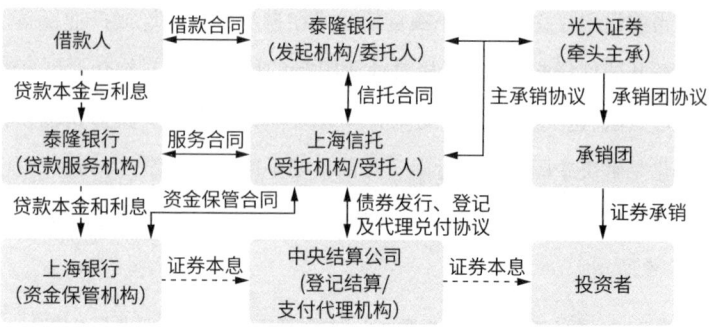

图6-3 泰和2017年第一期微小企业贷款支持证券的交易结构

根据交易结构图,简单说明具体的交易流程:泰隆银行将其部分贷款资产,以信托方式委托给上海信托。上海信托设立特殊目的信托计划,以这些贷款资产为基础资产,发行资产支持证券,聘请由光大证券作为主承销商的承销团,在银行间市场发行证券。证券在中国结算公司登记托管。信托计划聘请泰隆商业银行作为服务商,代为收集基础资产产生的本金与利息。收集的现金流按照事先约定的支付给支持证券的投资者。上海银行作为资金保管机构保管信托计划资金。泰和2017年第一期微小企业贷款资产支持证券的基础资产情况如表6-6所示。

表6-6 泰和2017年第一期微小企业贷款资产支持证券的基础资产情况表

基础资产	借款人数量	贷款笔数	平均每笔规模	借款人	信用评级分数
泰隆银行的自营资金贷款(没有银团贷款)	987	1,022笔	68.8万元	大部分是中小企业	BBB+及以下
基础资产担保情况	贷款的加权平均贷款合同期限	加权平均贷款剩余期限	贷款付息方式	贷款利率	借款人的集中区域
贷款大部分为保证形式担保,但都没有质押或抵押形式的担保	0.94年	0.51年	固定利率,到期一次还本	加权平均利率为10.22%	长三角地区的浙江、江苏和上海

第六章
金融工程工具与技术应用示例：结构化金融与资产证券化

由于信托计划中的资产包在设立证券的时候就已经确定，而且不会在信托计划存续的期间进行调整，因此，从投资人的角度，他们购买的实际上是一个贷款资产包，只不过这个贷款资产包通过分级使风险在不同分级产品之中进行了重新分配。由于有次级产品承担第一层损失，因此购买优先级产品比购买资产包的信用风险要低。优先级的信用风险，与各笔贷款之间的违约相关性有较大的关系。

投资这类产品的关键是对基础资产的穿透调查和对优先次级结构的分析，可通过建模等金融工程手段来进行分析。国内这样的操作模式，属于典型的证券承销发行模式，与国外CDO所采取的另类基金管理模式不同。

下面介绍国内的企业应收账款证券化案例。非金融机构的资产证券化由证监会进行监管，ABS主要在沪深交易所上市交易。本案例中，发行人是五矿发展股份有限公司，其控股股东为中国五矿发展股份有限公司，实际控制人为中国五矿集团公司。

五矿应收账款ABS的产品要素情况见表6-7。

表6-7 五矿应收账款ABS的产品要素情况

产品分级	规模	评级	到期日	法定到期日
优先级	26.47亿元	AAA	2017年12月21日	2019年12月21日
次级	2.94亿元	无	2017年12月21日	2019年12月21日

优先级产品在存续期每年的5月和11月两次分配收益。次级资产支持证券在专项计划设立时由原始权益人全额认购、持有，不得转让，中间不付息，到期一次还本付息。

五矿应收账款ABS的交易结构如图6-4所示。

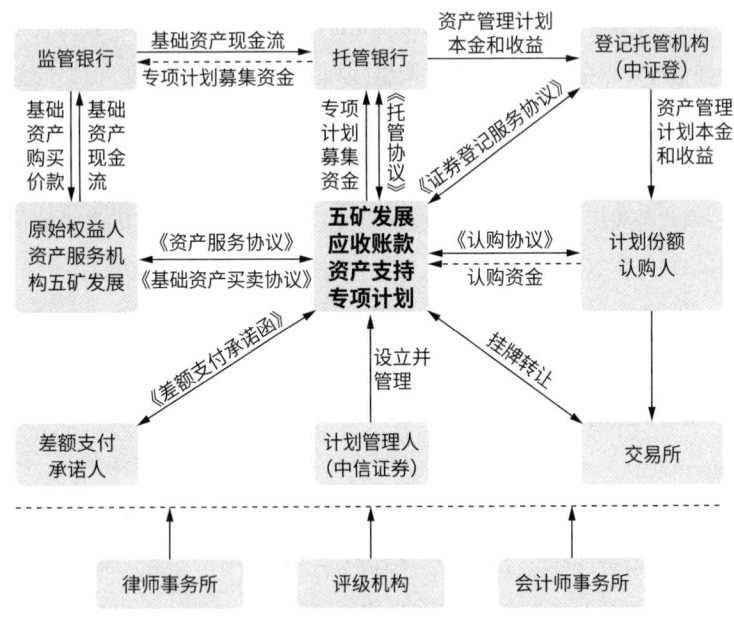

图 6-4 五矿应收账款 ABS 的交易结构

根据图 6-4,简单说明具体的交易流程:计划管理人中信证券设立并管理专项计划,认购人出资取得资产支持证券。证券在中证登上海分公司登记托管,在上交所流通转让;计划管理人将专项计划资金用于向原始权益人五矿发展购买基础资产;资产服务机构五矿发展根据服务协议负责基础资产对应的应收账款的回收和催收,以及违约资产处置等基础资产管理工作;在循环操作期间,资产服务机构将基础资产产生的现金流用于向原始权益人购买基础资产;五矿发展集团提供差额支付承诺。

交易结构中有循环操作的安排。每年的 5 月 31 日和 11 月 30 日购买,资金在账上周转,每年回收两次,应收账款的回收日,也就是循环购买日。期间,资金回流后,留在原始权益人账上,存在资金混同风险。

从这一 ABS 产品的本质来分析,由于循环操作证券投资者无法把

第六章
金融工程工具与技术应用示例：结构化金融与资产证券化

握基础资产的质量，依靠五矿发展公司进行风险管理和计划管理人进行质量把关，产品类似美国的 CLO；五矿发展公司相当于资产管理人，计划管理人充当评级机构与事务管理人的角色。由于产品有央企提供差额支付承诺的信用增进，产品的本质是央企的信用债券。

这一 ABS 的基础资产是由五矿钢铁及其 15 家分销公司、深圳进出口公司，根据与买受人签订的《销售合同》等文件安排，在五矿钢铁及其分销公司、深圳进出口公司作为供货人履行并遵守了相关合同项下其所应当履行的义务后，产生的对买受人的应收债权。五矿钢铁及其 15 家分销公司、深圳进出口公司作为初始债权人，将其享有的应收债权通过《应收账款转让合同》内部转让给五矿发展，五矿发展履行并遵守了基础资产所对应《应收账款转让合同》项下其所应当履行的义务，获得相应的债权，是资产证券化的原始权益人。

五矿 ABS 基础资产的基本情况统计如表 6-8 所示。

表 6-8 五矿 ABS 基础资产的基本情况

未偿应收账款余额（亿元）	29.4 亿元	前十大买受人未偿余额占比	41.31%
应收账款笔数	11,172 笔	中信保保险额度覆盖率	78.77%
买受人数量	192	建筑业占比	71.53%
单个买受人最高未偿余额	3.3 亿	批发与零售业占比	14.5%
加权平均剩余期限	1.9	制造业占比	12.42%

根据表 6-8 中的统计情况，五矿 ABS 基础资产的特征类似美国的 CLO，都是针对低信用主体的债权融资，分散度较差；基础资产单笔规模大，异质性强，无法依靠统计数据来宏观把握，需要穿透到底层审核，依赖于金融机构的专业判断，信息不对称程度较强。

从商业逻辑来讲，此类强担保的应收账款证券化没有商业意义，并不是真正的资产证券化产品。在国外，AAA 级的结构化产品，利率高于同为 AAA 级的公司债券。五矿发展持有劣后级产品，继续涉入，导致无法出表。因此,五矿发展发行 ABS 产品既没有获得出表等方面的益处,成本也比债券发行的成本更高。这类证券化的业务与银行保理业务比较,也不存在明显的优势。

然而,当前中国大部分的企业资产证券化都有外部的强担保,使资产融资变成了主体融资。这种反常现象,需要从中国特色的角度去理解。

4. 结构化产品发展与金融工程兴起的关系

需求是发明创新之母。某种程度上,金融工程的兴起,结构化产品的发展,尤其是 MBS 产品的发展,需要对衍生品产品定价,产生了金融工程师的需求。金融工程学科也在此大背景下兴起。

刘易斯在《说谎者的扑克牌》中描述,20 世纪 70 年代以前,美国的投资银行的从业人员大部分都没有大学文凭。MBS 之父拉涅里,因家庭贫困自幼打工,基本没有受过正规的教育,学历大概只有初中文化水平。然而,拉涅里却在所罗门公司如鱼得水。这与当前投资银行非常严苛的招聘条件形成了鲜明对比。如今,国外投资银行招聘的普遍要求是常春藤名校;在国内,招聘的基本条件同样是名校毕业,能够进入投行的也是百里挑一。这一现象与不同时期金融体系的特征和投资银行行业的商业模式有关。

在美国的金融体系没有进行市场化改革和现代化转型之前,利率比较稳定。很多债券投资者都把债券视为存款的替代品,购买债券后持有至到期。在持有期间,将息票剪下获得利息。债券的交易较少,市场流动性很弱。在这样的金融环境里,投资银行从事的业务是帮助企业承销发行股票和债券,以及为企业提供财务咨询等顾问服务。这类业务更强调客户资源和客户关系的维护能力和销售能力等商业技能。

第六章
金融工程工具与技术应用示例:结构化金融与资产证券化

拉涅里在发展 MBS 业务的时候,为了解决 MBS 产品中的提前偿付问题,进行结构化分级,需要对不同分级的结构化产品进行定价。住房抵押贷款存在的提前偿付的特征,相当于在产品中嵌入了利率期权。当利率下跌的时候,借款人可以行使赎回权利,提前将贷款全部偿还。这种产品定价问题,是之前传统的投资银行人员所不能够解决的。于是拉涅里大量引进数学家、物理学家、计算机专家等新型人才。这些人才被称为"火箭科学家",是后面从事量化交易等业务的宽客们的前辈。

中国金融体系目前的发展阶段,从市场化程度和现代化程度来讲,更接近于美国的 20 世纪 70 年代。很多衍生品或是因为没有真实需求的支撑,或是因为产品生态环境的失衡,其市场难以发展。

在此以基础资产是小额贷款的资产证券化为例举证。

国外"低买高卖"的商业模式下,投资银行以自有资金购买小额贷款公司的贷款资产。这个时候,小贷资产在投资银行的资产负债表当中。然后,投资银行再将贷款资产打包成不同分级的证券产品。市场惯例通常要求投资银行持有劣后级产品,承担小贷资产的信用风险。这种情况下,投资银行需要对小贷资产的质量进行分析。当存在大量的多笔资产,并且又有复杂的产品分级时,这种分析无法依靠传统的智慧和感觉,必须借助计算机、统计学知识构建模型。因此,需要金融工程师。

投资银行在将资产放入自己的资产负债表的时期,存在市场利率风险,因此产生了利率互换、利率顶㉖等衍生品交易的需求。内夫特奇在《金融工程学原理》一书中提到过这种现象,"抵押贷款有提前偿还条款,这给银行的固定收益投资组合带来了凸性。这种凸性可利用互换

㉖ 利率顶:是标的于利率的看涨期权,它是贷款利率的上限,是为了保护借贷人的利益而设置的。

期权加以对冲,这就产生了互换期权市场的流动性。另一方面,互动期权是进行动态对冲的头寸。这种对冲的执行可借助远期互换作为标的来完成。这就导致了远期互换交易"。

而在国内"承销"的商业模式下,证券公司没有承担小贷资产的风险,只是设立特殊目的载体,将小额贷款公司的资产装入之后,包装成证券产品,面向投资者销售,募集资金。证券公司赚取的是销售佣金和证券产品的管理费。本质上这是一种代销模式,也就是说,如果产品找不到买家,证券公司不需要承担任何损失。这是一种无风险的中间业务收入。风险被转嫁给了小贷公司。

我们可以通过类比来更好地理解。国外的模式是地产商模式。地产企业承担了房价变动的风险。地产企业在拍卖土地的时候,需要构建财务模型,掌握房产产品的定价能力。只不过由于地产行业的特性,房产的定价和构建财务模型相对衍生品的定价比较简单,不需要"火箭科学家"也能做到。

国内证券公司的承销模式是房屋中介商模式。中介商没有承担任何风险,自然也就不需要构建模型等复杂的操作。中介商取得成功的关键就是获客和销售落单。在国内的商业模式下,金融人员所需的金融专业技能相对较少,营销、销售、客户关系拓展维护等商业技能相对更加重要。衍生品定价及相应的风险管理等金融工程技术有如屠龙之术。掌握这类技能的金融工程师,很多时候无用武之地。

作为一本面向实务的金融工程书籍,本书基于中国的现实情况,将金融工程学的讨论放在金融套利、产品创设与金融业务创新上,而不是像当前大部分金融工程书籍那样,将讨论重点放到衍生品定价及相应的风险管理方面。

第六章

金融工程工具与技术应用示例：结构化金融与资产证券化

2020年2月20日，LPR报价利率下降，1年期利率为4.05%，5年期利率为4.75%，分别比之前的4.15%和4.8%，下降了10个基点和5个基点。这一新闻引起了金融市场的关注。

LPR是什么？很多人不是非常清楚，非金融人士也并不太关心。LPR，即Loan Primary Rate，国内称为贷款市场报价利率。央行推出LPR后，后续要求住房抵押贷款的利率和LPR挂钩。而在此之前，中国的市场惯例是住房抵押贷款的利率和贷款基准利率挂钩。

2020年3月，央行政策要求，对于存量住房抵押贷款，银行和贷款人也要调整贷款合同的利率条款，要么选择固定利率，要么选择贷款与LPR挂钩。因此，对于很多有房贷的人来讲，LPR关系到未来的房贷还款，直接影响其自身利益。

LPR的形成机制是18家报价行于每个月20日进行报价，这个报价是该行对于本行最优质客户执行的贷款利率。根据这些报价，去掉最高的报价和最低的报价后，计算出平均报价。

国外的固定收益产品如债券或贷款，通常要么是固定利率，要么是浮动利率，且更多的是选择与Libor，即伦敦同业拆借利率挂钩。同业拆借利率被广泛应用于定价基准，既是因为其已经是约定俗成，还有一个很重要的原因就是基于这个利率之上的交易量大，不易被操纵。然而，还是出现过几家金融机构联合，恶意操纵Libor的案件。

根据中国人民银行公告(2019)第30号,央行要求就存量的浮动利率贷款的定价基准转换为LPR的相关事宜进行公告。公告提到的存量浮动利率贷款是指2020年1月1日以前金融机构已发放的和已签订合同但未发放的参考贷款基准利率定价的浮动利率贷款(不包括公积金个人住房贷款)。自2020年1月1日起,各金融机构不得签订参考贷款基准利率定价的浮动利率贷款合同。

自2020年3月1日起,金融机构应与存量浮动利率贷款客户就定价基准转换条款进行协商。房贷人有两个选择,选择固定利率或者选择以LPR为定价基准,即将原合同约定的利率定价方式转换为以LPR为定价基准加点形成(加点可以为负值)。加点数确定后,在贷款合同的剩余期限内固定不变。

央行进一步要求,商业性个人住房贷款的加点数值应等于原合同最近的执行利率水平与2019年12月发布的相应期限LPR的差值。如果房贷人选择固定利率,则转换后的利率水平应等于原合同最近的执行利率水平。

举个例子,假设原来住房贷款的基准利率上浮10%。最新的贷款基准利率是,1年期为4.35%,1~5年期(含5年期)为4.75%,5年期以上为4.9%。那么执行利率是4.9%×1.1=5.39%。

2019年12月20日贷款市场报价利率(LPR)为:1年期LPR为4.15%,5年期以上LPR为4.80%。执行利率和2019年12月的LPR两者相差5.39%-4.8%=0.59%。转

第六章
金融工程工具与技术应用示例：结构化金融与资产证券化

换后，住房贷款的利率就是新的 LPR+0.59%。

LPR 每个月公布一次，但是转换条款时，定价周期和重定价日由金融机构和房贷人重新约定。重定价周期最短为 1 年。也就是说，双方可以在条款中，选择某个月份的 LPR 作为重定价日。这一价格至少保持 1 年。比如 3 月份条款转换后，是 2019 年 12 月的 LPR+0.59% = 5.39%。这个利率至少保持 1 年或者更长。后续每隔一段时间（至少 1 年），再根据新的 LPR 数值加点，确定一个新的房贷利率，再按照新的利率执行。

如果房贷人选择固定利率，则后续的利率固定为 5.39%，在贷款合同期内，保持不变。

根据当前的经济金融形势，房贷人更应该选择浮动利率。选择浮动利率的理由包括：一是中国的利率处于较高的水平，现在处于下降过程中。LPR 利率下降，反映了这种趋势。二是从长期来讲，中国已经完成了原始资本积累，资本的稀缺性程度降低，利率将大概率进入到长期下行的阶段。这可以参照日本等国家的经验。三是房贷人选择固定利率，相当于对利率进行对赌。虽然不排除中国出现通货膨胀，使利率大幅上升的情况。在这种通胀的情况下，固定利率有利于房贷人。然而，大部分房贷人对利率风险的认识和承受能力要弱于金融机构，还是不宜冒险对通胀形势进行投机。

作为对比，美国的住房抵押贷款市场则以固定利率为主。金融机构和房贷人确定利率后，后续不再调整。同时，美国的再融资比较容易。当贷款利率下行的时候，房贷人可以选择重新借入更低利率的贷款，偿还之前的高利率的贷款。现实中，这种被称为"条款再融资"的行为较为普遍。这种情况下，利率风险被转移到了发放贷款的金融机构。再融资的存在，相当于给了房贷人一个将利率下调的期权。

对比中美的住房抵押贷款的差异，房贷人更有理由选择浮动利率。

正常情况下，房贷选择浮动利率优于固定利率。然而，也有例外，如出现通货膨胀。

由于这些年房价的高速上涨，有很多房贷人供房压力巨大。如果后面遇上通货膨胀，利率上涨至很高水平的话，很多房贷人将会由于还不上款出现断供，金融市场会产生重大动荡，甚至有可能引起社会问题。如果那个时候再去应急处理，要求商业银行顾全大局降低房贷利率，则又显失公平，破坏了市场经济的纪律。

利率衍生品正好可以解决这个问题。当前的转换房贷定价政策没有合理利用衍生品，存在改进的空间。如果在合同上加一项"利率顶"条款，比如当LPR价格未来上涨的时候，房贷利率最高不得超过8%。作为获得利率顶条款的代价，可以要求房贷人每年多支付0.1%或0.2%的利息。从防范恶性通胀的角度，相信很多房贷合同会选择利率顶条款。

上述例子可以视为利率上限和利率下限及互换期权等利率衍生品在金融市场中的应用场景之一。

第六章
金融工程工具与技术应用示例：结构化金融与资产证券化

5. 结构化金融技术：解构与重构及其在资产证券化中的应用

本章在一开始的时候介绍了法博齐给出的结构化金融的定义。此处给出一个更能体现出"结构化"特点的定义：结构化金融是一种利用结构化的手段解决金融难题的创新技术。相比法博齐的定义，这个定义更加狭义一些。

结构化金融的创新技术有两种类型。一种是通过将企业的资产负债表进行解构，重新构建新的资产负债表，解决融资中的风险管理和产品定价问题。这可以理解为从"整体构建结构"的解构技术。另一种是将特定实体的整体现金流进行重新分配，创设不同特征的现金流，构造不同类型的金融产品，满足不同投资者的风险收益偏好。这可以理解为"同质分化差异"的重构技术。

有一个广为流传的关于投资银行行为的例子，可以非常形象地类比解释解构与重构技术。食品加工商从水果摊以很低的价格买了一堆烂水果，然后将这些烂水果没有坏掉的仍然可以食用的部分，用水果刀细心切割下来，装入盘子，精心包装，以水果什锦拼盘的形式，高价对外销售，深受顾客欢迎，获得很高的利润。

解构和重构技术就是类似的操作。一家企业经营不善，管理混乱，财务报表数据难看，想要获得融资非常困难。这家企业就像烂水果。但是该企业仍然有可能持有优质资产和能够盈利的业务。这些优质资产和盈利的业务，就是烂水果中没有坏掉的部分。投资银行将这些资产和业务剥离出来，单独成立公司，进行IPO，将股票销售给投资者。这种操作就像用水果刀切割水果制造水果拼盘。

解构和重构的核心作用是对风险的分离、识别与定价，本质是上一种风险管理的解决方案。

我们从标准化交易来展开分析。标准化交易是金融机构基于高信用企业的整体资产负债表提供的信用融资。典型的就是投资级企业面向投资者发行信用债券。这类融资提供给企业之后，通常投资者不对发行人进行经营管理等方面的具体限制，债券的本金偿付来自企业的自由现金流。

当企业的信用评级不够的时候，这类融资方式存在巨大的风险。比如，企业有可能将资金用于投机。投机一旦成功，企业的权益所有人获得收益；投机一旦失败，由于企业的有限责任，权益所有人的损失有限，债权人承担损失。这种情况下，企业所有者的道德风险会增加，从而使风险失控。另外，企业还有可能存在内部治理结构缺陷、财务控制制度失控等问题，这些都可能为融资带来潜在风险。

前文所介绍的项目融资，正是一种解构与重构的技术运用。

通过单独成立破产隔离的项目公司来独立运营某类特定业务，相当于将项目公司的资产负债表及相应的业务从企业的资产负债表和整体业务解构出来，进行重构，使融资的风险和企业的风险相互隔离。

另外，金融机构在进行项目融资的时候，通常会介入项目公司的内部管理：如金融机构进入项目公司董事会，对项目公司的重要事项有否决权，对项目公司的财务进行管控（如共管财务印章），对资金支出进行监管等。这些举措有效控制了项目公司的战略决策风险、内部控制失控风险等。借助这些措施，金融机构对项目公司的信用风险相比对企业的信用风险，具备了更强的识别能力和管理能力，使金融交易得以顺利达成。

从风险管理的角度来看，解构和重构的技术和风险对冲的技术，本质上是一致的，都是将某类特定的风险从存在诸多风险的某类业务或产品中剥离出来，进行单独定价。

第六章
金融工程工具与技术应用示例：结构化金融与资产证券化

举一个简单的例子。某对冲基金看好汽车行业的发展和汽车板块的股票走势，想要对其进行投资。但汽车板块的股票可能会由于整体股票的下跌而下跌，这样即使汽车行业发展良好也可能会导致投资损失。对冲基金的一种风险对冲手段是在买入汽车板块股票的同时卖空股指，这样就有效地将汽车板块股票中的股票市场整体下跌的系统性风险消除了，对冲基金承担的更多是汽车行业的特定风险。

再以配对交易为例。配对交易有着丰富的内涵，此处仅从风险管理的角度讨论。投资者认为某行业中的 A 公司的管理水平很高，会在行业的竞争中取得优胜，想要投资这家公司。然而，有一类风险投资者不想承担：那就是整个行业都会受到不利因素的冲击导致行业中的股票都出现下跌的行业风险。因此，投资者找到一家与 A 公司处于同一行业但是管理水平及发展前景都较弱的 B 公司，卖空这家 B 公司的股票。如果未来行业受到不利冲击，两家公司的发展和股票价格都会受到影响。但是投资者坚信，A 公司将会优于 B 公司，并且愿意承担 A 公司股票和 B 公司股票的价格差异波动风险。

中国企业在 A 股上市，同样是解构与重构技术的运用。投资银行家将企业集团中符合上市要求的资产和业务切割出来，成立独立运营的拟上市公司。证券公司对拟上市公司进行上市辅导，对公司的内部治理结构、内部控制制度、财务制度进行全面的治理，使其满足监管部门及金融机构对于公司上市的条件标准。证监会制定的上市公司"五独立"的要求，即"资产独立、业务独立、人员独立、财务独立、场所独立"，就是对解构与重构目标的具体要求。解构与重构技术的运用是为了使上市公司符合独立性要求和业绩性等要求，即解构和重构出来的企业资产负债表要能够在市场经济中独立运行，产生预期的现金流和收益。

从解构与重构的角度来分析，上述讨论的现实意义是，民营企业的核心业务板块如果已经上市，那么提供给该上市公司的信用融资，风险要小于提供给其集团公司的信用融资。因为对该上市公司的信用融资某种程度上是一种项目融资。上市公司可以被视为企业集团控制下的一个专门运营某类特定业务，并且公司的内部控制、财务制度、对外投资等都受到外部治理的项目公司。

国内当前普遍存在的误区是，认为单纯根据财务报表即可对企业进行信用评级。这样会使集团公司的财务报表单纯从资产、利润规模等数据上来看优于上市公司。这通常是由于集团公司将所控股的上市公司合并报表使集团公司的信用评级要高于集团下属的上市公司的信用评级，或者至少不低于下属的上市公司的信用评级。但从实质性的信用风险来考虑，这些多元化经营的民营企业集团企业发行的信用债券，风险通常要高于民营企业集团所控制的上市公司所发行的信用债券。

2018年以来，很多原本是高信用评级的AAA级民营企业债券，出现违约的事实，验证了上述观点。这些现象也警戒金融机构，在中国当前尚未发展成熟的信用环境下，项目融资中的深度治理对于风险管理非常重要。

> 2020年，北大方正公司债券违约引起市场关注。作为一家国企，具备AAA级的信用评级，在没有出现重大外部冲击的情况下，评级连续下调到最终违约，让近年来见惯风险的市场人士感到惊讶。

第六章
金融工程工具与技术应用示例：结构化金融与资产证券化

根据公开信息显示，2020年2月18日，北方方正公司收到北京市第一中级人民法院的通知，北京银行股份有限公司以"该公司未能清偿到期债务，且明显不具备清偿能力，但具有重整价值"为由，申请法院对其进行重整。2020年2月19日，北大方正公司收到北京市第一中级人民法院送达的《民事裁定书》和《决定书》，北京市第一中级人民法院受理北京银行股份有限公司提出的对北大方正公司进行重整的申请，并指定清算组担任管理人。清算组由人民银行、教育部、相关金融监管机构和北京市有关职能部门等组成。

早在此事件发生之前，评级公司就多次下调北大方正的信用评级。联合信评（2019）244号的信用评级公告将北大方正主体长期信用等级由AAA下调至A，评级展望为负面；同时下调"18方正MTN001""18方正MTN002""19方正MTN001"及"19方正MTN002"的信用等级为A，下调"方正CP001"的信用等级为A-2。下调的理由是，北大方正公司1年内到期债券余额为248.8亿元，债务规模大，存在很大程度兑付压力，被认为违约风险很高。联合（2020）030号将主体评级由A下调到B，理由是出于综合考虑。接着联合（2020）034号将主体评级由B下调到C，理由是出于综合考虑。

国外成熟的评级体系对评级级别有一个迁移矩阵，迁移矩阵呈现当年为某级别的评级结果，下一年会向其他评级结果变化的概率。AAA级的评级存在级别下调的概率，但是概率非常低，而且很多时候下调的原因是被评为AAA级的企业受到了重大外部冲击。

根据评级机构的评价标准，AAA级信用评级是指企业偿还债务的能力极强，受不利经济环境的影响很小，违约风险极低。

北大方正公司在没有经受外部重大冲击的情况下出现如此状况，这表明之前的评级结果存在问题。究其原因有两个方面，这两个方面都和缺少对结构的研究和分析有很大关系。

第一个方面的原因是评级模型应用了错误的分析方法。根据国外成熟的评级模型，对不同类型的公司需要分析不同的财务报表。财务报表分为两类：一类是合并报表，一类是母公司报表。两者的差别是，合并报表相当于是集团公司控制的子公司的结构解构，它直接将子公司的资产、负债、收入和利润科目计入集团公司的财务报表；母公司报表则是集团公司将子公司作为长期股权投资入账。很显然，合并报表的处理将母公司及子公司之间的结构信息损失了。

国外成熟的评级方法论要求，对于产业控股公司，信用分析师应格外重视基于合并报表、结合母公司报表和债务结构构成进行综合分析。对投资控股公司的信用分析并不是从合并报表的角度，而是基于母公司的财务报表直接分析，应当评估其流动性、投资组合的分散化程度以及其投资对象的股利支付能力。

北大方正集团，同时兼具产业控股和投资控股公司的特征。所以在分析过程中，需要同时分析母公司报表和合并报表。然而，评级报告的分析主要是根对据合并报表的数据分析，缺少对方正集团的子公司结构的分析。

第六章
金融工程工具与技术应用示例：结构化金融与资产证券化

另一个方面的原因是北大方正公司投资的方正证券是金融企业，具有特殊性。方正证券作为由证监会监管的金融企业和上市公司受到较强的监管，公司的独立性较强，公司治理完善，财务制度健全。因此，作为实际控制人的北大方正集团虽然可以通过实际控制来进行方正证券的经营管理，却不能随意动用方正证券的资金用于母公司的经营。因此，如果不对财务报表进行结构分析的话，会得出错误的结论。之前出具北大方正集团 AAA 的评级报告中宣称："公司现金类资产对一年内到期债券的保障能力强，经营活动现金流入量对存续债券的保障能力较强"。这是一种明显的错误判断。错误在于，北大方正的债券都是由母公司发行的。根据对财务报表的结构分析，合并报表中的现金类资产绝大部分是方正证券持有的。这些现金类资产不能用于偿还方正集团母公司的债务。整体来看，方正集团持有方正证券的股权比例不高，对应的股票市场值约为 200 亿元。方正集团将持有的股票出售获得的现金，才是可以用于偿还债务的资源。200 亿元相比合并报表的近千亿元的金融资产规模要小很多。正是这种差异，导致之前的分析出现错误。

结构化金融的解构与重构技术要求，单纯从总量或整体去理解事物，必然会浪费事物的大量结构信息，从而导致错误的认识。本案例通过揭示缺乏结构信息所导致的财务分析错误，进一步强调结构化思想或技术的重要性。

解构与重构技术还有一个重要的应用领域是资产证券化。资产证券化就是企业将持有的资产转让给特殊目的载体，用以发行产品募集资金。资产证券化的操作方式分为两个阶段,即资产融资阶段和证券化阶段。

在资产融资阶段,企业将资产负债表中的特定资产通过真实出售转让给特定目的载体,特定目的载体再面向金融机构募集资金。

资产证券化过程中选择的特殊目的载体可以是有限责任公司,也可以是信托。具体选择哪类载体与监管制度和现实要求有关。无论选择哪种特殊目的载体,它们起到的作用是类似的,主要目的是破产隔离,能够和出让人、管理人等其他人的资产负债区别出来,形成一个独立的资产负债表。特殊目的载体是解构和重构技术实施的法律平台。

对比项目融资可以发现,这类操作和项目融资的操作是相同的。特殊性体现在两个方面:(1)资产特殊,资产证券化中的资产通常是债权类资产,而项目公司的资产是运营资产;(2)业务特殊,资产证券化中的特殊目的载体的业务比项目公司的业务简单。通常情况下,特殊目的载体的业务就是回收债权资产的现金流,按照一定的规则分配给投资者。项目公司的业务则需要运营基于项目资产的业务,通过销售产品或提供服务获得现金流,然后将现金流分配给项目公司的债权人和股权投资者。

项目融资和资产证券化的对比见表6-9。

表6-9 项目融资和资产证券化的对比

	选择的法律实体	资产	业务
项目融资的项目公司	有限责任公司	运营资产(融资后建设)	项目运营
资产证券化的特殊目的载体	有限责任公司、信托计划、有限合伙企业	债权资产、运营资产(极少数)	债权投资

表6-10 项目融资中的典型的项目公司的资产负债表科目

资产科目	货币资金	应收账款	固定资产	在建工程
负债科目	应付账款	短期借款	长期借款	股本

第六章
金融工程工具与技术应用示例：结构化金融与资产证券化

项目公司的资产负债表和普通公司的资产负债表基本类似。资本结构通常分为债务和权益两大类别。在现实中，还可以进一步丰富资本结构，比如增加可转债或优先股。

表6-11 资产证券化中典型的特殊目的载体的资产负债表科目

资产科目	货币资金	合格投资	债权类资产
负债科目	优先级	劣后级	权益级

特殊目的载体主要是持有购买的债权类资产。资产的现金流分配给投资者之前，可以以银行存款的形式保有，体现为货币资金；也可以由管理人进行合格投资，如购买银行理财等，要满足流动性和安全性的高标准。货币资金的使用受到严格的限制。资产证券化的现金流通常不是平等地分配给投资人，而是分级，不同的投资人对特殊目的载体中的现金流的权利要求不同。这形成了证券化产品的结构。

将同质的现金流按照设定的规则进行重新分配，这是另一种结构化金融的手段，即"同质分化差异"的手段。根据现代金融工程学的特定合成原理，金融产品的本质就是一系列现金流的组合，构建不同的现金流组合就是构造不同的金融产品。关于这一结构化金融手段，本书其他部分有详细讨论，此处不再展开叙述。

这种产品的结构化和项目公司的资本结构的构建，本质上是一样的。在公司的资本结构的构建过程中，也创设出债券、可转债、优先股、普通股等不同类型的金融产品。

项目融资中的资产和资产证券化中特殊目的载体的资产的特殊性还体现在资产的形成上。资产证券化中特殊目的载体的资产，通常都是在操作之时就已经存在了。而项目融资中的资产，则是要进行项目建设，后面才慢慢形成的。因此，项目融资存在完工风险，相比资产证券化风险更大。

债权资产获得收益,来自占有资产的所有权本身。而运营资产要产生收益,不仅是占有控制运营资产,还需要运营管理。相比资产证券化,项目融资存在经营风险,且风险更大。

正是由于这些原因,项目融资的操作更加复杂,对金融机构的能力要求更高。在项目融资中,确定具体的项目是通过项目的可行性分析和财务建模来进行的。在资产证券化中,确定具体的资产是进行"资产圈定"的操作,将符合剥离要求的资产切割出来。需要关注的地方是,项目融资中的项目运营和资证券化的"圈定的资产"的现金流回收,不能对项目融资发起人或资产的原始权益人形成依赖,否则就会产生问题。正如前面所举的用水果刀剥离烂水果上的好果肉的案例,这种情况相当于将烂水果的坏果肉也放进来了,会破坏水果盘的质量。

从资产切割的角度理解,越容易切割的资产越容易实现资产证券化。一个典型的实体企业的资产表从上到下包括如下科目:现金或等价物、应收账款、存货、固定资产、无形资产(除土地使用权之外的),切割的难度依次增加。

美国的应收账款证券化非常成熟。一方面,应收账款的切割相对容易,签定债权转让协议并且通知债务人,即可以实现权利的交割;另一方面,应收账款的管理只涉及向债务人催收,与原始权益人的业务关联很弱。

存货作为动产,进行证券化的难度很大。一方面,物权的交割必须要以物品的实际占有为前提,即使签订转让合同,如果没有实际交接,投资人也无法对抗其他权益人。另一方面,存货尤其是产成品存货,转化为现金往往需要依赖原始权益人的营销体系,这就使资产价值与原始权益人关联紧密,难以切割。

固定资产和无形资产更加难以实现切割,几乎不可能实现资产证

第六章
金融工程工具与技术应用示例:结构化金融与资产证券化

券化。一家企业的业务高度依赖于其固定资产和无形资产,固定资产和无形资产的价值也与企业的整体经营状况密不可分。几乎可以说,如果一家企业的固定资产和无形资产被切割出去的话,这家企业就已经脱胎换骨,不再是原先的企业了。专用性强的资产从原始权益人中切割到投资人手中,投资人管理运用此类资产的能力远远低于原始权益人,不符合经济学的效率原则。

国外有类全业务证券化,就是将企业的核心资产切割出去,进行证券化运作。能够进行全业务证券化的资产,都是酒吧这类经营管理较为简单的资产。国内近年来出现的学校收费权证券化、电力收费权证券化,都是基于融资主体固定资产和无形资产未来现金流的证券化。究其本质,这些资产证券化其实都是项目融资。

在此以学校收费权为例举证。收费权的现金流实现不同于应收账款,应收账款是指学校提供了相应的服务后,形成的未来可以回收现金流的资产,这类应收账款体现在学校的资产负债表当中。而在学校的资产负债表中,收费权根本没有体现在任何科目之中。收费权本质是一个学校的主营业务的服务收费。学校依靠校舍等固定资产、学校品牌等无形资产,招生提供教育后,才能获得收费。这种收费权基于学校的整体经营而非学校的某类特定资产,无法和学校的资产负债表和业务进行切割。以这些收费的现金流为依托的融资,实际上就是学校的信用融资。如果学校是新设立的主体,需要用这笔融资进行建设开发,如购置设备及聘请老师等,则是典型的项目融资。如果学校将校舍等资产已经用于向银行抵押贷款,则收费权证券化产品对于学校的整体现金流的求偿权排在银行之后,属于次级债券。这类"证券化"产品是融资主体(项目公司)的信用债券,却被误认为资产支持证券。这是缺乏现代金融工程从本质认识金融事物的思想所造成的错误。

总而言之，有效切割是结构化金融的重要手段，也是理解资产证券化的核心。切割包括法律意义上的切割，也包括经营层面经济意义上的切割。即使法律上可以实现产权的交割，如果在经营过程中，该资产的未来现金流实现离不开原始权益人的经营，或者其他主体对于该资产未来现金流的实现能力与原始权益人相差很远，这种切割要么无法实现，要么就是经济上无效率。当前国内对于资产证券化中的真实出售与破产隔离的讨论，主要关注法律层面上的切割。

我国的股票市场发展早期，出现过解构和重构技术运用不当的问题。有的国有企业把上市当作解决企业融资的一个手段，将企业的部分资产和业务剥离出来成立公司进行上市运作，这些被剥离出来的上市公司的业务严重依赖于国有企业的其他部门。国内曾经甚至出现过国有企业将某一个车间或分厂进行上市的极端案例。

我国的资产证券化运作过程中，也存在解构和重构技术运用不当的问题。典型的案例就是收益权的资产证券化案例。收益权的资产证券化运作中，企业将其运营资产的收益权转让给特殊目的载体，将运营资产未来产生的现金流支付给投资者。这类运营资产及其收益权，不能满足"资产圈定"的原则。因为运营资产不像债权类资产能够自动产生现金流，而是需要运营和管理，高度依赖于原始权益人的能力。很多运营资产要想产生现金流，还需要相关资源的投入。比如火力发电资产，需要投入煤等原材料来生产电力，并且供应给电网公司之后，才能获得来自电网公司的现金流。这相当于烂水果里好的可食用部分和坏的不可食用部分，没有被有效切割分离。国内很多收益权类资产证券化产品后续出现问题，都与解构重构技术运用不当有关。

第六章
金融工程工具与技术应用示例：结构化金融与资产证券化

6. 结构化产品工程和中国的结构化产品

我们前面讨论的期限分级，是结构化技术的一种特例。结构化产品还有很多类型。比较典型的就是与某个特定指数挂钩的理财产品，这是通过将产品进行交易实现的。

内夫特奇在《金融工程学原理》一书中关于结构化产品工程的论述，非常精彩。他在书中写道："每种复杂的产品都有生产的专家，购买由这些专家生产的产品相比自己生产是很节约成本的。投资者、公司和机构针对它们生活中所面对的问题需要解决办法。对投资者和机构需求加以打包的解决办法，称为结构化产品。"

金融工程提供了构建投资者所希望的任何收益结构的方法。从生产者的角度，结构化产品被视为存货或者资产负债表管理的工具。结构化产品或是将某些存在的风险出售给客户的一种间接方法，或是从零售客户那里购买某种合意风险的间接方法。结构化产品至少存在四个特定目标：增加收益、信用增级、向客户提供合意的收益属性以及满足客户的资产负债管理需求。

结构化产品利用特殊目的载体作为重构现金流的母体，通过在金融市场采购金融产品，以及和外部机构达成交易等方式，构造特定的现金流。从技术上来讲，结构化产品可以用于从事各类金融业务。

比如巨灾保险联结票据，可以用于开展巨灾保险业务。这类结构化产品是一种合成型的产品，其操作方式和合成型 CDO 基本相同。只不过合成型 CDO 是和外部机构签订 CDS 合约，巨灾保险联结票据是和外部机构签订保险合同。一种可行的操作方式是，巨灾保险联结票据产品持有国债等高信用等级债券，然后和想要购买巨灾保险的客户签订保险合同。客户通过支付保费，来获得在发生特定巨灾情况下的赔付。

还有一种商业银行理财的股指期权结构化产品。客户想要获得股市的高回报，但是又担心损害本金。商业银行理财基于这一需求，设计了与股指挂购的理财产品，将理财产品的原本利息的一部分用于向金融机构购买看涨期权。由于这类结构化理财产品投资的是高信用等级的债券等产品，这类理财产品可以视为有本金保障的。这样理财投资者既可以获得固定回报，这种固定回报较正常的理财要低。但是，当股指上涨的时候，期权具备行权价值，可以从股市的上涨中获得回报。

逆向浮动利率（inverse floater）中，一部分利率是固定的，另一部分是浮动的，而且是随着Libor等基准反向浮动。

当前国内的结构化产品包括资产证券化产品，结构化的目标是信用增级。常见的结构化产品有以下几类。

一类结构化产品是结构化股票配资产品。结构化股票配资产品通常可以选择证券资管产品或信托计划作为特殊目的载体。以结构化配资信托产品为例。这类结构化配资产品分为优先劣后级，募集的资金用于进行股票投资。优先级产品获得固定回报，劣后级产品获得剩余收益。通常这类产品的发起人是劣后级产品的购买者，希望能够通过结构化产品获得杠杆头寸，提高投资收益。这类结构化的目标是为劣后级投资人增加收益。

还有一类结构化产品是结构化股票定增产品。其运作模式和结构化股票配资产品完全一致。只不过投资目标不是二级市场的股票，而是上市公司在一级市场定增发行的股票。一部分这类产品的结构化的目标除了为劣后级投资人增加收益，还有的是为定增股票的上市公司进行资产负债管理；在市场低迷的时候，上市公司发行的股票没有资金认购，上市公司的实际控制人为了促使上市公司成功发行，自己出资作为劣后级投资人,面向市场募集优先级资金。

还有一类结构化产品是分级基金,结构化的目标是向客户提供合意的收益属性。分级基金和结构化配资产品,在结构上没有区别,只是产品可以公募。基金优先分级的产品投资人追求相对稳定的回报,基金劣后分级的投资人追求高风险下的高回报。

第七章 互联网金融创新的工程学分析
蚂蚁金服的案例分析与金融系统工程设计

第七章

互联网金融创新的工程学分析：蚂蚁金服的案例分析与金融系统工程设计

第一节　互联网金融概述

2013年前后，互联网金融异军突起，各类传统金融事物借助互联网工具以一种突破常规的方式发展。在当时金融创新的大背景下，相比传统金融，互联网金融更少受到金融理论和行业惯例的束缚，各类创新层出不穷，体现出一定程度的颠覆性。

2019年，随着金融去杠杆政策推进，大量信用风险暴露，金融行业受到重大冲击。互联网金融首当其冲，大量金融风险事件迸发。回顾这段发展历程，互联网金融的各类创新并没有改变金融规律，反而很多互联网金融企业因为藐视和违背规律遭遇了挫败。

无论采取互联网的形式还是线下的形式，都不能改变金融所发挥的职能。本章从金融所发挥的职能的角度，对互联网金融和各类创新的本质进行分析。

在了解本章内容之前，可以先学习本书关于中国的支付体系以及证券行业的产品登记体系和交易体系的知识，它们是本章将讨论的问题的背景知识。

1. 为何互联网金融在支付领域取得突破？

从现状来看，互联网金融领域中真正取得成功的是以支付宝、微信支付为代表的第三方支付平台。这些第三方支付公司凭借支付业务所掌握的大量账户和所获得的巨大流量,进而开展金融产品销售和消费信贷等业务。

为何互联网金融的成功集中在支付领域?从金融的职能来讲,支付业务不是金融行业的核心业务。理解这一点的关键在于,支付业务在业务开展过程中几乎完全不涉及金融的核心职能发挥——金融的核心职能是金融资源配置和风险管理。

在央行的精心架构之下,支付业务表现出高度的标准化和流程化特征,是一种纯粹事务性的服务。支付是一类接近于基础设施服务的业务,为社会提供基础性的服务,类似于电力、电信等行业提供的服务。通过后文对中国支付体系的介绍可以看出,支付业务的开展更多体现出 IT 行业的特征。

支付业务虽然不是金融的核心业务,却非常重要。这和中国金融的高度抑制现状有很大关系。金融的高度抑制使得市场不是充分有效的。资金不是完全按照风险定价,而是和渠道、主体所属的体系等有关。在我国的金融架构设计当中,商业银行几乎垄断了支付业务,并且通过支付业务获得了大量的廉价资金沉淀,是垄断使支付业务的开展成为金融行业的核心竞争力,而不是支付业务发挥了不可替代的职能。

我国证券行业的发展一直远远落后于商业银行,真正的"投资银行"无法成长起来和证券行业的支付业务开展受到限制不无关系。从金融创新的角度来看,金融创新的一般原则是提高金融产品的货币属性,从而赚取货币属性差异形成的利差或价差。商业银行的核心职能是通过存贷款业务创造货币。证券行业的金融产品由于无法发挥支付职能,货币属性远远弱于商业银行的金融产品。这是证券行业无法有效发展的一个重要原因。

第三方支付的牌照发放在一定程度上打破了商业银行对支付业务

第七章
互联网金融创新的工程学分析：蚂蚁金服的案例分析与金融系统工程设计

的垄断。借助金融工程的特定合成方法，资本市场可以将证券产品和第三方支付的产品结合在一起，特定合成类银行货币的金融产品，提高产品的货币属性，从而增强产品的竞争力。国泰君安等证券公司试图进行类似的创新，然而因遭遇政策限制和第三方支付垄断等各种因素的影响，没有如期发展起来。

当前，第三方支付形成了新的寡头垄断。第三方支付业务如今的市场份额高度集中在支付宝和微信支付两大巨头手中。支付体系体现出明显的聚集效应，这种聚集效应会导致自然垄断。自然垄断使资源集中在少数企业手中，进而扼杀其他企业的创新。而且除非监管等非市场的力量介入，垄断格局一旦形成便很难打破。央行曾经通过设立银联等一系列举措，成功地打破了大型银行在银行卡支付业务领域的垄断。央行从架构师的角度，后续对第三方支付体系有何发展设想，将会推出哪些举措，都将对金融创新以及金融市场的结构变化产生重大影响。

通过对比商业银行和证券公司在央行支付体系中的地位，以及商业银行和证券行业在掌握资产方面的自由度，可以发现证券行业及资本市场发展弱于商业银行的深层次原因。从金融工程的角度看，这也为资本市场通过金融工程的特定合成等方法，突破这些先天劣势的束缚提供了机遇。

本章接下来将以蚂蚁金服的各类金融业务和金融创新为例进行详细分析。借助金融工程的本质论和特定合成的工具方法，笔者认为蚂蚁金服是"特定合成"了一个独立于商业银行的完整的"影子银行"体系。然而，这一体系的发展受到了来自政策方面的重大限制。金融行业由于其外部性，在所有国家都是一个受到高度监管的行业，政策对行业发展的影响非常关键，甚至起决定性作用。

国外的资本市场通过货币基金、证券资产管理、资产证券化、非银行信贷机构等构建起了完整的"影子银行"体系,规模远远大于商业银行体系。这类构建"影子银行"的事物,如今都被引入中国,但是受到政策、行业格局、资源禀赋等各方面的影响,"影子银行"体系并没有充分发展起来。

从现代金融的金融本质论和金融工程的特定合成的角度来看,影子银行就是金融市场通过金融创新特定合成的商业银行。这类特定合成的商业银行发挥着与商业银行相同的职能,但是和商业银行有着不同的定位,二者既竞争又合作,共同为实体企业提供服务,缺一不可。

影子银行产生的根本原因,是实体经济存在的金融需求商业银行体系无法完全满足。由于没有深刻理解这一点,国内对影子银行体系的态度并不正面,同时也欠缺管理影子银行的经验,政策或明或暗地对影子银行体系的发展有所限制。

从系统架构的角度来看,监管部门是金融体系的系统架构师。中国非银行金融体系的发展,最终取决于系统架构师的设计思路。

2. 支付与货币

我们从货币的角度来理解支付工具和支付方式。

货币的定义是被广泛接受的支付工具。根据这个定义,支付工具和货币的差别体现在接受的广泛程度上。被接受的广泛程度越高,货币属性越强。现实中,被广泛接受作为支付工具的就是现金和银行存款。由于第三方支付的出现,还增加了第三方支付的账户余额。

央行的货币统计中将货币按照层次分为 M0、M1 和 M2。其中 M0 是现金,M1 是现金加上银行活期存款,M2 是现金加上银行定期存款。由此可见,央行的统计里,只有现金和银行存款被当作货币。而根据货

第七章
互联网金融创新的工程学分析：蚂蚁金服的案例分析与金融系统工程设计

币的定义，支付宝的余额其实也是一种货币。

支付方式，即如何实现支付工具从一个主体转移到另一个主体，就是支付体系所发挥的作用。央行目前统计的支付方式包括现金、票据、信用证、银行卡和电子(网络)支付。

现金支付比较简单，就是直接将钞票亲手交接。其他支付方式，则需要各类事物的支持，其中最主要的是账户体系以及相应的技术架构，包括银行卡、电子支付等在内的支付方式，都需要账户。简单来讲，这些支付方式是在不同主体的账户中进行加减，并且通过技术架构的支持实现加减。

除了银行承兑的票据以及高信用主体的商业承兑汇票，大部分的商业票据并不被社会主体广泛接受，因此也没有被纳入央行的货币统计范围。但是，银行在为商业票据提供承兑的时候，通常都会将其纳入对企业的整体授信进行考虑，使银行承兑汇票业务成为一种类信贷业务。而在美国，支票是一种被广泛使用的支付工具，具备货币的特征。

从金融工程的角度出发，提高商业票据的接受度，就是提高商业票据的货币属性，也就是在特定合成货币。互联网金融中就出现了这种针对票据业务的创新，属于供应链金融的一种模式。

中国的证券公司和保险公司不能在中央银行开设清算账户，只能在商业银行开设账户。从账户体系的层级来看，非银行机构和银行机构相比天然低一层级。从金融工程的角度来看，这是一个致命的缺陷。这一缺陷限制了非金融机构金融工程能力的发挥，但是也为行业内金融工程师发挥作用提供了机会。

第三方机构同样不能在中央银行开设清算账户，只能在商业银行开设账户。用户则在第三方机构开立第三方支付账户。第三方机构如微信支付，凭借在社交领域构建的账户体系，将其转换为第三方支付账户。第三方机构再通过在各家商业银行开设账户，打通了各家银行的壁垒，能够发挥跨行支付结算的功能。

我国居民目前使用最为广泛的支付工具是银行卡，包括借记卡（储蓄卡）和贷记卡（信用卡）。使用银行卡的时候，涉及不同发卡行的资金结算问题，银联跨行清算系统正是解决这一问题的关键设施。银联的设立，使所有银行卡业务机构能够共用包括ATM机、POS机等在内的基础设施，从而打破了大型银行对于银行卡业务的垄断。

设想一下，如果没有银联，各家银行建立各自的体系，显然存在重复建设，经济效率不高。哪家银行铺设的基础设施越多，银行卡的使用就越方便，从而用户更愿意使用该银行的银行卡。同时，哪家银行发的卡越多，这些基础设施的使用效率越高，提供服务的成本越低。市场竞争的最终结果就是银行卡业务不断向拥有更多的ATM机、POS机等基础设施的少数几家大型银行集聚，形成自然垄断。

当前第三方支付领域，就出现了垄断现象。第三方支付行业的账户和商家扫码器，类比银行卡行业的银行卡账户和POS机，都是开展支付业务的基础设施。大型第三方支付公司如微信支付，通过微信APP这一社交工具了获得大量的账户，通过二维码等工具，这些账户可以提供支付服务。

这类账户体系具备聚集效应。从经济学的角度看，这一体系天然具备产生自然垄断的力量。其他没有APP账户的第三方支付公司，甚至连大型商业银行的第三方支付业务都很难发展起来。这些大型第三方支付还通过推广线下商户扫码器、对具有大量支付场景的公司如滴滴等投资，不断集聚各类线上和线下支付业务。

从金融技术层面分析，要打破大型第三方支付的垄断，就需要一个类似银联的机构，搭建跨第三方支付公司清算系统，使所有符合条件的

第七章
互联网金融创新的工程学分析：蚂蚁金服的案例分析与金融系统工程设计

第三方支付公司之间可以互相转账，可以共用二维码、扫码器等基础设施。这中间的阻碍并非是技术层面的，而是商业利益层面的。

基金产品和证券产品没有被社会当作广泛接受的支付工具，主要原因并不是存在天然的限制使它们不能充当货币，更多地是由于政策的限制以及证券行业没有相应的金融创新。

某种程度上，只有央行的钞票和存放在央行的存款这样的法定货币才具备和其他金融产品不同的独特性质。这种独特的性质是由国家法律所赋予的，任何人不得拒绝接受央行钞票，否则违法。与此相对应的是，人们有权利拒绝接受银行存款，比如拒绝将在一家深陷挤兑风波银行的存款作为支付工具。

银行存款之所以成为人们广泛接受的支付工具，即货币，并不是自然而然的，而是银行通过金融创新逐步实现的。

在经济史上，货币制度还是"金本位"的时代，曾经有过银行票据是不是货币的理论争论。一方观点认为银行票据不是货币，黄金才是真正的货币。银行票据只是提高了黄金的周转率，提高了货币乘数。另一方观点认为，由于社会普遍接受银行票据作为支付的对价，银行票据实质上就是货币，和黄金没有本质的区别。随着经济和金融的发展，人们最终接受了银行票据是货币的这一观点。

从金融工程的角度来分析，银行是通过金融工程的方法特定合成了黄金或央行的法定货币。在银行票据从非货币向货币的转变过程中，银行体系到底做了哪些创新？这些创新改变了银行票据的哪些特征？为什么人们最终广泛接受了商业银行的存款作为支付工具？理解这些问题，能够让我们更好地理解金融和货币的本质，同时，也能够为我们通过金融工程来特定合成"货币"提供思路。

本章后面，我们将在政策允许的假设下，利用金融工程的方法，将基金产品和证券产品特定合成为可以被当作支付工具的"准货币"。

在利用金融工程特定合成"货币"的基础上，本书提出了"新货币论"的观点。新货币论认为一切资产都是货币，这些资产和银行存款没有本质的区别，只是货币属性不同而已。各类资产只和央行钞票有着本质的区别。央行的钞票具有最高的货币属性。

新货币论进而提出金融创新的一般性原则。所有的金融创新都是将货币属性较弱的资产转变成为货币属性更强的资产。由于货币属性是一种优良的属性，货币属性越强，人们所要求的资产收益越低或者愿意支付的资产价格更高。因此，金融机构可以赚取两者的利差或价差。

本章还会以此为框架分析美国资本市场的货币创造和国内互联网金融的货币创造。

3. 资金账户体系与证券账户体系的差异及其对金融行业发展的影响

我国的证券类账户体系和银行账户体系存在着本质区别。区别在于，在证券账户体系里，所有证券投资者都是在中国证券登记结算公司设立账户并直接持有证券的。证券公司相当于中国证券登记结算公司的开户代理。同时，证券投资者在证券账户的闲余资金也由商业银行托管，这是证券行业的资金第三方存管模式。基于这种模式，证券公司对证券投资者的证券资产和现金几乎没有任何的控制力。

银行的账户体系在第三章中已经介绍过。如果将银行账户体系类比证券账户体系的话，相当于所有主体都直接在中央银行开立账户。这种情况下，实现支付就简单多了，央行直接在两个主体的账户同时借记和贷记，就实现了支付。

从信息技术的角度来看，当前的技术条件完全能够支持全部主体在中央银行开立结算账户，也支持全部股民在中国证券登记结算公司

第七章
互联网金融创新的工程学分析：蚂蚁金服的案例分析与金融系统工程设计

开立证券账户。若单纯地站在系统架构的层面来考虑问题，这种中央账户体系更有优势。

然而，站在金融机构的角度来看，不同账户体系的价值完全不同。商业银行依靠"中央银行—商业银行"这种二级制的账户体系，除了获得支付业务相关的利益之外，还获得了巨量低成本的资金。证券公司的账户体系只起到了信息通道的作用，这在移动互联网的时代已显多余，除了便于进行关联销售之外，几乎失去了存在的意义。之前有证券公司和互联网企业合作，推广零佣金以吸引投资者开立账户，目的是吸引流量以发展其他业务。

银行账户体系和证券账户体系的架构，出现这类差别，既有历史的原因，也有现实的原因。

从银行发展历史来看，银行账户体系在逐步发展的过程中，是先有商业银行的账户体系发展，然后才有中央银行的账户体系发展。由于"路径依赖效应"，这种天然形成的二级制的账户体系架构很难轻易改变。

从现实来看，储户将资金存储在商业银行后，将资金的所有权和使用权全部转让给了银行，只获得了针对银行的债权，因而承担了商业银行的信用风险。为了防范商业银行破产给储户带来损失，商业银行必须遵守《巴塞尔协议》，为其持有的风险资产提供资本支持，作为第一损失承担垫。同时，央行推行存款保险制度，并为商业银行提供最后流动性支持。

在20世纪80年代和90年代，中国的证券公司可以直接在央行开立账户，客户资金存放于证券公司的账户。后来，有证券公司不当使用证券投资者在证券账户上的资产投机，导致重大损失，进而损害了投资者的利益，于是国家监管机构出手整治。央行对证券公司在央行开设的账户做了集中清理,不再有任何非银行机构在央行开设账户,最终形成了如今的格局。在这种格局下,证券行业失去了发展负债业务的能力,行业内公司的真实资产负债率远远低于实体企业的水平。证券公司作为金融企业有名无实,离现代大型投资银行相去甚远。

作为一种思想实验,本书讨论了假如证券账户体系按照"中证登—证券公司"二级制模式系统架构进行构建的情形,以及银行账户体系按照中央集中制系统架构进行构建的情形。

尽管现实中这种理想的情况很难实现,但是理想的情况也为金融创新提供了一个目标。现实情况则为实现目标制造了阻碍,金融工程师需要在深刻理解现实局限的前提下,有效突破这些阻碍。投资银行行业的诸多创新,本质上都是为了突破证券账户体系的限制。从系统架构的层面分析账户体系,会对从业者进行金融创新有很大启发。

在二级制的架构设想中,证券公司分别在中证登和中央银行开设证券账户和银行账户,普通客户则在证券公司开设账户,大型机构投资者同样可以在中证登开设账户。证券公司直接持有客户的证券资产和现金,客户持有在证券公司的账户余额,代表对证券公司的债权。

这种架构能够使证券公司的业务空间大幅扩大。首先,证券公司获得了大量的低成本的资金沉淀。另外,证券公司可以通过卖空证券资产或者将证券资产进行质押融资,获得低成本的资金。然后,证券公司再利用这些低成本的资金投资,赚取利差。

借助这种架构,很多业务也能更方便快捷地实现。比如融资融券业务,证券公司只要将客户的证券账户数字进行变更就可以实现。正如商业银行只要在客户的银行账户变更数字,就实现了一笔贷款业务。

同时,证券公司可以发行支付卡,开展支付业务。客户凭借在证券账户的余额支付,证券公司则进行账务处理。比如 A 客户在证券公司

第七章
互联网金融创新的工程学分析：蚂蚁金服的案例分析与金融系统工程设计

的账户中有 10 万元现金和 30 万元的股票资产,证券公司提供证券质押业务的比例为 50%,则客户可以获得 30 万元的支付能力。

假如现在 A 客户需要转账 30 万元到 B 客户的银行账户进行支付,可以通过如下过程实现:证券公司将自己在中央银行账户的资金存入商业银行在中央银行的账户,同时减少 A 客户在证券账户上的资金余额,并且获得了针对 A 客户 20 万元的债权。该债权由 A 客户在证券公司账户上的股票资产提供留置担保。商业银行则在 B 客户的账户上增加(借记)一笔金额。

现实生活中,证券公司并不具备这样的账户体系。然而,通过金融工程技术及现有金融工具如融资融券、第三方支付、股票质押式回购等,同样能够开展上述业务。如何实现？本章后续内容将展开详细讨论。

假设在中央集中制的架构里,商业银行和其他主体都直接在中央银行开立结算账户,商业银行同样可以吸收存款,但是由于商业银行存款失去了支付的便利性,银行获取资金的成本将大幅提高,同时来自基金等直接金融的竞争将会更加激烈。基金公司通过发行基金产品,募集资金再投资公司债券、ABS 等证券产品,可以更高效率地完成针对高信用主体的信贷业务。具备信用风险管理能力的专业投资者通过 CDO 产品,投资中低信用主体的债权,可以更高效率地开展信贷业务。商业银行的优势几乎完全丧失。

然而,非商业银行体系架构里,没有央行作为最后流动性的提供者,系统架构天然存在不稳定性。无论是 2011 年的"债灾",还是 2015 年的"股灾",以及 2018 年的资本市场动荡,都充分显示了这一点。未来资本市场仍然将会出现这类"灾难"。前文提到的东方园林流动性危机案例和债券结构化发行案例,其问题的根源就在这里。

历史上,商业银行在没有中央银行提供最后流动性的情况下,同样也是出现常态化的挤兑现象,整个体系承受流动性危机。从这个意义上讲,可将商业银行视为中央银行的分销渠道,是一类特殊的金融机构。因此,商业银行的比较优势是流动性风险管理能力而不是信用风险管理能力。商业银行的套利,更多来自流动性套利而不是风险套利。这些优势,都是由中央银行所赋予的。

从金融体系系统架构师的角度来看,现实要求同时发展商业银行体系和资本市场体系,这样系统架构师获得两个功能大体相当但是各有比较优势的子系统,相当于多了一个"备份"(back up),能够使金融体系更加稳定。

当前的现实情况是,由于历史和现实等各方面的原因,我国的商业银行体系非常强大,而资本市场发展明显落后,按照自然垄断的竞争规律,资本市场很难突破商业银行的竞争碾压。只有系统架构师从顶层设计的角度,给予资本市场倾斜,才能改变商业银行强而资本市场弱的局面。

根据前面的分析,资本市场所需要的最大支持就是最后流动性提供以及开展支付业务所获得的廉价资金。从这个角度出发,或许我们对"格林斯潘期权"会有一个新的理解。

4. 证券公司突破账户体系的创新尝试

2013年,国泰君安证券公司(以下简称国泰君安)获得牌照,可直接接入央行大额支付系统(HVPS)。这是央行对证券行业账户进行统一清理之后获得牌照的首家券商,也是至今为止唯一一家。

时任国泰君安董事长的万建华出身央行,曾经多年任银联负责人,构建了银行卡支付业务体系,对支付业务有着深刻的理解和高度的重视。在国泰君安任职期间,万建华致力于构建"超级账户"。超级账户是在不改变资金第三方存管模式的前提下,把客户的股票账户、期货账

第七章
互联网金融创新的工程学分析：蚂蚁金服的案例分析与金融系统工程设计

户和资管账户集合起来，统一登录；同时，超级账户具有跨行支付功能，客户能够实现"一键登录，综合理财"；另外，该账户通过与支付系统的对接，间接实现支付功能，如缴纳水电煤费等。券商接入支付系统是构建超级账户的重要举措。

券商直接接入央行支付系统，对于投资多个金融品种的投资者而言，资金划转可以直接走"银行—券商"流程，而在此之前必须要走"A 银行—B 银行—券商"这样繁琐的划转流程。账户的便利性有助于券商开展财富管理。比如客户想购买一款国泰君安的理财产品，其有 100 万元资金在 A 银行账户内，而其在国泰君安证券资金账户的存托管银行为 B 银行，客户必须先将 100 万元从 A 银行划转至 B 银行，通过银证转账转入证券资金账户，才能购买。而按照国泰君安的设想，接入央行支付系统之后，客户的资金不用从证券账户回到银行账户，而是可以直接转至期货账户或者其他账户，完成上述交易。然而，证券账户仍然无法实现支付功能，因此这种便利性的提高，影响有限。

除了国泰君安之外，还有其他券商意图进军支付领域，但是大多是通过和第三方支付的合作来实现。光大证券率先携手银联在线（ChinaPay）推出了证券资金消费支付服务，客户可以使用证券资金账户在网上购物。此后，中信证券也与恒生公司推出了网上支付服务。

根据前文对银行账户、证券账户和第三方支付账户的分析比较可以看出，对于银行账户和第三方支付账户而言，客户将资金存入之后，便失去了对资金的所有权，资金所有权由银行和第三方支付公司获得，客户则获得了对银行和第三方支付公司的要求提取资金的债权。从金融工程的角度来讲，客户向银行账户充值，就是银行创设并且销售金融产品。对于证券账户而言，客户在账户上的资金和证券都只是一个数字记录，证券账户相比银行账户和第三方支付账户，最大的问题是没有形成资产负债效应。也因此，基于证券账户的创新难有太大的突破空间。

证券公司的创新设想之一是构建集股票投资、理财、支付于一身的账户,然而受制于监管政策和自身账户规模太小的现实,一直无法取得突破。证券公司的账户数量多达百万、千万,相比银行上亿的数量,难以形成网络效应。

真正在这一领域取得重大创新突破的是蚂蚁金服,它通过基金账户和支付账户,构建起了完整的支付业务体系,后来则进一步通过小额贷款公司加上 ABS 运作,构建起完整的非银行货币创造体系。

蚂蚁金服的成功建立在支付宝的几亿账户以及活跃的支付应用的基础上。支付账户之所以选择基金账户而不是证券账户来开展创新,与基金产品的销售门槛更低有关——证券公司的资管产品销售门槛为 100 万元,而基金仅为 1 元。从金融工程方面来理解,这一选择则与金融工程在创设金融产品时,所采取的金融工具(有时称特殊目的载体)的特性有关,这一点在第六章结构化金融的相关内容中有过详细讨论。

第七章
互联网金融创新的工程学分析：蚂蚁金服的案例分析与金融系统工程设计

第二节　新货币论：基于银行货币史的推广

1. 从货币职能的角度认识货币

"新货币论"的理论前提是"货币是发挥货币职能之物"。这一思想是诺贝尔经济学奖得主罗伯特·默顿的观点。

梅森和默顿等合著的《金融工程学案例：金融创新的应用研究》一书指出，"研究金融创新最好从'职能'这一角度而不要从'机构'这一角度着手"。因此，"从职能角度来分析金融体系变化的动力比从机构角度来分析更为直观"。"由于种种原因——包括业务的规模、复杂程度和所利用技术的不同，以及政治、文化、历史背景方面的差异——履行金融体系职能最佳机构的结构通常随时代的变迁和地域的不同而不同"。与此相反，金融体系的基本功能却在不同时代和地域都大致相同。

书中进一步指出，"以功能作为基准来预测金融创新的发展方向，金融市场和金融中介以及制度瓶颈是行之有效的。功能分析法不应仅限于基本的金融体系，也可以用于具体的金融活动、金融机构，甚至单个金融产品"。

货币是被广泛接受的支付工具。回溯历史，很多物品都曾被用作货币。

小专题知识

货币简史

先秦时期,人们以贝作为货币。商代以后有玉贝、青铜贝等具有贝的形状但材质不是天然贝的货币出现。西周除了以贝作为货币之外,铜和黄金也被用作货币,还出现了原始的铲形铜铸币。有的地区还以粮食、布帛作为货币。

春秋战国时期,商业逐步发达,货币种类也相应增加。铸币、称量货币、实物货币和贝币并行,以铸币为主。

秦统一六国后,以秦"半两"圜钱为法定货币,通行全国。这个时期的货币分为三等。黄金以镒计量,为"上币";布以匹计量,为"中币";铜钱为"下币"。外圆内方的铜钱通行中国长达两千年,是中国流通时间最长的货币形式。

三国魏晋南北朝时期,由于战乱不断,社会商品经济体系遭到破坏,货币制度也受到极大影响。这一时期,金、银已经淡出流通领域,金属货币的流通范围缩小,主要发挥的是价值贮藏功能。谷帛等实物货币盛行,大量代替铸币发挥货币职能,与铸币构成钱帛并行的货币体系。由于铜钱单位价值较小,它更多地被用于日常的小额商品交易,大宗交易和长途贩运则主要使用布帛。充当实物货币的商品除了谷、帛之外,还有粟、绢、缯、棉、马、牛、羊等,五花八门。布帛作为主要货币的状况从隋唐一直持续到北宋时期。

北宋时期,白银开始货币化,成为主要的货币。这一时期还出现了人类历史上最早的纸币——交子。交子一开始由私人机

第七章
互联网金融创新的工程学分析：蚂蚁金服的案例分析与金融系统工程设计

构发行，代表了提取实际货币的票据权利。后来政府介入，由国家发行并且强制流通，交子不能兑换成为实际货币，是一种实际的信用货币，已经接近于现代的法币。

元代推行以纸（称为纸钞）作为唯一法币的货币制度，同时有少量的贝币、铜钱和盐币。后来纸钞发行泛滥，造成通货膨胀，货币严重贬值。各类茶帖、面帖、竹牌、酒牌等代用币出现，充当流通手段。

明代的货币体系则经历了一个从铜钱到纸钞再到白银、铜钱、纸钞并行，最后到银两制为主体的演化过程。最终，货币彻底白银化，实现银两制，铜钱让位于白银，成为辅币。

清政府闭关锁国，此时白银充当主要的货币。清朝前期采用银两制度，也就是以金属币材银两的重量计值，没有固定的形式、重量和成分，在流通时，必须先验成色，称定重量、确定价值后才能发挥货币职能。后来，在对外贸易中，国外的银元流入。银元具备便于携带和交易、有较高的标准化、不必比较鉴别分量轻重的优点，大大利于发挥支付职能，从而迅速取代银两。

到了清末至民国时期，银元、铜元成为主要的货币，一直到国民政府推行法币，即现代的信用货币。但是由于政府的信用较低，国民仍然偏好真金白银。在此期间，现代商业银行也开始发展，中国的货币体系进入现代化阶段。

从中国的货币发展历史可以看出，哪种物品被选作货币，既有现实的原因，即该物品是否客观上大量存在并且容易获取，也有历史的原因，即路径依赖效应，一旦某种物品被当作货币被广泛接受之后，后面

很难改变。无论是什么原因使某种物品成为货币,最关键的都是人们的选择。人们选择某种物品或者创造某类物品作为货币,以满足各类需求。

和西方相比,由于中国很早就是中央集权国家,政府具备强大的社会资源整合能力,政府更有能力推行自己的意愿,强行选择某类物体作为货币。在元代,我国就已经广泛使用纸钞这一没有实际内在价值的商品作为货币,这是一种实质意义上的信用货币体系,早于西方几百年。这与政府的强大力量有关。

从这一事实也能够看出,货币是社会产物,而不是自然物品。虽然有的时候,社会也会选择某类自然物品充当货币。"币为人造",这为我们利用金融工程创造货币提供了理论基础。

2. 关于货币(M2)的错误认识与片面统计

货币通过发挥职能满足人们的需求,货币发挥的职能包括支付工具、交易媒介、价值储存、计价单位(也称价值尺度)等。其中,作为支付工具是货币的基本功能。当前,中央银行在进行货币统计的时候,就是根据物品被当作支付工具的广泛性来评估其货币属性的。

按照《货币银行学》的传统观点,绝大多数国家的货币统计都将货币分为 M0(银行存在央行的准备金及央行钞票)、M1(M0 加上银行活期存款)和 M2(M1 加上银行定期存款)。货币几乎等同于银行货币。然而,笔者认为这种观点是错误的。错误的原因可以从以下几个方面来分析。

第一个错误就是形式主义的错误,主要按照形式而不是实质去统计货币。在现实中,银行存款确实被广泛作为支付工具。然而随着金融创新的发展,很多金融产品同样被广泛接受作为支付工具。我们前面分析的支付宝等第三方支付工具就是这类金融产品。这个错误也导

第七章
互联网金融创新的工程学分析：蚂蚁金服的案例分析与金融系统工程设计

致我们对于美国的货币总量存在错误的估算。

由于美国直接金融体系发达，商业银行体系掌握的金融资产规模较小，仅仅以银行存款（M2）去估计美国的货币，并且与我国的 M2 相比，就会得出美国的经济体量大于中国但货币总量却低于中国的错误结论。这一错误结论会误导我们认为中国的货币投放数量过多，而应该采取收缩货币的政策。

以 MBS（住房抵押贷款支持证券）为例。中国的金融体系里，商业银行一边吸收存款，一边发放住房贷款，相关资产负债进入银行资产负债表，这被计入货币的统计。在美国的金融体系里，小型抵押银行或者房贷发放机构发放贷款，然后将贷款销售给华尔街投资银行，华尔街投资银行再打包发行 MBS 产品，将产品销售给基金和养老金等机构投资者，这些投资机构则向居民募集资金进行投资。这个时候，住房抵押贷款的相关资产负债不在商业银行的资产负债表，从而不被计入货币（M2）的统计。

对比中美这两个金融体系的运作可以发现，存贷款和 MBS 发挥的职能及其对外部经济体造成的影响，几乎没有任何区别。单就 MBS 而言，规模已经高达 10 万亿美元，因此造成货币（M2）的统计误差高达 10 万亿美元。从哲学思辨的角度看，对两个不同的金融体系以相同的指标评估某一内在属性，这本身就是一种错误。新货币论则从微观层面，揭示了这种错误的根源。

即使在评估两家企业的财务情况的时候，也需要考虑指标的可比性的问题，很多时候需要根据企业的实际情况进行调整。评估两个高度复杂金融体系的货币情况，以 M2 指标进行横向比较，显然指标可比性的问题更加突出。

第二个错误，是从物体的形态而不是物体所发挥的职能的角度去理解货币。前文提到的货币发挥的四个职能，支付职能只是其一。现实中，还有其他物品在发挥货币的其他职能。比如大部分金融产品都被用作价值储存的目的，发挥了部分货币职能。

最能突显这一问题的就是银行理财。客户购买6个月的理财产品，理财产品并不计入货币的统计。而客户进行6个月的定期储蓄，则计入货币的统计。"资管新规"推出之前，银行理财由于存在"刚性兑付"，发行理财产品的银行对于银行理财的运作存在实际控制，并可以获取理财产品运作的剩余收益，若严格按照国际会计准则执行，银行理财需要和银行进行合并报表。而一旦进行合并报表，银行理财则与银行存款一样计入货币统计。从银行理财发挥的职能来看，无论是对于客户，还是对于银行，还是对于外部的经济影响，银行理财都和银行定期存款没有任何区别。

当前我国特殊的会计准则，并不要求银行理财合并报表。这其中的"佯谬"——一个会计准则应用的差异或是争议，可以导致一个国家的货币数量20万亿元规模的差异？唯一的解决方案，就是承认银行理财也是一种货币。

相比银行理财，其他金融产品的货币属性或许没有那么强，但是将这些金融产品的货币属性视为0，完全排除在货币考虑之外，也明显存在问题。

国内也有经济学家意识到了这一点，指出随着金融创新的发展，银行存款和其他各类金融产品的区分界限越来越模糊，传统的货币统计存在问题。货币政策由于对现实形势的调查分析出现误差，而出现了失灵。

也有学者从"货币内生性"的角度来解释货币政策的失灵问题。大量具备货币属性的金融产品的存在，使测量货币总量在理论上已经变得不再可行，实际操作更是难上加难。因为众多金融产品的货币属性并不稳定。举一个例子帮助理解。水有三态，固态、液态和气态。我们

第七章

互联网金融创新的工程学分析:蚂蚁金服的案例分析与金融系统工程设计

测量货币总量,类似测量液态的水。但是在一定的条件下,很多原本固态的水会转变成液态的水,也有很多液态的水会变成固态。这正如金融市场上的流动性,在市场过热的情况下和市场过冷的情况下,虽然央行的货币总量数据没有变化,但是市场人员感觉到的货币形势却已经发生了翻天覆地的改变。"货币内生性"可以视为对货币属性不稳定的另一种解读。

金融产品货币属性不稳定或者说"货币内生性",是西方央行货币政策从以数量型工具为主,转向以价格型为主的一个重要原因。根据科学的实证精神,衡量货币数量是否适宜,不能依赖我们认为货币总量是多是少的主观感觉,只能依赖从实体经济获得的观测指标,比如利率变化、资产价格变化、商品价格变化、金融市场的行为等。

第三个错误,是没有从现代金融理论的高度和金融工程学的角度去理解货币。现代金融体系内的金融事物和传统金融体系内的金融事物具有完全不同的外在形式,它们是两个不同的体系。

传统金融体系内,商业银行控制了绝大部分的金融资产,因此将银行货币等同为货币并不会产生太大的不良影响。而在现代金融体系内,其他非银行机构控制了相当规模的金融资产之后,将这些金融机构的产品排除在货币之外,虽然利于统计,却与现实严重脱节。产生脱节的原因,有理论认识的问题,而主要的原因则是非商业银行类金融机构出于逐利的目的,运用金融工程学的技术特定合成了"银行货币"。

美国次贷危机发生之后,很多人将责任归咎于资本市场创新所创造的不受监管的"影子银行"。"影子银行"的概念一度广为流行,最终被世人接受。按照金融工程学的观点,"影子银行"概念的推出,正是本书一贯主张金融工程学从职能而非机构的角度去理解金融事物的现代金融思想的一种体现。由"影子银行"的概念自然而然地衍生出"影子货币"的概念,只是这一概念没有被广泛推广。类比银行货币之于商业银行的关系，"影子货币"其实就是影子银行所创造的资产负债。按照金融工程学的观点，影子银行实质上是特定合成的商业银行，影子货币则是特定合成的银行货币。

3. 如何利用金融工程学技术来特定合成"银行货币"

立足于金融工程学的视角，本书不讨论金融产品是不是货币、货币是内生还是外生等容易引起争论的话题。下面给出如何特定合成"银行货币"的工程方法。

特定合成的步骤是，分析目标产品的现金流，通过资产组合构造金融产品，使构造的金融产品的现金流和目标产品的现金流一致。然而，这种现金流的比对方法可以应用于普通的金融产品，却不适用于货币。货币作为一种特殊的金融资产，兼具获得现金流的价值属性和可以用于即时支付的工具属性。因此单从现金流这一方面进行比对是不够的，严格的比对是看该金融产品是否和目标产品对于人们具有同样的功效。用于消费是功效之一，货币还有作为支付工具的功效。

先来分析银行定期存款，银行定期存款的现金流特征是在一定时间之后可以获得确定数量的资金，而且确定性非常高，几乎没有风险。我们可以用零息票国债来构造银行定期存款。

零息票国债和银行定期存款，都能够让持有人在一定时间之后获得确定数量的资金，而且国债提供的确定性至少不弱于银行存款。如果这样的话，为什么居民不直接投资国债，而要将资金存入银行，由银行再将资金投资于国债呢？两者的区别在哪儿？关键在于银行定期存款可以提前变现而不遭受本金损失，最多损失利息；零息票国债在需要变现的时候，可能会折价出售。

因此，我们可以推算出，银行存款＝零息票国债＋美式国债看跌期权。有了看跌期权，持有零息票国债的人，可以以确定的行权价格将国

第七章
互联网金融创新的工程学分析：蚂蚁金服的案例分析与金融系统工程设计

债出售，获得确定的资金。这种情况下，持有零息票国债，接近持有银行存款。

此处运用金融工程学的分析方法得到了一个有意思的发现：商业银行实际上可以被看作一个期权供应商，向储户出售了大量的看跌期权。储户接受的定期存款利率低于国债利率的部分，可以视为购买看跌期权的费用。

从另一个角度来讲，银行也可以被视为做市商，而且是市场上效率最高的做市商。之所以这样说，是因为衡量做市商效率的标准是报价的稳定性及购买价格和出售价格的价差。银行随时能够以100元面值出售证券（吸取存款），也随时能够以100元面值购买证券，从报价稳定性和报价价差两个方面，完胜投资银行的做市。

金融工程师运用"零息票国债+美式国债看跌期权"的资产组合，构造了一个对于客户而言功能和银行存款完全一样的金融产品。银行通过定期存款获得资金后，既可以投资国债，也可以发放贷款或进行其他投资。如果银行投资国债，那么"零票息国债+美式国债看跌期权"的资产组合和银行定期存款在功能上完全一致。但是对于创设者而言，非银行机构只能运用证券创设产品，不能像商业银行一样发放贷款或进行其他非标准投资。资产运用的限制使资金运用的收益受到限制，这个问题在中国有待解决，美国的CDO产品解决了这个问题。

在实务中，中国的非银行机构面临的现实问题，就是非银行机构的公募产品的投资仅限于证券资产。以前面介绍的支付宝和余额宝为例，余额宝对接的是货币基金，法律规定只能投资证券，而不能像银行那样既可以投资证券也可以直接发放贷款。因此，完整的金融工程需要通过资产证券化，先将贷款类非标资产转化为能够被投资的证券。就此，我们将在本章后续的花呗ABS中展开介绍。

再来分析银行活期存款。活期存款在现金流和变现等方面和定期存款并没有不同。不同的地方在于活期存款不需要变现就可以即时直接支付,具备和央行货币相近的支付能力。也就是说,在当前的支付体系下以及在一定的技术架构下(如 POS 机),客户无须从活期存款账户中先提取现金再用于支付,而是直接以活期存款账户余额划转的形式实现支付。

然而,银行存款的支付特性并不是天然具备的。以活期存款为例,活期存款可以直接作为支付工具用于商场购物的特性,是以 POS 机的广泛分布为前提的。在商家没有普及 POS 机的情况下,中国人前去商场购物,需要先凭借存折去银行网点取出现金,然后用现金支付。

这个例子说明,活期存款(M1)在没有 POS 机等信息技术设施之前,其作为支付工具的便利性和被接受的广泛程度,要弱于央行货币(M0),而在当前和央行货币几乎没有区别。从这个意义上来讲,银行存款之所以演变成为货币,正是因为银行运用了金融工程的特定合成技术,特定合成了央行货币。

从活期存款账户逐渐转变成可以直接用于广泛支付的工具的历史发展中还可以看出,包括银行活期存款在内的金融资产的货币属性并不是天然的,而是人为架构设计的。这意味着,其他金融资产通过人为架构设计,同样可以增加货币属性。

前面分析的美国的超级账户以及中国的支付宝和余额宝,就是通过人为的架构设计,使货币基金账户余额可以划转用于支付,相当于特定合成了银行活期存款。

4. 新货币论:一切商品都是货币,央行货币是货币元素

正是基于上述这些讨论,本书提出"新货币论"的全新观点。

新货币论认为,一切商品都是货币。具体而言,一切商品都具备货币属性。不同商品在货币属性方面只有量的差异,没有质的差异。所

第七章
互联网金融创新的工程学分析：蚂蚁金服的案例分析与金融系统工程设计

有商品当中,只有央行货币(法币)具备独特的性质。央行货币的独特性质是由法律所赋予的,即所有主体都不得拒绝接受央行货币作为支付工具,否则违法。

这种独特的货币属性使央行货币获得了最高的货币属性,我们可以将其定义为"1",作为测量的标准尺度。央行货币构成了金融工程中的基础材料,即货币元素。在法币之前,货币元素,即具备最高货币属性的商品,被称为本位商品。黄金本位下,本位商品为黄金,白银本位下,本位商品则为白银。

对其他商品的货币属性的评估则应从流动性和支付性这两个维度进行。流动性维度包括商品转化为央行货币的时间、商品转化为央行货币的成本、商品转化为央行货币的价格稳定性这三个指标。支付性维度包括商品储存和转移的成本以及支付的便利性这两个指标。换言之,某个商品转化为央行货币的时间越短,成本越低,价格稳定性越高,储存和转移该商品的成本越低,以及用该商品支付越便利,那么该商品的货币属性就越高。

马克思关于货币的著名论断指出,"货币天然不是黄金,黄金天然是货币",在当时的信息技术等条件下,黄金的货币属性强于其他商品,正是因为黄金的储存和转移成本低,而且支付时易细分切割,比较便利。

回顾银行存款或银行票据成为货币的历史可以看出,银行正是不断从上述五个指标努力提高自身负债的货币属性,最终使银行负债成为经济体系中被广泛接受的支付工具。

在此简要回顾银行史。银行起源于金铺,当时货币制度以黄金为本位。储户将黄金存放于金铺,获得凭证(后来的银行票据),持有凭证的人可以依此提取黄金。金铺发现,在大部分的情况下,人们不会同时凭票据来提取黄金,因此金铺将部分黄金出借用于收取利息,而只保留少量的黄金作为储备以应对储户的提取需求。这是大多数国外教科书中提到的西方银行业的由来。

在金铺(后来的银行)建立起一定的信用情况下,储户可以直接将票据支付给商家来购买商品。商家随时可以凭借票据去银行提取黄金。此时,银行票据已经直接被作为支付工具了,只是其被接受的广泛度有限。从这里的描述也可以看出,银行票据之所以能够在一定程度上成为被接受的支付工具,正是因为客户能够凭借票据提取现金。这就是我们前面提到的商品转换为央行货币(这里是黄金本位下的黄金)的时间、成本和稳定性三个指标。

银行信用越高,票据越难造假,票据换成黄金的稳定性就越高,因此会有更多的商家选择接受银行票据作为支付工具,从而扩大了银行票据作为被接受的支付工具的广泛性。

通过银行账户进行结算,涉及跨行结算的问题。跨行结算的方式从双边结算发展到多边结算,再发展到中央结算。在解决跨行结算问题的过程中,先是发展出银行业公会,后来中央银行应运而生。无论是银行业公会还是中央银行,都不是自然产物,而是社会产物,是银行业为提高自身负债货币属性而努力的结果。

举例说明跨行双边结算。比如 A 主体在甲银行开立账户,存有黄金,获得账户余额。B 主体在乙银行开立账户,存有黄金,获得账户余额。A 主体向 B 主体购物,开具支票用于支付。B 主体后面凭借支票去甲银行提取黄金,然后存入乙银行的账户。然而,这样对于 B 主体显然不方便,B 主体就会拒绝接受 A 的票据,要求 A 支付黄金。这样显然对甲银行不利。而且,现实中,还存在相反的情况:在乙银行开户的 C 主体,开立支票用于向甲银行开户的 D 主体购物。

显而易见的解决方案是,甲、乙银行达成双边清算协议,各自在对方银行存有黄金,用于备付。在清算日,双方先将持有的可以在对方银

第七章
互联网金融创新的工程学分析：蚂蚁金服的案例分析与金融系统工程设计

行提取黄金的支票的余额抵销，差额部分则进行记账。差额大到一定程度，则相应地在银行之间转移实物黄金。

比如，A 开了 5 磅黄金的支票给 B，B 将支票存入乙银行账户。C 开了 10 磅黄金的支票给 D，D 将支票存入甲银行账户。期末结算时，甲银行持有 10 磅对乙银行的支票，乙银行持有 5 磅对甲银行的支票。相互抵销，则乙银行需要转移 5 磅黄金到甲银行。市场上的银行相互之间达成双边清算协议，解决了票据的多边清算问题。然而，这样做的效率不高。

后来发展起来的中央清算模式，提高了清算效率。模式是这样的：所有银行在银行业公会等组织开立账户。参与中央清算的银行只需要计算自己针对其他银行的债权和其他银行针对自己的债权，两相抵销后，只按净额进行结算。

银行业公会的设立不但发展出中央清算模式，而且通过筛选参与清算体系的银行并且互相监督，为暂时陷入资金头寸困境的同行提供支援，整体上提高了银行业的信用。从而提高了银行票据支付的便利性，也提高了银行票据转变成为黄金的稳定性，大幅度扩大了银行票据作为支付工具的广泛接受程度。

从支付维度方面来看，银行票据或账户相比黄金，存储和转移成本要更胜一筹。这是银行票据和账户最后取代黄金成为主流支付工具的重要原因。中国清朝出现的票号，主要从事的业务就是支付业务，解决了大额白银跨地区运输的风险和成本问题。票号的信用建立起来之后，票号开具的银票就成了硬通货，在局部范围内被作为支付工具。

在经济学历史上，关于银行票据是不是货币有过两种不同的观点。一种观点认为，黄金才是真正的货币，被大众所完全接受，银行票据不是货币，其被大众所接受是有前提条件的。比如，银行需要持有黄金作为储备，并且发行的银行票据和储备的黄金有一个比例关系。银行票据提高了储备黄金的使用效率,提高了货币的周转率。另外一种观点则从现实的观测出发,认为银行票据已经被广泛接受作为支付工具,在支付、价值储备等方面都和黄金没有区别了,而且银行票据用于支付的场合及相应的交易额要远远大于黄金。因此,银行票据就是货币。

这两种观点虽然对立,但都有其正确性。原因在于,银行存款成为货币是慢慢发展起来的。银行存款的货币属性,随着银行业公会、中央银行等组织创新,以及支票结算等金融创新,加上用户使用习惯的形成和固化等诸多因素而发生了巨大的变化。从金融工程的角度,黄金本位币制下,黄金是货币元素,银行票据则是银行体系特定合成的黄金货币。

货币属性还会随着经济形势、金融形势的变化以及金融创新的影响而发生变化。央行货币的货币属性比较稳定,除了发生严重通货膨胀,导致经济主体排斥接受央行货币的特殊情况之外,央行货币的属性都是恒定值,可以将其标准化,取值为1。其他货币则不同,货币属性在不断变化,取值在0到1之间波动。

银行负债的货币属性也比较稳定,接近央行货币。这是因为商业银行的负债能够变成货币,除了和商业银行自身的努力有关,在现代中央银行体系之下,还与央行各方面的直接支持有关。特别是央行提供的最后流动性支持,从制度层面确保了银行存款变成央行货币的稳定性。前面提过商业银行可以被视为中央银行的特许货币经营商,传统的货币银行学将央行称为是"银行的银行"。然而这一观点在某种程度上是不全面的。

现代金融体系中,央行作为金融系统的架构师,不仅是"银行的银行",还是所有金融机构的银行。在美国,除了商业银行,还有很多非银行机构也被选作一级交易商,可以和央行进行公开市场交易。同时,入选的非银行类合格机构还能凭借手中的证券,通过再贷款和再贴现等,从中央银行处获得资金。

通过这些架构设计,非银行机构能够直接接触"水源"核心,摆脱了对银行体系的依赖。若没有央行的直接支持,其他金融产品的货币属性不稳定,受市场波动等影响太大,并且存在着很多"正反馈机制",即索罗斯所谓的反身性现象。

5. 忽视非银行体系的货币创造,导致过松或过紧的货币政策

从总量来讲,整个经济体系的货币总量应该是所有商品乘以其货币属性的总和。货币统计只统计了银行货币,并且没有考虑银行货币之外的其他商品的货币属性会发生剧烈变化,这导致中国的货币统计对货币形势的判断和现实情况之间发生严重偏离,进而影响了经济决策。

由于金融体系和经济体系存在大量的"正反馈机制",货币总量的变化出现乘数效应,变化的规模是银行货币(即纳入 M2 统计的货币)变化规模的倍数,倍数大于 1。

在货币形势正常的情况下,商业票据、应收账款等虽然无法被广泛接受,但是在局部范围内也被用作支付工具,成为银行存贷款的有效替代物。在货币收缩的情况下,商业信用破产,供应链上下游之间的企业出现不信任,原来可以用商业票据或者应收账款进行结算的交易需要用真金白银来完成。

按照新货币论的观点,是商业票据和应收账款的货币属性大大降低导致整体货币总量收缩了。从传统观点来看,则是企业的交易产生了更多对银行货币的需求,使银行货币更加不足,利率急剧上涨。

以 2011 年间温州地区的信用收缩为例。温州地区依靠传统社会形成的圈子信任,即企业家信用,发挥货币的职能。企业家可以凭欠条或者一个口头承诺进行支付。比如,一个温州商人想要成立一家皮鞋加

工厂。一种做法是向银行贷款,然后购买机器设备、原材料等,进行生产,销售回款用于偿还银行贷款。这一过程将会产生货币的职能。但是在特定的同乡企业家圈子里,基于相互间的信任,这个温州商人可以先向生产机器设备和皮料的同乡企业家赊账,先挂应付账款,待销售回款后再偿还。相比从银行直接贷款,这个过程中没有银行货币产生。

企业家信用取代了银行货币,企业家信用就是货币!

根据货币是被广泛接受的支付工具的定义,这些企业家信用和银行货币在作为支付工具的层面上没有区别,只是在被接受的广泛程度上存在差别而已。企业家信用是一种只在小范围内被接受的支付工具,也就是"局部货币"。

现代金融体系下,货币即信用。谁的信用越高,信用辐射的范围越广,谁的信用就是货币。实际观察到的现象是,谁的信用越高,谁就越不需要货币,因为依靠"赊账可以走遍天下"。这一观点是很多高信用实体企业通过供应链金融等方式切入金融行业的理论基础。

本书讨论的货币创造都是特定合成型的货币创造,即如何让金融产品的性能无限地逼近央行货币,而不是取代央行货币。因为基础货币的创造权必须排他性地掌握在政府手中,这是创新的法律禁区。笔者不看好比特币的逻辑正在这里。

后来,由于温州地区的房产价格出现大幅调整,很多企业家破产,产生了众多债务纠纷。温州区域的这些企业家信用被削弱了,即其货币属性降低了。很多区域货币消失了。原本很多不需要银行货币的经济活动,现在要么需要银行货币才能进行,要么因为缺少银行货币而不得不停止。这个时候,即使银行货币的投放没有减少,甚至较之前还有所增加,然而实体企业感受到的货币稀缺要严重很多。货币供需失衡,利率高升。在这种民间信用收缩的情况下,央行如果只基于银行货币的数量实施货币政策可能会导致过紧的货币形势。

第七章
互联网金融创新的工程学分析:蚂蚁金服的案例分析与金融系统工程设计

货币宽松则相反。在货币宽松的环境下,企业的资产负债表和现金流情况好转,商业信用增强,意味着这些非银行信用的货币属性增加,能够更多地代替银行信用发挥货币职能。总体而言,金融体系和经济体系的货币更多了。

"货币的内生性"也能够解释这一现象。然而,中国还有另外一个现象,就是大量非银行金融机构的产品,货币属性增加,但是由于没有纳入货币统计,会使央行货币政策在某种程度上过于宽松。

以2015—2016年的情况为例。2015—2016年,中国经历了极度宽松的货币形势。企业融资活跃,债券融资规模飙升,成本一降再降。金融市场过热,市场出现资产荒,某些资产领域出现利率倒挂。大量在后来的去杠杆政策下出现问题的高风险项目,也是在这种极度宽松的货币形势下获得融资的。这正应了一句华尔街名言:最差的交易是在最好的形势下实施的。股票市场在经历2015年异常波动之前,也是疯狂上涨。这是非常不正常的景象。所有类型的主体都陷入非理性状态,这显然不是局部变量能够解释的,背后有货币宽松的宏观因素。

笔者推断,单从金融市场的各类资产价格以及金融主体的行为状态等结果指标来分析,这一期间的货币宽松程度不亚于2009年。我们知道,2008年,中国启动四万亿救市计划。2009年,中国的M2增速高达30%,远远高于GDP增速,为近30年来的高位。然而,2015年中国的M2增速只有10%多一点,和2009年完全无法相提并论。

金融市场的表现和货币统计数据之间出现背离,问题出在货币统计方面。在2015年之前几年的金融创新,包括银行理财、信托、证券资管、债券、基金、保险等在内的非银行金融体系得到快速发展。这些机构的活动同样在创造货币,但是没有被纳入货币的统计。最典型的例子就是前面提到的银行理财。银行理财在2015年的规模已经达到10万亿的量级,而且在该年规模增长达到近60%。

2013年前后,央行针对这一问题推出了社会融资规模的概念,社会融资规模统计了经济主体从金融机构获得的全部融资,而不仅是之前的贷款。通过将考虑范围从银行体系推广到整个金融体系,部分地解决了货币统计失灵的问题。然而,新货币论认为,这一概念应该进一步推广,从金融体系推广到整个经济体系。否则,统计失灵仍然存在。

比如,房地产行业大量通过预售,提前从购房者手中获得现金,这是房地产企业重要的资金来源。但这一资金并没有被计入社会融资规模中去。如果由于某种原因,地产行业的预售被限制,即使行业整体来自金融机构的融资没有变化,地产企业的融资形势也会发生剧烈的变化。

房地产行业的情况进一步说明,对于高度复杂的现代经济和金融体系而言,以加总的宏观数据来分析问题,无论统计方法如何改进,都会导致错误的认识。因为加总的方式本身就存在问题,损耗了大量微观的结构信息。正确的工程学方法是运用结构分析法,深入分析具体行业或者部门的微观情况,再自下而上地得到全局的理解图景。

由于中国经济体系和金融体系普遍存在的结构失衡问题,比如国企、民企的二元化企业体系、银行、非银行的二元化金融体系,单纯从总量数据或依靠宏观政策,很难有效理解形势和解决问题。结构失衡问题是非银行体系和银行体系发展不平衡的问题。银行本就获得先发优势,经过近二十年的改革发展,虽然政策对于资本市场等非银行体系诸多倾斜,但是非银行机构如今反而更加弱势。无法从央行获得直接的支持,是包括资本市场在内的非银行体系无法有效发展起来的一个顶层设计方面的原因。非银行体系的发展,也为中央银行通过非银行体系实施"另类"货币政策提供了基础。

基于新货币论,我们已经认识到了将货币局限于银行货币的传统观点的片面性。货币政策的作用如果仅仅局限于商业银行体系,再由

第七章
互联网金融创新的工程学分析：蚂蚁金服的案例分析与金融系统工程设计

商业银行的行为作用于金融市场及其他经济体，由于忽视了非银行体系的作用发挥，其效果最终是不足的。

以量化宽松（QE）为例，如果仅以货币宽松去理解，那么 QE 和所有货币宽松政策没有区别。QE 和我国货币宽松的差别在于，QE 是美联储直接从资本市场购买债券，作用于所有参与资本市场的机构，包括商业银行、投资银行和机构投资者，以及债券发行主体。我国的货币宽松包括降准、降息、MLF 等，更多作用于商业银行。而在当前，商业银行经过商业化改革和上市等发展，是一个追求风险和收益平衡的盈利性机构，一定程度上有了自己的独立意志。央行的货币政策意图，遭遇商业银行自我意志的缓释和化解，得不到有效贯彻。金融体系出现资金"堰塞湖"，即央行货币宽松释放大量资金，资金却雍积在商业银行体系，无法到达实体企业，货币政策一度出现一定程度的失灵。

6. 新货币论关于金融创新的一般原则

前文提到根据新货币论，衡量任何金融产品的货币属性有五大指标：转换成央行货币的时间、成本和价格稳定性三个流动性指标，以及金融产品储存和转移的成本与用于支付的便利性两个指标。转换的时间越短、成本越低、价格稳定性越高，储存和转移的成本越低，用于支付越便利，则这个金融产品的货币属性越高。由于货币属性是个优良的属性，因此当其他情况相同时，金融产品的货币属性越高，人们越愿意支付更高的价格来获得，并且能够接受更低的收益率。

由此，我们可以提炼出关于金融创新的一般性指导原则：**所有的金融创新，都是通过改善这五个指标，提高产品的货币属性，从而赚取货币属性更高的金融产品和货币属性较低的金融原材料，这两者之间的价差或利差。**

以资产证券化为例说明如何从流动性的维度提高货币属性。投资银行购买基础资产,如汽车抵押贷款。基础资产的平均收益为 6%。在不考虑运作成本的情况下,投资银行发行的 ABS 产品,收益率要低于 6%,假设是 5.8%,投资银行才有利可图,赚取中间 0.2% 的费用,无论是以价差的方式,还是以每年收取管理费的方式。

为什么投资者会接受 5.8% 的 ABS 产品,而不是直接购买 6% 的基础资产?原因正是 ABS 的货币属性高于基础资产组合的货币属性。对于证券产品而言,流动性是其区别于非证券产品的关键特征。通过产品的标准化设计、公开评级、产品的集中登记托管、集中的交易场所等,大大减少了证券产品转换成央行货币的时间、成本,同时资产价格的稳定性也得到提高。

一些通过上述手段和设施仍然无法获得流动性的证券,投资银行对其开展做市商服务。做市商同时报出标的证券的买入价格和卖出价格,随时充当证券持有人的交易对手。做市商的制度,同样是从流动性的维度提高了证券的货币属性。

现以支付宝为例,来说明如何从支付性维度来提高金融产品的货币属性。在余额宝推出之前,客户即使将资金存入支付宝,也没有任何收益,但是仍然有大量的资金存在支付宝账户。与此同时,货币基金却只能艰难地通过提高收益率,以吸收客户投资资金。为什么客户愿意接受支付宝的零收益,而不去购买更高收益的货币基金?原因就是支付宝可以用于支付,而且方便快捷。

银行则是同时从流动性和支付性两个维度来提高自身产品的货币属性的。银行的资产端包括贷款、债券等,货币属性较低,而负债端 M1 的货币属性非常高,已经接近于央行货币,M2 和央行货币的差距也很小。M2 可以很方便快捷地转变成为央行货币,中间过程只差一个存款到期前的提前取款动作及相应的罚息成本。

银行的存贷款业务,赚取的就是贷款这类货币属性较弱的金融资

第七章
互联网金融创新的工程学分析：蚂蚁金服的案例分析与金融系统工程设计

产的较高收益率，和存款这类货币属性较强的金融资产的较低收益率，这两者之间的利差。

前面已经分析过了银行是如何通过支付性维度来提高产品的货币属性的，包括 POS 机、银行卡、央行清算系统等，这些技术架构都提高了支付的便利性。从流动性的维度，银行提供刚性兑付，并且遍布的 ATM 机和网点柜台，可以保证拥有存款的人在很短的时间以很低的成本将其存款转换成为现金（央行货币）。银行通过存款保险制度和央行的最后贷款人安排，获得了类国家信用，这保障了将存款转换成为央行货币的高度稳定性。

正因为银行在两个维度同时发力，才使银行存款具备了相对其他金融产品更高的货币属性。蚂蚁金服的金融创新也正因为从两个维度的五个指标同时进行，是从整体上的全面创新，才会给银行带来如此大的威胁。

再以美元和人民币为例来进一步说明价格稳定性对于货币属性的影响。先假设世界上只有美元和人民币两种货币。人民币和美元的价格变化是相对的，两者本来应该是对称的。然而，作为计价单位的货币，才是真正的货币。被选择作为计价单位的货币成为基准，其他货币或者商品的价格变化，则以相对于基准的偏离程度来衡量。这就形成了非对称的关系。本来人民币和美元的价格是相对变化的，若以美元为计价单位，则变成了美元价格不变，而人民币的价格在波动。

在金融市场里，波动意味着风险，人民币因此成为风险资产，货币属性弱化。人们进而不愿意持有人民币资产，或者要求人民币资产提供更高的收益率才愿意持有。

在金融体系，很多由于资产配置形成的数字盈亏，会反过来影响资产配置。因此货币所发挥的计价单位的职能，甚至比支付工具的职能更加重要。

因此,国际大宗商品交易或国际贸易中,只要是以美元计价,哪怕最终没有真正使用美元进行结算,仍然会赋予美元特殊的货币地位,即"价格之锚"的地位。这种地位使美国能够通过货币政策的松紧,影响全球商品价格的涨跌。

比如,中国与某石油产出国签订合同,以中国的商品直接交换该国的石油,这中间不需要美元。但是交换的价格如何确定?这一问题在签订远期合同的时候,更加难以解决。假设中国用黄金交换石油,事先确定好比例。但是后面黄金以美元计价的价格上涨,而石油以美元计价的价格下跌,或者出现相反的情形,如何处理?双方都面临着价格风险。

现实中,即使是易货贸易,最终恐怕仍然还是选择参照美元价格确定交换比例,即仍然间接选择以美元作为计价单位。在此交易过程中,美元虽然没有出现实体,但是仍然发挥了货币职能。

西方世界中曾经出现过一种"鬼币","鬼币"早已失传,而且世上没有人亲眼见过其实物,却被广泛用来作为计价单位,进而影响人们的生活。或许从这一角度,能帮助我们更好地理解货币的"币为心造"的本质。

凯恩斯在《就业、利息和货币通论》中就提到过,如果在合同中选用某种商品作为结算单位,这类商品便会获得流动性溢价。这是一种客观现实。以农民种田为例,如果上缴税收只以特定单位的粮食产出为准,农民便不需要考虑粮食价格的波动,这使粮食获得一种流动性溢价。粮食在此处被作为计价单位和支付工具,获得了较强的货币属性。

在当前国际市场中普遍以美元作为结算单位的情况下,美元通过"锁定效应"获得了独特的优势,要打破美元的独特优势地位,需要同时协调众多主体,相当困难。从这个角度而言,人民币在中短期内想成为完全的世界货币,可能性极低。人民币作为其他国家的外汇储备,发挥

第七章
互联网金融创新的工程学分析：蚂蚁金服的案例分析与金融系统工程设计

货币的价值贮藏职能，更容易实现。这种职能也意味着人民币在国际范围内货币属性的提高。后续如何提高人民币的货币属性，仍然需要从"新货币论"的五个指标入手，即减少人民币转换成美元的时间、成本以及提高人民币转换成美元的价格稳定性。

我们发现，中国在采取固定汇率制的情况下，央行提供类似做市商的服务，为国际投资者兑换美元提供了支持，正好是从以上几点来提高人民币的货币属性的。从金融工程的角度，央行实际上是"特定合成"了美元。

在美元取代黄金成为世界货币之前，美国也是通过对黄金进行做市商服务来获得世界其他国家持有美元的信任。在此期间，其他国家持有美元，可以随时以确定的比例换得黄金。根据这一描述，美国在努力减少美元转换成黄金的时间、成本以及提高转换成黄金的价格确定性，也就是美国运用金融工程学技术在特定合成黄金。为了保持做市商的能力，曾经有一段时间，美国政府禁止居民持有黄金，并且严禁私自运输黄金到境外，以保障美联储持有大量黄金储备。

当前的国际社会里，美元的地位相当于黄金。从这个角度来讲，中国央行的做市商能力，以及国际社会持有人民币的信心，都来自央行持有的美元储备。参照美国的做法，中国需要严格限制居民兑换美元，尤其限制居民将美元转移到国外。

从宏观经济的角度而言，外汇储备是维持中国经济稳定的重要资源。由于中国人均自然资源相对不足，包括粮食、能源、矿产都存在对外部体系的依赖。巨大的外汇储备不但能够保障这些物质的供应，还能够通过价格补贴等手段，有效化解外部的价格冲击。这其中运用到结构化的技术。

国外的经济政策受制于意识形态和内部利益集团的博弈，通常更偏好宏观类的政策，如货币政策。结构化的政策比较难以实施，很难做到从系统架构层面去考虑系统的整体利益。

以 2019 年出现的通胀率上行,"CPI 破 4"为例。此轮消费者价格指数上涨,很大程度上是由于猪肉价格上涨及其所连带引起的畜禽肉类价格上涨所导致的。据测算,如果去除这块因素,则中国的 CPI 在 2%左右,处于正常水平。猪肉价格上涨大部分是由于供给端的原因,而不是货币投放过多的原因。当价格指数上升过快时,为了避免形成较强的通胀预期,需要采取政策应对。宏观的货币政策,是通过加息和提高准备金率来收缩货币,以抑制需求,从而控制物价上涨。然而,中国经济正处于升级转型的紧要关头,GDP 增速连续几年回落,如果收缩货币,将会给经济带来较大的下行压力。

采取结构化的手段,可以针对性地打压猪肉等商品的价格。在全球经济一体化的形势下,最简单直接的方式就是大量进口国外的肉类,增加供给,以平抑物价。假使国际的肉类价格也上涨,我国可以通过外汇储备进行贴补,即高价从国外进口低价销售。国外难以采取这类方式的一个重要原因是这种结构化的政策影响了特定群体的利益,会遭遇众多利益集团,如本国的农场主、肉类生产商等的反对。

由于中国存在大量的进口,很多基础物资依赖国外市场,一旦国际市场上以美元计价的石油、粮食、大宗商品等价格出现大幅上涨,则会输入通胀到中国。如果不采取这种结构化的政策手段,可能会倒逼中国收缩货币,引起经济金融体系的剧烈变化。而中国经济转型阶段恰恰需要稳定的宏观形势和宽松的货币环境。

第三节　蚂蚁金服的新型货币创造：系统工程的分析

1. 支付宝、余额宝与美国货币基金的超级账户

2003年，淘宝网推出支付宝，起初的目的是解决互联网平台交易的信任问题。在交易双方存在不信任的情况下，交易的时候存在"先付款再发货"还是"先发货再付款"的问题。

支付宝的解决方案是，买家并不立即直接支付货款给卖家，而是将货款先存放到支付宝账户，在收到货并且确认付款后，才由支付宝将货款转付给卖家。支付宝在电商交易中发挥的作用类似银行信用证，某种程度上也可以看作利用金融工程的特定合成进行的金融创新。支付宝解决了信任问题之后，大大推动了淘宝的业务发展，电商交易在我国实现了迅速增长。

2004年，支付宝从淘宝网独立出来，提供第三方支付服务。在此之后，支付业务的范围不断扩大，2011年5月26日，支付宝获得了央行颁发的国内第一张《支付业务许可证》。

2013年6月，支付宝推出账户余额增值服务"余额宝"。通过余额宝，用户不仅能够得到较高的收益，还能随时消费支付和转出，无需任何手续费。由于兼具支付的便利性和理财产品的收益性，这一产品对银行存款尤其活期存款等负债业务产生巨大冲击，引发金融市场众多

讨论甚至是争议。

进入移动互联网时代，支付宝和微信支付凭借庞大的账户体系以及移动支付相比银行卡支付更加便利的优势，不断侵蚀银行的业务。2020年，支付宝宣布全球用户超过10亿，是全球最大的移动支付企业。

在各种力量的博弈之下，各类政策相继出台，对支付宝、余额宝等产品的发展进行规范和限制。第三方支付的扩张规模有所放缓。同时，央行也于2020年发布政策，布局大型第三方支付公司和银行账户及银联卡账户的二维码实现互相扫码以及共用扫描器等移动支付的基础设施，意图构建跨机构的清算系统，打破大型第三方支付机构的行业垄断。

支付宝和余额宝的金融创新背后的本质到底是什么？为什么会引起银行业的恐慌？银行业在和证券业及保险业的竞争过程中，面对各类金融创新的竞争时候，都从来没有像遭遇余额宝这样恐慌过。

支付宝和余额宝的创新，本质上就是货币的创新，创造了一种非银行体系的货币。而在此之前，货币就是银行货币，创造能力被银行体系垄断。

第三章中介绍过第三方支付账户实现支付的过程。客户将钱存放到支付宝的账户，因为可以用于支付，因此愿意接受较低的收益甚至是零收益。客户的另一个选择就是将钱存入银行活期账户，通过银行卡同样可以很方便地用于支付。因此，单就支付业务层面的竞争，支付宝在和银行开展竞争的时候，比拼的就是服务场景和服务效率。

在服务场景方面，由于国内近十年线上交易规模的迅猛增长，支付宝依托于淘宝等线上交易场景获得了发展动力，但是仍然难以撼动商业银行的优势地位。

然而，推出余额宝的创新之后，竞争格局就完全改变了。余额宝其实就是一个货币基金。客户在支付宝账户的资金，可以转移到余额宝

第七章

互联网金融创新的工程学分析：蚂蚁金服的案例分析与金融系统工程设计

用于购买货币基金。货币基金再用来进行高流动性和高安全性的投资，并且将收益提供给客户。

因此，支付宝加余额宝相当于能够用于支付功能的货币基金。在支付便捷性方面，这个产品和银行货币不相伯仲，各有优势领域。但是货币基金的收益要远远高于活期存款。客户在高收益的吸引之下，不断将银行账户的资金转向支付宝账户，使银行产生"金融脱媒"。

在美国，商业银行业的"金融脱媒"是在资本市场资产证券化、货币基金等一系列的金融创新之下发生的，导致的结果是商业银行占金融业总资产的规模从"金融脱媒"之前的60%多，下降到当前的10%左右。

了解这段历史后，不难理解曾经有段时间里银行业对于支付宝和余额宝的产品发展会如此恐慌。

美国的金融发展史上出现过和支付宝、余额宝非常类似，甚至可以说一模一样的金融创新，那就是超级账户，即"货币基金+支票"。其中，货币基金和余额宝类似，发挥的金融职能是提供高安全性的相对较高收益。在货币基金推出之时，美国的商业银行业受"Q条例"[27]的限制，对活期存款不得支付利息。货币基金则通过提供更高的收益，争夺客户资金。

然而，货币基金的余额不能像银行活期存款一样用于支付，在支付便捷性方面存在劣势。

超级账户提高了支付的便捷性，其发挥的作用和支付宝类似。客户凭借其在超级账户的资产余额（即货币基金资产余额），可以开具支票用于支付，然后通过电话通知货币基金，第二天将货币基金赎回，存入银行资金账户，用于兑付支票。超级账户的创新，创造了和银行活期存款类似的支付功能，同时又提供了比银行活期存款更高的收益。超

---

[27] "Q条例"是指美联储按字母顺序排列的一系列金融条例中的第Q项规定。后来，"Q条例"变成对存款利率进行管制的代名词。

级账户一经推出,便吸引大量储户进行存款搬家。20世纪70年代以来,美国的货币基金获得了快速发展,目前规模约在10万亿美元。

如今在美国的资金拆借市场,商业银行向货币基金、机构投资者拆入资金,商业银行是资金净拆入方。而在中国,商业银行向证券公司、基金公司拆出资金,是资金的净拆出方。资金流向的不同体现出背后的金融生态环境不同,这是中国的金融工程师在创设产品时所需要面对和考虑的现实环境。很多金融产品创新之所以在国内无法真正发展起来,深层次的原因正在于此。

支付宝和余额宝发挥的职能本质上等同于美国的超级账户。余额宝的改进之处,是将转账由第二天变成了实时转账。这种改进并不是由金融创新推动的,而是由信息技术所推动的。另外,由于美国民众在20世纪普遍有使用支票进行支付的习惯,对实时转账的需求并不高。

在中国,货币基金的赎回并不能立即实时到账。从技术上可以推断,支付宝公司在此过程中是先以资金垫付。在支付宝账户上存在大量余额的情况下,支付宝公司甚至不需要自己出资金进行垫付,通过"拆东墙补西墙"就可以实现。

2. 从金融产品货币属性的五大指标分析蚂蚁金服的货币创造

前面的内容,讨论了支付宝和余额宝的联合创新,相当于构造了可以直接用于支付的货币基金。这类货币基金在支付性能上不低于银行活期存款,而收益率要远远高于银行活期存款利率。因此余额宝一经推出,便获得了高速增长。这类产品实际上并不是新鲜事物,而是国外超级账户的变体。

然而,单纯依靠这一产品创新,仍然难以和银行存贷款业务进行竞争。原因在于,货币基金的投资范围受限,通常只能投资于国债、高等级信用债,对于证券的信用评级和流动性的要求都比较高。因此,货币

第七章
互联网金融创新的工程学分析:蚂蚁金服的案例分析与金融系统工程设计

基金的收益率通常不高,高于银行活期存款而接近银行定期存款,但是低于银行的总资产收益率,更低于银行的贷款平均收益率。

为了与银行竞争,货币基金还需要进一步向银行产业链的上游切入。国外产生的创新是资产证券化。资产证券化被称为 20 世纪最重要的金融创新,其意义在于资产证券化并不只是一个产品或者技术的创新,而是金融生态体系的创新。通过资产证券化,国外的资本市场发展出以投资银行为核心企业的影子银行体系。图 7-1 和图 7-2 分别是商业银行体系和影子银行体系两个体系的产业链条图示。

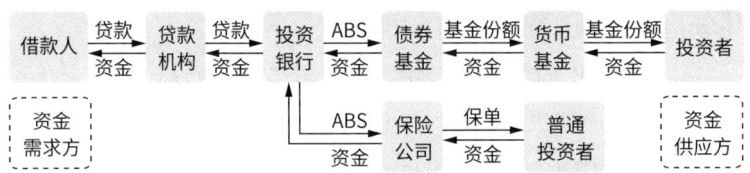

图 7-1　影子银行体系的完整产业链条

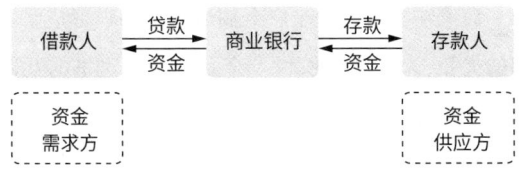

图 7-2　商业银行体系的产业链条

国内的资产证券化经过近 5 年的高速发展,目前规模达到万亿元的量级,但是当前国内的资产证券化无法产生像国外资产证券化的影响力。一个重要的原因是国内的资产证券化产品,主要的投资者是商业银行或商业银行所控制的银行理财产品。这就使影子银行体系的产业链条并不完整,影子银行的产业链条依附于本来所要替代的商业银行。

从商业逻辑的层面来理解,任何将自身销售渠道架构在竞争对手的商业主体,难以获得真正意义上的发展。国内很多证券资管最终沦为商业银行的通道,原因就在这里。由于这种现状,中国的影子银行体系一度被人们称为"银行的影子"。

从金融工程的结构层面来讲,当前中国的金融创新或非银行体系的发展,需要从整个产业链条的各个方面进行创新。资产证券化则是连接产业各类创新的有效手段。当前,创新的关键领域是货币基金、债券基金以及养老基金等负债端产品的发展。这类产品的货币属性更强,直接与银行争夺金融资源。

除了之前提到的支付宝加余额宝的创新之外,蚂蚁金服还推出了互联网小额贷款公司的"花呗"产品和花呗 ABS 产品。蚂蚁金服的创新体现了体系创新的特点。

支付宝 APP,如今已经成为国民级应用,"花呗"产品也被大家所熟知。用户在购物场景中使用支付宝进行支付时,除了可以使用支付宝的余额或余额宝的余额进行支付外,还可以通过花呗进行支付。简单来讲,花呗产品就是用户向蚂蚁金服旗下的互联网小额贷款公司借款,支付给商家。商家在支付宝的账户余额增加。用户形成了对互联网小额贷款公司的欠款,未来分期偿付本金及利息。这里的互联网小额贷款公司对应上面影子银行产业链条的贷款机构,用户对应借款人。

重庆市蚂蚁商诚小额贷款有限公司(以下简称"蚂蚁商诚小贷")于 2011 年成立,注册资本为 400,000 万元,由浙江蚂蚁小微金融服务集团股份有限公司全资控股。蚂蚁商诚小贷主营业务为借助阿里巴巴集团旗下的淘宝平台、天猫平台和阿里巴巴平台,为平台上的客户提供消费贷款服务。借呗业务开始于 2014 年,目前入口渠道还包括网商银行。2017 年,蚂蚁商诚小贷公司总资产为 270 亿元,负债 161 亿元,净利润达 61 亿元。当年的净资产回报率(ROE)高达 60%!

互联网小额贷款公司将形成的贷款出售给证券公司的资产支持专项计划,发行花呗 ABS 产品,面向基金、银行理财、银行、保险等机构投资者进行销售。

第七章
互联网金融创新的工程学分析:蚂蚁金服的案例分析与金融系统工程设计

花呗 ABS 的交易结构如下:认购人将资金委托计划管理人管理,计划管理人德邦证券设立并管理专项计划,认购人出资认购资产支持证券成为持有人;计划管理人根据与原始权益人签订的《资产买卖协议》,将专项计划资金用于向原始权益人重庆蚂蚁商诚小贷购买基础资产,即消费贷款债权;重庆蚂蚁商诚小贷作为资产服务机构负责基础资产的管理;技术服务机构负责提供基础资产借款人账户风险监控系统开发及运维服务,及基础资产回款风险监控系统开发及运维服务;资产服务机构根据管理人授权以监管账户资金循环投资"借呗消费贷款资产"。

和国外的资产证券化运作不同之处在于,国外的资产证券化是贷款机构先将其贷款出售给投资银行,然后投资银行再发行 ABS 产品,投资银行通过"低买高卖",在承担风险的基础之上获取利润。投资银行是整个链条的核心企业。而在国内,证券公司只是辅助小额贷款公司将 ABS 产品销售出去,然后收取产品推广费和管理费。小额贷款公司是整个链条的关键企业。根据本书从职能角度来理解金融事物的核心观点,小额贷款公司(或蚂蚁金服)发挥了投资银行的职能,可以视为一种投资银行。国内很多金融领域的商业模式的产生,也正是因为投资银行缺位,其他类型的机构以其他形式代替投资银行的角色发挥了作用。

理论上,蚂蚁金服的创新能够形成一条独立于商业银行体系的闭环链条,是一个完整的体系。蚂蚁金服体系目前缺少证券公司的牌照,但是由于证券公司并不能发挥投资银行角色,对蚂蚁金服构造完整的链条几乎没有影响。实践中,我们发现蚂蚁金服和多家证券公司合作发行产品,证券公司之间存在明显的相互可替代性。

实际上,由于政策限制,这个体系并不完整。一方面是国内资产支持证券的发行和上市交易,仍然需要相关部门的审批或备案通过,市场化主体设计金融产品的主动权被一定程度地削弱。另一方面,公募基金投资某类特定证券,通常要受到比例的限制,以防范出现串谋定价从而损害投资者利益的情况。比如某个基金产品,即使愿意以最低利率购买全部的某期花呗 ABS 产品,也会因为政策上的限制而无法实施。因此,蚂蚁金服的花呗 ABS 产品,需要面向体系外的机构进行销售。当前很大比例的投资仍然来自商业银行或银行理财。

图 7-3 是蚂蚁金服的产品创新完整图示。

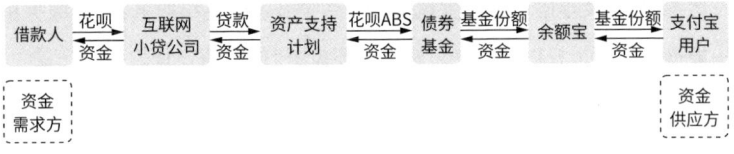

图 7-3 蚂蚁金服的产品创新完整图示

3. 蚂蚁金服离创造基础货币只有一步之遥:模式设想与可行性分析

前面新货币论部分提到的货币创造是一种特定合成的创造,即金融机构努力使自己的金融产品能够无限地接近央行货币或银行货币的性能,这种货币创造处于央行的体系之内,通常是受到央行允许的。这种产品的货币属性,始终建立在能够转换为央行货币的基础上。

还有一种货币创造是取代央行货币的创造,即提高某类产品的货币属性以替代央行货币,使其成为基础货币元素。典型的例子就是比特币。比特币被世人所关注的时点,恰好是美国出现金融危机之后,通过量化宽松大量投放货币的时期。这个时期,人们对于央行货币(美元)的信心有所动摇,美元的货币属性有所削弱。比特币也是利用这一有利时机,突出去中心化和数量有限等特征,声称有朝一日能够取代央行货币。

笔者一直不认为比特币会取代央行货币,有两个方面的原因。

第七章
互联网金融创新的工程学分析:蚂蚁金服的案例分析与金融系统工程设计

一个是金融方面的原因。从货币属性的角度而言,比特币的数量有限,如果作为基础货币,由于供给无法有效跟上需求,会使比特币的购买力(即相对于其他所有商品的价格)变动幅度过大,进而使比特币在发挥货币记账单位的职能受到限制。从合成货币的角度而言,在现实世界里,与比特币相对的记账单位(美元)价格也是大幅变动,意味着比特币转化成基础币的波动性过大,因此比特币的货币属性相对较弱,远不如银行存款和基金产品。这从人们炒作比特币的行为也能够看出。"炒作"意味着,人们投资或者持有比特币,是希望能获得较高的收益。新货币论认为,货币属性是一种优良的属性,人们对货币属性强的资产会愿意接受低收益,而不是要求更高的收益。希望投资比特币来获得高收益,这本身就是比特币货币属性较弱的表现。

另一个则是法制方面的原因。央行货币是法定货币,其独特的地位是由法律赋予的。货币发行权是国家主权的重要组成。在当前普遍存在中央政府的社会现实下,比特币去中心化的目标基本上意味着取代中央政府的职能,这几乎是不可能实现的任务。

作为一种金融工程学的试验设想,本书讨论蚂蚁金服如何以淘宝体系的商品及交易为基础,构造自己发行基础货币的体系。在这个体系中,人们持有"淘宝币",不是基于"淘宝币"能够转换为央行货币的基础,而是以其能够在体系内获得各类商品为基础。该体系中可以不需要央行货币的出现。

举个简单的例子,在前文提到的全链条里,互联网贷款公司是将贷款出售给机构投资者来回笼银行货币的。客户在支付宝的余额和支付宝存在商业银行的存款数量保持一致。

而更有利可图的方式是蚂蚁金服直接给需要用款的客户贷记一笔支付宝账户余额(即客户欠支付宝的金额,未来需要用支付宝余额或是银行账户余额偿付),同时借记一笔支付宝账户余额给商家(即增加商客户在支付宝账户的余额)。

在此用数字将这一过程具体化,帮助读者更好地理解:用户 A 向商家 B 购买 100 元的商品,选择用花呗支付。蚂蚁金服在商家 B 的账户上增加 100 元余额,同时,在用户 A 账户上记一笔账,用户 A 要按照花呗产品的协议约定,未来以支付宝的余额或银行账户的余额转给蚂蚁金服,用于偿还。蚂蚁金服可以获得中间产生的利息收入。

这种模式下,所有支付宝用户的余额加总,大于蚂蚁金服在商业银行的实际存款余额加总。多出来的部分,则是蚂蚁金服凭空创造出来的货币。

这种货币创造方式更接近于商业银行的手法,即以部分准备金为基础的货币创造。只要余额宝用户不是同时将余额转至自己在商业银行的账户,蚂蚁金服只需保持一定比例的存款就可以应付用户向银行账户的转账。由于用户在淘宝等线上商业体系内有大量用支付宝余额进行支付的行为,用户持有余额的前提已经不是随时可以转换成为银行货币,而是可以随时获得商品了。

这种模式在金融工程上完全可以实现,但是存在挤兑风险。现实中,这种方式必然会受到法律的限制。

有很多互联网金融 P2P 企业,采取资金池的模式,短钱长投,从金融工程的角度分析,这些 P2P 企业的本质都是在模仿银行进行货币创造,由于缺乏类似商业银行的体系架构支持,最终大面积出现问题。部分企业被定性为非法吸收公众存款,是很有道理的。由此我们也更能够理解商业银行牌照的特殊价值。

第四节　互联网金融的创新:特定合成各类金融机构

1. 美国的 Lending Club 及其业务分析

在传统金融机构由于次贷危机受到巨大冲击之后,美国的 Lending Club 的发展获得了金融市场的高度关注。公司成立不久就获得了传统金融机构和"大佬"的追捧。市场普遍认为,Lending Club 能够以一种新的商业模式突破传统金融的束缚,挑战现有体系,并会引起金融体系的重大变化。这种变化就像 20 世纪 70 年代以来的资产证券化所引起的变化。2014 年,Lending Club IPO 成功募集 8.5 亿美元,股票在纽交所上市,市值最高时曾经接近 100 亿美元。

受到美国法律以及开展业务的效率等因素影响,Lending Club 并不是一个真正意义上类似淘宝一样交易双方自己达成协议的平台。Lending Club 是通过 WebBank 向个人提供借款,并且将形成的贷款资产转移给 Lending Club。然后,Lending Club 在 SEC 注册发行证券,变相将其持有的对个人的贷款资产,转让给个人投资者。之所以称为"变相转让",是因为 Lending Club 发行的证券具备"偿付依赖"的特点。

对于普通的债券,Lending Club 面向个人投资者发行并且募集资金,然后向个人发放贷款,这是典型的商业银行业务。由于面向个人的贷款存在信用风险,商业银行需要为这块风险资产提供资本。"偿付依赖"是指 Lending Club 是否要向个人投资者偿还借款,取决于其对个人发放的贷款是否偿还。如果贷款没有如期偿还,那么 Lending Club 也不需要向投资者偿还。通过这一条款,Lending Club 将贷款的风险转移给了投资者。

如果运用金融工程的技术对 Lending Club 的业务进行分析,会发现 Lending Club 实际从事的是一种资产证券化业务,更准确地说,从事的是特定合成 CDO 的业务。证券中的"偿付依赖"条款,相当于购买证券的投资者出售了一个 CDS 给 Lending Club。从这个角度来讲,Lending Club 的业务并没有金融模式的创新,没有突破投资银行的业务范畴。

由于将风险转移给了最终的投资者,而不是由 Lending Club 承担,Lending Club 实际上发挥的是信息中介而不是资金中介的职能。这种业务本质上是类似"淘宝"一样的信息平台模式。不同点在于,Lending Club 发行的产品要去 SEC 注册,因此受到的监管更严,信息披露更加充分。我国很多机构一开始以"淘宝"模式开展 P2P 业务,后面在竞争压力和利益驱动下,走向了期限错配、自融、构造虚假标的的错误方向,引发了众多问题。这与行业受到的监管太少、信息披露不够充分等有很大关系。

Lending Club 的突破主要体现在两个方面。一方面体现在资产端,将资产的信用层级进一步下沉,让那些无法获得信用卡服务的大量低信用主体能够获得信贷支持。这些资产提供的利率等收益也更高。另一方面体现在负债端,相当于将原始债权资产直接销售给终端投资者。

2. 特定合成虚拟信用社

根据本书一贯从职能发挥的角度而不是外在形式的角度来理解金融的金融本质观,我们可以通过金融工程的特定合成来分析互联网金融。在互联网金融产生之前,各类金融事物都已经存在,它们通过发挥

第七章
互联网金融创新的工程学分析：蚂蚁金服的案例分析与金融系统工程设计

职能满足人们对金融服务的需求。互联网金融并没有改变人们对金融服务的需求，而是利用信息技术以不同的外在形式来发挥和原有金融事物类似的职能，来满足人们的金融需求。

美国的 Lending Club 难以发展壮大，是因为国外的商业银行体系和资本市场体系的发展已经高度成熟，除了银行的个人贷款之外，美国的信用卡 ABS、RABS、汽车 ABS 等证券化产品也有上万亿美元的规模，定价效率充分。面对相对完善的产业链条，Lending Club 只能展开差异化竞争，在这些证券化产品没有覆盖的利基市场中获得发展。

我们需要充分认识商业银行牌照的特殊性，以及建立在资本充足率基础上的商业银行业务模式。严格的金融监管应该限制所有不具备充足资本的金融机构面向大众创设和发行金融产品，否则将会造成金融市场乃至社会的动荡。中国近年来推行"资管新规"，严厉打击资管行业中存在的"刚性兑付"，也是基于这一逻辑。

国内的 P2P 采取的商业银行模式从一开始就存在致命的缺陷，最终在近几年集中爆发问题。P2P 产生问题的一个重要原因就是 P2P 通过信息技术突破了信贷业务的物理边界，但是并没有在金融技术上突破熟人圈子的边界，这种冲突限制了 P2P 的业务开展。比如，个人不愿意将钱长时间地借给不熟悉的其他人，也为业务带来了风险；又比如，借款人对于陌生人恶意违约。如果 P2P 能够通过信息技术改良熟人圈子的信贷业务，这种冲突将会消失。基于熟人圈子的一个重要金融业态，就是信用社。

下面探讨以互联网金融特定合成信用社的案例。

信用社是由具有同一身份特征的群体联合起来的互助型组织。比如，来自同一所大学、同一家企业、同一个社区、同一个乡村等的人们构成了熟人圈子，在熟人圈子里，大家相互了解，比较容易产生信任。同时，在熟人圈子借钱，违约的成本更大。除了法律上的责任以及通常意义上的信用损害之外，借款人在熟人圈子违约，还会面临被圈子排斥，从而失去社会地位的潜在损失。

根据美国的研究，借款人在同时面临偿还银行贷款和信用社贷款的时候，会优先偿还信用社贷款。当前，美国存在几千家信用社，这些信用社相比银行等金融机构，由于具备上述的比较优势，仍然有较为强大的生命力，为众多中低信用群体提供金融服务。

国内同样存在着大量基于熟人圈子的借贷，亲戚之间、朋友之间、老乡之间、同学之间、同事之间，长期以来都存在相互之间的资金借贷往来，而且历久不衰，具备持久旺盛的生命力，说明这种金融模式有其合理性。互联网金融可以借助信息技术优化这一金融模式。

如果采取美国的信用社模式，熟人之间相互基于信任，提供低成本的资金，既可以解决金融需求，又不会引起高利贷等问题，是一个比较好的解决方案。但是在中国，信用社这种机构也是特许经营，难以获得牌照。在此笔者先"纸上谈兵"，设想虚拟信用社的模式如下：

（1）虚拟信用社的注册会员只是来自同一所学校的老师或者学生，且需要经过线下的实地认证和第三方核实。

（2）虚拟信用社采取信息中介模式，不得进行期限错配和资金池等非法违规操作。

（3）注册会员通过平台发布借款申请，必须要有合理用途，且有规模上限和利率上限。借款由多人提供资金，分散进行。平台提取一定比例的准备金，用于少量违约的提前兑付。

3. 基于证券业务架构的金融系统设计与开发案例

根据上面的分析，互联网金融也是运用金融工程中特定合成的手法合成线下的金融机构，其意义有二：一是突破特定形态的金融业务的牌照限制，二是利用互联网将边界拓展。本章接下来会介绍一个笔者

第七章

互联网金融创新的工程学分析：蚂蚁金服的案例分析与金融系统工程设计

亲自设计并且实际使用过的互联网金融系统，通过这一案例来完整描述金融工程在实际中的运用。

◎ **客户基本情况与需求分析**

客户是一家从事重型卡车和工程设备租赁的公司，面向从事个体经营的司机开展业务。客户的业务模式是通过销售渠道获得司机的融资需求，按照司机的采购意愿从厂商购买卡车或设备，然后出租给司机。司机利用卡车或设备从事经营活动，获得收入，每个月按照约定支付租金。一定租期后，司机按照1元的名义价格购买卡车或设备。司机支付给租赁公司的租金和购买价格之和，大于租赁公司的购买价格，其中的差价就是租赁公司的利息净收入。按照贴现方式计算可以得出实际利率。

在租赁期间，卡车或设备的所有权属于租赁公司。当司机违约时，租赁公司有权利收回卡车或设备，进行相应处置。这是一种典型的资产融资。租赁公司通过控制物权，保障融资的安全性。

基于中国的金融环境，司机很难从商业银行等处获得资金支持。从租赁公司获得融资实际支付的利率在20%~30%之间，这样的利率水平明显高于中国的社会资本回报率。对于正常的企业经营而言，几乎难以承受。

然而，个体户借贷能够支持这种高利率。原因在于，个体户获得融资后，并不是利用资本去获利，而是通过有形资本发挥自身的人力资本价值。尽管卡车本身并不能产生30%以上的资本回报，但是有了卡车之后，司机的驾驶技能等人力资本可以得到发挥。司机和卡车共同创造的收益，能够支付高利率。

通过分析租赁公司比较长时间维度的纪录，可以发现司机违约的概率并不高，约为4%~5%。按照统计，将还款逾期天数超过90天视为违约。大部分违约最终都会偿还，这有两方面的原因。

一方面是资产担保的原因。司机在获得融资的时候,会先行支付20%的保证金。加之租赁期较短,多为2~3年。在租赁期内,资产的价值大于司机的待偿余额。因此,一旦违约而被租赁公司收回资产,司机会受到损失。由于这种激励机制,司机会运用各类资源来保障还款。

另一方面是筛选机制的原因。愿意购买设备从事经营的司机,都是勤奋踏实的中年人士。这和大额消费贷有很多属于追求当期享受的人士不同。用于经营的资产和用于消费的资产,这种类别差异是一种天然的筛选机制。

根据上面的分析,从事重型卡车和工程设备的租赁业务有较高的资金回报率,而且较高的资金回报率有切实的商业逻辑和金融逻辑支持。因此,租赁公司非常希望能够大力拓展业务。但是租赁公司受到资金不足的约束,产生了较大的资金需求。现有的金融工具无法满足租赁公司的需求。

◎ **现有金融工具:银行贷款、债券和 ABS**

当前国内的金融市场,租赁公司的融资方式按照重要性从高到低依次为:银行贷款、债券和资产支持证券。然而,银行贷款和债券都对租赁公司的主体信用有较高的要求。

客户的资产规模约为25亿元,净资产约为8亿元,而且股东背景为民营企业。根据当前的评级标准,信用评级大概在 A+到 AA-的水平。而在国内,AA 评级的民营企业债券发行非常困难。因此,租赁公司想要依靠发行信用债券融资的方式,根本没有可行性。

银行贷款运用资产融资的风险控制手段,比如将客户的应收租赁款质押或者将客户的卡车抵押等,相比债券发行,对主体信用的要求有所降低。当前的金融形势下,租赁公司在和银行进行融资交易时处于弱势地位。银行对于质押或抵押的资产提供的质押率太低。在现实中,银行为客户提供了大约5亿元左右的贷款。5亿元的贷款相对于客

第七章
互联网金融创新的工程学分析:蚂蚁金服的案例分析与金融系统工程设计

户 15 亿元的可抵押资产,银行的安全性得到了足够保障,但是对于客户而言,融资需求无法得到满足。

资产支持证券也是一种资产融资手段的应用。从其本来的意义来看,通过资产的担保,能够降低对主体信用的要求。然而,基于当前国内金融机构的治理水平,资产支持证券的发行仍然难以摆脱对主体信用的要求。绝大部分的资产支持证券都有 AA 评级以上的主体提供担保。资产支持证券变成了一种类债券产品。客户同样无法通过资产证券化来获得融资。

因此,客户希望另拓渠道,通过互联网金融直接面向大众进行融资。2013—2017 年,互联网金融方兴未艾,各类政策相对支持,普通居民对于这种金融创新的态度相对积极。这为客户的融资创新提供了环境支持。

在这里,理解互联网金融和资产支持证券这两类直接金融工具差异的关键在于,虽然资产支持证券同样也是直接金融,由最终资金方承担风险,但是,资产支持证券仍然需要由正规金融机构承销发行,而且资产支持证券只能私募发行,投资者被限制为以机构投资者为主的合格投资者,因此资产支持证券不是真正意义上的直接金融,仍然需要借助金融机构进行运作。金融机构自身的风险偏好会影响市场的运作。

换言之,资金方的投资意愿最终有可能被金融机构的偏好所限制,交易无法达成。当前,国内的货币政策出现某种程度的失灵也有这方面的原因。央行通过降准或降息为金融体系提供了资金,然而,这些资金掌握在银行等金融机构手中,由于银行等金融机构的风险偏好等因素,央行提供的资金被大量锁存在金融机构,无法到达实体经济体系。

本书在第八章关于 QE 的部分会详细讨论这方面的内容。QE 的真正意义不在于货币宽松,而是央行直接购买垃圾债券或次级贷款,将资金提供给最终的资金需求方。从而,可以摆脱金融机构风险偏好的影响。

◎ **系统架构设计与功能:基于证券化模式的业务系统**

租赁公司在业务经营中形成了债权类资产,可以通过将这些资产转让给互联网平台的投资者获得资金。这类方式和客户通过保理业务将资产转让给保理公司或资产证券化的操作实质是一样的。本案例中,互联网金融业务的开展有两个问题,一个是资产的获取与风险控制问题,一个是平台的推广和资金的募集问题。租赁公司的优势在资产的获取与风险控制方面,但是平台的推广和资金的募集成为严重的制约。正是由于这种制约,租赁公司后续向互联网金融方向的发展并没有成功。

在当时,很多平台为了推广平台获取用户注册和资金流量,花费了巨大的成本。同时,由于资产端和负债端的期限匹配问题,资金募集难度很大。最终,很多互联网平台开始进行期限错配,比如将期限为2年的租赁应收款拆分成3个月的金融产品,在互联网平台销售。3个月后,又将资产重新销售募集资金,滚动进行。这一过程中产生了很大的流动性风险。

基于租赁公司的情况设计的互联网金融平台,主要有以下几个方面的业务。

一是供应链金融业务,租赁公司的债权资产,可以在平台上进行转让。相对于资产证券化的私募,这类业务可以公开面向小额投资者,相当于公开募集。存在的难度同样是平台推广和资金募集问题。

二是虚拟信用卡业务,这是一种比较创新地运用了"特定合成"思想和技术的模式。司机在自身的运营过程中,需要去加油站、4S店等商家,进行加油、汽修、购买配件。由于司机的运费存在结算周期,有的时候司机在短期没有资金支付费用,在运费结算后才有支付能力。司机可以通过在这些商家进行销售、挂账获得资金。商家将这些司机的应收账款转让给租赁公司获得资金。然后,司机再定期向租赁公司还款。

这一模式相比 P2P 借贷模式有几个方面的优势,但是对互联网平台的系统设计与开发提出了挑战。

优势在于:(1)通过这种方式提供资金给司机,能够更紧密地和司机的经营相结合,防范了司机借款用于赌博、消费等其他用途,更有利于控制风险。商业银行通常通过委托支付,来使用这种风险控制手段。(2)可以有效整合线下的加油站和 4S 店等商家。租赁公司提供信贷支持给司机,某种程度影响或掌握了司机的购买行为,从而租赁公司可以将业务导向特定的商家。如果业务规模足够大的话,商家为了自身业务的增长会愿意提供更优惠的价格,相当于租赁公司组织司机们进行团购。(3)商家本身也有资金需求和闲余资金供给,可以参与到互联网平台的金融交易当中。

◎ **基于金融工程的抽象设计:系统的账户体系与数据库表结构**

我们在设计系统的时候,充分参照线下的金融系统设计,将其互联网化。账户体系分为资金结算账户和金融产品账户。

资金结算账户的设计类似央行和商业银行的账户体系。租赁公司在商业银行开设一个独立的用于互联网金融平台业务的资金结算账户。这个账户和租赁公司自身开展其他业务的银行账户是相互隔离的。在互联网金融平台当中,每个平台注册的主体都有一个资金结算账户。这些主体的账户实际上是互联网金融平台业务账户的子账户。这些账户拥有的是对租赁公司运营的互联网金融平台的债权或债务。

互联网金融平台的各方主体在平台进行各类金融交易,这些交易不是直接达成的,主体之间不是直接形成债权债务关系,而是通过金融产品的创设和交易来实现。这是基于线下证券化业务对金融业务的抽象,这种抽象使所有的金融业务都可以变成证券的创设、一级发行、二级交易。这种抽象其实也运用了面向对象编程的思想,主要处理的对象是金融产品(证券)。通过这种处理,我们能够以一种业务架构(即证券化业务架构)来处理各种金融业务,包括借贷、供应链金融、虚拟信用卡等。以本书主张的抽象思想而言,这些业务的差异只体现为证券产品的现金流结构不同。

比如 A 向 B 借款,就形成了 B 对 A 的债权。一种模式是,分别在 A 的账户借记和在 B 的账户贷记一笔金额。另一种是证券模式,A 发行了一笔债券,B 认购了债券(或是债券的一部分)。A 不是直接和 B 的账户有关联,而是和发行流通的证券产品的账户关联。这样操作的前提是,每个互联网金融平台的主体都有一个金融产品账户。

互联网金融平台有个产品登记账户,相当于线下体系中的中证登公司。产品登记系统记载了证券产品的相关要素,包括证券的持有人、证券的发行人、证券的抵质押状态、证券的现金流,等等。

根据本书对金融产品的抽象,债券、股票、期货等这些金融产品本质都是一系列状态依附的现金流。因此,通过定义相应的现金流,系统就可以实现各类金融业务。

◎ **前台功能实现与后台数据库的运算逻辑**

互联网金融系统的数据库结构如表 7-1 至 7-4 所示。

表 7-1 用户账户表

用户 ID	资金借方余额	资金借方受限余额	持有证券 ID	持有证券数量

表 7-2 证券特征表

证券 ID	证券发行人	证券发行时间	证券现金流

表 7-3 证券现金流量表

证券 ID	时间	现金流入或流出

表 7-4 证券登记表

证券 ID	证券持有人姓名	证券持有人份额

基于以上数据表,我们通过模拟情况来演示不同业务流程和数据表的数据运算的关系。

客户注册后,获得 ID(Boren),生成一条用户记录。用户在平台投资要进行充值,如果充值 5,000 元,相应的资金借方余额增加 5,000 元。用户可以从平台提现,提现数额的上限为其资金借方余额。

表 7-5 模拟情况下的用户账户表

用户 ID	资金借方余额	资金借方受限余额	持有证券 ID	持有证券数量
Boren	5,000			
C	1,000			
D	1,000			

A 客户想要借钱 1,000 元,期限为半年,月利率为 1%。根据证券化系统,这是客户想要发行 1,000 元的债券。系统根据 A 客户的融资需求,生成一个 Bond001 的证券特征表记录(表 7-6)和相应的证券现金流量表(表 7-7)。

表 7-6 Bond001 的证券特征表

证券 ID	证券发行人	证券发行时间	证券现金流
Bond001	A	2020 年 5 月 18 日	

表 7-7 Bond001 的证券现金流量表

证券 ID	时间	现金流入或流出
Bond001	2020 年 5 月 18 日	-1.00
Bond001	2020 年 11 月 18 日	1.06

系统设计时,将证券进行了标准化,以 1 元为最小单位。A 要发行 1,000 元的债券,不是发行了一张面值为 1,000 元的债券,而是发行了

1,000 张面值为 1 元的债券。这种标准化处理可以方便证券的交易流通。对于现金流的定义则进行了离散化，将连续时间离散为每日处理现金流。

有 Boren、C、D 分别认购 300 元、300 元、400 元。交易成功后，数据记录情况如表 7-8 所示。

表 7-8 交易成功后的数据记录情况

用户 ID	资金借方余额	资金贷方余额	持有证券 ID	持有证券数量
Boren	4,700	0	Bond001	300
C	700	0	Bond001	300
D	600	0	Bond001	400
A	1,000		Bond001	-1,000

A 的 1,000 元债券发行成功之后，在其资金借方余额增加 1,000 元，A 可以提取。

2020 年 5 月 18 日，Boren 和 C 分别将债券转让了 200 份给 D。转让价格为 1.01 元。

表 7-9 转让后的数据记录情况

用户 ID	资金借方余额	资金借方受限余额	持有证券 ID	持有证券数量
Boren	4,902	0	Bond001	100
C	902	0	Bond001	100
D	196	0	Bond001	800
A	1,000		Bond001	-1,000

系统每日对证券的现金流进行判断和处理。根据证券特征表和证券现金流量表，2020 年 11 月 18 日，系统将 A（系统判断其为发行人）的资金借方余额减少 1,060 元，持有证券数量余额增加 1,000，和之前的 -1,000 数量相加，余额为 0。Boren 的资金借方余额增加 106，持有证券数量减少 100，C 的资金借方余额增加 106，持有证券数量减少 100，D 的资金借方余额增加 848，持有证券数量减少 100。

第七章
互联网金融创新的工程学分析：蚂蚁金服的案例分析与金融系统工程设计

系统运用金融工程对金融产品的抽象方法，参照线下的资金结算账户和证券账户体系，将所有金融业务都抽象为证券业务，包含证券产品的生成与发行业务、证券产品的流通与交易业务，以及证券产品的衍生业务，使系统架构大为简化，可以同时支持多种业务。实现不同业务的关键在于证券现金流量表确定不同的现金流特征。

假设 A 要转让 1,000 元的债权资产，只需要先创设一个特定的证券 Bond002，这个证券的现金流就是债权资产的现金流。在证券登记表中，将证券的持有人记为 A。A 可以通过系统将证券转让来获得现金。这是对线下资产证券化业务的特定合成。

系统可以创设一种"多空宝"产品。此处只是作为虚拟案例，现实中受到法律约束。比如，有一种产品，针对每个交易日的沪深 300 指数进行对赌，如果上涨，则多方获得；如果下跌，则空方获得。系统如何操作？

首先，某方发行一个产品，这个产品既可以多宝产品，也可以是空宝产品。

多宝产品的现金流情况如下：当某个交易日如 5 月 18 日，沪深 300 指数上涨，则多宝产品的发行方获得 1 元的收益，购买多宝产品的投资者支付 1 元的赔付；如果沪深 300 指数下跌，则多宝产品的发行方支付 1 元的赔付，购买多宝产品的投资者获得 1 元的收益。这是一个多空双方对赌股市涨跌的产品，简单粗暴，非常适合中国大众投资者的心理特征。

空宝产品的现金流与之相反：当某个交易日，如 5 月 18 日，沪深 300 指数上涨，则空宝产品的发行方支付 1 元的赔偿，购买空宝产品的投资者获得 1 元的收益；如果沪深 300 指数下跌，则空宝产品的发行方获得 1 元的收益，购买空宝产品的投资者支付 1 元的赔付。

下面仅以多宝产品为例来展示产品的创设过程。

根据多宝产品的现金流情况,定义其证券现金流量表。

表 7-10　多宝产品证券现金流量表

证券 ID	时间	现金流入或流出
F0518U	2020 年 5 月 18 日	-1.00 或 1.00

系统每日收盘后,根据当日沪深的涨跌情况来确定现金流,如果上涨,则为-1.00,意味着资金从证券持有人流向发行人;如果下跌,则为1.00,意味着资金从发行人流向证券持有人。证券的现金流情况依赖于股票指数的情况。这是一种衍生产品。

此处,非常能够体现金融工程对金融产品或证券的抽象定义,即一系列状态依附的现金流。衍生品和其他金融产品也不存在本质区别,只是依附的状态条件不同而已。保单也是一种状态依附的现金流,只不过依附的不是某种产品的价格,而是某类特定事件(如火灾)的出现。因此,系统也可以用来进行保险业务。

下面进行更具体的演示:5 月 18 日 14 点前,系统中的用户可以创设 F0518U 产品,这里的 F 是期货的英文简写,U 是上涨的英文简写。F0518U 就是针对 5 月 18 日沪深 300 指数的多宝产品。假设 A 想创设 1,000 元的多宝产品。首先,系统要检测其资金账户余额有无 1,000元。创设多宝产品的上限不能超过其资金账户余额,用以保障 A 具备偿付能力。创设之后,相应的资金从资金账户余额划至资金账户受限余额。资金账户受限余额相当于保证金账户,用户不能自由支配。购买多宝产品的投资者,在购买时不需要支付现金流,也是相应地将其资金账户余额划至资金账户受限余额。

A 发行 1,000 元多宝产品。Boren 和 C 各自认购 500 元。此时系统的数据情况如表 7-11 所示。

表 7-11　多宝产品认购后系统的数据情况

用户 ID	资金借方余额	资金借方受限余额	持有证券 ID	持有证券数量
Boren	4,500	500	F0518U	500
C	500	500	F0518U	500
A	0	1,000	F0518U	-1,000

15 点,股票收市,5 月 18 日的涨跌情况确定。如果上涨,则 F0518U 的证券现金流量表的数值取为 -1.00。Boren 和 C 各持有 500 份,因此,系统将资金借方受限余额减少 500,同时将持有的 F0518U 证券的数量减少 500。A 持有 -1,000 份,因此,系统将资金借方受限余额 1,000 元,转至资金借方余额,同时增加资金借方余额 1,000 元,增加 1,000 份 F0518U 证券,A 持有该证券的数量变为 0。

在 15 点前,用户还可以将持有的多宝产品的空头头寸或多头头寸进行转让。在这里,A 是多头头寸。系统持有证券数量为负。从系统的角度来看,多头的持有证券数量为负为正,都是一种定义,无关紧要。系统程序只是根据其进行条件判断,并且和现实的现金流支付进行对应。

系统的上述业务,是对期货交易所业务的特定合成。在此基础上可以设计更为精细的衍生产品。上述案例是介绍现实中曾经出现过的金融创新产品的真实设计思路和具体设计情况,希望可以帮助读者了解金融工程的理念。

下面再来演示系统用于虚拟信用卡业务的情况。假设司机每月加油需要 1 万元来加油,但是没有流动资金。此时,司机便可使用系统的虚拟信用卡功能。互联网金融平台首先要促成线下加油站和 4S 店加入系统,类似于银行卡发卡机构推行 POS 机和支付宝推广线下扫码器的模式。加入系统的商家越多,越有规模效应。系统基于对司机的信用评估,给予其 10,000 元的授信。

司机前往加油站时，不需要支付现金，而是由系统生成一个产品。产品的发行人即借款方，是司机；投资者即提供资金的一方，是商家。虚拟信用卡业务与P2P的区别在于，每日商家可以将持有的这种类型的产品，出售给租赁公司（互联网金融运营的主体）进行结算，获得资金。后续，司机将欠款支付给租赁公司。

租赁公司相当于发卡行。租赁公司将自身的信用嫁接给了司机，使商家愿意为司机提供信贷支持。如果没有租赁公司，商家由于不了解司机的信用情况，也缺乏相应的信用管理和风险控制手段，本来不愿意为司机提供信贷支持。

基于这个系统，还可以设计类似储值卡的产品，司机可以用自己资金账户余额的资金认购租赁公司发行的消费券，凭借消费券到加入系统的线下商家消费，获得一定的折扣。商家再将持有的消费券到租赁公司结算，获得资金。读者可以自己推演这些业务开展过程中，系统底层数据库运行的情况。

以上案例有助于我们理解信用卡和储值卡的运作机理。其中，核心是提供信用中介的发卡机构。同时，我们发现线下各种复杂的金融业务本质上都可以由几种简单的金融业务构成。这正是金融工程的基本思想的体现。

◎ **总结：系统的实际运用情况与面临的问题**

本节介绍的系统是在现实中真实运行的系统，但是系统运行并没有使该租赁公司获得预期的结果，主要是运营的原因而非技术的原因。前面分析过，互联网金融平台发展用户需要巨额营销支出，发展商家需要大量的线下业务开拓团队，等等。互联网金融具有规模效应，如果达不到一定的规模，就无法实现效率和盈利；另外，政策也对互联网金融有所限制。

第七章
互联网金融创新的工程学分析：蚂蚁金服的案例分析与金融系统工程设计

互联网金融系统运行的情况进一步表明，金融工程更重实践而非理论。在现实中，金融业务的开展能否成功，既取决于金融工程或者技术，更取决于金融机构的实力。正如本书其他章节所展示的，华尔街的大型投行(如高盛)之所以能够成为资本市场的核心主导企业，根本在于其上万亿美元的资产负债表和敢于承担风险的资本投入。国内当前将投资银行理解为一种轻资本的业务，是一种理解误区。

金融工程师的经济工程学

次贷案例的总结以及金融驱动的现代经济体系

第八章

第八章
金融工程师的经济工程学：次贷案例的总结以及金融驱动的现代经济体系

本书基于对美国次贷危机的演化历史研究，认为次贷危机的直接原因是美国宽松的货币政策推动了的房地产价格快速上涨，导致泡沫产生。最终在货币收缩的情况下，房价泡沫的破灭引发违约，进而引起社会整体信用收缩，导致金融体系出现严重的问题。

有很多人认为，资产证券化的创新以及信用衍生品的大量运用，对次贷危机负有重要责任。从金融工程的角度而言，这种观点是错误的。

根据金融产品抽象的方法，所有金融产品都是一系列状态依附的现金流。在现实金融世界里，通过组合各种不同的金融产品，可以构建我们期望的现金流，即期望创设的金融产品。也就是说，即使没有资产证券化创新和信用衍生品，也同样会有其他金融产品能够形成和资产证券化产品类似的现金流，并且发挥同样的作用。

在先有货币宽松引起房价泡沫的前提下，后续如果货币急剧收缩，同样也会产生严重的危机。只不过不同的体系里，危机体现的形式会有所不同。比如，在商业银行主导的间接金融体系里，这种危机会体现在商业银行的大量坏账进而引发的银行业危机和信贷危机。典型的例子是20世纪90年代的日本。

因此，货币是理解危机的关键，具体的金融产品则是货币的运用工具。当然，金融产品不同，货币的运用会产生不同的效果。这是从金融工程师的角度来看待货币政策的实施等经济现象。

根据本书对金融理论和金融工程的划分原则，经济学说同样可以分为关于经济理论的内容和关于经济工程的内容，只是当前还没有类似于金融工程学的经济工程学。相比金融工程，经济工程是系统工程。在我国的现实中，发挥经济工程师职责的是经济决策部门的政策制度者，这些政策包括金融政策、财政政策、货币政策、产业政策、贸易政策等。这些政策从不同的层面对经济体系产生影响。

经济工程师和经济学家的不同之处在于,经济工程师更侧重理解经济现实问题,并且采取务实或创新的方式来解决经济现实问题;经济学家则更侧重于创新问题的发现和创新理论的研究。

由于我国的经济体系和制度在近几十年来处于快速变迁的阶段,理论往往跟不上实践的步伐,我们会观察到一个现象:我国的政策制定者基于现实、依据常识和工程学理论做出的正确决策,往往只是因为不符合经济理论,而遭到众多经济学家的批评和讽刺。

典型的例子就是 2008 年"四万亿"等经济刺激政策。在此之后的近十年里,中国经济仍然保持高速发展,而且物价稳定。换言之,从实证的角度,中国不但避免了经济崩盘,而且还实现了"无通胀的经济增长"。这是宏观经济政策实施的最高境界。但是,由于不符合一些经济理论的教条,这一系列政策受到大量的无端指责。

第一节　从系统工程的角度来看待次贷危机及现代经济的运行机制

1. 概述

如果从系统工程的角度来看待问题,我们对美国的次贷危机或金融危机或许会有另外一种不同的观点。金融系统是经济系统的子系统,经济系统则是社会系统的子系统。系统工程方法论要求,为了满足更高系统的利益,有时候牺牲子系统的利益是合理的。这一观点的推论是:金融危机或许对美国社会是有利的,是美国经济体系乃至社会体系得以运行的必要条件。

第八章
金融工程师的经济工程学：次贷案例的总结以及金融驱动的现代经济体系

马克思和恩格斯指出，经济危机是资本主义经济发展的必然产物。索罗斯在美国金融市场征战多年，观察现实总结经验，让我们再次回顾他的名言："世界经济史是一部基于假象和谎言的连续剧。要获得财富，做法就是认清其假象，投入其中，然后在假象被公众认识之前退出游戏。"

深入了解美国经济金融史近几十年的证券化泡沫发展历史，我们有理由认为，美国的次贷危机正是美国精英借助货币手段推动的措施，目的在于通过金融危机的损失，以牺牲子系统的利益来解决更高系统的问题。

社会是一个复杂的系统。社会系统为最高系统，下面有经济系统和非经济系统。经济系统包括实体经济系统和虚拟经济系统（金融系统）；金融系统又包括资本市场系统、商业银行系统、财政系统和民间金融系统。从系统论来讲，以子系统的效率损失或者破坏来满足更高系统的利益诉求，没有任何逻辑上的问题，也和绝大部分人对现实的认识即局部利益服从整体利益相一致。

本书认为，凯恩斯《就业、利息和货币通论》一书体现出了系统论的思想方法。书中关于节约悖论的讨论，正是认识到系统中各子系统之间的耦合关系，即一个子系统的支出是另一个子系统的收入。因此，传统观点认为节约是美德，子系统实施节约可能对该子系统是有利的，但是在子系统之间存在耦合的情况下，该子系统的节约行为影响了其他子系统，因为一个子系统的支出是另一个子系统的收入。有的时候，节约的确既对该子系统有利，也对其他子系统有利，并且对系统整体有利，但在另一些情况里，节约反而会对系统造成不利影响，甚至反过来对实施节约行为的子系统产生不利影响。意识到系统的复杂性，就需要对经济问题的具体情况做具体分析。

由于系统的结构复杂性,很多一度正确的经济观点变得不再正确,其正确性只建立在原先的特有形势下,这是凯恩斯《就业、利息和货币通论》写作的方法论基础。凯恩斯希望能够提出一个更一般的理论框架来分析经济现实。中国将英文书名中的 General[28] 翻译成"通"而不是"一般",有所偏差。凯恩斯的理论也不是通用的,只不过比之前的更加一般化。

凯恩斯创作《就业、利息和货币通论》的时候,正好与科学史上相对论和量子力学的发展时间非常接近。相对论将牛顿力学的特殊分析框架(即低速运行的物体)推广到更一般的情况,量子力学也是将牛顿力学的特殊分析框架(即中观和宏观的物体)推广到更一般的情况。

量子力学科学家将这种思考方式的原理,称为一致性原理(Correspondence Theory)。一致性原理体现为,相对论和量子力学没有否定牛顿力学,而是将牛顿力学视作其框架下的特殊情形。换言之,相对论和量子力学与牛顿力学是有一致性的。

凯恩斯曾写过《牛顿其人》,他本身具备很高的科学素养,并且对科学史有过深入研究。这绝对不是一种巧合。究根溯源,凯恩斯的思想本质上是科学的求真精神和工程学的务实态度结合的产物。

中国经济从学习国外发达国家开端,发展到如今取得重大成功。相比被模仿的对象所取得的成果,我国在发展中取得了更大的成就。当前中国面临的各种经济问题,已经无法再通过模仿和套用现有理论或教条来解决了,因而出现了否定西方经济学理论的言论。近年来,各种理论轮番登场,却又落败而去。政策和实践缺乏正确理论的指导,经济体系整体陷入了某种程度的迷茫。

根据笔者对科学史的了解和对科学方法论的理解,从方法论来讲,

---

[28] 原作书名为 The General Theory of Employment, Interest, and Money。

第八章
金融工程师的经济工程学：次贷案例的总结以及金融驱动的现代经济体系

需要一个更一般化的经济理论来解决当前中国的经济问题。这个理论将中国和西方都作为特殊的体系，在统一的逻辑框架推演下，一般理论加上特殊条件，能够同时解释中国的经济现象和西方的经济现象。这需要本书所涉及的科学和工程学方法论来实现。

2. 从系统工程的角度看待量化宽松（QE）和现代经济体系的运行

我们从 QE 案例切入，分析美国的"有形之手"是如何掌控经济运行的。

次贷危机之后，美国的金融体系遭到严重破坏，失去了正常的信用创造能力。这个时候美联储实施 QE，即量化宽松。国内当前对量化宽松的理解相对片面，更多是从经济学的角度出发，严重欠缺金融工程思维。

前文提到，经济学家看待金融问题与金融工程师看待金融问题的关键区别在于，经济学家是以一种相对宏观的视角来看待金融问题，将金融体系视作"黑匣子"，有时候会相对缺乏对微观机制的深入理解。

就 QE 而言，经济学家的观点认为这是一种非常规的货币宽松手段。之所以认为这种手段是"非常规"的，是因为很多经济学家预设了"常规"的货币政策手段，即利率、公开市场买卖操作、准备金调整这三类操作。

在出现"流动性陷阱"时，利率已经降无可降，央行无法再通过降低利率的价格型货币政策工具来实现宽松。因此央行自己购买国债、公司债等证券产品来推动货币宽松政策的实施。

这种观点的片面性体现在两点：一是从方法论的角度来说，没有运用实事求是及问题导向的工程师思维；二是没有理解现代经济运作和金融运作的高度关联性。工程师一切以解决实际问题为导向,不会预设前提和假设,也因此从来没有常规操作和非常规操作的区分。一切操作只以技术上是否可行和经济上的利益权衡为评估标准。

凯恩斯之所以能够突破古典经济学的束缚,也正在于他实事求是和问题导向的工程学思维。比如,凯恩斯认为工人的劳动意愿更大程度上是与名义工资而不是实际工资相关时,提到"人们有时说,劳动者抵抗货币工资的下降而不抵抗实际工资的下降是不合乎逻辑的""但是,不论是否合乎逻辑,经验表明,劳动者确实是按此行事的"。

这段话表现出非常典型的工程师或者科学家思维。在面对理论及逻辑的推论与现实测量结果的冲突之时,这种思维会选择现实测量结果。从这个意义上来讲,笔者一直认为凯恩斯是一位伟大的经济系统工程师。

关于这一点,凯恩斯在其《就业、利息和货币通论》中评论当时的央行货币政策实施时就指出:"这里的特殊分析是否有现实意义,取决于在现实中货币数量的改变和利息率的改变之间是否存在着特别密切或特别具体的关系。我们认为这种关系确实存在,其原因来自这一事实,即大致说来,银行制度和货币行政当局都是货币和债券的经营者,而不是资本品或者消费品的经营者。"[29]

凯恩斯进一步建议:"在货币管理的技术上,最重要的可行的改善之处也许是由中央银行按照规定的价格买卖一切期限的优质债券,而不是按照单一的银行利息率买卖短期票据。"并且他认为:"如果货币当局仅仅经营短期债券,那么,我们必须考虑到短期债券的现在和将来的价格对长期债券所施加的影响。"

美联储的"QE",包括后续的"扭转操作",即在不扩张资产负债表

---

[29] 约翰·梅纳德·凯恩斯,《就业、利息和货币通论》,商务印书馆,1999。

第八章
金融工程师的经济工程学:次贷案例的总结以及金融驱动的现代经济体系

的情况下,卖出短期限的资产,买入长期限的资产,扭转收益率的期限结构,这些操作都可以看作凯恩斯思想在现实中的一种运用。凯恩斯的本意是想表达,通过购买短期债券向金融体系注入流动性,固然可以降低短期利率,但并不必然会影响长期利率使其达到央行所期望的水平。而对于经济发展来讲,长期利率的下跌以及进而引发的实体投资和即期消费才至关重要。

美联储的 QE 操作更进一步,突破了凯恩斯的思想。在 QE 中,美联储不但像凯恩斯建议的那样"买卖一切期限的优质债券",而且还购买垃圾债券和高风险的次级贷款等有毒资产。

如何从系统工程学的角度去理解凯恩斯的观点和美联储的 QE 操作?笔者认为,二者的本质都是系统架构者直接控制子系统的运作,以满足上级系统的特殊需求。从系统架构的角度来看,这种操作系统架构者越过母子系统之间的常规接口调用,对子系统进行直接操作会带来意想不到的后果,影响系统整体的"鲁棒性"[30]。

有编程经验的人员都能够理解这一点。一个软件对于函数调用的技术规范是通过输入输出接口来进行的,而不能去修改函数内部的代码或者参数。调用某个特定函数的软件,可以视为比该函数更高的系统,该函数则可以视为子系统。软件调用该函数是为了满足更高系统的某个需求。软件越级改变函数代码存在高度风险,轻易不得为之。

然而"轻易不得为之",并不代表"不得为之"。是否"为之",仍然需要接受技术可行性和经济可行性的双重检验。先验地否定这种操作本身是一种教条主义,违背科学精神和工程学原理。

前文提到过,笔者认为伯南克的 QE 操作,是以中央银行家之名行投资银行家与对冲基金经理之实,伯南克完全做到了"破执"。为了达

---

[30] 计算机软件术语,音译自"Robust",即稳健性。

到复苏美国经济的目的,伯南克可以用任何手段,能够破除一切束缚和执着。

从系统架构的角度分析,在正常环境里,中央银行家是系统架构者,投资银行家和对冲基金经理则是系统架构师指导下的产品经理和项目经理。系统架构师引导或控制产品经理和项目经理的行为,是通过设置操作规范和改变全局参数变量来进行的。在现实中,制定各类监管政策相当于设置操作规范,而设置联邦基金利率相当于改变全局参数变量。

系统架构师通常不会直接干预产品经理和项目经理的微观操作,也不会越俎代庖,替代或修改产品经理和项目经理的工作。然而,当产品经理和项目经理无法正常履行职责且事态又特别紧急的时候,难道系统架构师即使任由系统崩溃,也要恪守成规?

凯恩斯在"大萧条"时期,提出政府投资的解决方案,这与当时自由市场主义的理念相冲突。自由市场主义的理念认为,政府作为系统架构师,不应该干预子系统的运作,更不应该替代子系统的运作,否则会影响子系统未来长期的运营。然而,当时的现实情况是,经济子系统已经崩溃,其结果已经恶化到影响上级系统即社会系统的稳定。如果系统架构师不出手干预,整个系统都将不复存在,更奢谈长期运行的效率。所以才有凯恩斯的辛辣讽刺名言:"在长期里,我们都死了!"

在伯南克的领导下,美联储直接购买次级贷款、垃圾债券等。这些投资之前都是由金融机构来进行的。美联储的资产购买体现出明显的结构变化特征。在 QE 前期购买的资产中,有大量的高收益债券和次级抵押贷款;后来,信用产品的比重逐步降低,回到传统的国债购买模式当中;再后来,为增加实体经济体系的投资诱导,改变长期利率居高不下的局面,美联储采取扭转操作,卖短买长,直接控制长期利率,使之达

第八章
金融工程师的经济工程学：次贷案例的总结以及金融驱动的现代经济体系

到央行的期望目标。

这样的结构变化以及扭转操作的目的是实现实体经济的资源有效配置。在次贷危机发生后的一段时间里，各金融机构受到有毒资产的影响，信用创造的能力受到影响。同时，由于金融危机的影响无法预计，加之经济前景不明，金融机构普遍出现"惜贷"现象。在这种情况下，美联储通过降低联邦基金利率或购买短期国债降低短期无风险利率，但是短期无风险利率的下降并没有带来长期无风险利率的有效下降，也并没有引起风险利差的有效下降。实体经济仍然面临着无法获得信贷支持的困境，甚至在货币紧缩的形势下，有可能出现连锁性的信用事件，引发经济危机。

这种情况意味着金融市场子系统运行失灵，系统架构师无法像正常情况下通过设置全局变量（短期利率）来控制子系统向目标方向运转。面对这种情况时，系统架构师有两种应对方式。

一种应对方式是等待子系统恢复正常，仍然由子系统发挥其职能。在此过程中，系统架构师协助子系统恢复正常运行。这是央行传统的处理方式。然而，在危机深重的情况下，这种方式所需时间太长，经济系统可能无法承受恢复期间的损失。

另一种应对方式是更高系统直接介入子系统的运作。既然金融市场出于自身风险偏好，不愿意为实体经济提供信贷，那么就由央行自己来购买。

伯南克一再强调，理解其行为的关键不是"QE"，而是"CE"（Credit Easing），即信用宽松。货币宽松不是目的，也不是达到目的的必然手段。将货币与相应的购买力输送到急需货币和央行所期望的主体手中，这种信用宽松才是实体经济恢复和发展所需要的手段。

然而，央行购买有毒资产存在巨大的风险。所幸后面美国经济复苏,美联储的操作不但没有付出投资损失的代价,反而还产生了一定的盈利,上缴国库。如果美国经济没有如期恢复,导致美联储的投资出现重大损失的话,那么伯南克必然责无旁贷!一旦到了这个时候,恐怕包括总统、国会、舆论、学术界等社会各界都会质疑美联储的行为动机,谴责美联储这种离经叛道的非传统操作,并且追究其"不当"行为造成的损失。

从整个事情的来龙去脉来讲,美国经济如果没有恢复,也是之前的种种原因造成的,与美联储的QE无关。从提供信贷支持实体经济发展的角度来看,购买有毒资产的操作是有利于经济发展的。没有QE这类操作,美国实体经济的发展会更差。然而,在一个以成败论英雄的社会里,谁会去为美联储做这样的考虑呢?正因如此,伯南克将这段经历写成回忆录时,命名为《行动的勇气》。为了全局的利益,而将个人得失荣辱置身事外,孤意担当,的确是需要莫大的勇气!

幸运的是,在信用货币体系里,央行掌握了足够的资金,几乎能够无限量地购买任何想要购买的资产。这给了伯南克足够的底气和操作空间。凯恩斯在创作《就业、利息和货币通论》时,中央银行的货币政策仍然受到黄金储备的制约,也使凯恩斯的货币政策建议仍然有一定的历史局限性。

能力越大,责任越大。信用货币体系下,央行掌握了经济体系最关键的资源,获得了前所未有的能力,必然需要承担起更大的责任。

近十年来,一个困扰我国经济的难题是中小企业和创新企业无法获得足够的金融支持。我国的银行体系和资本市场这两个子系统,在面对这个问题时,始终无法提供可行的解决方案。借鉴美联储的QE操作和系统工程思维来分析,这个问题一直无法解决,责任在谁?商业银行体系和资本市场自然存在问题,然而作为系统架构师的央行及相关

第八章
金融工程师的经济工程学：次贷案例的总结以及金融驱动的现代经济体系

政府部门，需要承担最后责任。

如果这个问题发展到积重难返的地步，央行不能再继续等待子系统的自行发展，因为时间来不及。中央银行必须有勇气越位，行使商业银行和资本市场的职责，通过购买高收益债券和购买股票，直接为中小企业和创新企业输送金融资源。

在央行直接为这两类主体输送金融资源的过程中，信贷市场、资本市场和实体经济的表现在一定的时间内会保持较好的势头。这也为商业银行和资本市场这两个子系统发展相应能力提供了良好的环境。在这个过程中，央行协助商业银行和资本市场发展出相应的解决中小企业和创新企业融资难的能力。

一旦商业银行和资本市场发展出相应的能力，能够自己解决问题时，作为系统架构师的央行应该逐步退出直接操作，就像如今美联储处心积虑且小心翼翼进行的"QE 退出"，一波三折，很多时候欲拒还迎。

之所以如此谨慎地退出，是有原因的。从系统论的角度而言，对金融系统进行 QE 操作，是对系统的巨大干扰，会给系统带来风险。因此，如果不是形势所迫，央行通常不会直接介入资产购买。然而，在系统已经有"QE"存在的环境下长时间运行之后，退出"QE"同样是对系统的巨大干扰。

系统工程论要求系统架构师介入子系统的前提是子系统失灵，介入后有两个方面的目标，一个是解决当前子系统失灵时出现的问题，一个是协助子系统恢复功能。

上面这一分析或结论的现实意义是，我国的经济刺激政策常常是快速推进之后快速退出，大刀阔斧。仅近十年以来，就已经有几个周期轮回。本书认为这种应急式的快速反应干预，能够解决当下的问题，但是如果变化过快，可能会使子系统无所适从，最终造成系统失灵。

3. 美国四十年证券化泡沫经济史：无心之举还是有意为之

下面先回顾近四十年美国证券化金融市场的发展和美国经济的表现历史，然后进行分析。

20世纪70年代，美国的资产证券化开始发展，起初主要是住房抵押贷款的资产证券化市场兴起。资产证券化的发展是美国后续证券化金融市场发展以及现代金融体系发展的基础或起源。没有资产证券化市场的发展，就很难发展起债券市场和股票市场。

证券化是将资产打包发行证券，按照资产未来的现金流折现进行定价，出售给各类机构。从定价难度来讲，现金流波动越大，定价越难。因此，先有资产证券化产品市场的发展，然后才有高收益债券市场的发展，后面才有纳斯达克股票市场的发展。这体现了事物发展从易到难的一种规律。我国近些年资本市场的政策，在资产证券化市场没有有效发展起来之前，推出私募债、新三板等市场，发展效果不尽如人意，原因也正在于此。

推动资产证券化产品市场发展的力量来自几个方面。

一是石油危机爆发，导致物价快速上涨，进而引发通货膨胀。美联储为了治理通胀，剧烈收缩货币。利率波动提高，市场利率风险和流动性风险增加。市场存在通过交易来管理风险的需求。

二是很多之前依靠吸取短期存款，发放长期个人住房贷款的储蓄信贷机构出现了流动性危机和财务恶化危机。为解决流动性危机和利率风险问题，这些机构选择将发放的贷款出售给华尔街的投资银行打包成证券销售，回笼资金。

三是美国的银行体系中，很多地方银行受到不得跨州开展业务的限制，业务集中在较小的区域范围内。这种业务区域分散的格局导致

第八章

金融工程师的经济工程学：次贷案例的总结以及金融驱动的现代经济体系

了金融市场的低效率。各地的利率都很大程度地由本地的资金供给和资金需求所决定，不同地区的资金供需关系不同，导致利率不同，由此市场产生了跨区套利的行为。资产证券化产品作为一种比较有效的跨区套利工具，获得了发展机遇。

20世纪80年代，随着通胀被成功控制，美国的长期利率出现了大幅下降，带来了固定收益市场、股票市场的一轮大牛市。在此期间，各类证券化产品都得到了较大的发展。美国的高收益债券市场也是在这一时期得到长足发展的。以信用卡应收账款、汽车抵押贷款为基础资产的ABS产品也开始出现并且快速壮大规模。

80年代中后期，一个对于证券化发展和资本市场发展而言最为重要的制度出台，就是"巴塞尔协议"的推出。巴塞尔协议要求银行为其持有的风险资产，按照相应权重计提风险资本，使得银行要么被逼将资产出售给投资银行进行证券化，要么被逼补充资本金。银行体系在巴塞尔协议的影响下，被迫去杠杆，出现了"金融脱媒"现象。

据统计，美国银行体系持有的金融资产从证券化初始阶段60%的水平，下降到如今仅超出10%的水平。华尔街的投资银行则趁势发展壮大，上市募集资金，做大自身资产负债表，还联合资本市场的其他机构，共同承接从银行体系转移过来的巨额资产，完成了美国金融体系的结构调整和现代化。20世纪80年代及之前的时候，可以视为证券化"打实基础"的阶段，为后续证券化推动资产泡沫的运行机制打下了基础。

进入20世纪90年代以后，美国的资产证券化进入一个高峰时期。在美联储货币宽松政策的推动之下，股票市场出现了"非理性繁荣"，纳斯达克市场如火如荼，出现了"市梦率"等各类"奇观"。美国的REITs也形成了IPO热潮。华尔街在此期间发出了"只要有稳定的现金流，就能够证券化"的宣言。随着新经济的发展,美国经济在此过程中拉开了与日本、德国等其他发达国家的差距。

本书提出美国是以证券化推动资产泡沫来刺激经济发展的观点,有历史的例证。国家强盛与资产泡沫,有无因果?谁是因,谁是果?很难说清,不能过于简单地下结论。

很多人对泡沫存在误解。人们普遍看到了泡沫破灭之后的惨烈景象,却没有同时考虑泡沫在形成过程中所发挥的作用。前者可以说是泡沫的成本,后者则是泡沫的收益。完整的经济分析,应该同时考虑成本和收益。

另外,资产泡沫破灭甚至财富损失本身也有一种价值——使社会财富实现再平衡。这一价值因时、因地、因策而有所不同。虽然财富损失对于经济系统而言毫无疑问是一种损失,但是或许对于经济系统的更上一级的社会系统而言,有巨大的价值。

格林斯潘因为20世纪90年代在任期间美国经济的优异表现而获得了无上声望。美国这时期的经济如烈火烹油的良好表现以及股市的飞天上涨,与格林斯潘推行高度宽松的货币政策有关。格林斯潘的货币政策存在一种非对称性。当经济下行、表现疲软或金融市场发生重大危机的时候,格林斯潘往往会通过下调联邦基金利率等货币宽松手段来救市;但是当经济恢复良好形势或股票形成上涨趋势之后,却往往没有采取加息等货币紧缩手段来对前期的宽松进行平衡。这也是"格林斯潘期权"的由来。

2000年,美国科技股泡沫破灭。后来在2008年的次贷危机发生后,格林斯潘受到"应该对科技股泡沫和房地产泡沫负责"的指责时,反驳道,"指望政策制定者发现投资资产泡沫的产生,并适时采取价格调整措施,这是极其不现实的"。格林斯潘对于资产泡沫的一向态度和措

第八章
金融工程师的经济工程学：次贷案例的总结以及金融驱动的现代经济体系

施,是当资产价格上行时,并不去判断市场是否存在泡沫,而在泡沫破灭之后,市场出现流动性不足引起混乱时,央行通过注入流动性来结束这种混乱。

运用常识进行推理就可以知道,"格林斯潘期权"的操作,是当经济表现良好,股市上涨时,央行不会紧缩货币,任其自然发展;当经济表现较差,股市下跌时,央行则会宽松货币。在某种程度上,货币政策为金融市场托底。无论市场是否存在泡沫,托底的行为必然会给市场带来泡沫。这个连大部分普通人都懂的道理,格林斯潘难道不明白?而且在科技股泡沫破灭,有了前车之鉴之后,格林斯潘仍然延续原来的宽松货币政策,推动起房地产泡沫。这难道不是一种不合常理的行为?背后的原因值得深思。

格林斯潘的博士生导师是曾任美联储主席的伯恩斯,经济金融理论功底扎实。格林斯潘大学毕业后不久就担任汤森-格林斯潘公司的合伙人,专门为大型企业提供经济咨询,对美国的众多行业如钢铁行业、棉花行业等进行过深入的研究,了解美国经济运行的底层细节。早在1959年,格林斯潘就在美国统计协会发表过一篇长论文,论述了金融领域和实体经济之间的联系。格林斯潘观察到,股票价格推动着企业的固定资产投资,而固定资产投资又驱动着美国经济的荣枯周期。后来,托宾将这一观点进一步发展,形成托宾 Q 理论,获得了 1981 年诺贝尔经济学奖。

通过格林斯潘的这段经历可以推断,其后续在 20 世纪 90 年代实行货币宽松政策,推动股票形成非理性繁荣牛市,进而带动新经济投资,早已有了理论基础,属于有意为之的行为。本书进一步认为,利率下行和股票价格上涨都是对价格机制的运用,都有带动经济投资的效果,形成凯恩斯所说的投资诱导。不同的经济结构下,这两种手段产生的结果不同。

21世纪初,美国经济在科技股泡沫破灭之后陷入低迷。中国当时很多在美国上市的企业也经受困境,股价低迷,募资困难,处在生死边缘挣扎。"9·11"事件发生之后,美国居民心理受到重创,消费者信心和投资者信心都受到严重打击,经济难改之前颓势,而且进一步恶化。在这种情况下,美联储连续降息,继续实现宽松的货币政策。

正如本书其他章节的内容所分析的,美联储在这一过程中,与"房利美""房地美"以及华尔街投资银行等其他力量配合,刻意引导货币流向房地产领域,催生了美国史无前例的资产泡沫。后面美国在资产泡沫过大以及物价上涨压力下,连续加息并且坚定维持利率高位较长时间,最终刺破地产泡沫,引发次贷危机。很多人将次贷危机归结于资产证券化以及华尔街投资银行,实际上是一种错误的认识。这一观点,本书第五章中保尔森做空次贷的内容已有分析,此处不再重复。

从系统工程的角度来看,以华尔街的投资银行为主导机构的资本市场体系对于美联储而言只是一个子系统。除了这一子系统之外,美联储还有商业银行体系子系统以及国有金融子系统。美联储所掌控的金融系统,则是经济系统的子系统。美联储虽然具备高度的独立性,但这种独立性是有限度的,是相对美国联邦政府而言的独立性。作为国会设立的机构,美联储最终需要对美国社会负责。

子系统的价值取决于满足更高系统需求的能力,它可以被视为母系统的工具。除非系统完全失灵,否则子系统的运作都处于母系统的控制之下。无论子系统还是母系统的功能失灵,最终承担主要责任的是更高系统的设计者和运行者。

本书主张的观点是,美联储是在有意容忍金融系统的局部危机或主动制造局部危机,以化解更高系统的危机。

第八章
金融工程师的经济工程学：次贷案例的总结以及金融驱动的现代经济体系

事实上，次贷危机之后，美国的资产证券化发展并没有因此受到影响。美国政府注入重资拯救"两房"。在市场化的证券化体系短期内丧失能力的时候，"两房"支撑起了绝大部分资产证券化产品的发行与流通。后续在新一轮的泡沫当中，华尔街的投资银行得以修复资产负债表，盈利能力较危机之前更是有了大幅的提高。这说明，无论舆论如何指责华尔街，从措施和结果来看，美国政府实际上并没有惩罚这些金融机构或者个人。

美国的经济体系在"QE"等一系列政策之下，得以从次贷危机中最终恢复。最令人难以理解的是，作为危机发源地的美国在危机之后的经济表现要远远胜过日本、欧洲等其他发达国家。美国的股票市场还出现了一轮史上最长的牛市，长达10年，涨幅高达3倍多。而处于危机外围、经济基本面优于美国的中国，其股票市场在10年后，股指仍然处于2009年的水平。

对比中美股市这十年反常的熊牛走势，笔者得出了观点：美国从20世纪80年代以来就一直在通过证券化推升各类资产泡沫，进而引导经济发展。也就是说，房地产价格或是股票价格，已经不是经济体系各方市场主体博弈后得到的均衡解结果，而是央行或者更高决策层面设置的政策变量，政策以此变量来引导金融系统和经济系统的运行，以实现更高系统的目的。

全面回顾一下近四十年来美国通过证券化引导货币催生资产泡沫，从而引导经济发展的历史，我们发现，美国的资产泡沫在房地产泡沫和资本市场泡沫之间不断进行轮换。20世纪90年代是资本市场的股市泡沫，21世纪第一个十年是地产泡沫，然后第二个十年又是股市泡沫。

当前美国的股市泡沫只是人为设定的政策变量，并不是经济基本面所决定或支持的正常价格。依照周期规律,泡沫必然将在特定时刻破灭,然后进入下一个周期。从历史周期率来推断,笔者预言美国的股票牛市可能在 2020 年到 2023 年间破灭。

美国不断从催生一个新的泡沫到刺破这一泡沫,然后切换到另一个泡沫。这样的轮回,背后的驱动力量是什么?其微观运行机制又是什么?前面提到美联储以金融体系的局部危机来化解更高系统的危机,更高系统的危机又是什么?为什么以金融体系的局部危机来化解?这种方式有何利弊?其他还有哪些方式可以化解?相比又有哪些优势和劣势?这些问题都值得深思。

4. 金融驱动经济运行的现代经济

现代经济体系里,从要素价格由市场决定转变成要素价格指导市场行为。更全面的理解是,要素价格既由市场决定,也在很大程度上是由非市场的力量所决定并且影响市场。要素价格与市场之间存在更为复杂的关系。两者谁为主导没有必然的逻辑,取决于特定的经济形势,需要实践人员观察和判断。这是在信用货币体系和国家深度介入经济活动的现代经济体系里,理解经济事物的基本前提。非市场力量主要是通过金融体系来影响与控制要素价格的。

要理解这些经济事物及其影响,首先需要理解为什么说股票牛市是人为设置的政策变量,以及人为推动股票牛市有什么意义。

股票牛市是人为设置的政策变量这一观点,似乎与我们大部分人所学习和理解的经济学常识相违背,然而这恰恰是现代经济体系运行的客观规律。经济体系从古典体系向现代体系的转变,出现在凯恩斯的《就业、利息和货币通论》出版之后的几十年期间。客观的衡量指标是财政收入占社会总收入的比重大幅增加和信用货币体系的建立,以

第八章
金融工程师的经济工程学：次贷案例的总结以及金融驱动的现代经济体系

及大量用于限定经济主体行为的法规。利用这些手段，政府几乎能够掌握经济体系的全部经济资源，并且非常细致地限制经济主体的自由。

很多深受传统古典经济学和金融学理论熏陶的人，可能很难接受"股票价格是由政策制定的"这一观点。然而需要指出的是，现实中，利率，即债券的价格，正是由央行等系统架构师作为外生变量输入到经济体系当中，进而通过传统的投资诱导机制来影响经济的发展。很多人能够接受经济形势越差，企业信用表现越差，反而债券价格更高的"反常"事实，却很难接受股票价格脱离基本面，在经济形势越差、企业业绩表现越差时，股票价格反而越高的"反常"事实。

当然，由于股票价格相比债券价格的波动性更大，受到的影响因素更多，政策对股票价格的制定难度更大，也就容易发生股票价格失去控制、走势偏离政策目标的现象。理解"股票价格是由政策制定"的关键，是要认识到股票价格由政策制定，是相对的而不是绝对的。政策实施者同样受到外部力量约束。股票价格既由政策制定，又受到其他因素影响。

在次贷危机后，美国通过宽松的货币政策推动股票资产泡沫，这种操作与之前三十年的操作并没有区别，只不过这一次，资产类别从房地产重新转向了股票。

21世纪前10年推升房地产泡沫的政策意图，一方面是回应"美国梦"的民意诉求，另一方面是为了拉动投资和消费，为经济注入强心剂。21世纪第二个10年，推动股票泡沫的政策意图，一方面是用新的泡沫承接前一个破灭的泡沫，以避免社会整体的信用收缩；另一方面，则是为了促进创新经济的发展。

美国的创新经济发达与美国的资本市场高度发达有非常密切的联系。这一结论已经被很多人所接受。然而，创新经济发达与资本市场发达之间的微观机制仍然有待进一步理解,托宾 Q 理论在国内并没有得到应有的重视。

运用工程学的分析框架,更确切地说,除了高度发达的资本市场,创新经济的发展还需要一个处于牛市的"超常发挥"的资本市场。资本市场系统的职能发挥体现在两个方面:一个方面是该系统本身的结构构成,决定了该系统正常情况下能够发挥的职能;另一个方面是这个系统的状态,状态会影响系统职能的发挥程度,状态好是超常发挥,状态不好则是低水平发挥。

要理解上述资本市场发挥职能的本质,需要从宏观经济学的投资诱导来解释。经济发展最终取决于投资诱导和投资的有效性。

传统的投资诱导是基于传统的项目财务分析,即项目的净现值,通常由项目的融资成本和项目的预期收益率决定。项目预期收益率大于项目的融资成本,则净现值大于 0,意味着有利可图,从而产生投资诱导。传统的货币政策通过降息提高投资诱导,也是基于这一框架。当经济下行时,社会上存在的项目预期收益率下降。这个时候,如果利率不下降,那么很多项目将变得无利可图,从而不会产生对这些项目的投资。包含投资需求减少在内的有效需求不足,会使宏观经济失衡。中央银行通过降低利率,重新使项目的预期收益率高于融资利率,引发微观经济体的投资行为,来实现宏观经济的平衡。

然而,当前的经济现实中,很多企业家投资项目并不是完全通过自融满足资金需要,还需要金融体系提供信贷资金或股权融资资金。在一些特殊的情形下,由于金融市场的风险偏好下降或摩擦成本的存在,央行降低利率,企业产生投资需求,但是金融市场惜贷,不愿意提供信贷资金。这种情况下,美联储直接购买垃圾债券,将信贷资金提供给这些主体。

第八章

金融工程师的经济工程学：次贷案例的总结以及金融驱动的现代经济体系

新经济的投资诱导和传统的投资诱导不同,传统的降息和信贷宽松无法为新经济提供足够的投资诱导,而新经济的投资诱导更多来自股票价格的上涨。

1999年,科技股泡沫破灭之后,私募股权和风险投资急剧萎缩。美国很多互联网企业融资困难,纷纷倒闭。我国的网易、新浪、搜狐等互联网企业在当时经历了生死考验。马化腾到处探询,准备将腾讯低价转让。据传阿里巴巴也在四处寻找资金,以求过冬。从现实情况来看,没有牛市就很难有新经济的繁荣。

从理论的角度,托宾Q理论能够微观地解释股票牛市和创新新经济发展之间的微观关联机制。托宾的理论风格是将金融微观与宏观经济高度融合。笔者认为,托宾是凯恩斯的衣钵继承人,是最符合凯恩斯风格的金融学家和经济学家。

托宾Q理念中的"Q"是指企业股票的市场价格与其重置成本的比值。企业股票的市场价格就是当前资本市场对该企业的估值。显然,市场价格与股票市场的状态高度相关。基本面相同的公司股票,在状态好的时候即牛市里的市场价格,与状态不好的时候即熊市里的市场价格,两者相差十万八千里。重置成本就是通过投资新建该企业所需要的成本。

"Q"值大于1,表明资本市场对该企业的定价(相当于企业的出售价格)比投资去获得该企业的成本要高,意味着投资该企业股权之后,在资本市场上出售该企业的股票能够有利可图。"Q"值越高表示利润空间越大,会有更多的企业家和金融家被吸引,参与到企业的创业之中。这就是新经济的投资诱导。

传统经济的投资诱导通过降低利率可以达到,而创新经济的投资诱导则需要通过牛市推升股票价格来达到。微观层面的原因是传统经济和创新经济的投资收益分布不同。

无论是传统经济还是创新经济,投资回报都不是完全确定的。只不过从微观金融的角度来看,前者的投资是有风险的(risky),而后者的投资回报是不确定的(uncertain)。"有风险的",通常是指人们在心理上对投资收益的概率分布有一个大致的认识,能够根据概率论计算期望值。"不确定的",则是指人们对投资收益的分布完全没有任何认识。人们唯一能够确定的是,投资收益具备不确定性的事实。

有风险和不确定的差别,导致了人们事前进行的投资决策态度不同。其他条件相同的情况下,投资者更愿意接受有风险的项目而非不确定的项目。

另一方面,传统经济投资的都是基础设施、厂房、固定资产等工业化时代的典型资产。这些投资的收益是有风险的。以房地产为例,房地产投资的收益特征是有风险的,体现在房地产项目的收益与房屋销售价格相关。而房屋销售价格有一个相对可信的当前价格可供参考。考虑不同情境下的房价变化可以得到投资收益的分布情况,然后通过计算可以得到期望收益率。这一期望收益率与融资利率加上投资者因为承担风险而要求的风险补偿率,将两者进行比较,如果期望收益率更高,则项目可行,可以投资。

现代经济投资的更多是专利、品牌、消费者认知度、流量等无形资产。这些资产需要与企业其他生产要素如人才、固定资产等结合起来产生收益,因而收益的分布特征是高度离散的和不确定的。

很多创新经济体中的投资,如京东商城、瑞幸咖啡等这类企业,如果成功,则市值百亿甚至千亿元,投资者收益在几十倍、几百倍;如果失败,则投资者收益基本是负的100%。

另外,很多创新经济中的企业,从企业创办到产生盈利并且能够持

第八章
金融工程师的经济工程学：次贷案例的总结以及金融驱动的现代经济体系

续生存下去这一过程需要很长时间，需要多次投资。在这个实现盈利的过程中，企业从现金流量的角度来看没有价值，只有期权价值。

在新经济体中，创新企业的成败和融资利率的几个百分点的上下变动，两者之间几乎没有关联。央行通过降低利率这种传统的货币政策手段，对创新经济的投资诱导无法产生足够的影响。

投资者面对这种高度离散的收益特征，会天然产生畏惧心理。另外，过长的回收周期也增加了收益的不确定性，使投资者排斥这类投资。社会需要提供新的激励机制，即新的投资诱导方式。

这种新的投资诱导就是企业股权的上市和股权在牛市中的高估值，尤其是企业在自身实现盈利之前就将股权上市。这一点对于投资者来说非常重要。有了这一机制，投资者投资企业，可以不需要向房地产投资那样通过房地产自身的销售实现盈利。投资者可以将企业股权在股票市场销售来实现盈利，即使这个时候企业本身还远没有到达盈利的状态，甚至可能企业永远都无法实现盈利。

可以看出，在传统经济中，投资是通过产品市场实现盈利的，而在现代经济中，投资是通过要素市场实现盈利的。虽然要素市场的盈利最终取决于产品市场的盈利，但是中间受到预期等各方面的因素影响，两者并不完全一致。

根据现实观察，企业股权上市的难度，既与企业自身的状况有关，也与股票市场的牛熊状态有关。牛市中，资产更受追捧，企业股权更容易上市变现，企业也更容易从市场募集到资金用于自身发展。因此最为关键的是牛市。

从这个角度来说，无论是格林斯潘时代的"非理性繁荣"，还是21世纪最大的股票牛市，完全可以看作美国政策为推动创新经济发展而提供的"人造牛市"。

人们对股票市场的表现与实体经济情况的关联关系的认识经过几次转变,这些转变与经济体系和金融体系的发展有关。一开始,人们认为股票市场是经济的"晴雨表",即股票市场的表现反映了经济运行的状态。如果经济运行情况良好,则股票市场表现为上涨的牛市。如果经济运行情况较差,则股票市场表现为下跌的熊市。后来,人们发现股票市场的表现和经济运行的情况并没有这样严格的对应关系。股票市场的表现会随着经济运行的基本面情况而波动变化。有投机大师提出了"股市如狗"的比喻:股票市场就像一条跟着主人行走的小狗,主人就是经济。小狗一会儿兴奋地跑到主人的前面,一会儿疲惫地落在主人的后面。

然而,到了现代经济中,这一观点需要进一步修正。正确的理解是,股票市场是一个经济系统架构师可以用来实现经济系统特定目标的工具。央行等系统架构师通过推升股票市场的价格,通过创新经济的投资诱导机制引起人们对创新经济的投资,以及通过财富效应来刺激消费。股票牛市可以用来促进经济发展。这种情况下,股票整体的价格不是由经济基本面和企业整体情况决定的因变量,而是反过来用于影响经济基本面和企业整体情况的自变量。这一自变量,是由央行等系统架构师外生输入到经济体系中的。

股市是经济的"晴雨表"或"股市如狗"的观点,更多地反映了资本主义早期发展的情况,当时的股票市场规模很小,其发展对经济的影响几乎可以忽略。工业化经济时代,社会的投资诱导主要依靠利率工具,对股票价格的依赖很少。

从系统论的角度理解金融市场与实体经济的关系,能够让我们更加深刻地认识现代经济。从系统工程的角度,包括股票市场在内的金融市场可以视为经济系统的子系统,金融市场的存在和运行是服务于

第八章
金融工程师的经济工程学：次贷案例的总结以及金融驱动的现代经济体系

更高的目的。

当经济系统需要金融市场以一种特定的状态运行时，显然金融市场必须服从经济系统的要求。股市作为子系统，如果只是经济的"晴雨表"或如"狗"那样围绕经济体系的表现进行波动，那么这种子系统充其量是一种监测经济运行状况的子系统，其功能和经济统计部门相似，其存在的价值和意义将大为降低。

股票市场的表现会影响到实体经济的基本面，索罗斯在其反身性理论之中有过详细讨论。因此，问题的焦点不是股票表现是否会影响经济基本面，而是美联储作为系统架构师如何获得掌控这一工具的能力和权力。

事实上，美联储在推行信用货币制度之后，几乎已经彻底获得了掌控金融市场的能力。美国接受由美联储制定利率，而不是由实体经济和金融市场运行决定"均衡利率"的事实，意味着美国社会承认了美联储掌控金融市场的权力。这可以视为以现实主义哲学立国的美国在应对经济现实问题时作出的现实选择。

原先的美联储对金融市场的价格管理，更多是从宏观的角度利用宏观变量如联邦基金利率、货币供应量来进行管理，借由金融市场的微观博弈来对具体资产进行间接定价，充分发挥金融市场子系统的定价职能。

然而，在"QE"操作过程中，美联储通过直接购买垃圾债券和次贷支持证券，对微观资产进行直接定价。这是一种突破，本质上也是凯恩斯经济工程思想的具体应用。在此过程中，美联储没有直接购买股票来直接干预股票价格。当前美联储仍然是通过金融市场来对股票市场价格施加影响的，是对股票价格的间接管理。美联储对股票市场的引导方式包括降低利率等货币宽松手段、窗口指导等预期管理等。基于美联储和资本市场的默契,这些现有的手段足以达到美联储的股市价格管理目标。从系统论的角度来讲,美联储的目标实现有赖于资本市场子系统的功能正常发挥。

实际上,美联储不直接购买股票,并不意味着美联储购买股票存在什么不可逾越的天然障碍。日本央行曾针对日本的经济情况,直接购买了大量的股票,试图推升日本牛市以提振经济。美联储是否应该购买股票,需要接受技术可行性和经济可行性的双重检验。在美国的分权政治现实中,美联储要想获得相关的权力,还需要经过利益集团的政治博弈。

从自由放任的资本主义发展到国家对经济进行高度管理的现代资本主义,自由主义和国家干预主义这两种宏观经济学思想,在持续的互相斗争中发展起来。有时是自由主义占据一定上风,有时则是国家干预主义占据上风,但是任何时候,都没有出现一种思想彻底压倒另一种思想的局面。这种现象本身就体现了一种现实主义。自由主义和干预本质都是基于特定情况下的不同选择方案。从大趋势总体来看,随着时间推演,国家对于经济的干预会越来越多。

如果说美国社会受限于文化、历史、制度等因素,央行通过炒股来干预市场这类举措存在较大程度的阻碍,那么作为有着计划经济传统和价格高度管制历史的中国,接受央行炒股的观点应该不存在任何问题。

要素价格是由政策制定来引导市场行为的现象,更是中国经济体系运行的常态。除了中外通见的利率这一资金的价格是由政策制定,以引导企业家、居民等投资、消费行为之外,中国还有很多这类现象。无论是之前工农产品"剪刀差"定价,还是石油价格,以及当前的房地产价格、汇率、学校教育收费、医疗,无一例外都受到政策的影响,政府以

第八章
金融工程师的经济工程学：次贷案例的总结以及金融驱动的现代经济体系

此引导中国经济体中的主体行为。

我国近四十年来的经济改革是从计划经济制度向市场经济制度转型，并且取得了非凡的经济成功。这期间形成的主流观点和政治正确就是批评政府对经济的控制，认为政府管得太多，政策需要从更"计划经济"向更"市场经济"的转变。然而，这种观点不符合科学方法论。

科学的思想方法不会先验地对计划经济和市场经济哪个更优进行判定，而是一切取决于事实和逻辑，在事实和逻辑发生冲突的时候选择事实。正如量子力学是反逻辑的排中率的，然而实验结果证实量子力学是正确的。这证明从大量事实提炼出来的逻辑规律也有可能是错误的或者片面的，有其正确的特定场合。

从逻辑上来讲，中国经济虽然是从侧重"计划经济"的制度向侧重"市场经济"的制度转型，然而伴随着四十年的经济成功，计划经济体系的很多制度其实仍然大量保留在当前的经济体系中。这些仍然保留的计划经济式的制度和新引进的市场经济式的制度，在中国经济高速发展期间共同发挥了作用。因此，四十年的经济成功，根本不能从事实上和逻辑上证明，计划经济中的制度都是错的。恰恰相反，单从事实上来看，中国的经济发展比其他国家更好，反而证明了部分保留计划经济式的制度可能更优。

近百年来，美国等资本主义国家对经济实施更多的国家管理手段。近四十年来，中国等社会主义国家对经济减少了国家管理手段。一个从市场经济的制度往计划经济的制度方向靠拢，一个从计划经济的制度向市场计划的方向靠拢，似乎都在寻求一种市场经济和计划经济的混合平衡，以获得经济绩效的最优解。

这就是现代经济的运行制度，制度同时包含市场经济成分和计划经济成分，系统架构师同时利用两种手段来影响经济的运行。哪些该管、哪些不该管、什么时候管、什么时候不管、如何管,这些问题体现出政府的水平和经济的现代化程度,可以用系统工程的方法来分析。

对于从事微观金融的人士来讲,进行投资时理解现代经济运行机制的这一特点以及揣摩政策非常关键。中国几次重要的投资机会,包括 2009 年和 2015 年的房地产价格大涨,2016 年的黑色系期货大涨,等等,都更多地与政策设定要素价格关系更大,而与市场决定要素价格的关系更小。国外的索罗斯做空英镑大赚、做空东南亚货币大胜、做空港币大亏等经典案例,也是从政府有形之手的角度分析更为合理。

5. 关于现代经济运行规律的总结

综合前文,本书总结现代经济运行规律如下。

一是现代社会里,政府对居民福利负有责任,并且有相应的权力采取各类措施为居民谋取福利。经济体系属于社会体系的组成部分。可以观察到的各国现实是,当经济出现问题的时候,政府必须响应民众的要求,对经济体系施加管理。也就是说市场处于政府之下,虽然各国政府在如何治理经济方面存在理念和手段的差异,但政府有权治理经济,并且凌驾于市场之上,这一点不存在争议。政府成为经济系统的总架构师。

二是随着时间推移,政府"有形之手"的发挥越来越多,作用越来越重要。财政收入占据国民收入很大的比例,并且比重逐步提高,政府直接分配资源的比重越来越多。政府通过制定越来越详细、复杂的经济法律、法规等制度,对市场主体施加了严密细致的影响。在很多行业尤其是金融行业,政府制定的制度非常微观地规定和指导市场主体的行为。

三是市场"无形之手"受到政府"有形之手"的影响。这一观点是本

第八章
金融工程师的经济工程学：次贷案例的总结以及金融驱动的现代经济体系

书关于经济方面最重要的观点。在信用货币体系中，政府掌握了货币发行权力以及相应的经济资源配置权力，借助宏观的货币政策和结构性的金融政策，可以引导甚至决定经济体系的资源配置。在这种情况下，各类商品的价格并不是完全由市场主体博弈而形成的均衡数值，而包含了政府意志的政策变量。政府对价格的关注和干预，从利率（资金价格）到CPI（一篮子消费品价格）再到资产泡沫（房价或股价），涉及的商品品种越来越多，干预也越来越微观和具体。政府通过设定商品价格来影响市场主体的行为，市场主体的行为反过来影响商品价格。各类商品的价格决定机制非常复杂。投资者进行各类投资时，需要考虑政府的意志及其对具体商品价格的影响。

在这个过程中，政府很多情况仍然承认并且尊重市场不可或缺的作用，但是已经破除了市场原教旨主义的教条约束。政府作为经济系统的架构师，将经济管理作为系统工程，综合运用市场化的手段和非市场化的手段来达到系统的特定目标。计划经济和市场经济之间的界限越来越模糊。很难说现代经济是有政府宏观经济管理的市场经济，还是政府利用市场微观配置能力的计划经济。

四是政府利用货币发行权和财政资金配置权以及如"两房"之类的政府发起机构，有意识地推动股票泡沫、房产泡沫等资产泡沫，借助泡沫的投资诱导作用和财富效应，拉动投资和消费以推动经济发展。但是资产泡沫的形成、发展及破灭，会导致经济体系发生周期性的金融危机。然而，这种周期性金融危机的发生，正是为了防范和化解经济危机和社会危机。从系统工程的角度来看，这是以子系统局部利益的牺牲，来换得更高系统的利益。

前面三点，已经有过不少学者及其论述进行了相关讨论。在此对第四点展开讨论。

美国的经济体系周期性地出现金融危机。金融危机是金融系统出现问题的外在表现。前文提到,美国在多次出现金融危机的情况下,并没有颠覆金融体系,也没有改变以货币宽松推动资产泡沫的运行机制。另外,自20世纪20年代出现经济危机以来,美国及其他主要的发达资本主义国家,虽然多次发生像通胀、金融危机等货币体系和金融体系的问题,但是经济体系没有出现过较大的危机。这或许表明,美国的金融危机是美国经济体系正常运行的必要机制。

金融子系统服务的更高系统是经济系统,再上面则是社会系统。为了更高系统的利益,可以牺牲子系统的利益。美国社会系统的最大问题是稳定与发展,影响稳定与发展的核心因素是如何进行财富创造和财富分配。

经济主体的资源禀赋、能力、勤奋和运气等不同,在经济体系中进行博弈之后,这些因素会导致经济主体的财富格局出现分化。

财富的分化与财富的不足一样,都会带来社会问题。这是人类天性中的嫉妒成分使然。通过财政手段进行二次分配来平衡财富结构可以一定程度地解决问题。然而如果使用过度,也会影响财富的生产。这是因为对于绝大多数的经济主体而言,财富积累是其进行经济活动的主要诱因,也是人类的天性。大部分人还没有达到"劳动是生活的第一需要"这种境界。

人类的嫉妒和追求财富这两种天性很难在短期内改变,政策的制定和实施需要顺应人类天性,而不是致力于改变人类天性。

财富创造的效率和财富分配的公平,两者之间存在着权衡取舍的关系。如何权衡取舍关系到社会系统的运行,这是社会系统的核心利益。

在面对这一问题时,主要的资本主义国家早期曾经基于历史惯性

第八章
金融工程师的经济工程学：次贷案例的总结以及金融驱动的现代经济体系

采取放任的态度，任由市场机制发挥作用，最终出现了严重的问题：对内是经济危机和社会危机，对外则是各资本主义国家之间的战争。由于贫富差距过大，富有者有钱但是边际消费低，积累的财富被用于投资。贫穷者有消费意愿，但是没有钱消费，这会导致富有者的投资形成的生产力，因为没有需求，而产生亏损甚至无法收回。最终，整个经济体系的有效需求不足，陷入萧条。在上世纪二三十年代美国经济大萧条的阶段，整个社会积累的资本等财富，相比之前要更丰厚，但是人们的生活却普遍不如之前。

凯恩斯观察到这种反常的现象，在《就业、利息和货币通论》一书中有完整的理论来解释这种现象并且给出应对的方案。之前的微观经济学将经济主体视为原子，在市场机制下，基于利益最大化开展活动。各类原子式的经济主体的活动，加总构成了整体的经济运行情况。这种观点忽视了经济主体之间的相互依赖。从系统论的角度看，就是没有考虑系统存在结构的分化、子系统之间的差异以及子系统之间的耦合。凯恩斯根据自身的观察否定了这种观点，由此创立了宏观经济学。根据本书的系统论观点，宏观经济学就是基于系统论的经济工程学。

经济资本积累越多，表明系统从整体而言，拥有的资本越多。但是人们的生活反而更差，显然表明系统存在结构问题。在凯恩斯主义流行之前，资本主义社会周期性地出现经济危机，经济危机严重时还会产生社会危机，社会危机一旦没有及时得到解决，会使整个社会崩溃。20世纪出现两次世界大战以及很多国家出现的革命运动，与资本主义社会出现的经济危机和社会危机有明显的联系。

经历过这样惨痛教训，如果继续采取对经济体系放任自由的方式，显然不再可取。

凯恩斯提出的解决方案，无论是货币政策，还是财政政策，最终都可以归结为让政府更深入地介入市场经济。政府作为系统架构师能够更加直接而具体地控制经济子系统的运行，而不是像之前一样，更多地只是充当规则制定与制度实施的裁判角色。

自凯恩斯《就业、利息和货币通论》一书出版以来，政府介入经济活动成为常态，尤其是在经济出现危机的时候，都有财政政策和货币政策出台。国外发达的资本主义国家自此之后，几乎再也没有发生过极其严重的经济危机和社会危机。

人类在面对财富创造和财富分配的平衡取舍时，在意识到完全放任的自由资本主义会产生严重的问题时，曾经有过三种解决方案。

第一种方案是苏联模式。苏联采取计划经济制度，相当于由系统架构师完全控制经济系统，系统的子系统都是按照系统架构师的指令运行。最终，因为要处理的微观经济信息过多，系统架构师无法处理如此繁杂的问题，这种机制便无法有效运转。从系统论的角度分析，对复杂的系统设计和运行，必须分而治之，将复杂的系统分成相对简单的多个子系统，子系统再细分子系统。不要说是经济这种复杂的系统，就连计算操作系统这类相对较为简单的系统，系统架构师也不可能全部亲自处理。结构化编程的思想正是用来解决复杂问题的方法和工具，其核心也是分而治之。因此，完全的计划经济不可行，主要原因在于经济系统的超级复杂性导致系统架构师不能胜任全部的资源配置工作，而必须将工作分解，借助市场、财政等子系统的运行。

计划经济体制的另外一个现象是社会的财富分配格局比较平均，人们的贫富差距较小。但是过小的贫富差距格局也抑制了财富的创造。最终，经济体系失去活力，社会陷入公平的贫穷。苏联社会通过进行意识形态灌输、教育归化、树立劳动者典型，促使人们努力工作和努力创造，但是最终仍然敌不过人类自私的天性。正如苏联的一个工人

第八章
金融工程师的经济工程学:次贷案例的总结以及金融驱动的现代经济体系

阶级的笑话:"他们假装给我们发工资,我们假装在给他们工作。"对于绝大部分经济主体而言,没有财富的激励便无法产生足够的努力动机。苏联模式最终失败。

第二种方案是欧洲新模式。这种模式的特征是高税收和高福利。高税收为高福利提供了支持,高福利部分解决了贫富差距过大的社会问题。但是高税收带来的问题和计划经济产生的问题有相似之处,同样会抑制劳动者的财富创造活动,最终使经济体系失去活力。

高税收还会带来社会主体的普遍反对。一种替代的方案是政府举债。根据李嘉图等价定理,政府举债和政府收税本质上是一样的。因为政府的收入来源主要是税收,政府的债务最终都需要税收来偿还。

李嘉图等价定理有一定的局限性,只考虑了债务最终被偿还的情形。然而,政府的债务除了偿还之外,还有一种可能性,就是债务可以无限期滚动,到了未来某个点,政府倒台或社会崩溃,债务最终没有被偿还或者被恶性通胀大量稀释。因此,政府举债受到债务可持续性的限制,当赤字率和债务率较高,投资者对政府债务的可持续性产生怀疑的时候,投资者会拒绝购买政府债券。这个时候,政府债务面临违约的问题。要么政府倒台社会崩溃,这种情况下显然政府债务不需要偿还,但是社会承担的痛苦非常巨大;要么政府紧缩财政,或提高税收,或紧缩财政支出的福利性开支,这一类选择更为常见。

这种紧缩性的财政政策使社会贫富差距问题重新浮出水面,最终仍然会引起社会动荡的问题。因此政府举债只是将问题延后的治标不治本的手段。

第三种方案是美国模式,美国模式的特点是除了通过财政进行二次分配之外,还通过金融进行财富的二次分配。这种操作使得虚拟财富和实体财富的结构出现不一致。虚拟财富分化很大,实体财富的分化相对较小。富人占有的财富大量都是证券等虚拟财富。这些虚拟财富对应的实际财富,则相对更多地被穷人占有。但是虚拟财富和实体财富在结构上的差异,最终会导致出现一种改变这种稳定平衡的力量,就是金融危机。

分析几十年来美国的证券化金融发展和经济表现可以看出,美国从20世纪80年代启动证券化市场的发展至后续运用证券等金融手段推动资产泡沫,不惜允许金融危机这样的"代价"定期出现。在社会经济发展和社会稳定之间进行平衡取舍,最核心的问题是财富结构的问题。美国是用金融子系统的危机来解决社会系统的问题,化解社会系统的危机。

美国模式介于放任的资本主义和欧洲新模式中间,采取了中庸的方式。美国模式的特点是更多地利用了金融市场。欧洲新模式中,利用政府举债而不是直接征税,本质上也是一种利用金融市场的手段。只不过如果仅仅运用这一种手段的话,只能使问题的暴露延后,无法彻底解决问题。

美国模式通过金融市场,使虚拟财富和实际财富之间出现了分离。富人更多地通过金融市场拥有虚拟财富,因而穷人可以更多地拥有实际财富。这相当于凭空创造了财富。举个简单的例子,一个国家的实际财富总计100万亿,一开始富人实际占有80万亿,穷人实际占有20万亿。政府举债60万亿用于为穷人提供福利,将实际财富从富人处转移至穷人。如此操作之后,富人持有政府的60万亿国债和20万亿的实际财富。而穷人占有了80万亿的实际财富。整个社会产生了财富幻觉,看上去有160万亿的财富。

通过金融市场,美国模式巧妙地利用了人们追求财富的动机和愿赌服输的天性,使财富的再平衡过程受到的社会阻力大大减少。从这

第八章

金融工程师的经济工程学：次贷案例的总结以及金融驱动的现代经济体系

个角度而言，笔者认为在现代经济中，金融系统最大的功能是消灭财富。消灭富人的虚拟财富，但是又不影响富人的财富创造动机或遭遇社会的反对，这是美国金融系统对美国社会系统发挥的重要功能。这种功能的发挥，是通过金融危机来实现的。

我们结合美国经济体系和金融体系的具体运行，就以上两个方面进行分析。

通过金融市场使富人持有虚拟财富、穷人持有实际财富的典型案例就是住房抵押贷款。穷人通过金融市场获得借款，可以购买房屋。穷人真实地占有了房屋并且从中获得了福利享受，这是一种实际财富；而富人拥有的是针对穷人的债权，这是一种虚拟财富。这种方式相当于凭空创造出了财富。

理解这个问题的关键是，富人虽然拥有巨额的财富，但是无法消费如此巨额的财富，财富存在闲置。富人拥有的财富超过一定程度之后，财富对于富人的价值，更多的是为富人提供一种可以支配各类经济资源的权利，而不是财富的实际使用。当然，穷人借债，最终仍然需要通过劳动创造财富来偿还债务。微观经济学和宏观经济学对于这一相同问题有不同的观点。从微观角度，穷人（作为个体）借的债最终要偿还；从宏观角度，由于穷人（作为整体）借的债越积越多，穷人（作为整体）不但没有偿还老的债务，反而还在借新的债。整体而言，穷人相对于富人的债务根本没有被偿还。

然而，这种运行机制和政府债务的运行机制，有相似之处。当富人对穷人的债务偿还能力产生怀疑的时候，富人拒绝借款给穷人，导致穷人无法偿还债务，问题暴发。这是理解次贷危机的另一个角度。次贷危机是一种金融危机，使大量的金融机构破产倒闭。单从投资者的角度而言，次贷危机是一种灾难。次贷危机使很多富人持有的对穷人的债权归零,持有的股票财富缩水。从宏观的角度来看,次贷泡沫兴起到发生次贷危机这一系列事件,最终结果是穷人整体上占有和消费了更多的实际财富。次贷危机中,富人部门持有的次贷抵押证券价值减少,很多穷人宣布破产,其债务被核销,相当于富人的财富向穷人转移。在美国,没有次贷泡沫和次贷危机这一系列事件,很多被从自家房屋驱离的穷人可能从一开始就住不上好的住房,或者一辈子都不可能住上好的住房。经历了这一系列事件,很多穷人至少曾经拥有过和享受过财富。

前文分析过美国的泡沫运作,主要针对房地产和实体企业的股票资产。对于股票资产而言,富人持有的同样是虚拟资产,而实际的资产则被劳动者所占有,企业的相关资产等真实财富提高了劳动者的劳动效率及相应的劳动收入。

凯恩斯在《就业、利息和货币通论》中写道:"在上述的假设条件下,我推测,一个管理良好、具有现代技术所需要的资源而人口增加并不迅速的社会可以在一代人期间把充分就业均衡时的资本边际效率降低到趋近于零的程度。我的推测是,要想使资本品充沛到资本边际效率为零的地步是比较易于做到的。如果这种推测正确的话,那么,这也许是逐渐消除资本主义的许多不良特征最有意义的方式。积累起来的财富逐渐丧失它的增值力代表多大的社会变革!"

富人不需要劳动创造,单凭拥有财富就可以享受生活,并且进一步增加财富。这样的形势持续下去,显然社会无法实现平衡。

笔者认为,从道德伦理的角度,国债等无风险利率的最优水平是0。这意味着持有财富的阶层既没有剥削其他人,其财富也没有被其他人侵害。要实现财富的平衡,就需要使富人的财富增殖率为负,同时还要保证富人的财富在用于经济活动时具有较高的效率。

第八章
金融工程师的经济工程学：次贷案例的总结以及金融驱动的现代经济体系

现代经济体系本质上是要营造一种金融形势，让富人无法轻易保存其财富。富人只有通过创造性的经济活动，健全的财富管理，甚至还需要加上运气，才能保全并增长其财富。从这一点来讲，当前各国出现负利率，虽然是经济不景气、投资机会不足的表现，同时也是社会的一种进步，反映了社会资本的充裕以及不劳而获的食利阶层的消亡。

通过金融体系的各类泡沫手段获取富人的财富，相比税收等强制手段有一个巨大的优势，就是不会影响包括富人在内的经济主体的致富追求。在宏观层面的资本预期回报为负的情况下，会出现富人阶层的财富向穷人阶层的转移。这是社会稳定所必需的。然而，由于投资回报存在差异，有人赢而有人亏。微观个体层面的富人通过明智的投资决策、自身的努力等因素，不但可以成功保全财富，还能实现财富的增加。这给了富人可以掌握自身命运和控制自身财富的信念。正是这种信念，激励各类主体努力创造和追求财富。致富追求是经济发展最根本的原动力。

某种程度上，资产泡沫有其必要的意义，既平衡财富又刺激经济活动，能够促进经济发展。前文分析过，泡沫可以引导投资。高科技股票的泡沫会推动高科技的投资，进而推动科技进步。

在资产泡沫的形成过程中，富人运用财富追求增值。泡沫形成之初，有一定的经济基本面支撑。在泡沫发展的过程中，没有人知道泡沫会在何时消灭。如果富人不参与泡沫而是去追求财富增值，那么随着泡沫的发展，在它破灭之前，富人的财富相对其他参与泡沫的人增值较慢，占比减少，富人相对变穷了。美国前十名的富豪，如比尔·盖茨、巴菲特、马斯克，大部分是白手起家的。20世纪早期的富豪家族，如摩根、洛克菲勒等，即使从绝对值的角度看财富没有缩水，但是相对而言，其财富影响力在逐步衰退。

富人在动物精神、攀比等各种心态之下,哪怕面临最终会破灭的资产泡沫,也会参与其中。在要胜过其他富人的心态之下,富人会学习研究,聘请专家,尽力提高投资的有效性和效率。在此过程中,金融市场的资源配置能力得以发挥。

没有泡沫,没有金融危机,富人无为而为,就可以永居不败之地,而穷人无论如何努力,也仍然艰难求生,难以翻身致富。这样的社会看似没有金融危机,实际上却蕴含了更大的危机。这个危机就是整个经济体系活力的丧失。

因此,本书认为,泡沫与金融危机的良性面,是经济体系完成了原始资本积累、资本不再稀缺之后,维系经济体系发展活力的附属产物。单从金融体系而言,泡沫和金融危机或许是一个问题,但从更高的体系来看,泡沫和金融危机是解决更大问题的方案。

第八章
金融工程师的经济工程学：次贷案例的总结以及金融驱动的现代经济体系

第二节　从系统工程学的角度分析经济问题

本书立足于实践，结合金融理论讨论中国金融的实务。在讨论过程中，金融体系被视为一个复杂的系统，下面包含各类子系统，如金融市场、金融监管机构等。同时，金融体系是经济体系的有机构成部分，因此金融系统又被视为更大的经济系统的子系统。

从系统工程学的角度，凯恩斯的宏观经济学可以理解为将经济系统抽象为各个子系统。家庭部门、政府部门和企业部门是经济系统的子系统。由于子系统之间的耦合以及各个子系统目标的不一致，整体并不是个体的简单相加。这是宏观经济学和微观经济学的重大分野。

从系统论的角度看待经济，很多经济问题变得更加复杂难解，人们经常会出现相互矛盾的观点。比如节约对于微观个体而言或许是一种美德；但是对于系统整体而言，子系统之间存在耦合，一个人的收入是另一个人的支出，如果大家都节约，可能大家都无法实现收入增长，最终，节约可能会影响整体系统的正常运行。这是对宏观经济学中有效需求不足的直观而简单的理解。

面对这种系统复杂性，经济系统单纯依靠市场机制运行的话，会出现系统失灵。政府作为凌驾于子系统之上的利益协调者，需要干预子系统的具体运行，使整体系统的目标能够实现。货币政策和财政政策是政府干预子系统具体运行的特殊方式。

将经济世界理解为一个无比复杂的系统,这种视角会让我们对经济问题心存敬畏,从而破除经济理论的迷信。经济理论建立在对现实经济世界的各种抽象和简化之上,更多的是帮助人们清楚地认知经济世界,而不是给出经济问题的解决方案。实际上,很多成功的企业家或金融家往往并不具备深厚的经济理论功底。经济理论有时甚至成为人们取得经济成功的障碍和束缚。

正如本书前面提到过的,当前很多金融理论是基于西方金融体系的实践而提炼出来的。这些金融理论中,很多并不一定适用于指导中国金融实践。当前国内的西方经济学理论同样是基于国外经济体运行的实践提炼出来的,也不一定适用于指导中国的经济实践。

庆幸的是,我国政府作为经济系统架构师,在学习借鉴西方理论和经验时本着实事求是的精神,并没有被西方理论所束缚,中国经济取得了远远超过西方经济的成功。对西方经济学理论的盲目崇拜和盲目否定,都是不可取的。科学理论的方法论,是提出更一般化的理论,将西方经济学理论作为特例纳入其中,通过这种更一般化的理论同时解释西方的经济现象和中国的经济现象。

本书没有提出完整的理论,而且笔者也不具备这样的能力。笔者在这里只是提出一些基于系统论思维的思考,试图解释中国经济实践和西方理论之间的差异。很多西方经济学理论和中国经济实践不一致的主要原因就是西方经济学理论所隐含的假设条件。西方经济体在特定阶段满足这些假定条件,中国经济体则不然。

西方经济学理论中,通常很少出现"国家"的概念。这种对现实世界的抽象,显然不符合客观情况。简单举例,如果我们在没有确切信息的情况下去估计一个人的收入,显然国籍是一个重要的评估因素。同样是中年公交车司机,中国的和日本的公交车司机在收入方面有重大

第八章

金融工程师的经济工程学：次贷案例的总结以及金融驱动的现代经济体系

差别。国家是理解经济问题的关键概念。尤其是对于中国经济问题，更需要强调和突出国家的概念。

一言概括之，经济问题就是特定国家的经济问题，经济理论就是解决特定国家经济问题的理论。

西方经济学理论将经济系统视为整体系统，无疑有其合理性。而理解中国的经济问题，需要将中国经济系统视为经济系统的子系统。由于子系统和整体系统之间的差异，经济学理论在解释中国经济问题的时候，可能会产生很多似非而是或似是而非的结论，时而中国特色有理，时而国际惯例正确。

比如，索洛经济增长模型认为经济增长或发展由三方面要素构成，即资本积累、劳动力增长以及创新。如果没有创新对全要素生产率的提升，最终由于资本的边际效率下降，经济发展将会停滞。对于整体系统比如全球经济体而言，索洛模型的这一结论是对的。由于近代以来的重大创新都是由西方国家进行的，对于西方经济体而言，索洛模型也是对的。

然而，对于特定的子系统而言，在一定条件下，不需要进行创新方面的投入也能在很长时间内获得经济发展。子系统与其他子系统以资本交换创新要素。如果一个子系统在创新方面存在优势，另一个子系统在积累资本方面存在优势，那么两个子系统之间通过交换可以实现各自的利益。中国经济发展的后发优势的具体实现方式就是通过积累的资本交换国外的技术，并且在此基础上进行创新。相比纯粹依靠自身投入进行创新，这种方式的效率要高出很多倍。然而，当中国的科技水平接近发达国家的时候，或者遭遇发达国家限制的时候，这种方式就会面临问题，需要调整。

关于资本的自由流动，在存在国家概念和不存在国家概念的两种情况下，结论是不同的。如果没有国家的概念，从特定资本拥有者的角度看待资本自由流动，或许有利于找到资本运用的更高的回报方式。如果基于国家概念讨论资本的自由流动，比如本国的资本流向其他国家，那么，无论资本回报率多高，对于本国而言资本的回报都是-100%。因此，经济学理论面临一个问题，资本到底属于谁？是个人的，还是国家的？更为合理的情况是，整体上是国家的，结构上则由国家的具体主体持有。

后起国家在赶超发达国家的过程中面临着巨大挑战，劳动力承担了较大成本，体现为劳动者收入和发达国家劳动者收入的巨大差距。然而，在此过程中，后起国家的资本却获得了相比发达国家更高的收益。这对于后起国家积累资本而言是有利的，但前提是积累的资本能够保留在后起国家。在特定时刻，为了赶超发达国家，同样需要资本做出牺牲，在比发达国家资本回报更低的情况下，坚持投入为国家经济发展做出贡献。

在资本没有国家属性的情况下，特定国家需要为资本提供高回报以吸引或保留资本，这也增加了系统架构师管理经济系统的难度，因为系统架构师在调整资本的回报率方面存在很大束缚。发达国家长期以来的经济成功以及赋予资本的优厚待遇，构成了对后起国家资本的巨大吸引。资本外逃增加了经济体系的不稳定性。很多国家的"中等收入陷阱"就是由于资本外逃使之前经济发展的成果为他人作了嫁衣裳。因此，中国在一定程度上需要正确评估自身的发展状态和对资本的吸引力，谨慎对待放松资本管制。

基于系统论的思维框架，笔者在此提出八对关键词，用来理解或解释中国经济问题。这八对关键词分别为：开放与封闭、存在与演化、总量与结构、政府与市场、税收与财政、金融与货币、竞争与福利以及文化

第八章
金融工程师的经济工程学：次贷案例的总结以及金融驱动的现代经济体系

与物质。笔者提出这些关键词,只是希望触发读者的思考兴奋点,而不是给出正确的答案。"理论是灰色的,实践之树常青",相比具体内容,本书更重视实践、尊重实践的理念与强调解决问题的工程师思维。与各位读者共勉。

后记

笔者一直把书写后记作为作者的一种权利。相比正文,作者可以在后记中更加自由地发表观点。读者经过较长时间的阅读,到了阅读后记的时候,会和作者更有熟知感。因此,姑且就把后记这一部分当作熟人之间的闲谈吧。

德鲁克曾经说过:管理是一门实践。正因此,管理不能死守"定法",而是需要因地制宜、因时制宜、灵活权变。

同样,金融也是一门实践。对于实战而言,认知现实边界条件和界定问题,相比理解金融理论更加重要。这是因为,金融理论是相对固定的,或者说是变化缓慢的,从而易于把握。而现实世界在不断的变化,问题层出不穷。

作为一本金融实践者撰写的金融实战类书籍,本书的内容与当前主流的金融工程学教材有较大的区别。本书没有像主流的金融工程学那样将重点放在衍生品的定价以及风险管理方面,而是将工程学的思维以及相应的工具与方法,应用于金融实践中,分别从金融套利、产品创设与金融创新这三个维度来分析金融实践。书中还用了大量的篇幅来介绍中国的金融监管与金融体系、金融机构与金融业务、金融市场与金融产品,并且以金融工程的抽象方法对这些金融事物进行分类。

之所以如此,一方面是作者认为重复当前已有的理论内容没有太大意义,读者可以自行购买相关书籍进行学习。另一方面的重要原因是,本书的这些内容更为当前的实践者所急需,但是市面上相对缺少。

当前,结合中国现实问题的经济学与金融学的相关教材较为少见。以经济学为例,萨谬尔森及曼昆等国外权威学者编写的《经济学》等教材,知识体系完整,内容全面,但是其中大部分的内容都是针对美国或西方的经济现实。国内的教材基本上借鉴了国外这些著名教材的体系架构,但是较少针对中国现实进行介绍。

比如,一本写给中国人的经济学教材,通常都没有发改委、"十四五"规划、地方融资平台、国企民企二元结构、金融体系市场化、资本管制、产业政策、房地产周期、户口与农民工等这些与现实经济世界相关概念的系统介绍和对相关问题的讨论。这类书籍经常给人一种只有骨头没有血肉的感觉,很难说是合格的。实践工作者只能凭借在工作过程中积累的感悟,逐渐加深认知。

现实题材难写,写得好更难。这是因为现实的事物,读者日常都会接触到,有自己的理解,并且能够将书中的内容与现实进行对比验证。关于这一点,《韩非子》中有这样的内容:"客有为齐王画者,齐王问曰:'画孰最难者?'曰:'犬马最难。''孰易者?'曰:'鬼魅最易。'夫犬马,人所知也,旦暮罄于前,不可类之,故难。鬼魅无形者,不罄于前,故易之也。"

本书有大量关于现实的内容介绍,并且提出了对中国金融现实环境的理解,很多理解与当前的主流金融理论并不一致。笔者并不担心自己"画得不像",也不担心自身的观点存在错误,但是希望读者们能够认识到这一点,同时也希望读者们多多批评指正。

由于当前针对现实题材的经济学和金融学教材大都翻译自国外教材,那些没有实践经历的国内读者,单从书中获取知识,或许对国外尤其是美国现实的认知,比对中国现实的认知更加全面。从中外比较的视角,更有利于我们深刻理解中国当前的金融现实。

经济学存在着实证分析与规范分析的区别。前者是关于"世界是什么样子"的表述,后者是关于"世界应该是什么样子"的表述。接下来的观点属于实证分析,是作者对现实的观察总结,并不反映作者偏好哪种现实。整体而言,笔者更加偏好中国模式。

一是社会制度不同。

我国是人民当家作主的社会主义国家,而美国是资本家控制政权的资本主义国家。金融要讲政治。这对金融提出了更高的要求,而不仅仅只是追求利润最大化。典型的例子就是针对金融市场特定产品的"恶意做空",它扰乱正常金融市场秩序,在我国是不被允许的。在西方的认知体系中普遍存在的观点是,做多或做空都是资产配置或投机行为,行为人的目的都是追求自身的利益,这类行为不应当被主观评判。但是现实并非如此。即使在美国这种更加推崇自由市场的国家,也存在着很多"政治正确"方面的禁忌,比如利用特定种族性格缺点的金融创新。

中美两个国家都有禁忌,只是禁忌的事物不同。这些禁忌,很多时候并不会直接体现在法律法规的明文当中,或是"可意会而不可言传"的微妙事物,而且具备相对较大的弹性,需要金融实践者深刻省悟,既有知人之智,也有自知之明,明确自身活动的边界。很多金融实践活动正是因为没有意识到这一点,无意或者有意地越界,最终酿成大祸。

在此试举一例。

在某个特定时刻,中国的外汇储备大幅下降,人民币遭受国外投机资金做空,出现较大幅度的贬值。很多居民在这种情况下,充分利用自己的5万美元的换汇额度,将人民币换成外汇资产。这种换汇行为进一步造成人民币贬值,形成正反馈机制。这给经济体系造成了不稳定。

同时,有很多居民或是因为没有认知到这个机会,或是本来就没有人民币储蓄,没有充分利用自己的换汇额度。在这种情况下,如果单从套利的角度思考,金融机构如何开发金融产品?

我们利用本书的制度套利的框架进行分析。其中套利的关键是5万美元的换汇额度。额度是一种制度化的安排,对市场化套利形成了制约,从而产生了制度套利的机会。一个简单的思路就是开发针对居民的美元存单抵押贷款。银行先借钱给原本没有能力换汇的居民,然后教育并引导居民将人民币换成美元,再将美元存单质押给银行。银行可以赚取人民币贷款利率与美元存款利率的利差,且有存单质押可控制风险。居民则可以获得人民币升值的利润。当然,产品还可以更加复杂一点,如果居民担心人民币不升反贬的风险,金融机构则可以提供期权产品。

读者们可以思考一下,本书的金融工程方法能够指导我们利用这种机会,但是在这个特例中,金融机构应该推出上面提到的这种"薅社会主义羊毛"的金融创新产品吗?

二是经济结构不同。

金融服务于实体经济,并且从实体经济中获取利润。我国近几十年在经济上取得的成功,较大程度得益于城市化与工业化。而美国近几十年的经济成就,更多来自互联网等信息科技及其他创新。我国在此过程中,特别是在近十年里,与地方融资平台和房地产的相关金融业务获得了较大的发展。相比而言,股票市场、私募股权市场相关的金融业务的发展差强人意。这与美国近十年的股票牛市形成了较强的对比。本书的现代经济观点根据这一对比,认为决定大类资产走势的关键力量是国家的经济战略,以及在此战略下的具体政策。关于这一点,习惯于追逐政策热点的中国投资者们必然"心有戚戚焉"。自科创板推出以来,各类创新经济相关的上市公司遭热捧。然而,战术实施的具体政策能否必然支持战略,是一个重要的问题。

在本书中,笔者批评了将金融体系视为"黑匣子"的观点,金融体系运转的性能关系到投入能否得到预期的回报。创新经济的投资与工业化和城市化中的投资有着不同的收益特征,也因此,创新经济投资的投入与回报之间存在巨大的不确定性。这是与工业化时代不同的地方,需要深刻分析金融体系运转的微观机制,并且采取具体的、正确的实施手段,才能够保障战略目标的实现。在此过程中,政策与市场都有一个相对较长的摸索过程。对投资者而言,这个过程意味着巨大的风险。从博弈的角度来看,市场参与者也能够从政策的错误或其他参与者的错误当中获得超常利益。

三是国民心理不同。

英、美、德等国家和民族精于个体的利益计算,更加符合"理性人假设"。中国的国民特性更加重视人际情感,情绪性更强,与理性人存在诸多偏离,很多行为需要用行为经济学来解释。

对比全球各大经济体的金融体系,金融市场尤其是股票市场发展较好的国家,如美、英、澳等,都是盎格鲁-撒克逊民族的英语国家。这暗示了国民特性对金融实践的重要影响。金融实践者更需要认识、理解中国的国民特性,并且针对这种国民特性进行金融创新。西方行为经济学也有观察现实当中人类行为相对理性人的偏差,并且针对特定行为模式提出理论进行解释。这些理论中有很多值得学习和借鉴。对于中国的金融实践者而言,一个更有意义的结论是:中国的行为偏差有自己的文化特征,当前并没有专门针对中国行为特性的研究总结,实践者需要亲身入场才能体悟。

以金融产品的定价与创设为例。金融学理论中,风险越高,(预期)

收益越大的结论,建立在理性人假设之上能够成立,但对于大部分中国居民投资者而言并不成立。金融产品的定价,最终是建立在人的行为决策之上的。根据对中国居民现实投资或投机活动的观察,中国居民的性格特点是,在不同的风险下,风险偏好会发生变化。在风险较低时,是风险厌恶的;在风险较高时,会变成风险喜好的。本书针对这种风险偏好特征提出,在中国,嵌入期权的结构化产品,因为迎合了中国居民投资者的风险特征,大有可为。

正是因为一些特定的、复杂的国民特性不符合经济学或金融学理论的假设前提,学习金融理论并不能提高金融实践的技能,有时甚至反而有害。这不仅仅是"尽信书不如无书"的教条主义层面所能够解释的了,而是理论本身是错误的。现实的观察是,在股票投资领域,很多金融学专业的人士几乎没有任何优势,金融学或经济学教授当中罕见炒股或投资高手。

以笔者的经历为例。笔者本科所学为物理学专业,研究生读的是金融学专业,毕业后从事金融实践十余年。笔者在金融领域学习与研究的精力投入远多于物理。在与非物理学专业背景的人士交流时,谈到量子力学、黑洞、相对论、熵等物理相关事物的时候,通常他人只有倾听的份儿,很少碰到对等交流的机会。然而,在谈到投资或金融的时候,笔者经常持洗耳恭听的态度,并常被资深股民讥为不懂金融。有点不愿意承认的是,对于股市判断,多年的金融研究与实践好像并不足以让我获得比非科班人士更为准确的观点。

四是金融市场有效程度不同。

中国的金融市场起步发展较晚,相对美国比较成熟的金融市场,有效程度更低。EMH,即有效市场假说,本身也只是一个针对特定市场提出的假设,而不是一个定律。提出有效市场假说的法玛与研究市场非有效的席勒曾在同一年度获得诺贝尔经济学奖。在实际中,市场并不是有效的,不同的市场,不同的时候,有效程度不同。很多金融理论都是建立在市场有效的前提条件之上的,如果市场无效,很多金融理论及相应的推论都将失效。

同时,市场有效建立在市场化套利的行为基础之上。因此,需要从两个方面来理解中国金融市场有效性较低的观点:一方面是中国金融市场的现有有效性较低;另一方面,中国存在很多对市场化套利的限制,使金融市场从有效性较低向有效性较高的演进过程受到阻碍。针对中国的这种情况,笔者借用物理学的理论知识,提出纠缠态市场假说,即中国市场处于有效和无效的叠加状态。只有亲身体验,否则你永远不知道市场到底是有效还是无效。

一个类似的例子就是中国的股市。笔者认为中国其实同时有两个股市,牛市与熊市,且二者处于叠加状态。牛市与熊市,存在重大的结构特征差别。这一点就如同《大话西游》当中的紫霞与青霞,本是由纠缠在一起的灯芯化身而来,共用一个躯体。投资者不去参与股票市场,永远不知道是牛市还是熊市。投资者自身的行为也能影响市场的牛熊特征。对于中国股民而言,要取得较好的投资回报,认清市场当前处于的状态非常关键。就像至尊宝,区分眼前是紫霞还是青霞非常关键,前者对其温柔有加,百般爱护,后者则是冷眼相待。

五是市场结构不同。

经济学总结市场失灵的两大原因,一是外部性,二是市场势力(market power)。市场势力是指单个人或公司(或某个小群体)不适当影响市场价格的能力。正因此,证券领域有专门限制和打击证券市场操纵的法规。

美国的金融市场,各方参与的力量相对平衡。这是因为美国属于代议制民主制度,各路资本都通过自己的议员等代理分享权力,保障自己的利益。我国是民主集中制的社会主义国家。政党代表人民行使权力,来维护全体人民的利益。这意味着中国有一股可以施加强大的影响甚至主导市场的力量。在中国一直有看《新闻联播》炒股的说法,很多人对此或许只是哂然一笑。然而如果细究起来,民间智慧背后有深刻的道理,反映出中国市场特殊的运行机制。

我们以金融工程学的期权定价为例。期权定价的前提假设是股价的随机游走模型。随机游走模型原本是爱因斯坦解释花粉无规律运动提出的理论。花粉颗粒在液体里的运动,看似没有规律,实际却满足一定的规律,即这些花粉在游走时偏离原始位置的平均距离,与时间的平方根成正比。随机游走模型的这个规律有一个前提,就是花粉颗粒足够大。只有足够大的颗粒,其承受的来自各方分子的冲击力相对平衡,才能体现出一定的统计规律。如果花粉颗粒太小,比如和液体分子的大小在一个量级,则在某个方向受到特定液体分子的力之后,会偏向一个方向,从而偏离随机游走的规律。

依照这一逻辑进行类比,当存在某个特定的力量(类比分子),足够强大的时候,可以改变市场里价格(类比花粉)的随机游走的特性,让市场按照该特定力量的意志进行。看《新闻联播》炒股的意义在于,从中获得有关该特定力量意志的信息。这种行为与曾经盛行一时的散户跟庄模式有异曲同工的地方,因为股票做庄的主体同样具备改变价格运行规律的力量。这个就是经济学中的市场势力。

作为实践工作者写作的实战类书籍,上述内容更多是一些经验法则,有其片面甚至不完备之处,是一种"抛砖引玉"。因此,对金融现实复杂性的理解以及对当前理论教条的批判性思考在金融实践中显得更为重要。相信每位读者在掌握基本的分析框架之后,都会针对金融现实形成自己独立的思考并且产生独到的见解。笔者随时欢迎与各位读者交流。

参考文献

[1] 萨利赫·N.内夫特奇.金融工程学原理.第2版[M].中国人民大学出版社,2014.

[2] 斯科特·梅森,罗伯特·默顿.金融工程学案例:金融创新的应用研究[M].东北财经大学出版社,2001.

[3] 凯恩斯.就业、利息和货币通论[M].商务印书馆,1999.

[4] 宋光辉.资产证券化与结构化金融:超越金融的极限[M].复旦大学出版社,2013.

[5] 郑振龙,陈蓉.金融工程.第2版[M].高等教育出版社,2008.

[6] 弗雷德里克·S.米什金,斯坦利·G.埃金斯.金融市场与金融机构[M].中国人民大学出版社,2014.

[7] 米什金.货币金融学.第4版[M].中国人民大学出版社,1998.

[8] 艾伦·格林斯潘.动荡的世界:风险、人性与未来的前景:risk, human nature,and the future of forecasting[M].中信出版社,2014.

[9] 艾伦·格林斯潘.繁荣与衰退[M].中信出版社,2019.

[10] 斯蒂芬·A.罗斯,伦道夫,等.公司理财(精要版)(原书第六版)[M]/公司理财(精要版)(原书第六版).机械工业出版社,2004.

[11] 郭永清.财务报表分析与股票估值[M].北京:机械工业出版社,2017.

[12] 刘易斯.说谎者的扑克牌[M].中信出版社,2013.

[13] 洛温斯坦.拯救华尔街[M].广东经济出版社,2009.

[14] 格里高利·祖克曼.史上最伟大的交易[M].中国人民大学出版社,2010.

[15] 迈克尔·刘易斯.大空头[M].中信出版社,2015.

[16] 塞巴斯蒂安·马拉比.格林斯潘传[M].浙江人民出版社,2019.

[17] 考夫曼.金融大鳄索罗斯传[M].上海人民出版社,2002.

[18] 索罗斯.金融炼金术[M].海南出版社,1999.